KB054613

The Hilarious
World of
Depression

유쾌한 우울증의 세계

존 모 지음 | 박다솜 옮김

미국 최고 인기 팟캐스트
진행자가 털어놓는
우울증 투쟁 공생기

모멘토

추천사

"우울증에 관한, 그리고 우울증이 있어도 할 수 있는 일에 관한 재미있고 솔직한 책. 존 모는 정말로 재미있는 사람이고, 아주 진지한 책을 써냈다." **—닐 게이먼 (작가)**

"숨김없고, 재미있고, 상세하다. … 동시에 묵직한 감동을 주며, 아주 뜻밖에도 삶을 긍정한다. 이 책은 인간으로 살아가는 것을 더 기쁘게 만들어 주는 우울에 바치는 송가다." **—수전 올린(저널리스트, 작가)**

"당신은 이 책을 읽어야 한다. 책을 읽던 중 몇 번이나 '세상에, 바로 이거야'라고 소리를 질러 잠자고 있던 남편을 깨우곤 했다. 남편은 걱정스러워 보였지만, 그야 평소에도 그렇다." **—제니 로슨(저널리스트이자 인기 블로거)**

"이 책을 사랑한다! 이 책은 당신이 더 빠르게 회복하도록 도울 것이고, 약효가 나타나길 기다리는 동안 외로움을 덜어 줄 것이다." **—게리 걸먼(코미디언)**

"데이비드 세다리스가 우울증에 관한 책을 썼다면 이 책과 같은 관점을 취했을 것이다." **—리 우드러프(작가)**

"읽으면서 내내 웃는 가운데 적어도 몇 번 깨달음의 순간도 있을 테다." **—〈시카고 트리뷴〉**

"존 모는 정신질환을 얘기할 때 흔히 들러붙는 수치심을 싹 걷어 버리고 우울증에 시달리는 사람들에게 우애의 손길을 뻗는다. … 그의 말들은 많은 독자에게 도움과 희망과 유머를 제공할 것이다." **—《라이브러리 저널》**

"어떤 독자에게든 용기와 희망을 불어넣을 것이다." **—《퍼블리셔스 위클리》**

당신과 당신이 아는 누군가에게

| 차례 |

셀럽들의 섹시한 레이저 대격투
—서문

내가 워낙 서문을 챙겨 읽는 사람은 아니라서, 내 책의 서문에는 여러분이 꼭 읽고 싶게끔 그냥 자극적인 제목을 붙여 보았다.

나는 수십 년째 어떤 병을 안고 살아가고 있다. 병세가 중하여 나와 내가 아끼는 사람들에게 상당한 피해를 입혔다. 나의 신체 건강, 사고 능력, 기분, 자아상, 미래에 대한 전망도 부정적인 영향을 받았다. 이 병은 모양도 색깔도 없고 눈에 보이지도 않는다. 지금 나는 어찌어찌 살아 있지만, 이 병은 치명적일 수 있어서 매년 많은 사람의 목숨을 앗아간다.

다들 알아챘겠듯이, 내가 말하는 이 병은 유행성 수막구균수막염이다.

아니, 그건 농담이고, 실은 우울증 얘기다! 수막구균수막염은 여러 해 전에 진작 예방접종을 받았다.

이상한 건, 우울증으로 가장 어둡고 괴로운 시간을 보내고 있을 때조차 우울증은 우습게 느껴졌다는 거다. 도깨비집 거울처럼 실제 세계에 대한 내 시각을 왜곡시킨다는 게 우스웠다. 부러진 뼈나 박테리아처럼 손에 잡히는 실체가 없는 무언가가 나를 이다지도 무력화할 수 있다는 게 우스웠다. 다른 사람들, 특히 코미디언과 작가들이 들려주는 우울증 경험담에 공감할 때면 우리가 다 함께 당하고 있다는 사실에 웃을 수 있었다. 마술 공연을 보러 간 관객들이 특히 빼어난 트릭에 넘어가고는 웃는 것처럼 말이다. "우리 모두 속아 넘어갔는데 도대체 어떻게 한 건지 모르겠어!" 내가 마술 공연에서 실제로 이렇게 소리를 지른다는 얘기는 아니다. 다음엔 한 번 해볼까.

내가 팟캐스트 〈유쾌한 우울증의 세계(The Hilarious World of Depression)〉를 만든 건 전통적으로 어둡게 여겨지는 이 주제에 관해 사람들이 대화를 나눌 때 생겨나는 웃음과 희망과 인간적 연민을 청취자들과 공유하기 위해서였다. 우울증과 맞서 싸워 본 수십 명의 코미디언, 뮤지션, 작가, 공인들과 인터뷰를 하면서 나는 반복해 등장하는 주제가 여럿 있는 걸 발견했다. 우울증을 겪는 사람들은 사는 모습은 천차만별이어도 공통된 어떤 증상들, 왜곡된 사고방식, 생각 패턴을 지니고 있다. 그들이 하는 말들 중엔 우울증이 내 머리에 심어 놓은 생각과 일치해서 알아볼 수 있는 것도 많다.

나는 이 책에 그 모든 것을 한데 담고자 했다. 이 책은 나의 회고록이자 내 병의 전기다. 내가 어떻게 우울증에 의해 고문당했고 그러면서도 이 병에 부조리한 유머가 있다는 걸 발견했는지에 관한 이야기다. 내 병이 어떻게 시작된 것 같은지, 어떻게 모습을 드러냈고 시간이 흐름에 따라 어떻게 변신하고 진화했으며, 어떻게 아직도 내 숨통을 죄곤 하는지에 관한 이야기다. 호시탐탐 나를 죽이려 드는 절친처럼. 이 책에 나는 방송에선 잘 털어놓지 않는 내 개인사로부터 배운 것과 〈유쾌한 우울증의 세계〉에 출연한 게스트들이 말해 준 것들을 담았다. 팟캐스트에는 이루 다 넣지 못할 많은 얘기를 담았다.

내가 이 책을 쓰고 있는 건, 내게 책이란 성물(聖物)이기 때문이다. 우리 집 벽은 일단 읽었으면 슬슬 치울 때가 되지 않았느냐는 아내의 강력한 눈치에도 굴하지 않고 살아남은 책들로 도배되어 있다. 이 책엔 우울증과 싸우고 있는 당신, 혹은 우울한 사람들이 넘쳐나는 이 세상을 살아가는 당신이 공감할 수 있는 무언가가—바라건대 많은 것이—들어 있을 것이다. 나는 내가 알게 된 것과 셀럽인 내 친구들이 얻은 깨달음을 여러분과 나누고 싶다. 책을 읽고 나서 자꾸 떠오르는 부분으로 돌아가 책갈피를 꽂거나 형광펜으로 칠하거나 밑줄을 긋고 친구에게 빌려줄 수 있도록. 만일 이 책을 핸드폰이나 전자책 리더로 읽고 있다면, 북마크나 하이라이트 기능을 찾아 이용하지 유성펜으로 화면에 밑줄을 긋지는 말기를. 오디오북으로 듣고 있다면, 케이스의 내 입과 목 그림에 펜으로 마음껏 낙서하고 친구들에게 빌려주기를.

나는 이 모든 것을 책 한 권에 담아 여러분과 공유하고자 한다. 대화를 나누면 상황은 나아질 것이고, 그리하여 우리가 사랑하는 사람들이 더 오래 살아남아 우리에게 더 사랑받을 수 있을 테니까.

제1장
마침내 상태가 호전되다

바깥은 환하고 습한 여름날이었고 나는 실내의 커다랗고 푹신한 의자에 앉아 새 치료사와 한판 승부를 벌일 준비를 하고 있었다.

"제가 농담을 할지도 모릅니다." 첫 세션의 시작, 나는 말문을 뗐다. "그게 제가 말하는 방식이라서요. 우울하고 소름끼치는 것에 대해 농담을 하는 게 저의 대처 방식입니다. 농담이며 웃음이 제겐 산소와 같거든요. 이게 회피일까요. 잘 모르겠군요. 제 생각엔 아닌 것 같은데요. 선생님이 알려 주시죠."

"좋아요." 줄리가 말했다.

지금 우리는 '인테이크(intake) 세션'을 진행 중이었다. 치료사에게 원(原)가족, 트라우마, 정신질환 가족력, 현재 생활, 건강과 관련된 습관들, 치료사와 약속을 잡고 지금 이 푹신한 의자에 앉아 있게 된 경위 따위를 포함한 자기 이야기를 털어놓는 첫 세션이다(이를 접수면담, 접수면접, 초기상담이라고도 한다. ─옮긴이).

"저는 평생 우울했지만 그걸 안 건 12년쯤밖에 되지 않았습니다. 이렸을 적부터 우울하지 않은 척을 하고 있었달까요. 우울증이 더 깊어지는 건 가까스로 막았습니다. 이제는 낫고 싶어요."

"그렇군요. 우리가 뭘 할 수 있을지 볼까요." 줄리가 말했다. 나는 그녀가 마음에 들었다. 치료사를 찾는 건 데이트와 비슷한 구석이 있다. 마음이 통하는 사람을 찾기까지 아주 지루하거나 이상하거나 긴장되는 만남들을 가져야 할지도 모른다. 이번 만남은 단박에 좋은 예감이 들었으니 행운이었다. 다양한 이유로 인해 나는 과거에 치료사들과 대체로 짧은 관계만을 가졌다. 잠깐의 '썸' 정도랄까. 심지어 한 번 만에 끝났다는 점에서 '원 나잇 스탠드'에 견줄 만한 '원 세션 스탠드'들도 있었다. 나는 좀처럼 하나의 상대에게 속박되지 않는 사람이었다. 내 정신은 자유롭게 날뛰고자 하는 야생마였다.

나는 말을 이었다. "미리 말씀드리자면, 저는 여러 이유로 치료가 효과가 없을 거라고 생각합니다. 그래요, 우울증 때문에 이렇게 말하는 걸지도 모르죠. 하지만 제겐 다르게 생각할 근거가 없습니다. 단 한 번도 우울증이 나아진 적이 없는데, 어떻게 이번엔 그럴 수 있겠어요? 아, 노력은 할 겁니다. 효과가 있기를 바라고요. 하지만 잘될 것 같진 않아요."

줄리는 나보다 조금 젊지만 인생에 대해 알 만큼은 산 나이였다. 아마 어려움을 겪어 보았을 것이고 가까운 사람의 죽음도 경험했으리라. 그러니 내가 무슨 말을 하는지 알 것 같았다. 줄리는 활달하지만 침착했는데, 내가 대학 시절 알았을 법한 사람, 여학생 사교 클럽에서 활동하면서 그게 얼마나 우스꽝스러운지도 어느 정도 깨닫고 있었을 누군가를 연상시켰다.

"정말 웃기는 건, 이 상황에서 말입니다, 저는 프로그램을 진행합니다. 우울증에 대한 팟캐스트죠. 그래서 저는 출근해서 하루 종일 우울중에 대해 생각하고, 직장 밖에서도 우울증에 대해 얘기하는 데 많은 시간을 씁니다. 여기저기 다니며 우울증에 대한 강연을 하지요. 지금은 우울증에 대한 책도 쓰고 있어요. 모든 게 그 팟캐스트에서 시작된 거죠."

"저도 그 팟캐스트 들어요. 이메일에도 쓰셨지만 그 전부터 알고 있었어요." 줄리가 말했다.

이메일을 보낸 건 사실이었지만 줄리가 읽으리라는 기대는 없었고, 읽는다 해도 그 내용을 기억하지는 않으리라 생각했다. 나는 멍청하고 아무 짝에 쓸모없고 모두에게 미움받는 사람이니까. 아니, 딱히 슬프진 않다. 내가 아는 세상은 본디 이랬으므로.

나는 평소의 나대로 계속 지껄였다. "그런데 이 프로그램이 뭐가 문제냐면, 대체로 다른 사람의 우울증을 다루거든요. 그래서 저는 사실 남의 우울증은 제법 잘 이해한다고 생각합니다. 뭐가 문젠지 재빨리 파악하고, 거기서 정보와 이야기를 이끌어 낼 수 있지요. 당사자가 생각지 못한 연결고리를 찾아낼 수도 있고요. 그런데 저 자신의 문제는 뭔지 모르겠다는 겁니다. 마천루 안에서 그 마천루를 보기는 어렵지요."

줄리와 처음 만난 건 〈유쾌한 우울증의 세계〉 두 시즌 방송을 마친 뒤였다. 임상적 우울증(clinical depression)—우리 프로그램에선 그걸 줄여서 '클리니(Clinny) D'라고 불렀다—을 겪어 본 코미디언, 뮤지션, 작가들과 길고도 깊은 인터뷰를 진행한 지 어언 2년, 나는 공영 라디오 방송국 동료들과 인터뷰 내용을 논의하고 청취자들에게 정보와 깨달음과 즐거움을 주려면 그 내용을 어떻게 편집하는 것이 최선일지를 고민하는 데 상당한 시간을 쏟았다. 그런데 살아온 날의 대부분을 '그럭저럭 견딜 만한 수준'에서 '재난 수준' 사이를 오간 나 자신의 정신건강을 개선하기 위해 무언가를 시도한 건 줄리를 만난 그때가 처음이었다. 남들에게는 도움을 청하라고, 우울증이 나을 수 있다고 믿으라고 몇 년 동안 침 튀도록 권했으면서 나 자신에 대해선 한 번도 그렇게 믿지 않은 것이다.

나는 내 정신건강을 호전시키려고 실질적인 노력을 하는 대신, 그저 조금 더 버틸 수 있게 해 줄 임시방편을 찾아다녔다. 본질적으로 이는 툭 하면 화재가 발생하는 집에 살면서 그때그때 불만 끄고 마는 셈이었다. 내가 가진 대책이라곤 이를테면 불에 검게 타고 연기에 찌든 집 안에 앉아선, 벽을 고치고 지붕을 수리하고 망할 놈의 불길이 애초에 어디서 자꾸 치솟는 것인지 알아보려는 노력은 전혀 하지 않으면서 "자, 이제 다 괜찮아졌어!"라고 말하는 게 다였다. 친구들이여, 자산 관리를 이렇게 하면 안 된다.

그러니까 나는, 이미 너무 늦었다고 믿게 된 것이다. 내 정신건강이 호전될 리 없으니 최선의 시나리오는 악화라도 면하는 것이었다. 짜릿한 시나리오는 아니었지만 받아들일 만했다. 호전을 바라는 건, 상어에게 한 팔을 뜯겨 먹히고는 새 팔이 자라기를 기다리는 것과 매우 비슷해 보였다. 정작 해야 할 일은 일단 지혈을 하고 상어에게 물어뜯긴 상처에 관한 팟캐스트를 시작하는 것 아니겠는가. 아, 무슨 말 하려는지 안다. 미리 일러두는데 이 책에는 은유와 직유가 많이 나올 것이다. 나는 우울증이 뭔지 정의조차 못 내리겠으니까. 그 정의를 내릴 수 있는 사람을 나는 아직 보지 못했다. 실은 그것도 문제의 일부다. 자, 독자 여러분, 유추(類推, analogy)의 롤러코스터에 오르셨으니 안전벨트 단단히 매시길.

내가 줄리의 사무실에 앉아 있게 된 건 내 인생에서 임계점을 넘는 수의 중요한 사건들이 일어나 마침내 도움을 청하는 것이 해볼 만한 일로, 그리고 '사망 방지' 차원에서 어느 정도 긴급한 일로 여겨졌기 때문이었다. 사건 하나는 내가 이제 쉰이 된다는 것이었다. 백 살까지 살 계획이

16

라면 고작 중간인 나이지만, 솔직히 말해 내가 살아갈 나날들이 알알이 모래시계 하부로 쏟아져 내려가는 게 느껴졌다. 죽음이라는 마감 기한이 성큼 다가오는 느낌이었다.

또한, 근래에 나는… 죽고 싶다기보다는 그냥 살아 있고 싶지 않다는 바람에 사로잡혀 있었다. 자살을 하고 싶지는 않았다—에이, 그거랑은 거리가 멀다. 다만 무(無, nothingness)가—그 상태에 들면 아무것도 없다는 인식조차 하지 못하게 될 무가—뭐랄까 달콤할 거라는 생각이 자꾸 들었다. 세상에는 우리 가족과 아이스크림과 NBA 플레이오프처럼 멋진 것들이 가득함에도. 출근길 운전을 하거나 부엌 청소를 하거나 잠을 청하다가 갑자기 짠! 하며 공(空, void)의 상태에 대한 갈망이, 그 속성상 내가 그걸 인식도 하지 못하리라는 사실을 잘 알고 있는 공에 대한 갈망이 밀려왔다. 이 감정은 병적이었고 당연히 우울했으나 한편으로는 그냥 귀찮기도 했다. 물론 그 실체는 쉬고 싶은데 쉬지 못하고 계속 윙윙 돌아가며 나를 어두운 곳으로 몰아넣는 내 정신이었다.

내 고유의 우울증은 스트레스에 반응한다. 정확히 말해 스트레스를 받으면 폭발한다. 상황이 힘들어지면 나는 젖 먹던 힘까지 내기는커녕 의기소침해진다. 더 스미스(The Smiths, 영국의 1980년대 록 밴드로, 보컬리스트는 모리시-옮긴이)의 음울한 노래의 인간 버전이 된다. 줄리와 첫 약속을 잡으려 수화기를 들었을 즈음에 나는 어둑한 지하실에 혼자 처박혀 노래하는 모리시 그 자체였다. 그때 나를 괴롭히던 스트레스 요인은 곧 고등학교 졸업반으로 올라가 대학 입시 준비를 하게 될 아들 찰리, 내 팟캐스트의 다음 시즌 게스트 섭외, 그리고 지금 여러분이 읽고 있는 이 책을 잘 써내야 하다는 압박 등이었다.

그야 인생에는 당연히 스트레스가 있고 누구나 힘든 일을 겪는다. 하지만 내가 스트레스를 우울로 변환시키는 속도는 지붕을 뚫을 기세였다. 성능 한번 지독하게 효율적이었다.

"도대체 뭐가 그렇게 스트레스예요?" '정상인(normie)'들은 반문했으리라. 만에 하나 내가 그들과 스트레스를 논했다면 말이다. "가족도 있고, 집이랑 차도 있고, 멀쩡한 직업을 가졌잖아요. 그냥 견뎌 봐요!"

그게 말처럼 쉽겠는가. 설마 이게 내 선택이었겠는가. 내가 한눈에 쏙 들어오게 '인내하기'와 '매번 흥분해서 난리 치기'라고 적힌 선택지들을 훑어보고 침착하게 "음, 그래요, 저는 2번으로 할게요" 했을 거라고 생각하는가.

보다시피 정상인과 우울인(saddie)은 다르다. 깎아지른 계곡 위로 놓인 긴 다리를 정상인들과 우울인들이 각기 다른 차를 타고 건넌다고 생각해 보자. 정상인들은 차체가 낮고 무게가 1톤쯤 나가는 대형 뷰익을 탄다. 거센 바람이 몰아치면 그들은 바람에 약간 밀리는 느낌을 받긴 하지만 계속 운전해 간다. 별일 아니라는 듯이 "밖에 바람이 좀 부나봐!" 한마디를 던지고는 듣고 있던 노래로, 나로서는 잘 모르겠지만 아마 푸 파이터스(Foo Fighters, 1990년대에 결성된 미국의 록 밴드―옮긴이)의 곡 같은 것으로 돌아갈 것이다. 반면 우울인들은, 어쩐 이유에선지 상부에 돛이 달린 오래된 포드 모델 T 차량에 들어차 있다. 밖에서 바람이 불어오는 게 보인다. 그러나 다리에서 밀려나 협곡으로 떨어지는 걸 막기 위해 할 수 있는 일은 없다. 정상인들은 우울인들이 버둥거리는 걸 보면서 대체 뭐가 문제냐며 의아해하는데, 그들에게는 바람이 그렇게 심해 보이지 않기 때문이다. "긍정적인 자세를 가져 봐요!" 모델 T가 다리 밑으로 굴러 떨어지고, 차에 탔던 우울인들이 이젠 장착하고 있는 데 익숙해진 낙하산을 펼치는 걸 보며 정상인들이 소리친다.

나는 과거에도 괜찮은 치료사들을 잠깐씩 만나 보긴 했지만, 치료에서 내가 얻은 수확은 내가 얼마나 엉망인지를 좀 더 확실히 알게 되었다는 것뿐이었다. 물론 그것도 도움이 안 되는 건 아니지만 진전이라고 할 수는 없다. 내가 지금 갇혀 있는 냉장고가 어떤 브랜드인지 알아 봐야 무슨 소용이겠는가. 내가 만난 치료사들의 잘못은 아니었다. 그들은 모두 잘 훈련받은 전문가였고 자기 일을 훌륭히 해냈다. 잘못한 건 바로 나, 혹은 '클리니 D'였다. 사실 나는 치료사에게 아주 깊은 이야기까지 털어놓고 싶지 않았는데, 나의 저 밑바닥에는 괴물들이 살기 때문이었다. 정말 정말로 나쁜 기억들, 짙은 피멍, 흉터, 그리고 상처를 입힘으로써 사람 자체를 심하게 바꿔 놓는 사건들. 트라우마. 나는 과거를 건드리느니 차라리 과거와 긴장된 휴전 상태를 유지하고자 했다. 내 삶이 서로 증오하는 중동 국가들처럼 되어도 상관없었다. 차량 폭탄 테러가 일어난다 해도 내 나라는 내 나라 아니겠는가.

그때까지 나는 통속 심리학의 단세포적인 영역에서 종종 이야기되는 믿음, 과거는 지나간 일이니 집착하지 말고 앞으로 나아가야 한다는 믿음을 안고 인생을 살아왔다. "내려놓으세요." 단세포 인간들은 말한다. 아무도 그 시도를 해보지 않은 것처럼. 같은 맥락에서, 돈 헨리와 글렌 프라이(1970년대에 인기 높았던 록 밴드 이글스의 핵심 멤버들―옮긴이)는 「극복하세요(Get Over It)」라는 노래를 지었다(이에 대한 나의 답가는 「돈 헨리, 글렌 프라이, 물정 모르는 소리 말고 꺼지세요」일 테다). 나는 고집스레 단세포적인 돈 헨리 식 해결법을 택하는 사람 대부분은 애초에 괴로운 기억이 그리 많지 않을 거라고 추정하는데, 왜냐면 과거를 무시하라는 생각 자체가 갈데없는 헛소리이기 때문이다. 자신이 과거를 이해하지 못하면 자신의 정신이 어쩌다가 지금의 지경에 이르렀는지 제대로 알 수 없다. 자기 자신을 알지 못하니까.

　설상가상으로 우울증은 우울인들에게서 희망을 앗아간다. 희망이 있어야 할 자리에 절망을 심는다. 그래서 우리는 아무것도 나아지지 않으리라고, 아니 나아질 수 없다고 진심으로 믿게 되거나, 적어도 그렇게 의심하게 된다. 그런데 뭐가 문제인지 알아내라니. 내 말은, 우울증에 걸리면 침대에서 일어나 샤워를 하고 양치를 하는 것조차 힘겹다. 자신의 정신이 어떻게 작동하는지 알아내는 건 버스를 타고 화성에 가는 것만큼이나 어렵게 느껴진다.

　나는 팟캐스트에서 인터뷰를 진행하며 인지행동치료(CBT, cognitive behavioral therapy)에 대해 거듭 들었다. 이는 일상적 자극이 유독한 생각으로 변환되지 않게끔 사고 패턴을 다시 훈련시키는 것을 축으로 한 실용적 심리상담 요법이다. 위험한 동네로만 향하는 낡은 도로들을 헐고 잘 나가는 동네로 향하는 굳건한 새 대로를 까는 셈이다. 내 팟캐스트에 출연한 게스트들 중 상태가 제일 괜찮아 보인 건 인지행동치료를 받은 사람들이었다. 그래서 나는 새 치료사를 물색하며 제한 조건을 걸었다. 이 인지행동치료라는 걸 해 줄 수 있어야 하고, 내가 이런저런 핑계를 대며 치료를 빼먹지 않도록 우리 집에서 가까운 편이어야 하고, 그리고 음, 나이가 스물셋이거나 이름이 크리스티어선 안 됐다.

　첫 세션에서 나는 내 생애의 절반밖에 이야기하지 못했다. 대부분의 치료사와 환자에겐 한 세션이면 충분한 것 같은데, 우리에겐 그 역겨운 이야기를 전부 꺼내 놓기 위해 두 번째 세션이 필요했다. 나의 원가족이 절대 양육이라고 부를 수 없는 태도로 행동한 이야기를 듣고 줄리가 실제로 입을 떡 벌렸던 게 기억난다. 프로 치료사에게 충격을 주다니, 한 건 올렸다.

인테이크 세션 후반전이 끝나갈 즈음 줄리는 잠시 말을 멈추고 생각을 가다듬더니 말했다. "남들보다 많은 일을 겪으셨군요." 나는 머릿속에서 트라우마 챔피언이 된 것을 자축하고, 호화롭되 시무룩한 시상식을 빠르게 상상하며 나 자신과 가볍게 하이파이브를 했다.

우울증을 가진 사람이 걸어야 하는 가장 긴 길은 대개 현재 자신이 있는 곳과 병을 고치기 위해 도움을 청할 수 있는 곳 사이에 있다. 도와줄 사람을 찾고, 진료 예약을 잡고, 약속한 시간에 나타나는 건 헤라클레스의 열두 가지 과업처럼 거의 불가능한 일일 수 있다. 안다, 미친 소리로 들린다는 거. 아니 병이 나을 수 있다는데, 뭘 꾸물거리고 있는가? 굶주려 허덕이면서 고작 3미터 거리의 공짜 피자 가게에 가지 않는 것과 뭐가 다른가. (솔직히, 공짜 피자 가게가 어떻게 망하지 않고 버틸지는 모르겠다.) (그리고 지금 나는 우울증에 걸린 헤라클레스가 보험처리가 되는 치료사를 찾으면서 피자를 갈구하는 장면을 상상하게 된다.)

사람들이 그 쉬운 일을 망설이게 되는 건 어떤 두려움, 우울증 자체가 기꺼이 부추기는 두려움 때문이다. 정신건강에 문제가 있다는 걸 확인받지 않으면, 정신건강에 문제가 없는 셈 칠 수 있다. 괴물을 똑바로 보지 않으면 괴물과 싸울 필요도 없다. 그런데 문제는 괴물이 실재한다는 것, 그리고 괴물과의 승부를 피하면 계속 녀석에게 몽둥이질을 당해야 한다는 것이다.

나는 괴물을 꽤 잘 가둬 두긴 했지만, 이제 녀석에게 주먹을 몇 방 날리고 싶어졌다. 기분이 좀 나아졌으면 했다.

그래서 우리는 내 모든 과거를 풀어헤치기 시작했다.

제2장
중학교와 우울증의 연결고리

콰과광.

7학년 어느 날, 나는 등굣길에 차에 치였다. 동트기 전 안개가 자욱한 오전 7시 25분, 태평양 연안 북서부에서 흔한 구름 낀 하늘 아래 평소보다 어둑한 날이었다. 우리가 사는 중산층 주택 단지 마린힐스로 안내하는 큼직한 노변 표지판 바로 옆에 교차로가 있었다. 횡단보도는 없지만 아이들은 개의치 않고 차량 흐름이 끊기는 것처럼 보일 때 잽싸게 길을 건너곤 했다. 솔직히 말해 그 도로에 매일 사춘기 소년 소녀들의 시체가 쌓이지 않은 건 기적이다. 재난을 부르는 그 횡단법을 나 역시 따랐다. 그날 나는 길을 건너면서 점점 커지는 헤드라이트 불빛에 근거해 자동차의 가속도를 계산해 내는 데 실패했고, 운전자는 아무 때 아무 데서나 막무가내로 튀어나오는 아이들을 계산에 넣는 데 실패했다. 맞다, 나는 교통사고를 당한 게 내 책임이라고 말하고 있는 거다. 습관이다. 이해해 주길. '끼이익' 하는 브레이크 소리를 듣고 고개를 돌리자 중형 세단이 나를 덮치고 있었다. 차가 무릎께를 받아서 차 후드에 내 상체가 납작하게 붙었다. 후드에 머리를 박은 나는 의식을 잃은 채 옆으로 데굴데굴 굴러 바닥으로 떨어졌다.

정신을 차려 보니 나는 길가에 나동그라져 있었다.

눈에 띄는 부상은 없었다. 움직이지 않는 부위도, 뼈가 부러진 느낌도 없었다. 나를 친 여자는 기겁한 와중에도 아주 친절했다. 그녀는 나를 집에 태워다 줬고, 엄마는 나를 살펴보고는 그녀를 돌려보냈다. 그날 나는 학교에 가지 않아도 되었다. 엄마는 출근을 했다. 그게 다였다. 나는 집에서 밥 바커가 진행하는 〈더 프라이스 이즈 라이트(*The Price Is Right*)〉(가격을 알아맞히는 TV 프로그램-옮긴이)를 보면서 다른 사람에겐 차에 치이는 게 이것보단 큰일이겠지, 생각했다. 나는 겁에 질려 있었다.

교통사고는 애들 앞에서 떠들 얘깃거리가 되었고, 나는 며칠간 인기를 누렸으며, 학교 측에서는 도로 건널목을 더 안전하게 만들기 위해 무언가 조치를 취하겠다는 공허한 약속을 했다. 나는 몸이 다친 데 없이 멀쩡했으므로 이 사건을 그냥 하나의 특이한 해프닝으로 간주했다. 하지만 나이가 들수록, 나는 그 사건과 거기서 남은 트라우마(그건 트라우마였다)의 장기적 영향에 대해 더 많이 생각하게 되었다. 트라우마는 어떤 일이 너무 끔찍해서 뇌가 처리하지 못하고 그저 저장해 둘 때 생긴다. 끔찍한 일은 그 자리에 그대로 남아 있기에 시간이 흐르면서 여러 가지 추악한 방식으로 고개를 들고, 너무나 오래전에 생긴 그 트라우마와 좀처럼 연결시키기 어려운 정신 문제를 일으킨다.

트라우마는 늑대고 우리의 정신은 집이다. 우리는 생각한다. '이젠 안전해. 늑대가 날 해치기 전에 집 안에 가뒀으니까.' 하지만 조금만 지나면 그게 아니란 걸 알게 된다. '안 돼! 내 집에 무슨 일이 일어난 거지? 가구가 죄다 박박 긁혔고, 사방에 늑대 똥 천지잖아! **어쩌다가** 이렇게 된 거야? 어어, 내 몸도 찢어발기고 있네.'

차에 치이기 몇 년 전 나는 가슴에 BB총 탄알을 맞은 적이 있다. 친구

딘과 우리 집에 굴러다니던 BB총들 가운데 하나를 들고 놀던 중이었다. 우리는 총알이 장전되지 않은 총에 공기를 넣고 서로를 쏘며 압축된 공기가 어떤 느낌인지 확인하고 있었다. 똑똑한 아이들 아닌가! 그런데 우리가 놀이를 잠시 쉬는 동안, 릭 형이 총에 진짜 BB탄을 하나 넣었다. 이윽고 딘이 총을 내게 겨누어 쏘자, 우리가 미처 장전된 줄 몰랐던 BB탄이 내 가슴을 뚫었다. 흰 티셔츠에 핏줄기가 번져 나갔다. 나는 무슨 일이 벌어진 건지 미처 파악하기도 전에 우리 집 쉐보레에 실렸고, 운전대를 잡은 엄마는 병원까지 액셀을 밟았다. 작은 금속 총알이 내 심장을 고작 1인치 차이로 비껴갔다고 했다. 이 총알은 아직 내 가슴에 박혀 있으나, 나는 MRI를 찍거나 해서 촬영기사가 대혼란에 빠지는 일이 생기지 않는 한 몇 년씩 그걸 잊고 지낸다. BB탄을 맞고 살아난 데다 교통사고를 당하고도 죽지 않으니 천하무적이 된 기분이었다면 참 좋았으련만, 그 뒤로 나는 도리어 언제든 죽을 수 있다고 느끼며 살아왔다. 릭 형이 왜 BB 탄알을 넣었는지는 모르겠다.

중학교에 올라가자 남녀 간의 짝짓기가 시작되었고, 헤비메탈과 그에 수반되는 악마 숭배가 중차대한 위치로 부상했으며, 모두가 갑자기 마약에 대해 이야기하고 실제로 약을 하기 시작했다. 내 고향인 워싱턴주 페더럴웨이는 노동계급이 거주하는 교외 지역이었으므로 비싼 마약은 없었지만 마리화나와 암페타민은 가격도 저렴하고 공급도 풍부했다.

7학년에 진급하기 직전 여름에 이르자 동급생의 절반가량이 어린이에서 어딘가 고장 난 돌아이로 진화한 듯했다. 켈리는 나와 같은 거리에 사는 아주 다정하고 친절하고 만화영화 속 아기사슴 같은 말씨로 이야기하는 소녀였는데, 어느 날 나와 함께 등교하면서 마리화나 담배를 꺼내 물었다. 켈리, 마약, 학교에 대한, 그리고 아마도 만화 속 아기사슴에 대한 내 관점을 송두리째 바꾼 사건이었다.

새커저위아 중학교는 작은 건물 몇 개로 이루어졌으며, 건물들 사이를 잇는 천장을 가린 야외 통로가 복도 역할을 했다. 건축가는 이런 개방형 야외 설계가 불안감을 조성하는 실내 복도보다 편안하고 덜 엄격한 분위기를 조성할 거라고 생각했던 것 같다. 하지만 그런 의도였다 해도, 건물을 둘러싼 콘크리트 길에 그려진 밝은 노란색 선들이 방해 요소가 되었다. 교정 곳곳에 즐비한 이 노란 선들은 통행금지 선이었다. 아무 생각 없이 노란 선을 넘어가는 학생은 근처에 있던 교사가 부드럽게 제지하게 되어 있었고, 소동을 일으키려고 보란 듯이 노란 선을 건너는 학생은 교장실로 보내 그 방자한 행위에 합당한 벌을 주게 돼 있었다.

그러나 이런 일들은 실제론 일어나지 않았다. 교사들은 망할 놈의 노란 선 규칙들을 기억할 수 없었고 이에 대해 항상 스트레스를 받았다. 중학교 시절 나의 가장 행복한 기억 하나는 아이들이 노란 선을 밟고 넘으며 뛰어다니고, 해군 교도소 수감자들처럼 기율 잡힌 학생들을 원하는 학교 당국의 꿈이 산산이 깨지는 이런 광경 앞에서 선생님들이 고개를 절레절레 젓고 자리를 뜨는 장면이었다. 우리는 어른들의 기를 꺾었다며 웃음을 터뜨리곤 했다. 좋은 시절이었다.

우울증에는 노란 경고선 따위가 없다. 내 경우, 가까스로 죽음을 면한 트라우마를 이미 두 개나 짊어지고 있었다. 또한 노르웨이인 조상들 여러 명이 자살하고 음울한 인생 궤적을 그린 것으로 미루어 볼 때 우울증에 대한 유전적인 성향도 지니고 있었다. 노르웨이 식 납작빵인 레프세 요리법처럼 마냥 전해 내려오는 트라우마의 낮은 울림이 내 핏줄에 있었던 거다. 게다가 원래 호르몬을 뿜어내게 마련인 사춘기까지 겹쳤으니, 여기에도 얼마간 과실이 있다.

이게 주요우울장애(major depressive disorder, 임상적 우울증)의 기원에 대한 대화가 너무나 자주 헛다리를 짚는 이유다. 부정적인 상황에 대해 울적하고, 기분이 나쁘고, 절망스러운 감정이 드는 것은 괴롭긴 해도 엄밀히 말해 장애는 아니다. 사실 이런 감정이 드는 건 합리적이며 심지어 건강한 반응이다. 그런 감정에서 놓여나지 못한다면 그게 장애다. 충격적인 사건이 일어나지 않은 때에도 그런 감정을 느끼거나, 제대로 일하고 연인과의 관계를 유지하고 자신의 책임을 다하는 게 불가능해진다면 그게 장애다.

내가 중학교 때 정신이 이상해지기 시작한 정확한 이유는 결코 알지 못하겠지만, 아무튼 정신이 이상해진 건 분명하다. 맞다, 나는 슬펐다. 불안하기도 했다. 우울하기도 했다. 내가 〈백설공주〉를 고딕 풍으로 리메이크 한다면 슬픔, 불안, 우울이라는 이름의 난쟁이들이 등장할 것이다.

그 일이 일어나기 시작했을 때 나는 이것이 치료 가능한 병의 증상이라는 걸, 건강 문제라는 걸 꿈에도 몰랐다. 중학교 보건 수업은 영 도움이 되지 않았다. 화가 많은 체육 선생님이 진행한 '성인기 진입 환영' 교육에서 사춘기, 임질, 매독, 예기치 못한 체모의 등장 따위를 다루긴 했지만, 뇌가 소리를 질러 댄다든지 병적인 생각이 든다든지 하는 증상에 대한 언급은 없었다. 내 상태가 그 수업에서 다뤄지지 않았다면, 그건 곧 내가 겪고 있는 일에서 '건강'으로 갈 수 있는 길이 없다는 뜻이었다. 내가 겪고 있는 일이 정상이 아니라는 뜻이었고, 정상이 아니라면 그건 나쁜 게 분명했다. 그래서 나는 수백만 청소년들이 매일 그러듯 입을 꾹 다물었다.

중학교에 올라가며 여러 모로 준비를 했건만, 내가 학교에서든 집에서든, 아니 사실상 어디서든 갈수록 집중력이 떨어지리라는 것은 들어 보지도 생각지도 못했다. 선생님이 바로 몇 분 전에 한 말은 물론이요 지금 하고 있는 말조차 기억하지 못하는 게 일상이 되리라는 것도. 전엔 전혀 겪어 본 적 없는 문제였다. 그전까지 나는 스스로 똑똑한 아이라고 자부하고 있었다. 나는 내가 자랑스러웠다. 하지만 이제는 아니었다.

7학년 어느 시점에 나는 지금은 그게 강박장애(OCD, obsessive-compulsive disorder)였음을 알지만 당시는 '내가 미쳐가나 봐'라고밖에 표현할 수 없었던 상태로 넘어갔다. 시작은 미약했다. 오른쪽으로 돌면, 다시 왼쪽으로 돌아 원래 방향으로 돌아온 다음에야 앞으로 나아갈 수 있었다. 원래 방향으로 돌아오지 않은 채 걸어가려고 하면 나는 대단히 초조해졌고 머릿속에서 *"당장 고쳐!"*라는 비명 소리가 울려대는 통에 결국 걸음을 멈추고 몸을 돌려 일시적인 평화를 찾은 다음에야 다시 걸을 수 있었다.

강박장애를 둘러싼 오해는 강박장애인들이 모두 망상 속에 산다는 것, 문손잡이를 짝수로 두드리느냐 홀수로 두드리느냐에 생사가 갈리는 별세계에 산다는 것이다. 하지만 나는, 그리고 강박장애를 가진 다른 많은 사람도, 그렇지 않다. 우리는 이 모든 게 얼마나 멍청한 건지 안다. 매일같이 망할 놈의 패턴을 따라야 한다는 게 얼마나 우스꽝스러운지 안다. 그러느라 직장에 지각을 한다는 것도 알며, 정신질환을 지닌 여타 사람들처럼 그 모든 걸 멈추고 싶어 하지만, 단지 그러지 못하는 거다.

돌이켜 보면 문제의 핵심은 통제였다. 학교도 집도 혼란투성이였던 그때, 몸의 회전 방향을 조정하는 건 그래도 내 지배하에 있는 영역이었으니까.

나는 BB총으로 나를 죽일 뻔한 친구 딘의 집에서 많은 시간을 보냈는데 그 집에는 강아지 두 마리가 있었다. 이름은 펑킨과 버피. 펑킨은 버피보다 털이 복슬복슬하고 여유롭고 자신감이 넘치는 개로 내 편애를 샀다. 나는 내가 펑킨을 선호한다는 걸 깨닫고 몹시 당황했다. 마치 중죄를 지은 기분이었다. 개들이나 사람이나 내가 누굴 더 좋아하든 말든 신경 쓰지 않을 텐데 말이다. (객관적으로 펑킨이 더 나은 개였다. 버피는 꺼지라지.) 펑킨을 쓰다듬어 주면, 일부러 버피도 쓰다듬었다. 그러지 않으면 모르긴 해도 뭔가 나쁜 일이 일어날 것 같았다. 결국 나는 펑킨을 쓰다듬을 때마다 몇 번인지 세어서 버피도 정확히 같은 횟수로 쓰다듬을 수 있게 했다. 그때부터 나는 그 개들을 보기만 해도 짜증이 났다. 녀석들은 산더미처럼 쌓이는 강박적 산수 과제였으니까.

집에서도 그런 일이 일어나곤 했다. 아무 생각 없이 보내는 가장 고요한 시간에도. 채널 13번에서는 오후에 〈그루비 굴리스(The Groovie Goolies)〉를 재방송했다. 나와서 안 될 이유가 없다는 이유로 힙스터 괴물들이 나오는 1970년도 애니메이션 프로그램이었다. 나는 여기 담긴 문화적 언급이나 지금 생각하기로는 얄팍하게 가린 LSD에 대한 암시였던 것들을 이해하지는 못했지만, 하교 후 종종 소파에 늘어져 쉬면서 그 프로그램을 시청하곤 했다. 그러던 어느 날 나는 갑자기 불량한 프로그램을 보고 있다는 죄책감에 휩싸여 TV를 끄고 밖으로 나가기로 했다. TV를 끄는 순간 아나운서는 마마스 앤드 더 파파스(The Mamas & the Papas)의 패러디가 분명한, 이름 그대로 미라와 강아지로 구성된 만화 밴드 머미스 앤드 더 퍼피스(The Mummies & the Puppies)를 소개하고 있었다. 밖으로 나간 나는 몇 분 뒤 그 밴드가 어떤 노래를 부르는지 궁금해지기 시작했다. '그건 나랑 상관없잖아.' 나는 생각했다.

상관이 없긴. 강박장애가 장애로 분류되는 건, 이렇게 자신의 뇌를 통제하는 기본적 능력을 저해하기 때문이다. 나는 〈그루비 굴리스〉에서 어떤 노래가 나오는지 모르는 채로 외출했고 프로그램이 끝나고 한참 뒤에야 집에 돌아갔으니, 그때 어떤 노래가 나왔는지 평생 알 길이 없을 것이었다.

유튜브가 없는 시대였다. 텔레비전 프로그램은 그 시간을 놓치면 영원히 안녕이었다. 그러니 결코 알 길이 없었다. **죽어도 알 수 없을 거였다.** 물론 이성적으로 생각해 보면 무슨 노래가 나왔는지 몰라도 아무 상관이 없었지만, 내 머릿속 상황은 그게 아니었다. 계속 펑킨만 쓰다듬어 주면서 버피와는 다신 만날 수 없게 된 셈이었다. 정말이지 미쳐 버릴 것 같았다.

그 일이 있고 몇 달 동안 매일 머릿속에서 난데없는 비명이 울리곤 했다. '머미스 앤드 더 퍼피스가 무슨 노래를 불렀는지 죽는 날까지 모를 거야'라고. 그 생각에, 내 경험의 끔찍한 불완전성에 나는 거듭거듭 고문당했다. 노래 따위에 집착하는 게 얼마나 터무니없는지 머리로는 알았지만 그렇다고 집착이 멈추기는커녕 강박장애와 훌륭한 한 쌍을 이루는 자기혐오의 아우성이 더해졌을 따름이었다. 나는 생각했다. '채널 13번 방송국에 전화를 걸어서 〈그루비 굴리스〉 제작자가 누군지 알아내고, 제작자에게 편지를 써서 물어볼 수도 있어.' 하지만 실행에 옮기지는 않았다. 그건 미친 놈들이나 하는 짓이고, 나는 벽에 쿠션을 댄 병실에 갇히고 싶진 않았으니까. 나는 광기라는 열차에 오른 사람의 피할 수 없는 종착지는 정신병원과 구속복이라고 생각하고 있었다.

(방금 구글에 '그루비 굴리스 머미스 퍼피스'라고 쳐서 검색해 보니 곧장 머미스 앤드 더 퍼피스가 여러 노래를 부르는 유튜브 영상들이 쏟아졌다. 그러니 그 가운데 그날 방송된 영상이 무엇인지 알 길은 없는 셈이다. 평생 모르고 살겠지. 괜찮다! 하하. 상관없다니까. 하하! 하.)

나는 머릿속에서 자꾸 소용돌이치는 그 노래 생각을 떨쳐낼 수 없었고, 곧 내가 모르는 다른 것들에 대해서도 집착하기 시작했다. 수학 수업이 끝나고 내가 눈을 돌린 사이에 제일 먼저 교실을 나간 게 누굴까? 그날 오후 라디오에서 블론디의 「콜 미」 다음으로 틀어준 노래는 무엇일까? 한 가지 작은 위안은 이런 집착들이 며칠 가지 않는다는 것이었다. 머미스 앤드 더 퍼피스에 대한 집착은 내가 느끼기론 평생을 갈 것 같았으니까. 오늘날 나는 내가 겪은 침투적 사고(intrusive thought), 즉 반복적 사고가 강박장애 및 불안과 관련된 흔한 증상이라는 걸 안다.

자, 애니메이션에 나오는 밴드에 집착하느라 수업에 집중하지 못하고 마음의 평화를 찾을 수 없다면, 정신장애에 걸린 것이니 도움을 받아야 한다. 그때 나는 도움 같은 건 생각조차 안 했지만.

우리 가족은 뭔가 잘못됐을 경우 아무것도 잘못되지 않은 척 일상을 살아갔다. 우리 아버지는 술을 잔뜩, 혼자서, 악착같이 마셨다. 우리를 학대한 적은 없었다. 밤이면 대개 현실 세계에서 체크아웃했으므로, 저녁 시간 후에는 아버지와 지적인 대화 비슷한 것도 나눌 수 없었다. 아버지의 음주는 문제였다. 강박적인 행동이었다. 병이었다. 중독이었다. 알코올중독이었다. 이에 관해 우리는 대체로 침묵을 지켰다. 거대한 몸집에 커다란 발톱을 지니고, 겨울잠을 자며, 냇물에서 연어를 후려쳐 건져 낼 수 있는 털북숭이가 집에 있지만 아무도 그걸 곰이라고 부르지 않는다면 집에 곰이 산다는 걸 모르는 채 여러 해를 보낼 수도 있다. 결국은 내 몸에 자꾸 상처를 내는 게 면도날처럼 날카로운 나 자신의 발톱이 아닐까 의심하게 되는 것이다.

새커저위아 중학교는 내가 다녔던 노틸러스 초등학교 외에도 몇 개 학교에서 학생들을 받았으므로 7학년에는 내가 생판 모르는 아이들이 넘쳐 났다. 그중 몇몇은 벌써 어엿한 어른처럼 굴었다. 가령 로브 스톤은 근육이 빵빵했고 키는 180센티미터가 넘는 데다가 이미 세상만사에 통달했거나 취해서 맛이 간 사람처럼 무감한 표정을 짓고 있어서 열두 살이라는 걸 믿기가 어려웠다. 지피루브(자동차 엔진오일 교환 전문점 체인-옮긴이) 업소를 관리하다가 쉬는 중 우리 수업에 끼어든 사람처럼 보였다. 아이가 있다 해도 이상하지 않을 터였다. 우리는 본능적으로 로브를 일절 건드리지 않았고 그를 우두머리 수컷쯤으로 여겼다. 짐작건대 로브는 이 모든 걸 전혀 의식 못했을 공산이 크다. 진짜로 약에 취해 있었을지도 모르고. 그땐 워낙 약쟁이가 많았으니까. 로브는 나와 언어 수업을 함께 들었다.

7학년 봄에 학교에서 모금 행사가 열렸다. 나는 잡지 정기구독권 판매에 참여했고, 엄마에게 몇 장을 떠맡긴 덕분에 상품 겸 더 팔라는 격려품으로 기다란 빨간색 감초 젤리를 받게 되었다. 상품이 내게 전해진 것은 언어 수업 시간이었다. 로브 스톤이 그걸 좀 구경해도 되겠느냐고 물었다. 상대가 로브였으므로 나는 알겠다고 하고선 순순히 젤리를 건네주었다. 수업이 막 시작되는 순간이었다. 로브는 내게서 받아든 감초 젤리를 조각조각 뜯기 시작하더니 그 기다란 걸 게 눈 감추듯 먹어 버렸다. 게이브리오 선생님은 전치사에 대한 설명을 끝도 없이 늘어놓고 있었고, 나는 감초 젤리를 빼앗겼다는 고자질을 해서 선생님을 방해하거나 로브에게 두들겨 맞고 싶지 않았다.

그래서 나는 울었다. 울고 싶지 않지만 울음이 터져 나왔다. 물론 대부분의 사람들은 감초 젤리가 있는 걸 없는 것보다 선호할 테고, 특히 그것이 어머니에게 《스포츠 일러스트레이티드》 잡지 구독권을 사달라고, 나를 위해 좀 사달라고 조른 결과 받게 된 거라면 더욱 그럴 테다. 그래서 나는 약간 슬펐다. 기다란 젤리가 뭐 대단한 상이었던 건 아니다. 학교 옆 세븐일레븐에서 개당 25센트로 팔고 있었으니까. 나를 슬프게 한 건, 이제 막 성인기로 향하는 첫걸음을 뗐을 뿐인데 이미 이런 일이 정상이 되는 듯했다는 것이었다. 세상의 로브 스톤들은 세상의 나 같은 사람들에게서 아무렇지 않게 감초 젤리를 빼앗을 것이고, 나 같은 사람들은 손 놓고 당할 것이다. 이건 적자생존이다. 강자는 약자의 것을 빼앗고, 그래서 강자는 점점 더 강해지며 약자는 쭈그러든다. 강자는 짝을 찾아서 더 많은 강자들을 생산할 것이고 나 같은 표본들은 질서 정연하게 유전자 풀에서 제거될 것이다. 우리 중학교에서 다윈의 진화론을 믿은 사람은 내가 거의 유일했다는 사실을 짚고 넘어가야겠다.

문제는 한번 울음보가 터지자 멈출 수 없었다는 것이었다. 몇 달 전부터 그랬다. 무언가 속상한 일이 일어나고 눈물이 흐르기 시작하면, 나는 울고 있다는 걸 숨겼다. 눈을 비비는 척 눈물을 닦아 냈고 어디가 간지러워서 긁는 척하며 셔츠에 물기를 닦았다. 물론 눈물은 감정의 장소에서 자연스럽게 흘러나오는 것이나, 내 눈물은 멍청할 정도로 양이 많았다. 몸의 배관에 문제가 생긴 것 같았다. 눈물이 코피처럼 줄줄 흘렀다. 하도 울어서 어지럽고 정신을 못 차릴 정도였다.

여기서 잠깐, 내가 7학년 때 학년 부회장, 8학년 때는 회장으로 선출되었다는 사실을 언급해야겠다. 두 번 다 학생 조회에서 후보 연설로 좋은 반응을 끌어낸 덕분이었다. 나는 리더십 있는 학생이라는 평가를 받았고 학교 추천으로 이름난 연극 캠프와, 아메리카원주민 부족과 관련된 문화 프로그램에 참여했다. 사실 이 문단은 이 장의 초고를 쓰고 한참 뒤에 덧붙이는 것인데, 그런 일이 있었다는 것조차 까맣게 잊고 있었기 때문이다. 우울증은 위와 같은 즐겁고 행복하고 자랑스러운 순간들을 하찮은 것처럼 퇴색시켰다. 우울증(이라는 개자식)이 이런 추억들을 내게서 숨긴 나머지, 중학교 시절을 생각하면 8학년 때 회장으로 뽑혔다는 사실 대신 고통과 굴욕밖엔 떠오르지 않는다. 우울증이 기억을 숨긴 이유가 있겠거니 싶어 덧붙이자면 사실 나는 8학년 회장으로서 꽝이었다. 아무것도 하지 않았으니까. 탄핵되거나 사퇴하고 나보다 훨씬 유능한 부회장 메리 앤 루스에게 자리를 양보했어야 마땅하다.

로브 스톤의 대단한 감초 젤리 사기극 뒤에도 울 일은 쌔고 쌨다. 나의 형 릭은 페더럴웨이 고등학교 3학년이었는데 그게 형이 반드시 학교에 간다는 뜻은 아니었기 때문에, 우리 집은 당장 사건이 벌어지는 현장은 아니더라도 무언가 불길한 예감이 감도는 장소처럼 느껴졌다. 마치 누군가 강도를 벌이자는 아이디어를 내는데 관객들이 보기엔 무시무시하게 잘못될 게 뻔한 코엔 형제의 영화처럼. 스티브 부세미가 톱밥제조기에 들어가게 되는 장소처럼(코엔 형제의 영화 〈파고〉에 나오는 얘기다.—옮긴이).

그해 12월에 존 레넌이 총을 맞아 죽었다. 내 경우는 이 소식을 〈먼데이 나이트 풋볼〉을 보던 중 해설자인 하워드 코셀을 통해 알게 되어 더욱 비현실적으로 느껴졌다. 그로부터 몇 달 전에는 우리 집에서 240킬로미터 떨어진 세인트헬렌스 화산이 폭발했고, 바로 전날 뉴스에 나왔던 사람들이 땅에 집어삼켜져 죽었다. 나는 우리 집에서 고작 70여 킬로미터 거리인 레이니어 화산이 다음 타자일까 봐, 모두가 영문도 모르고 재나 용암에 묻히게 될까 봐 겁이 났다. '활화산'의 문제는 200년 뒤에 분출할지 당장 내일 분출할지 모른다는 건데, 정서적으로 연약한 아이들이 가까이 살기에 이상적이라고 할 수는 없었다.

하늘에서 불덩어리가 떨어져 다 죽는 얘기가 나와서 말인데, 그때 대통령은 로널드 레이건이었다. 그 시절 나는 주워듣는 것들을 우선 불안이라는 필터에 한 차례 여과시키고 시간이 나면 그제야 현실적으로 검토했는데, 모든 이야기를 종합해 볼 때 핵전쟁은 그 어느 때보다도 임박해 있었다. 레이건은 모스크바에서 우리에게 핵을 쏘기 전에 먼저 그쪽으로 핵을 쏘거나, 혹은 아주 적대적으로 굴어 그들이 먼저 미사일을 쏘게끔 만든 다음에 곧장 앙갚음에 나설 것이었다.

여기서 한 가지 아무리 강조해도 지나치지 않은 사실은, 우리 세대는 모두가 핵전쟁으로 죽을 거라고 믿었다는 점이다. 이건 기정사실이었다. 우려의 대상이 아니라, 조수가 밀려들고 해가 뜨는 것처럼 분명히 일어날 일이었다. 아이들은 '벼랑 끝 전술'이나 냉전의 역사 따위를 이해하지 못한다. 데탕트(détente, 긴장 완화)의 의미를 알기는커녕 스펠링조차 모른다. 아이들에게 미사일 여러 대가 어딘가로 겨눠져 있다는 것은 그 미사일이 언젠가는 발사될 거라는 뜻이다. 우리가 여름마다 사서 갖고 놀던 작은 불꽃놀이 로켓처럼.

레이건의 전임 대통령이었던 지미 카터는 사람이 영 가냘프고 우유부단해 보여서 발사 버튼을 누르지 못할 것 같았지만, 레이건은 담대했고 노망이 든 것도 같아서 버튼을 누를 수 있을 듯했다. 그가 당선되었으니 종말은 이제 머지않은 미래였다. 내가 연기가 되어 사라지는 건 고등학교에 올라간 후일지도 모르지만, 그 전이기가 쉬웠다. 대학에 대해 몽상을 펼치거나 걱정을 (대부분의 경우 걱정이었다) 하다가도, 어른이 되면 어떤 직업을 가질지 생각하다가도, 몽상이든 걱정이든 그만두자 싶었다. 나는 대학에 가지도 어른이 되지도 못할 테니까. 세상이 붕괴하기 전에 섹스를 한번 해 보고 싶다는 덧없는 희망이 있었지만 당시 내게 그것은 경기 종료 버저가 울릴 때 코트 중앙에서 자포자기의 심정으로 던지는 슛과 비슷하게 느껴졌다.

우리가 바란 건 다만 방사능에 노출되고 몸이 변형되고 영화 〈매드맥스〉에서처럼 물 한 모금을 두고 서로 죽고 죽이는 상황에 몰리기 전, 딱 한 차례의 섬광과 함께 곧바로 증발하는 것이었다. 위로는 시애틀, 아래로는 터코마 사이 고속도로 옆에 처박힌 내 고향 페더럴웨이에서는, 바로 지척에 보잉 공장이 있으니 우리도 보나마나 표적이 될 거라는 말들이 공공연히 오갔다. 우리는 서로 그래 맞아, 소련 놈들은 미국의 항공 전력을 마비시키기 위해 우선 보잉부터 칠 거야 하며 음침한 확신을 주고받았다.

여러 해 뒤, (기적적으로) 성인이 되고 한참이 지난 시점에 아내 질에게 이 이야기를 했더니 그렇지 않다고, 내가 아니라 자기가 먼저 죽었을 거라는 대답이 돌아왔다. 1번 미사일의 폭격지는 그녀의 고향인 시카고 교외의 리버포리스트일 게 분명했는데 그 이유란, 시카고 도심을 치면 미사일 폭발력의 절반은 미시간호에 낭비될 테지만 리버포리스트를, 구체적으론 레이크가와 할렘가의 교차점에 위치한 위볼츠 백화점을 겨냥하면 폭발 반경의 살상 효과가 최대화할 것이기 때문이라는 얘기였다. 어째서 위볼츠여야 했는지 묻자 질은 답했다. "나도 몰라." 고등학생 시절 질에게도 계획이 있었다. 미사일이 위볼츠 백화점을 향해 날아가는 사이, 당장 눈에 띄는 가장 매력적인 남자와 재빨리 섹스를 시도해 보자는 것이었다. 현재 우리는 결혼생활이 25년을 향해 가고 있고 아이가 셋이니 적어도 섹스를 세 번은 했다는 증거다. 이만하면 잘 풀린 거다.

말살을 피하고 맞은 성인기에 나는 온갖 동네의 아이들이 하나같이 '죽더라도 빠르게 죽을 것'이라는 얘기를 나누며 스스로를 위안했다는 걸 알게 되었다. 내 친구 존 로더릭은 알래스카 출신인데, 러시아가 엎어지면 코 닿을 거리라서 제일 먼저 핵을 맞을 거라고 생각했다. 네브래스카에서 자란 친구 케이티 시스네로스는 오마하에 오래된 공군 기지가 있으니 자기가 제일 먼저 죽으리라고 생각했다. 내 생각엔 내 또래 거의 모든 미국인이 소련 놈들이 자기를 제일 먼저, 그것도 재빨리 처치할 거라고 굳게 믿으며 어린 시절을 보낸 것 같다.

지금은 아무도 그 얘기를 하지 않는다! 우리는 다 같이 사형수처럼 마음을 졸이며 살았지만 집행인이 끝까지 나타나지 않았고, 마침내 감방문이 열리자 우리는 거기서 걸어 나와 다시는 그 얘기를 하지 않았다. 우리 세대는, 우리 사회는 핵전쟁의 공포와 함께 사라진 것들에 대해 이야기하지 않는다. 진지하게 논하지 않는다. 어렸을 적에 영화 〈그날 이후(The Day After)〉가 얼마나 무서웠는지 얘기하며 웃겠지만, 우리가 절망 속에서 성장했다는 것, 그 절망을 우리의 아이들과 훗날의 우리 자신에게 물려주었을지 모른다는 것은 깨닫지 못한다.

당시에 우울증 증상 체크리스트가 있었더라면 나는 수많은 네모칸에 체크했을 것이다.

- 절망─핵전쟁의 확실성
- 반복사고─〈그루비 굴리스〉
- 울음─로브 스톤 사건
- 불안/초조─항상

개구리는 자주 쓰이는 비유에서와 달리 끓는 물에서 뛰쳐나간다. 당연히 그러지 않겠는가. 지금 살아 있는 개구리들은 생존에 최적화된 표본들의 혈통을 받았다. 녀석들은 양서류 세계의 로브 스톤들이다. 하지만 나는 곧 끓게 될 냄비 안에 수갑으로 묶인 개구리에 가까웠다. 아이는 자기 삶에서 뛰쳐나가지 못한다. 일자리를 얻어 다른 도시로 이사할 수 없으니까. 다른 도시라니, 애초에 거길 어떻게 가겠는가? 자전거를 타고? 아이들은 그냥 현실을 받아들일 도리밖에 없으며, 게다가 인생의 어떤 나쁜 시간들은 결국 지나간다는 걸 알지 못한다. 사춘기가 찾아와 평생 머무를 것 같던 그때, 나는 내가 겪고 있는 모든 정신적 문제들 또한 평생 머무르리라 생각했다.

회장으로 뽑힌 8학년 때 나는 아직 핵전쟁에서 사멸하지는 않았으나 그 밖의 다른 것들은 악화일로를 걷고 있었다. 나는 절망에 빠졌고, 끊임없이 울었고, 소용돌이처럼 강박적으로 반복되는 생각들에 사로잡혔으며, 이 시점에 이르자 부단한 불안이 제법 심각한 동요로 발전하고 있었다. 사랑하는 나의 급우들은 언제든 울음을 터뜨릴 기세에다 점점 더 내면으로 파고드는 나를 늘 친절하게 응원해 주…지 않았다. 하! 그럴 리가. 애들은 나를 집요하게 괴롭혔다. 분명 나보다 지위가 낮았던 아이들이 이제 나를 패겠다고 으르댔다. 나를 집에 데려가 던전 앤 드래곤 게임을 같이 하기도 했던 친구들이 이제 나를 멋대로 다룰 수 있다는 기쁨에 낄낄거렸다. 자기들이 당하느니 내가 당하는 게 나았으니까. 나는 화가 치밀고 겁이 난 나머지, 누구와도 대화를 하지 않고 매일 똑같은 옷을 입는 지저분한 아이였던 던에게 가서 그를 잔인하게 놀려댔다. 그렇게 하면 내 끔찍한 기분을 더 아래로 떠넘길 수 있다고 생각하며. 던, 미안해.

감당이 되지 않았다. 프라이스의 미국사 수업은 더더욱 그랬다. 프라이스를 프라이스 선생님이라고 부르는 애들은 없었다. 누구나 그냥 프라이스라고 불렀고, 프라이스 역시 학생들을 성으로만 불렀다. 마치 우리 모두 프라이스가 코치로 있는 중학교 풋볼(미식축구) 팀의 선수인 것처럼. 프라이스의 옆 교실은 육상 코치인 서스턴(선생님)이 쓰고 있었는데, 그도 역사를 가르쳤다. 두 사람은 절친했고 수건을 회초리처럼 휘두르는 해로운 남성적 분위기에서 수업을 운영했다. 풋볼을 하는 남자애들을 떠받들고, 풋볼을 하지 않는 남자애들과 모든 여자애들은 약점과 허점을 짚어 내서 조롱하는 분위기가 조성되었다.

우리 집에서 학교까지는 조금만 걸으면 (그리고 어쩌면 교통사고 한 번만 당하면) 되는 거리였으므로 나는 매일 점심시간에 집에 가서 수프를 만들어 먹고 정신적 휴식을 취했다. 유난히 끔찍했던 어느 날 수업 중, 프라이스는 내가 사소한 규칙을 위반했다며 점심시간에 외출을 금지시키겠다고 지나가듯 말했다. 그 말은 며칠이 지나도 실행되지 않았다. 애초에 나의 존엄과 마음의 평화를 제물로 삼아 프라이스 자신과 풋볼 선수들을 즐겁게 하려는 하릴없는 위협에 지나지 않았으니까. 그런데 급우 몇 명이 프라이스의 말을 기억하곤, 프라이스에게 그 말을 상기시키겠다고 협박했다. 내가 얼마나 속상해하는지 보려는 거였다. 나는 정말로 속이 상해서 제발 그러지 말아 달라고 애걸했고, 그러자 녀석들은 내가 더 괴로워하는 걸 보려고 오히려 상황을 고조시켰다. 한 가지 기억해야 할 사실은, 그들이 내게 가한 위협은 폭력을 쓰겠다는 것이 아니라 단지 불편한 마음으로 샌드위치를 먹게 만들겠다는 것이었다. 하지만 바로 그런 녀석들로부터 잠깐 피난하기 위해 집에 들를 수 없다니, 상상하기도 싫을 만큼 끔찍했다. 결국 나는 그 애들에게 돈을 줄 테니 프라이스에게 말하지 말아 달라고 부탁했는데, 이렇게 정말로 찌질한 자기 비하 행위 앞에서 결국은 녀석들도 물러났다. 자기들도 당황한 거다. 어쩌면 마침내 부끄러움을 느낀 걸지도 모른다. 그 후로 그 애들 모두가 사과를 했는데 가장 최근의 사과는 내가 이 글을 타이핑하기 딱 한 달 전, 내가 회고록을 쓰고 있다는 걸 알게 된 녀석에게서 받았다.

집에서는 아빠의 알코올 문제나 릭 형이 마리화나를 점점 습관적으로 하고 있는 문제에 대해 터놓고 말하는 법이 없었다. 우리는 둘 다를 그저 부정하거나, 우리가 손을 쓸 수 없는 일로 묵묵히 받아들이고, 옷을 입고 갈 길을 갔다. 어쨌거나 전형적인 노르웨이 문화는 이렇다. 지금 생각에 보니 우리 부모님처럼 나치 전령기에 유년을 보낸 이들에게 살아남기 위한 최고의 방안은 너무 많은 생각을 하지 않고 그냥 살아 나가는 것이었을 테다. 게다가 집에 무장한 나치 군인이 들어와 있었다면, 보드카 몇 잔을 (혹은 몇 잔보다는 더 많은 양을) 마시는 게 뭐 그리 대수겠는가. 우리에겐 문제들을 부정하고 넘어가게 해 줄 알리바이들도 있었다. 우리 집에는 사랑이 있었다. 냉장고엔 늘 음식이 넉넉했고, 우리끼리만 통하는 농담을 나누었고, 즐겁고 긴 캠핑 여행을 떠나 한 텐트 안에 오밀조밀 모여 잠을 자기도 했다. 퓨젓사운드만에서 작은 보트를 타고 연어와 대구 낚시를 하며 나른한 오후를 보내기도 했다. 대학 학비도 부모님이 내주셨다. 하지만 문제를 에돌아간다고 해서 문제가 사라지는 건 아니다.

8학년의 어느 날 나는 점점 더 커져 가는 정체불명의 정신적 위험을 끌어안고 있기가 버거웠다. 그래서 프라이스의 수업에 가는 대신 행정실로 직행해서 상담 선생님을 만나고 싶다고 말했다. 행정실 직원이 나를 아는 사람이었는지, 그래서 눈물이 차오른 내 눈을 보고 놀랐는지는 기억이 안 나지만, 여하튼 그녀는 내게 들어가라고 손짓했다. 상담을 담당하는 기시 선생님은 뒤편의 작은 사무실에서 근무했고 심리적인 의미에서의 상담보다는 학사 일정 변경 같은 일을 주로 다루었다. 그는 대뜸 내게 무슨 일이냐고, 왜 그렇게 속상해 보이냐고 물었다.

나도 내가 왜 그 지경이 됐는지 몰랐다. 내 뇌가 어떤 짓을 하고 있는지 설명할 어휘조차 부족했다. 우울은 파괴 행각을 저지르고선 자기 발자국을 지우고 숨어 버린다. 문제는 질병이 아니라 못나고 이상한 자기 자신이라고 믿게 만든다.

나는 가까스로 설명을 시도했다. "저는… 학교가 싫어요." 이게 긴 침묵 끝에 내가 말할 수 있는 최선이었다. 기시 선생님의 사무실에는 자비롭게도 크리넥스 티슈가 넉넉히 비치되어 있었고 나는 여러 장을 뽑아 썼다. "그냥 학교가 싫어요." 어쨌든 학교에는 가야 한다는 걸 알았고, 학교에서 상황이 나아질 리 없다는 것도 알았다. 내겐 희망이 없었다.

논란의 여지는 있겠지만, 기시 선생님을 내가 만난 첫 번째 치료사라 할 수도 있겠다. 그는 내게 어떤 일이 일어나고 있는지 엄마에게 말하는 게 좋겠다고 했다. 내가 한 번도 생각해 본 적 없는 선택지였다.

〈유쾌한 우울증의 세계〉에 따르면
중학교는 사람들이 우울에 치이는 시기다

우울증은 병이다. 모든 환자에게서 비슷한 병리적 증상이 나타나는 경향이 있다. 이런저런 특징, 사건, 반응 들이 많은 이들에게서 거듭 되풀이하여 나타나는 건, 우리가 알고 보면 서로 그다지 다르지 않기 때문이다. 당신이 세상에서 유일무이하며 특별하고도 고유한 빛나는 별이라고 생각했다면, 미안하지만 틀렸다. 믿기 어렵겠으나 당신이 겪고 있는 일 가운데 다른 사람에게 일어나지 않았던 일은 없다. 이건 좋은 소식이다. 입증된 치료가—혹은 적어도 동료들이—준비되어 있다는 뜻이니까. 안녕하세요. 환영합니다.

이 책에서는 종종 내 얘기에서 한 발짝 비켜나 우울증 동지들의 이야기도 들려주려 한다.

〈유쾌한 우울증의 세계〉를 진행하면서 나는 새커저위아 중학교에서의 내 경험이 하나도 특이하지 않다는 걸 알게 되었다. 중학교 때 우울증에 세게 치였던 사람과 이야기를 할 때마다 동전을 하나씩 모은다면 동전이 쌓이다 못해 산을 이룰 것이다. 사춘기 호르몬들이 한데 모여 소용돌이치고, 학업 스트레스가 쌓여 가고, 원시적이고 끔찍한 형태의 데이트가 시작되는 시기라는 걸 감안하면 그럴 법하다. 몇십 년 뒤 내가 진행하는 프로그램에 수많은 유명인이 나와 클리니 D에게 치인 이 시기의 이야기를 털어놓으리라는 것을 알았더라면 당시의 내게 도움이 되었을 것이다. 이윽고 내가 겪게 되는 일을 그저 "으아아아아아아아아아아악!"이라고 표현하는 대신, 언어로 설명할 수 있었을 테니까.

유치원 시절, 훗날 밴드 윌코(Wilco)의 간판 멤버가 되는 제프 트위디(Jeff Tweedy)는 대단한 울보였고 중학교에 가서도 그 사실은 변하지 않았다. 제프는 툭하면 눈물을 뚝뚝 흘렸고, 눈물을 멈추는 건 어렵거나 때로는 아예 불가능했다. 제프는 나에게 말했다. "우리 세대 아이들은 누가 우는 걸 보면 이렇게 반응했죠. '진짜 울 거리를 만들어 주지.' 우는 건 나약하다는 뜻이었거든요." 그는 심한 편두통에 시달려서 서른 번을 연속해서 토한 적도 있었다. 과학적 근거는 없지만 그는 자기 몸이 정신적 고통을 실체적인 무언가로 변환시켜 어떻게든 보살핌을 받고자 시도한 결과가 그 편두통이었다고 확신한다.

제프의 머리와 정신은 편두통과 울음 사이를 오가며 학교생활을 악몽으로 만들었다. "아주 어렸을 적부터 기억하는 건데, 학교에 가서 공황 상태에 빠지곤 했죠. 엄마가 죽을 거란 생각이 들거나, 도저히 학교에 머물 수가 없다는 느낌이 들었어요. 그래서 저는 울보 소리를 듣고, 마마보이 소리도 들었습니다. 그땐 그렇게들 설명했죠. 제가 엄마와 너무 가까워서 그렇다고요."

오늘날 우리의 정신건강 지식에 비추어 보건대, 내가 추정하기로 제프는 아마 우울증이나 불안장애가 있었고 그 병은 그가 너무 어려서 어찌해 볼 수 없었던 다양한 행동으로 나타났을 것이다. 그때 그는 자신이 왜 그렇게 행동하는지 설명할 수 없었고 지금도 완전히 설명하지는 못한다. 애초에 딱히 이유랄 게 없으니까. 다리가 부러졌다면 이해하기 쉽다. 나무에서 떨어지며 '뚝' 소리가 났고 살갗 밑에서 뼛조각이 불거져 나온다면, 병원에 가서 고쳐야 한다. 그런데 정신은? 좀 다르다.

중학교가 6학년부터든 7학년부터든, 학교 명칭이 '미들 스쿨'이든 '주니어 하이 스쿨'이든, 대개는 이즈음 아, 내가 이제 금방 어른이 되겠구나, 하는 의식이 고개를 든다. 앞서 언급했듯 이성 교제, 마약, 악마적 음악 따위 우리 어른들이 매일 즐기는 것들이 이 시기에 등장한다. 그러나 아이들이 우러러보는 어른 롤 모델들이 정신건강에 대해 터놓고 얘기하는 일은 역사를 통틀어 거의 없었고, 만에 하나 말이 나오더라도 섬뜩한 이야기이기 일쑤다. 내가 만나 본 많은 사람들에게는 정신병원에 보내져 몇 년을 갇혀 지낸 고모, 이모나 할머니가 있었다. 그리하여 아이는 정신질환을 가족과 생이별하고 무서운 사람들과 함께 갇혀서 아마도 평생을 보내는 것과 연결 짓게 된다.

내 팟캐스트에 나온 코미디언 젠 커크먼(Jen Kirkman)은 중학교 시절 무언가 형언할 수 없이 끔찍하게 잘못되었음을 느꼈다고 회상한다. 그때 그녀는 스스로에게 말했다고 한다. "'엄마에겐 이런 증상들을 얘기하지 말자.' 마음속 어디에선가 이것이 심리적인 문제라는 걸 알고 있었거든요. 저는 미친 사람이 되는 길에 올라 있었어요. '엄마에겐 몸이 안 좋다고 하자.' 그래서 이렇게 말하곤 했죠. '엄마, 어지러워요.'"

젠이 마침내 엄마에게 자신의 상태를 솔직하게 털어놓자 돌아온 대답은 이러했다. "할머니도 그렇고, 나도 그렇고, 이제 너도 그렇구나. 우린 그걸 그냥 스트레스라고 해." 그걸로 대화는 끝났다.

〈유쾌한 우울증의 세계〉를 진행하면서 나는 대강 'X세대'라는 분류로 묶이는 많은 사람들이 나처럼 곧 소멸이 닥치리라는 감각을 지니고 살았다는 걸 알게 되었다. 그게 확실히 우리를 망쳐 놓았다.

젠 커크먼은 부모님과 함께 억지로 영화 〈그날 이후〉를 봐야 했다고 회상한다. 핵폭탄이 얼마나 쑥대밭을 만드는지 아이가 봐 두어야 그것에 익숙해지든 사춘기의 능력을 다해 그것을 피하든 할 것이라는 이유에서였다. 영화를 보고 얼마 지나지 않아 젠은 수학여행을 떠났다. 매사추세츠주의 플리머스 플랜테이션은 연기자들이 1600년대처럼 차려입고 그 시대를 연기하는 곳이었다. 그녀는 말한다. "비행기가 아주 낮게 날아가는 소리를 들었어요. 부근에서 해군 항공대 훈련이라도 있었나 보죠. 위험할 건 없었어요. 비행기 한 대가 날아간 게 전부니까. 하지만 저는 그 순간 핵폭발 시 행동 수칙인 '엎드리고 감싸기'를 했어요. 바닥에 납작 엎드려 머리를 가렸지요. 그러자 곧 숨이 막히는 기분이 들었고 심장이 두근거리기 시작했어요. 금방이라도 기절할 것처럼, 현실감이 들지 않았지요. 죽을 것 같은 기분이었지만, 사실 죽는 건 이것과는 전혀 다르다는 걸 알아요. 그때 제가 느낀 건 그냥 공포였어요. 즉각적인 공포. 저는 바닥에 엎드려 청교도 연기를 하고 있는 사람에게 소리쳤지요. '연기는 그만둬요! 공격이 시작됐어요!' 이런 말을요."

젠은 남은 수학여행 내내 버스에 앉아 있어야 했다. 다른 아이들과 어울려서 1600년대 의상을 입은 연기자들에게 집에 VCR이 있는지 물으며 놀려 대기엔 트라우마가 너무 컸던 것이다.

대략 내 또래인 코미디언 마거릿 조(Margaret Cho)는, 우울증이 막 싹트고 있던 시기에 〈그날 이후〉는 우리 모두 죽을 운명이니 어떤 것에도 아무런 의미가 없다고 믿을 충분한 이유를 주었다고 말했다. "우리가 핵전쟁을 자초할 수도 있다는 생각, 그다음엔 방사능과 씨름해야 할 것이고, 아무 것도 먹지 못하고 머리카락이 숭덩숭덩 빠지고 모두 엉덩이에서 피를 줄줄 흘리게 될 거라는 생각 따위가 들었죠."

아주 최근에, 자기가 사는 곳이 핵전쟁에서 첫 번째 피폭지가 될 거라고 믿으며 자란 동세대 사람들을 꽤 여럿 더 만나고 난 뒤 나는 마침내 사실은 어땠는지 조사해 보았다. 결론은, 내 친구 케이티가 옳았다. 오마하는 워싱턴 D.C.와 함께 처음 핵을 맞을 고장이었다.

베이비붐 세대와 여타 세대들은 분명 핵전쟁의 확실성이 X세대뿐 아니라 모든 사람의 머리 위에 파멸의 그늘을 드리우고 있었다고 말할 것이다. 오늘날의 젊은이들은 똑같은 파멸이 소련 장군들이 아니라 지구라는 행성 자체로부터 올 거라고 본다. 그들이 과거의 우리보다 무력감을 덜 느끼진 않으리라.

제3장
⟨캐럴 버넷 쇼⟩라는 대응기제

우리 가족이 문제에 대한 대화를 *피하려고* ⟨캐럴 버넷 쇼(*The Carol Burnett Show*)⟩(1967년부터 78년까지 방송된 TV 코미디쇼–옮긴이)를 본 건 아니다. 우리는 문제에 대한 대화를 *피했고* ⟨캐럴 버넷 쇼⟩를 보았다.

⟨캐럴 버넷 쇼⟩는 우리 집에서 볼 수 있는 방송 프로그램 중 가장 좋고 재미있고 즐거웠으며, 세상 최고의 장소를 들여다보는 창문처럼 느껴졌다. 캐럴의 세상에서는 누군가의 진심을 알기 위해 행간을 읽을 필요가 없었다. 누가 술에 취했다면 그건 오직 촌극을 벌이기 위해서였다. 나쁜 일은 신속히 해결되었으며 어쨌든 그건 다 허구에 불과했다.

스트리밍 동영상이나 디지털 비디오 리코더(DVR)는 물론이요 비디오테이프조차 없던 시대였으므로, 캐럴을 보고 싶으면 캐럴이 나오기를 기다려야 했고, 나는 항상 캐럴을 기다렸다.

기억은 언제나 당신이 기억하는 분위기에 어울리는 장면을 그려낸다. 가족 여섯 명 모두가 소파 하나에 옹기종기 모여 무릎이나 팔걸이에도 앉아서 캐럴과 친구들을 보며 빅장대소를 터뜨렸을 것 같지는 않다. 하지만 그 시간에 나는 그런 따뜻함을 느꼈기에 그 시간을 그렇게 기억한다. 우리

여섯은 서로 전연 다른 사람들이었지만 코미디를 사랑하는 것만은 공통적이었다. 내가 코미디를 사랑한 건 재미있어서였기도 했지만, 가족의 따뜻함에 더 흠뻑 빠지고 싶어서이기도 했다.

나처럼 네 자녀 중 막내라면, 입지 확보를 위한 나름의 책략이 필요하다. 나보다 열 살이나 많은 메틀린은 우리 부모님이 인생의 리셋 버튼을 누르고 미국에서 새로운 시도를 해 보자고 결정하기 2년 전 노르웨이에서 태어났다. 그녀는 우리의 대장이었고 정치 강령을 갖고 있어서 자주 그것을 설파했다. 순응주의자가 되지 말 것, 성차별주의자가 되지 말 것, 펑크와 뉴웨이브 음악을 들을 것 등. 5학년 때 나는 케이트 부시와 X-레이 스펙스의 앨범을 듣는 유일한 아이였고 그 덕분에 '쿨함'이라는 비밀 초능력을 가진 것처럼 느꼈다. 내가 막 여덟 살이 되었을 때 메틀린은 대학에 가서 심리학을 공부하기 시작했다.

형 릭은 메틀린보다 네 살 아래로, 미국에서 태어난 첫 아이였다. 원형적인 분류를 빌려 말한다면 릭은 가족의 '검은 양', '반항아', 혹은 '다양한 학습장애와 초기 단계의 정신적 문제를 지니고 있어 학교에서 좌절을 겪었으며, 자신을 거부한 사회의 전통적 규범 외부에서 관심사를 추구하는 경향을 지닌 아이'였다. 성적은 나빴지만 잡지 《옴니(Omni)》를 통해 과학과 우주 이야기를 섭렵했다. 우리 가족 가운데 소형 오토바이를 탄 첫 인물이자, 사고로 소형 오토바이를 부순 첫 인물이었다. 릭은 재미있었는데, 농인지 아닌지 도대체 알 수 없게 진지한 태도로 우스갯소리를 하곤 했다. 그건 릭이 아빠에게서 물려받은 특성으로, 나는 평생 숙달하지 못할 것이다. 처음 마리화나를 권유받았을 때 릭은 마치 처음 마법 지팡이를 건네받은 해리 포터처럼 달갑게 받아들였고, 그 결과 스스로의 볼드모트가 되었다. 릭은 상상할 수 있는 가장 쿨한 사나이이자 내 영웅이었다.

리스벳이라고도 불리는 엘리자베스는 릭과 나 사이의 셋째로, 나보다 2년 반 앞서 태어났다. 리스벳은 릭과는 완전히 반대되는 길로 나아갔다. 완벽한 성적표를 받았고, 항상 침착했으며, 가족 모두와 원만하게 지냈고, 모두에 대한 모두의 불만을 공감하며 들어 주었다. 학업에 욕심이 있었고 스포츠에서도 훌륭한 성과를 내었다. 이 모든 특성 때문에 우리는 리스벳을 완벽한 아이라며, 결점 하나 없다며 무자비하게 놀리고 조롱해 댔다. 나는 오늘날까지도 리스벳이 나보다 모든 면에서 낫다는 생래의 믿음을 품고 있다. 아마 죽을 때까지 그 믿음을 떨쳐 버리지 못할 것이다. 내 머릿속에는 내가 그녀보다 나은 영역들은 별 볼일 없는 것이고 그녀가 나를 능가하는 영역들이야말로 의심의 여지 없이 중요한 것이라는 인식이 굳게 새겨져 있으므로. **그러니까 리스벳, 여기까지 읽어 보니 이 책이 얼마나 마음에 드는지 얘기해 줄래?**

나로 말하자면, 재빨리 스스로에게 '웃기는 애' 딱지를 붙였다. 누구에게나 링고 스타가 필요하다. 물론 우리 가족 모두 코미디를 즐겼지만, 나는 즐기는 것을 넘어 코미디를 실천했다. 내게 있어서 코미디는 단순한 웃음의 문제가 아니라 구조의 문제였다. 전제와 설정, 그리고 펀치라인이 있다. 펀치라인에서 관객이 웃음을 터뜨리면 일말의 행복감이 촉발되어 뇌로 전달된다. 도파민이 분비된다.

우리 사남매가 코미디 마니아라는 걸 감안하면 웃기는 애가 되는 건 영리한 선택이기도 했다. 형과 누나들은 〈몬티 파이선(*Monty Python*)〉(1969년부터 활동해 온 영국의 코미디 그룹 이름이자 그들 프로그램의 총칭-옮긴이)과 〈새터데이 나이트 라이브(*Saturday Night Live*)〉 같은 프로그램을 이해했고, 나는 그것들을 보면서 미소를 짓고 형과 누나들이 웃을 때 같이 웃다가 결국 잠들곤 했다. 모두가 좋아하는 무언가를 최선을 다해 추구하면, 나 역시 사랑받을 거라고 생각했다. 혼란에 빠진 어린애치고 탄탄한 논리 아닌가! 농담이 잘 먹혀 들어갈 때면 가족 내에서 내 입지를 굳혔다는 기분이 들었다. 이는 나름대로 짜릿했지만 그러자니 매일을 부담스러운 스탠드업 코미디 공연 하듯이 보내야 했다. 나는 쓸모가 있거나 재능이 있어야만, 그리고 남들의 인정을 받아야만 한 사람 몫을 할 수 있을 터였다. 내가 단지 존재하는 것만으로 가치 있는 인간이 되는 세계는 상상할 수 없었다. 걱정 말라. 지금은 이런 느낌이 사라졌다. 겨우 수십 년밖에 안 걸렸다.

어느 해엔가 릭은 크리스마스 선물로 테이프리코더를 받았고, 녹음기에 딸려 온 드러그스토어 표 공테이프에 무언가 녹음하길 원했다. 메틀린이 사남매를 부모님 방과 층을 달리한 놀이방으로 집합시켜서 문을 닫고는 돌돌 말린 코드에 달린 마이크 하나에 대고 반쯤 즉흥적인 코미디 촌극들을 녹음하게 했다. 우리가 녹음한 건 대체로 〈불윙클 쇼(The Bullwinkle Show)〉(1960년대 초반에 방송되고 이후 여러 이름으로 거듭 재방송된 TV 애니메이션 시리즈—옮긴이)에 나오는 것 같은 엉터리 동화의 우리 남매 버전이나, 〈래프 인(Laugh-In)〉(1968년부터 73년까지 방송된 TV 버라이어티 코미디 쇼—옮긴이) 또는 〈캐럴 버넷 쇼〉에서 엉성하게 영감을 얻은 촌극 따위였다.

메틀린은 타고난 리더답게 감독을 맡아 장면들을 생각해 내고 역할을 분배했다. 내레이터가 필요하면 메틀린이 맡아서 자신이 원하는 대로 장면이 진행되도록 이끌었다. 장비의 주인이었던 릭은 주로 녹음 기사였고 마이크를 들고 있는 선망받는 역할을 맡았다. 남자 목소리가 필요한 장면에서는 연기도 얼마간 했고, 고동 소리나 귀신 들린 숲의 소리 같은 음향효과도 기꺼이 맡았다. 하지만 릭의 관심사는 대체로 장비였다.

리스벳은 여자 주인공 역을—골디락스, 빨간 모자, 각종 공주 역을—배정받아 가능한 한 새침하고 맵시 있게 연기하라는 지시를 받곤 했다. 우리가 재창조한 동화들은 불가피하게 주인공, 즉 리스벳의 죽음으로 끝이 났다. 리스벳은 은근히 싫은 내색을 하며 연기했고 펀치라인은 늘 남들에게 양보했다.

다들 제 역할을 맡고 나니 나는 캐릭터 연기에 도전해야 했다. 전래 동시의 작은 토끼 푸푸("숲 속을 뛰어가는" 그 토끼), 「골디락스와 곰 세 마리」의 아기 곰, 그리고 못된 늑대 같은 역할들. 여섯 살짜리가 악당 분위기를 내려고 애쓰는 데에는 진정으로 우스운 구석이 있었는데, 그 여섯 살짜리가 자기가 참여하고 있는 이야기를 확실히 이해조차 못한다는 점에서 더욱 그랬다. 녹음본을 들어 보면 메틀린이 종종 내게 대사 첫머리를 일러주는 것, 그러면 내가 곧장 연기에 뛰어들어 대체 어디서 튀어나온 건지 모르겠는 억양으로 어떻게든 웃음을 유도하려고 폭주하는 것이 드러난다.

독자들이여, 나는 그렇게 웃음을 얻어 냈다. 그리고 그 웃음들을 내 마음속에 간직했다. 형과 누나들은 녹음을 마치면 자기 할 일을 하며 저녁을 보냈다. 재미있는 일을 했으니 그걸로 그만이었다(리스벳은 그렇게 생각지 않았을지도 모른다. 이 모든 일에서 주어진 역할이 조금은 기분 상하고 속은 듯하다고 느끼는 것 같았고, 그게 당연하기도 했으니). 하지만 내겐 그 녹음 세션이 전부였다. 녹음할 때만큼은 우리 모두가—나이가 들며 집 밖에서 친구들과 보내는 시간이 점점 더 많아진 메틀린과 릭까지도—함께였으니까. 그 시간에 우리는 많이 웃었고, 나는 가족 모두에게 짐이되는 미성년자가 아니라 가치를 제공할 능력이 있는 사람임을 입증했다. 나는 형과 누나들을 졸라 댔다. "오늘밤에 녹음하면 안 돼? 제발."

"오늘은 나갈 건데."

"그럼 내일 밤은?" 나는 애걸했다.

"내일 밤도 바빠. 다른 때 하자."

눈치를 채는 데 오랜 시간이 걸렸다. 테이프 몇 개가 사라졌고 다시 찾았을 땐 음악이 녹음되어 있었다. 릭이 경멸조로 말했다. "덧씌웠어. 그게 뭐 별일이냐." 내 눈에 눈물이 차올랐다. 내 인생의 가장 행복한 순간이 배드 컴퍼니와 일렉트릭 라이트 오케스트라에 의해 지워진 것이다.

테이프 녹음에서 나는 두 가지를 얻었다. 형과 누나들과 가까워졌고, 웃음을 얻었다. 전자가 사라져 가는 상황에서 나는 후자에 내 한 몸을 바쳤는데, 웃음을 추구하는 일에서도 점점 혼자가 되어 갔다. 코미디는 봐도 봐도 부족했고, 나는 몇 년 동안 쉼 없이 코미디를 소비한 끝에 학교생활이나 우정 같은 일상적 삶의 기능이 제대로 돌아가지 않는 판국에 이르렀다. 매일 〈호건의 영웅들(Hogan's Heroes)〉(나치의 포로수용소를 배경으로 한 TV 시트콤으로, 1965년부터 71년까지 방영-옮긴이) 재방송이 있는데, 무엇 하러 속세의 변덕과 굴욕을 마주하겠는가?

교외에 사는 12세에서 16세 사이 아이의 삶에는 별다른 걸 할 수 없는 난처한 기간이 존재한다. 나가서 '놀기'에는 너무 나이가 많고, 일을 하거나 차를 몰기에는 아직 너무 어리다. 교외에 살면 차가 있어야 뭔가를 할 수 있는데 말이다. 세상의 온갖 쇼핑몰들이 존재하는 의의는 교외의 사춘기 청소년들이 어슬렁어슬렁 돌아다니면서, 뮤직랜드에서 레코드를 구경하되 아무것도 사지 않고, B. 돌턴 서점에서 십대 유머 책 코너를 훑어보며 신간을 확인하고, 부모님이 아이를 집 밖으로 쫓아내고자 투자한 5달러를 오락실에서 날리게 하기 위해서다. 쇼핑몰은 이것저것 구경하며 시간을 때울 수 있는 장소였지만, 애당초 그곳에 가려면 부모님 차를 얻어 타거나, 자전거를 타고 위험천만하게 주차장의 바다를 건너야 했다.

이렇듯 아무것도 할 게 없는 시기를 지나던 어느 길고 지루했던 여름, 엄마가 몇 개 방의 잡동사니를 정리하면서 메틀린이 대학에 가서 집을 떠나기 전에 쓰던 일층 침실에 매트리스와 담요 등 침구류를 잔뜩 쌓아 놓았다. 아래에 깔린 매트리스 덕분에 편안하게 기대어 앉거나 눕기에 완벽한 공간이었다. 그 위에 담요를 걸어 늘어뜨리고 배터리로 작동하는 캠핑 램프를 달자 실내 캠핑장이 따로 없었다. 나는 나무 위의 집에 올라가 노는 유형의 어린이는 아니었지만, 우연히 탄생한 이 공간에 강하게 끌렸다. 나는 그곳에 메틀린의 낡은 「둔즈베리」(미국 만화가 개리 트루도가 1970년부터 그려 온 신문 연재만화로, 정치적인 내용이 많다.—옮긴이) 만화책과 내가 가진 「피너츠」 시리즈 몇 권을 쌓아 놓고 매일 몇 시간씩 숨어서 시간을 보냈다.

하루는 엄마가 문을 열고 아지트에 있는 나를 발견했다. "너 여기서 내내 뭘 하는 거니?"

"그냥 책 읽는데요." 내가 말했다.

"흠, 이 물건들은 잠시만 여기 두는 거야. 언제 쓰레기장이나 중고용품점에 갖다 치울지 모른다."

"아. 괜찮아요." 나는 태연한 척 말했다. 실은 괜찮지 않았다. 내겐 엄청난 충격이었다. 하루 종일 이 아지트에서 유머 쪼가리들을 읽는 게 너무나도 안락했으니까.

엄마는 몇 주 뒤 경고한 대로 물건들을 치웠고, 나는 상관없는 양 행동했다. 그런 데 연연하는 건 비정상적이고, 궁극적으로는 수치스럽다는 걸 알았다. 그리고 우리 가족은 이상하고 수치스러운 것에 대해선 굳이 이야기하지 않았다.

그렇지만 나만의 요새가 그리웠다. 무엇도 그 담요 너머로 뚫고 들어오지 못했으니까. 그곳에 있는 한 부모님과 소리 낮춰 대화하는 릭을 볼 필요도, 그가 학교에서 일으키는 문제나 어떤 사람들과 어울리는가 하는 이야기를 우연히 듣게 될 일도 없었다.

학교는 릭에게 영 맞지 않았고 고등학교는 더더욱 그랬다. 릭은 풋볼 주장이나 치어리더들과 전혀 어울려 놀지 않았다. 릭이 어울리는 무리는 옥외 관람석 아래에서 담배를 피우는 쪽이었다. 재미로 불꽃놀이를 하다가 손을 다쳐도 그 정도는 폭발 놀이의 합당한 대가라며 받아들이는 사람들. 릭은 마약 폐인들, 주차장에 사는 텁수룩한 사내들, 모든 게 너무 어둡고 곤경의 냄새를 풍기는 다 무너져가는 집에 사는 아이들과 친구가 되었다. 부모가 욕질을 하고, 고양이가 마법을 부린다고 믿는 집. 나무 패널에 압정으로 블랙라이트 포스터(인광물질이 든 잉크를 사용한 포스터로, 블랙라이트 즉 자외선 조명을 받으면 빛난다.-옮긴이)를 붙여 놓은 집. 수조에서 뱀을 키우는 집. 모두가 그거로 마리화나 따위를 피워서, 혹은 누가 피우든 상관치 않아서 거실에 물담뱃대가 나뒹구는 집. 모두가 차 수리 전문가를 자처하지만 제대로 굴러가는 차는 거의 없고 어떤 차는 앞마당 콘크리트 블록 위에 올라 있는 집. 내가 《플레이보이》 잡지를 찾으러 릭의 방에 몰래 들어갔다가 숨겨진 걸 발견한 엽총 같은 총기가 있는 집. 내가 총이나 《플레이보이》가 거기 있다는 걸 안다는 사실은 릭을 비롯해 아무에게도 알리지 않았다. 총은 건드리지도 않았다.

우리 가족은 굳이 입에 올리지 않는 게 많았다. 나는 많은 것을 보고도 못 본 체하게끔 스스로를 훈련시켰다. 아빠 차를 얻어 타고 어딘가에 가다가 운전석 아래에서 작은 보드카 병을 보고도 대수롭지 않게 여겼다. 무슨 일이 벌어진 건지 뻔하지 않은가. 아빠는 분명 다른 아빠들처럼 주류 판매점에 가서, 보통 그러듯이 술을 몇 병 샀을 것이다. 봉지에 담은 술병들을 차에 실으려면 아마 조수석이나 그 바닥에 놓았을 테다. 그런데 어쩌다가 봉지가 흔들려 열리면서 작은 보드카 병이 빠져나왔을 거다. 나는 길 잃은 보드카 병이 바닥에 떨어졌다가, 플라스틱 병이니만큼, 튀어 올랐을 거라고 추론했다. 바닥에서 튀어 오른 술병은 물리적 법칙을 무시하고—존 F. 케네디를 죽인 총알처럼—방향을 바꾸어 운전석 아래로 떨어졌으리라. 이처럼 부정(denial)은, 그게 필요한 상황에서 자랐을 경우, 대응기제의 지위를 넘어서고 본능마저 추월하여, 현실 그 자체가 된다. 나는 아직도 단서를 포착하는 데 젬병이다. 아무튼 M. 나이트 샤말란 영화의 반전들을 하나도 짐작조차 못했으니.

아빠와 나는 서로 사랑했고 상당한 시간을 함께 보냈다. 나는 4학년 때 어린이 축구팀에 들어가 친구들과 행복한 몇 년을 보냈다. 달리기가 느려 주로 제자리를 지키는 수비 포지션을 맡긴 했지만. 아빠는 탄탄한 체구는 아니어도 유럽 사람이니만큼 공을 다루는 발재간이 뛰어나서 나와 같이 공놀이를 하곤 했다. 우리 팀의 토요일 아침 경기에서 아빠는 주로 선심을 맡았고, 나는 작은 깃발을 든 아빠가 자랑스러웠다. 아빠가 적절함과 부적절함의 경계선에서 아슬아슬하게 적절한 쪽으로 분류될 농담을 내 팀원들에게 던질 때에도 그가 자랑스러웠다. 아빠는 프리스비도 놀라우리만큼 잘 던졌고, 우리는 주말 아침이나 오후에 드넓은 교외 집 뒤뜰에서 원반을 던지며 꽤 오랜 시간을 보내곤 했다.

토요일 아침은 만화영화, 그중에서도 〈벅스 버니(Bugs Bunny)〉를 보는 시간이었다. 우리는 화가 많고 거만한 대피 덕이 최고의 캐릭터라는 데 의견이 일치했다. 아빠는 루니 툰스(Looney Tunes, 워너 브라더스 영화사에서 1930년부터 1969년까지 제작한 코미디 애니메이션 시리즈로, 벅스 버니와 대피 덕도 여기 나온다.-옮긴이)의 모든 캐릭터 가운데 와일 E. 코요테를 가장 잘 이해하며, 그가 반드시 로드러너를 잡아서 죽이고 먹어 치웠으면 좋겠다고 말했다.

가을날 일요일 아침은 NFL 풋볼을 보는 시간이었다. 아빠는 미국에 오자마자 풋볼에 정을 붙였고, 이름을 보고 미네소타 바이킹스를 자기 팀으로 골랐다. 70년대 중반에 우리는 바이킹스가 슈퍼볼을 몇 차례 날려먹는 것을 함께 목격했고, 아빠는 패배에 속상해하는 나를 달래려고 애썼다. 시애틀 시호크스가 데뷔했을 때 나는 여덟 살이었고, 새 팀으로 갈아탈 준비가 되어 있었다. 티켓 값이 감당할 수준이었던 시절이라 경기장에도 몇 번 갔지만, 우리는 주로 소파에 나란히 앉아 우리가 버린 바이킹스보다 딱히 덜 절망스러울 것도 없는 팀의 경기를 시청하곤 했다. 일요일이면 신문의 만화 섹션을 첫 장부터 마지막 장까지 〈프린스 밸리언트(Prince Valiant)〉(1937년부터 지금까지 연재되고 있는 대하 역사만화─옮긴이)만 빼놓고 탐독했다. 〈프린스 밸리언트〉를 누가 읽겠는가.

토요일이나 일요일 밤에 아빠와 무얼 한 기억은 많지 않다. 그 시간에 아빠는 술을 마셨다. 아마 집에서 드셨으리라 생각하지만─바에 가서 마시는 타입은 아니었으니까─잘 기억나지 않는다.

1931년에 태어난 아버지 얼링 모는 나치가 노르웨이로 행군해 왔을 때 오슬로에 살고 있었고 아홉 살이 채 안 되었다. 임신으로 인해 급히 이루어진 사랑 없는 결혼에서 탄생한 유일한 아이였다. 기회가 있을 때마다 흠씬 몽둥이질해야 마땅한 못돼 처먹은 나치 놈들은 노르웨이에 5년을 머물렀는데, 당시에는 나치가 얼마나 오래 있을지, 과연 떠나긴 할지 알 길이 없었다. 여덟 살부터 열세 살까지 머리에 총구가 겨눠진 채로 지냈다고 상상해 보라.

할아버지 콘라드 모는 줄담배를 피웠고, 쾌활한 형제자매들이 있는 시골의 대가족을 떠나(그의 형제들은 사랑받는 음악·코미디 그룹을 결성했다) 오슬로로 이주했다. 그가 웃고 있는 사진은 한 장도 남아 있지 않다. 할아버지는 인쇄소에서 식자공으로 일했다. 인쇄소 직원들은 회사 소유주들의 승인하에 근무시간 후에 불법으로 레지스탕스 신문을 인쇄하고, 그걸 가늘게 돌돌 말아 아들들의 자전거 핸들 속에 끼워 넣었다. 그러면 우리 아버지와 친구들은 자전거로 오슬로 전역을 누비며 나치 몰래 그 지하신문을 배달했다. 영웅적이었을까? 물론이다. 트라우마를 남겼을까? 말해 무엇 하겠는가.

얼링 모는 성장하여 결혼했고, 메틀린이 태어났다. 이 작은 가족은 배를 타고 미국으로 이주했다. 해결되지 않은 트라우마와 우울증이 덮쳐오자 아빠는 끔찍한 고통을 멈추기 위해, 흔히들 그러듯 술을 마셨다. 알코올이 상황을 개선하지는 않았어도—오히려 훨씬 악화시켰지만—아빠를 무감하게 만드는 데는 성공했다. 아빠는 곧 트라우마와 우울증에 더해 중독에도 빠지게 됐다.

엄마가 자란 노르웨이 북부의 작은 농어촌 마을에서도 사람들은 똑같이 전쟁을 버텼다. 도로에는 나치 군대가 득시글댔지만(히틀러는 소련이 소련-노르웨이 국경을 통해 침공하리라 확신했다) 마을 사람들은 그저 참을성 있게 인내할 도리밖엔 없었다. 우리 엄마 오세 옌센은 전쟁 중 겨울에 여동생을 디프테리아로 잃었다. 마을에는 시체 안치소가 없었고 묻을 자리도 당장은 동이 났으므로 가족들은 엘자의 시신을 응접실에 보관해야 했다. 시신을 보존하기 위해 창을 열어 북극의 추운 공기가 들어오게끔 하고 방의 다른 문은 봉해 두었다. 무덤이 준비될 때까지 며칠 동안, 당시 아홉 살이었던 오세는 밤마다 응접실에 들어가 동생에게 키스를 해야 했다. 엄마는 아직까지도 묘지에 가는 걸 감당하지 못한다.

1943년 노르웨이의 작은 마을들에는 대화치료(talk therapy)라는 선택지가 없었다. 내 우울증이 우리 부모님이 겪은 트라우마를 물려받아 생긴 것인지, 유전적 소인에서 비롯된 것인지(우리 가계도의 친가 쪽 외가 쪽 모두에서 점점이 정신질환이 발견된다), 혹은 둘 다이거나 아예 무작위로 발생한 것인지는 알 수 없다. 아무튼 한 가지 확실해 보이는 것은 상황을 견디며 오로지 전진하는 것이 양가의 특성이었으며, 그것은 부모님이 자라난 사회의 영향으로 더욱 공고해졌다는 사실이다.

그 모든 걸 가냘픈 어깨 어딘가에 얹은 채 새커저위아 중학교에서 기시 선생님과 대화를 나눈 예의 그날, 나는 집으로 갔다. 정신적 문제를 논하지 않는 집으로, 마리화나나 술이나 캐럴 버넷으로 문제에 대한 감각을 마비시키는 집으로. 그 모든 걸 겪은 우리 엄마에게 나는 말했다. 내가 미쳐 가고 있다고. 나는 그 모든 건 성장기 한때에 겪는 일이니 시간이 지나면 나아질 거라는 대답을 예상했는데, 이는 아주 답답하고 조갈증 나는 답변이긴 해도 최소한 이 터널의 끝에 빛이 있으리라는 희망은 줄 터였다. 그러나 엄마는 내가 설명한답시고 내뱉는 횡설수설을 가만히 듣더니, 내 말이 끝나자 어떻게 하는 게 좋을지 잘 모르겠다고 인정하고는, 아동심리학자와 상담 예약을 잡아 줄 수 있다고 말했다. 이건 평생 가톨릭으로 살아온 사람이 "모스크에 가서 이맘과 이야기해 보자. 어떻게 되는지 보자꾸나"라고 말하는 것과 같았다. 엄마는 자신에게 프로그램된 반응을 뒤집고 내게 전문가를 붙이기로 결정한 것이다.

치료사는 남쪽으로 십오륙 킬로미터 거리인 터코마에 있었다. 턱수염을 기른 젊은이로, "치료사, 1981년"이라는 설명이 달린 자료 사진에 나올 법한 모습이었다. 첫 세션을 시작하며 그는 이 세션이 우리의 마지막 세션이 될 거라고 말했다. 애초에 예약 스케줄이 비어 있었던 이유가, 그가 일을 접고 보스턴으로 이사할 예정이기 때문이었다. 그는 어쨌든 내가 거기까지 와 주었으니 기꺼이 이야기를 나누겠지만 내가 그냥 가겠다 하더라도 십분 이해한다고 했다. "그냥 해 보죠, 뭐"라고 나는 8학년답게 불통하니 말했다.

나를 모르는 사람과 보내는 한 시간이었다. 내가 다시는 보지 않을 사람과 보내는 한 시간이라니, 갑자기 대단히 매력적으로 느껴졌다. 나는 말문을 열었고, 빠르게 열정적으로 말을 내뱉으며 아주 많은 것을 난생처음 털어놓았다. 끝내주는 시간이었다. 그가 내게 호흡법이나 일기 쓰기 따위에 대한 조언을 해준 것 같긴 한데, 사실 내 말을 자르고 끼어들기가 꽤나 어려웠을 것이다.

세션이 끝나고 엄마가 어땠느냐고 물었다. 나는 아주 괜찮았다고 답했다. 다른 치료사를 만나고 싶으냐고 묻기에 나는 아니라고, 이제 다 해결되었다고, 나는 이제 멀쩡하다고 말했다. 사실은 그렇지 않았다. 하지만 그렇다고 믿고 싶었고, 치료사와 상담하는 것 자체가 자신을 위해 너무 안달하는 것 아닌가 느껴지기도 했다. 살면서 나는, 치료사를 이만저만한 횟수로 만나면 상태가 멀쩡해지고 정상이 될 거라고 믿는 사람들을 여럿 봤다. 대화치료가 신체적 치료와 똑같이 작용하는 것처럼 말이다. 정말 그렇다면야 얼마나 좋겠는가. 이렇게 순진무구한 낙관주의에는 실로 감탄하지 않을 수 없다.

그리하여 나의 2번 치료사라 할 수 있는 터코마 씨와의 관계는 1번 치료사의 경우와 마찬가지로 한 세션 만에 끝났다.

한 세션짜리 우울증 치료를 받고 얼마 지나지 않은 어느 날, 나는 친구 크리스와 어울리고 있었다(우리는 쿨한 십대들이었으므로 '노는' 게 아니라 '어울린' 거다). 일상적인 대화가 오가던 중 나는 조용한 순간을 기다렸다가 〈그루비 굴리스〉에 대한 나의 강박적인 생각을 털어놓았다. 그것이 흥미로운 일시적 현상인 양, 내가 간절하게 워해둔 '별일 아닌' 양 가볍게 말했다. "그렇다니까. 계속 머미스 앤드 더 퍼피스 생각이 나고 또 나. 떨처 버릴 수가 없어." 그 말을 하며 나는 쿡쿡 웃음소리 비슷한 것을 냈다.

"허, 이상하군." 크리스는 유명인에 관한 사소한 사실을 알게 되었을 때와 비슷하게 별로 놀라지 않은 어조로 반응했다. 나는 어깨에서 몇십 킬로그램짜리 짐을 내려놓은 것처럼 즉각 마음이 가벼워졌다. "허, 이상하군." 크리스가 정곡을 찔렀기 때문이었다. 허구 속 만화 밴드의 연주곡목에 대해 강박적으로 생각하는 건 과연 이상하다. 하지만 세상엔 훨씬 더 이상한 일들도 많다. "허, 이상하군"이라는 말은 이례적임을 인정하되, 그것이 벽돌담이 아니라 과속 방지턱 수준임을 시사했다. 내 강박장애는 그렇게 처리됐다.

〈유쾌한 우울증의 세계〉에 따르면
코미디는 유용한 수단이다

우울증으로 인해 정신이 흐트러진 이들은 자주 코미디에서 위안을 찾는다. 이상하게 들리겠지만 알고 보면 논리적이다. 코미디는 대부분 혼란을 토대로 만들어지니까. 고릿적 〈새터데이 나이트 라이브〉에는 뾰족한 머리가 높게 솟은 외계인 '콘헤드(conehead)'가 나오는데, 그들은 교외의 보통 사람들 사이에 섞여 들려고 노력한다. 영화 〈몬티 파이선과 성배(Monty Python and the Holy Grail)〉에 등장하는 "'니(Ni)'라고 말하는 기사들"이 그들의 숲을 통과하려는 아서 왕에게 엄청난 힘을 행사하는 건 "니!"라고 말할 수 있다는 무시무시한 무기를 갖고 있기 때문이다. 우스꽝스러운 단어에 불과한 것을 모두가 두려워한다. 농담이 탄생하는 건 대단히 자주 전제와 현실의 어긋난 틈 사이에서다.

우리 중 많은 사람이 자기가 콘헤드 같다고 느낀 적이 있다. 우리는 우리가 속하고자 애쓰는 사회의 이방인임을 알기에, 남들은 자연스럽게 받아들이는 관습과 행동을 이해하려고 기를 쓴다. 또한 우리는 아서 왕이 그랬듯 세상을 여행하는 동안 두려워할 게 많지만, 우리를 위협하는 것들 중 상당수가 알고 보면 기사들의 '니!'라는 외침처럼 공허하고 우스꽝스러운 게 아닐까 의심한다. 우리는 콘헤드에게서 (혹은 그들의 기이함을 어떻게든 이해하려고 애쓰는 이웃들에게서) 우리 자신을 보고, 아서 왕에게서 우리 자신을 본다. 그들에게 동질감을 느낄 때 우리는 덜 외로우며, 거기서 얻는 웃음은 그 캐릭터들의 (그리고 우리 자신의) 불협화음을 덜 거슬리게 만든다.

장차 코미디언이 되는 이들이 유년 시절 코미디를 즐겼다는 건 그다지 새로운 얘기는 아니다. 그럼에도 〈유쾌한 우울증의 세계〉 첫 시즌을 진행하는 동안 출연자들이 〈캐럴 버넷 쇼〉를 언급하는 빈도에 나는 충격을 받았다. 이 프로그램이 우울증의 치료제인 만큼이나 증상이라 해도 좋을 정도였다.

나는 버넷 마니아이자 코미디언인 폴 F. 톰킨스(Paul F. Tompkins)에게 〈캐럴 버넷 쇼〉의 출연진이 서로 모두 친구인 것처럼 느껴지지 않았느냐고 물었다. 그가 단박에 답했다. "오, 존. 그거야말로 그 프로그램의 큰 매력이었죠. 모두들 서로에게 진정한 애정이 있어 보였잖아요. 특히 저처럼 불화가 많은 가정에서 자란 아이에게는 그렇게 보였어요. 우리 어머니와 아버지는 서로 좋아하지 않았어요. 각방을 썼지요. 사실상 결혼이 끝났는데도 혼인 관계를 유지한 거예요. 그래서 〈캐럴 버넷 쇼〉나 〈매치 게임(Match Game)〉—1960년대의 오리지널 버전 말이에요—같은 프로그램에서 쿨하고 재미있는 사람들이 모여서 굉장히 좋은 시간을 보내는 걸 보면서 저는 제가 살고 싶은 성인 세계를 미리 엿보았습니다. 지금 생각해 보니, 제가 어른이 되고 싶었던 건 저 자신을 책임질 수 있길 원했기 때문이에요. 어쩌면 제가 처한 상황을 바꿀 수 있게 되길 원했던 것 같기도 하고요. 텔레비전이라는 창을 통해 멋진 사람들을 보면서 저는 생각했죠. '세상에, 정말 훌륭한 사람들이잖아. 왜 나는 저렇게 될 수 없지? 나도 제법 웃기는데. 내가 남들에게 민폐가 아니라 재미있는 사람으로 대우받는 세상에서 살 수 없을까?'"

마거릿 조는 어렸을 적에 별다른 제한 없이 텔레비전을 볼 수 있었다고 회상한다. "리처드 프라이어의 영화도 볼 수 있었어요. 이제 와 생각해 보면 믿기가 좀 힘들죠. 열 살도 안 됐을 우리 남매가 그런 걸 봤다니. 우리는 대체 무슨 일이 벌어지고 있는 건지, 그 농담들이 뭔 얘긴지 제대로 이해조차 못 했지만 그 덕분에 우리끼리 친해졌어요."

코미디언이 되기 한참 전, 매사추세츠주에 살고 있던 꼬마 게리 걸먼(Gary Gulman)은 부모님의 이혼을 겪었다. 그는 80년대의 주류 코미디언 중에서도 가장 음울한 이에게 마음을 붙였다. "음침한 유머 스타일을 선보이고 자기 인생의 어두운 면을 인정한 코미디언 가운데 제일 먼저 제 눈에 들어온 사람은 리처드 루이스(Richard Lewis)였어요. 저는 아홉 살인가 열 살 즈음 처음으로 리처드 루이스를 보고 순식간에 그 사람에게, 그리고 그의 노이로제와 두려움과 불안에 공감했지요. 저도 그런 것들을 느끼고 있었음이 분명합니다. 그래서 곧바로 그에게 동질감을 느꼈고, 그의 솔직함을 아주 좋아했어요."

물론 당신이 소비하는 것들이 모두 당신에게 유익하진 않다. 작가이자 코미디언인 가이 브래넘(Guy Branum)은 캘리포니아 시골에서 성장기를 보냈다. 그는 자라면서 세상에서 자신의 입지를 찾는 한편, 자신 안에 잠재된 동성애 성향을 이해하려 애썼다. "열 살이 채 안 되었던 어느 날, 케이블 채널에서 스페셜 프로그램으로 방송한 에디 머피의 스탠드업 코미디 쇼 〈딜리리어스(*Delirious*)〉를 보았습니다. 온 가족이 거실에 한데 모여, 바깥 세상에서 우리를 찾아온 이 세련된 문화 산물 앞에서 들떠 있었죠." 그가 말한다.

"저는 에디 머피가 세상에서 제일 재미있고 줏대 강한 사람이라고 생각했어요. 자신감과 재치와 요령의 복합체였죠. 제가 현재 직업으로 삼고 있는 일을 마음 깊이 꿈꾸게 된 것도 그 사람의 공이 커요. 그리고 그의 스페셜에 나온 코믹 요소들이 이후 마거릿 조를 필두로 한 다른 많은 사람의 코미디에서 쓰였잖아요. 예를 들어 가죽 슈트를 입고 스탠드업 코미디를 하는 것은, 에디 머피 이전 리처드 프라이어에게로 거슬러 올라가는 스타일이라곤 해도, 제가 그걸 처음 접한 건 에디 머피 코미디에서였어요."

스웨거와 재치로 가득한 에디 머피의 그 스페셜 쇼는 가이에게 하나의 기반이 되어 주었다. "저는 그 시기에 아주 많은 스탠드업 코미디언들과 사랑에 빠져 있었습니다. 조지 칼린, 리타 러드너, 폴라 파운드스톤. 하지만 제 중심축은 언제나 에디 머피의 〈딜리리어스〉였어요. 그렇게 시간이 흐르고 2013년이 되어 뉴욕에서 TV 프로그램 작가 생활을 하고 있던 어느 날, 문득 이런 생각이 들었습니다. 그거 유튜브에 있을 텐데. 다시 볼 수 있잖아? 한데 제가 기억하지 못 했던 게 하나 있었어요. 그 스페셜의 처음 5분은 게이들이 얼마나 역겨운지에 관한 얘기였습니다."

"역겹다"고 하면 순화된 표현이다. 그 부분은 스탠드업 코미디라기보다는 수많은 비방에다 키스로 에이즈가 전염될 수 있다는 주의 한 토막을 곁들인 호모포비아적 장광설에 가까웠다.

"충격이었어요. 저는 좋은 것만 기억하고 있었거든요. 제가 기억한 건 그 쇼를 보고 스탠드업 코미디를 사랑하게 됐다는 것, 스탠드업 코미디의 힘과 자신감과 확신을 사랑하게 됐다는 것뿐이었죠. 다시 쇼를 보고 저는 그의 말들이 제 머릿속에 게이들이 어떤 남자인지에 대한 관념을 심어 주었고, 제가 스물세 살까지 커밍아웃을 못 한 데에 그게 일조했다는 걸 깨달았습니다. 그리고 저로 하여금 스스로를 혐오하게 만들었어요. 물론 단지 에디 머피 때문만은 아니었죠. 온 세상이 작당했던 거니까요. 하지만 제가 무척 사랑했고 제가 사는 세상에서 해방감을 느끼게 해준 무언가에 그런 생각이 선명히 들어가 있었다는 건 충격적인 깨달음이었습니다. 그게 제게 대단히 좋으면서도 나쁜 것이었다는 냉혹한 깨달음."

성공한 코미디언이자 연기자인 휘트니 커밍스(Whitney Cummings)는 워싱턴 D.C.의, 중독과 경계성 성격장애가 깃들인 가정에서 성장했다. 코미디는 휘트니 부녀에게 공감의 통로인 동시에 가족의 문제를 회피하는 수단이었다.

"아버지의 대응기제는 모든 걸 농담거리로 취급하는 거였어요." 휘트니가 말한다. "큰 다툼을 벌이고 나면 아빠는 모든 게 하나의 커다란 공연이었던 양 농담을 마구 던져 댔어요. 아빠는 배우 댄 애크로이드와 똑같이 생겼고 제가 어렸을 땐 남들에게 그 사람 행세를 하며 사인도 해 주곤 했죠. 지금 저는 그게 아이에게 대단한 트라우마를 남기는 일이라는 걸 알아요. 그때 우리는 마냥 재미있다고만 생각했거든요. 가령 저는 열세 살 언저리까지는 아빠가 정말로 댄 애크로이드인 줄 알았단 말이에요. 아빠는 〈쓰리 아미고(Three Amigos)〉 같은 영화의 장면들을 연기해 보였고, 저도 아빠와 함께 영화를 따라 하며 놀았죠. 일종의 합의하에 그렇게 했던 것 같아요. '그 일이 없었던 척하자' 하는 식이었죠. 그런 부정(denial)에 저도 본격적으로 참여한 거였습니다. 우리는 함께 블루스 브라더스의 노래들을 부르고, TV 시트콤 〈쓰리즈 컴퍼니(Three's Company)〉를 보고, 몸 개그로

서로를 웃기곤 했어요. 이렇게 아빠에게서 부정하는 걸 배웠다고 저는 생각해요."

에이미 맨(Aimee Mann)에게도 어려운 대화들을 피하기 위해 웃음을 써먹는 아빠가 있었는데, 에이미가 세 살 적에 엄마가 떠났다는 걸 감안하면 두 사람은 진지한 대화를 피하지 말았어야 했다.

에이미는 말한다. "아버지는 늘 상당히 쾌활했지만 뭘 알고 싶어 하진 않았어요. 제가 슬퍼할 때면 아빠가 여느 부모들처럼 농담으로 기분을 풀어 주려 했던 게 기억나요. '웃고 있는 것 같은데!' 따위 말을 했죠. 그럴 때면 저는 속으로 이랬어요. '나는 세 살인데 엄마가 나를 버렸단 말이에요. 아빠도 진짜 내가 웃는다고 생각하진 않을 거잖아요. 그런 소리 마세요.'"

코미디언 솔로몬 조지오(Solomon Georgio)는 세 살 적에 에티오피아 난민 신분으로 미국에 이주했다. 그의 가족은 정착 초기에 오락과 교육을 위해 코미디에 의존했다고 한다. "우리 모두 코미디를 사랑했는데, 코미디는 언어를 모르고서도 이해할 수 있는 몇 안 되는 것 중 하나였기 때문입니다. 놀라겠지만 스탠드업 코미디도 예외가 아니에요. 무슨 얘기를 하고 있는 건지 몰라도 어떤 리듬을 알아차리게 되거든요. 사람들이 즐거워하고 다 같이 웃음을 터뜨리는 게 보이죠. 그래서 우리는 오래된 텔레비전 프로그램들을 엄청 봤어요. 코미디 그룹 쓰리 스투지스(Three Stooges)가 나오는 쇼, 시트콤 〈왈가닥 루시(I Love Lucy)〉, 슬랩스틱 같은 거요. 그냥 막무가내로 보고 즐기기 시작했어요. 그런 제가 처음으로 현실에서 백인을 만나고 얼마나 실망했을지 상상해 보세요. 저는 생각했어요. '당신은 쓰리 스투지스랑은 다르군요. 다짜고짜 뺨을 때리고 눈을 찌를 수 없잖아요. 현실에선 이런 행동을 안 한다고요? 알겠어요.'"

코미디는 힘든 상황에 놓인 젊은이의 마음을 도취시킨다. 당신이 도통 이해할 수 없었던 세상이 얼마나 우스꽝스러운지를 유명한 사람들이 나서서 지적한다. 코미디언들은 희망을, 잘못된 게 당신이 아니라 세상일 가능성을(그게 아주 미미하더라도) 제시한다. 게다가 옷도 멋지게 입는다! 지미라는 이름의 여러 심야 프로그램 진행자들과 어울리기도 하고! 우울증이 사람들을 코미디 커리어로 이끈다고 확언하지는 못하겠으나, 그리로 향하는 길은 잘 포장되고 가로등도 환히 켜둔 듯하다.

제4장
내 인생의 주요 장면들을 담은 가상의 스냅사진

친애하는 독자여, 옛날에도 오늘날처럼 언제 어디서나 바로바로 사진을 찍을 수 있었다고 가정해 보자. 나아가 우리가 그 과거에서 온 인화 사진들을 갖고 있으며, 제일 처음 들여다보고 있는 사진 속 인물은 나라고 하자. 체중이 몇 킬로그램 덜 나가고 머리숱은 훨씬 많은 내가 페더럴웨이 고등학교 카페테리아에서 다른 젊은 남자와 끌어안고 있다. 1980년대 중반이었으니 사진 속 나는 아마 각종 패스너(fastener, 지퍼 등의 조임 장차-옮긴이)가 과하게 많이 달린 셔츠를 입고 있을 테다.

나는 고등학교 2학년이었고, 언제나 광기와 절망에 사로잡혀 있다는 걸 드러내지 않으려 노력한 지 벌써 몇 년째였다. 나는 연기에 제법 소질이 있었고, 연극부에 들어가 약간의 인정과 현실로부터 숨을 기회를 누렸다. 그즈음 나는 북쪽으로 30여 킬로미터 떨어진 시애틀로 원정을 가서 구한 펑크록 카세트 몇 개를 듣고 있었다. 시끄러울수록, 분노에 찼을수록 더 좋았다. 더 디키스, 피더스, 블랙 플래그, 더 댐드. 펑크는 내가 들을 수 있는 것 가운데 내 머릿속 소리와 가장 닮아 있었다. 이, 그렇다고 해서 내가 실제로 펑크 공연을 보러 가거나 도심의 하드코어 펑크족들과 어울렸다는 건 아니다. 지극히 소심하고 불안한 아이였던 나는 그냥 평범한 옷을 입고 평범한 헤어스타일을 하고 혼자 내 방에서 워크맨으로 음악을 듣는 게 다였다. 요컨대 나는 헨리 롤린스가 블랙 플래그의 보컬리스트이던 시절에 부른 「나의 전쟁(My War)」을 좋아했는데, 그러면서도 롤린스가 상당히 골치 아픈 문제에 빠지게 되리라는 걸 제법 확신하고 있었다(그는 이후 블랙 플래그의 음악 스타일 변화와 관련해 팬들과 심한 폭력을 주고받게 된다.—옮긴이).

중학교 시절에 앞서 말한 일들을 겪은 데다 아직도 폭풍이 진행 중이었으니, 내게 정신적 문제가 있다는 건 충분히 알 수 있었다. 한바탕 휩쓸고 지나가는 분노, 설명할 수 없는 공포, 영어 수업을 알아듣는 척하기조차 불가능하게 된 독해력. 대학에 갈 가능성과 맥도날드에서 평생 일할 가능성과 마약 과용으로 죽을 가능성이 똑같아 보였다. 나는 근처에 있는 아무나하고 무엇에 대해서든 끊임없이 열띤 논쟁을 벌였다. 정치, 스포츠, 음악, 그리고 학교 자체 등에 대해. 나는 불쾌한 녀석이었다. 그런데 어울리지 않게도, 우리가 상상하고 있는 그 사진에서 나는 웬 남자를 끌어안고 있다.

데릭은 고등학생 때 내가 긴밀히 어울리던 친구 그룹에 들어왔다 나갔다 하던 멤버였다. 우리가 비틀스라면 그 애는 빌리 프레스턴이었다고나 할까(프레스턴은 가수이자 뛰어난 키보디스트로 많은 스타들의 음반 녹음과 공연에 참여했는데, 특히 비틀스와의 관계가 긴밀해 '제5의 비틀'로 불리기도 했다.—옮긴이). 우리 집 남매들의 구성을 흉내 내고 싶었던 건지 모르겠으나, 나는 나까지 해서 네 명으로 이루어진 친구 그룹에 끌려들었다. 그 넷은 크리스, 숀, 철자에 'h'가 없는 존, 그리고 나였다. 숀은 잘생기고 침착하고 여자애들을 사로잡는 능력이 있었으므로 리더가 되었다. 철학적인 크리스는 선불교를 공부했다. 히피인 그의 부모님은 친절했고 우리를 환대해 주었으

68

며, 크리스를 어린 나이에 낳았기 때문에 우리 모두 그분들에게는 좀 더 이해받는 기분이었다. 우리는 크리스네 집에 모여 놀곤 했다. 그에겐 근사한 레코드 컬렉션이 있었고, 우리는 마리화나와 레드 제플린의 곡 「카슈미르(Kashmir)」가 찰떡궁합이라는 걸 발견했다. 누가 알았겠는가? 충격이었다! 존은 반항아, 가시 돋친 애였다. 대도시인 시애틀에서 살다 온 그 애에게선 어떤 대담한 말이나 행동이 튀어나올지 상상도 할 수 없었다. 내가 맡은 역할이 무엇이었는지는 잘 모르겠다. 다른 애들보다 농담을 조금 더 했다는 것? 우울증으로 인해 나는 그 시기의 내가 무가치한 인간이었다고 굳게 믿게 되었으므로, 솔직히 누군가가 나랑 어울려 준 이유를 모르겠다.

데릭은 2학년 때 전학 왔다. 멀쑥한 키에 여윈 팔다리, 커다란 목소리를 지닌 그 애는 잘 웃었고 가식이 없었다. 툭하면 시무룩해지고, 인기 많은 애들을 헐뜯고, 이해도 못 하는 좌파 이데올로기를 지껄여 대는 우리 나머지 애들과는 달랐다. 데릭은 전학을 오자마자 숀을 만났고 그 애에게 푹 빠졌다. 그게 내겐 숀과 나의 우정, 그리고 친구들 사이에서 나의 입지에 대한 위협으로 여겨졌다. 내가 여기에 대처한 방식은 데릭을 놀리고 모욕하고 따돌리는 등 개자식처럼 구는 것이었다. 순발력이 제법 좋았던 내게 데릭은 만만한 표적이었다. 당연히 데릭은 기분이 상했고 참다 참다 나의 개 같은 행동들을 지적하며 강하게 비난했다. 나는 대꾸할 말이 없었다. 다른 아이들도 내가 형편없이 행동했다는 데 동의하고 데릭의 편을 들었다.

데릭의 등장과 나의 개자식 같은 행동은 내게 있어 지위와 힘의 상실을 의미했다. 그 힘을 되찾겠다고 마음먹은 나는 데릭에게 거짓말을 하기로, 그 애의 마음을 조종하여 나에 대한 정당한 불만들을 약화시키기로 했다. 학교가 끝난 뒤 나는 카페테리아에 있던 데릭을 찾아가 말했다. "야, 요새 내가 못되게 굴었지. 사실은 내가 정말 우울했거든. 자살 생각까지 하고 있었어."

그 순간 데릭이 나를 끌어안았다. 남자들끼리 그런 모습을 보이는 게 사회성이 낙후된 고등학교에서 어떤 의미인지 알면서. 데릭이 말했다. "그랬구나. 다른 건 하나도 중요하지 않아. 사랑한다. 넌 이겨낼 수 있을 거야."

내 계략이 어쩌나 효과 만점이었는지! 약간 과할 정도였다. 슬쩍 겁이나 주고 싶었을 따름인데, 내 말을 믿는다고? 게다가 나를… 사랑… 한 다고?

그 전에 나는 학교에서 십대 자살에 대한 교육을 들었고, (한바탕 감정이 폭발하고 나면 찾아가곤 하던) 상담실에서 자살에 대한 소책자를 본적도 있었으며, 자살을 방지하자는 일종의 사회적 운동이 시작되고 있다는 것도 알고 있었다. 솔직히 말해 그 모든 게 자살에 대한 내 관심을 부추겼다. 이것도 마약이랑 술처럼, 너무 끝내주는 거라서 어른들이 못 하게하는 일은 아닐까? 자살이라니, 흠. 어떤 느낌일까?

1킬로미터 반 남짓 되는 하굣길을 걸으며 나는 종종 그런 생각을 했다. 자살은 나 자신, 우리 가족, 학교, 친구, 여자애들, 그리고 미래와 관련된 모든 문제들을 지워 줄 것이다. 자살을 하면 사람들은 나에 대해 좋은 말을 해 줄 것이고 졸업 앨범에도 나에 관한 특집 페이지가 실릴 것이다. 언젠가 터지고야 말 핵전쟁을 겪거나, 핵폭탄의 여파로 몇 년 동안 차츰 녹아가는 뇌를 안고 살 필요도 없다. 고등학교 때 나를 괴롭힌 애들은 여생을 죄책감을 안고 살아갈 것이니 자살은 사실상 일종의 자살 테러이기도했다. 나는 점점 더 이 선택지에 집착하기 시작했다. 자살에 대해 너무 많이 생각하는 건 싫었지만—유쾌하진 않으니까—멈출 수가 없었다. 나는 총이나 밧줄을 써서, 혹은 높은 곳에서 뛰어내림으로써 모든 것을 끝낼 힘을 지니고 있었다. 어떤 종류든 내게 힘이 주어진 건 처음이었다.

그로부터 오랜 세월이 지나 이 책을 쓰던 중 갑자기 데릭의 포옹이 떠올랐다. 그리고 나는 문득 깨달았다. 그때 나는 전혀 호들갑을 떤 것도, 데릭을 조종하려 거짓말을 한 것도 아니었다. 나는 정말로 자살 충동을 느끼고 있었다. 적어도 그런 충동의 초기 단계에 있었다. 혼자였고, 겁먹었으며, 혼란스러웠다. 나는 친구에게 내 상태를 솔직히 털어놓은 것이고, 그는 좋은 친구들이 그러듯 나의 사소한 잘못들을 무시하고 용서와 진정한 다정함을 베푼 것이다. 나는 그 사건 이후 전보다 자살을 덜 생각하게 되었다.

고등학교 시절 나는 상담실에 자주 눈물범벅이 되어 나타나곤 했다. 내게 배정된 상담사인 샌디 스톤브레이커 선생님은 내게서 말을 이끌어내는 데 능했고, 여러 해에 걸쳐 내가 대학에서 더 나은 생활을 할 수 있게끔 지도해 주었다. 교육구에서 그녀를 치료사로 대우했는지는 모르겠지만, 그녀가 내게 해준 일은 치료적인 게 맞으므로, 내 치료사 목록에 그녀를 3번으로 추가하겠다. 생애 최초로 여러 세션을 함께한 치료사였다!

다음 사진. 나는 80번 주간고속도로(Interstate 80, 샌프란시스코와 뉴저지주 티넥을 잇는 대륙 횡단 도로—옮긴이) 캘리포니아주 데이비스-새크라멘토 구간의 동쪽 방향 차로를 타고 있다. 한밤중이고 나는 대단히 고물인 검은색 폰티액 파이어버드를 몰고 있다. 나는 막 열여섯 살이 되었다.

조수석에 형 릭이 앉아 있다. 릭은 스물한 살이고 곧 스물두 살이 된다. 뒷좌석에는 릭보다 조금 연상인 남자가 반쯤 의식을 놓고 늘어져 있다. 나는 눈을 부릅뜬 채 운전 교습에서 배운 대로 양손을 10시와 2시 방향에 두고 운전대를 잡고 있다. 손마디가 허옇게 질렸다. 안전벨트를 착용한 사람은 없다.

설명해 보겠다.

1984년 7월 10일, 나는 열여섯 살이 되었고 바로 그날 운전면허 시험을 보았다. 나는 면허를 따고 싶어 안달이 나 있었다. 면허만 따면 다음과 같은 것들이 내 삶을 극적으로 개선해 줄 테니.

—여자애들과의 데이트
—집 밖으로 나갈 능력
—시애틀의 쿨한 레코드점 방문
—여자애들과 데이트를 하고 쿨한 레코드점에서 레코드 살 돈을 벌 수 있는 일자리 얻기

나는 운전면허 시험을 통과하지 못했다. 눈앞에 경이로운 신세계가 펼쳐져 있었거늘, 문턱을 넘지 못한 것이다. 디즈니랜드에 도착해서 주차장에 발이 묶인 셈이었다.

그로부터 일주일이 지나지 않아, 나는 비행기를 타고 새크라멘토로 가서 릭과 며칠을 보냈다. 릭은 고등학교를 공식적으로 졸업하진 못했지만 공항화물 운송회사에서 일을 잘하며 존중과 기회와 더불어 다량의 마약을 누리고 있었다. 머리와 매력이 있으면 성공할 수 있다니까.

릭이 공항으로 나를 마중 나왔고, 우리는 차를 타고 릭의 2층 아파트로 갔다. 릭이 사는 아파트 단지는 각각 여섯에서 열 세대가 사는 3층짜리 건물들로 구성되었는데 상당히 근사했다. 수영장은 없었지만 많은 주민들

이 현관 계단과 자그마한 데크에 화분을 두었다. 자기 집에 자부심이 있다는 증표였는데, 이것만 봐도 페더럴웨이 대부분의 지역보다 훨씬 나았다. 상승세를 탄 젊은 경영 간부들이 거주할 만한 단지였다. 나는 깊이 감명받았다. 릭의 아파트는 침실이 하나뿐이라 나는 소파에서 자야 했다. 맞다, 릭에게는 소파도 있었다! 그날 우리는 밤을 꼴딱 새우며 TV를 보다가 내킬 때 잠을 청했다.

릭은 다음 날 출근하면서 제일 가까운 식료품점에 가는 법을 메모로 남겼다. 그곳까지 걸어가서 저녁으로 먹을 버거 재료를 사 오는 게 내 임무였다. 우리는 함께 목록을 적었다. 다진 소고기, 빵, 양상추, 양파(집에서는 절대 쓰지 않는 재료였는데, 우리 엄마가 양파를 거의 병적으로 혐오하기 때문이었다), 감자칩, 탄산음료 등. 케첩은 집에 있었다. 새크라멘토의 뜨거운 오후에 가게까지 1.5킬로미터 남짓을 걸어가야 했지만 나는 하나도 괘념치 않았다. 저녁거리를 사러 가는 거니까. 제법 쓸 만한 어른이 된 기분이었다. 목록에 적힌 걸 전부 산 나는 땀으로 범벅이 됐지만 자신감에 차서 아파트로 돌아왔다.

"다진 목심을 사 왔잖아." 퇴근한 릭이 장 보아 온 것들을 검사하고선 말했다. "다진 소고기랑은 다른 건데."

"정말 미안해." 당황스러움과 부끄러움이 목까지 차올랐다.

"아냐, 괜찮아. 더 고급스러운 버거가 되겠는걸. 잘했어." 릭은 '다진 목심(ground chuck)'이 뭔지 알았다(목심은 소의 목덜미에 붙은 살로, 본디 명칭은 '목정, 항정'이다. ─옮긴이). 릭에게선 정말이지 배울 게 무척 많았다. 황금빛 미래에 사는 기분이었다. 실수를 저지르고 그럼으로써 더 나은 사람이 될 수 있으니.

릭은 이튿날 오전에도 일해야 했지만 오후는 휴무였다. 우리는 차를 타고 새크라멘토 곳곳을 돌아다니며 볼일을 봤다. 철물점에서 몇 가지를 구입하고 자동차 정비소에 갔다. 릭은 형편없는 차를 헐값에 사서 타다가 완전히 맛이 가면 버리는 버릇이 있었다. 릭의 방침이자 철학이었다. 그 결과 고속도로에서 오도 가도 못하게 되는 일이 잦았지만, 당시 내게 그 방침은 실용성의 정점을 찍은 듯이 보였다.

릭은 정비소 옆에 주차하고선 내게 오래 걸리지 않을 테니 차 안에서 기다리라고 했다. 이윽고 릭의 고향 친구들처럼 거친 인상의 젊은 정비공이 나왔다. 둘은 후드를 열었다. 차에 탄 나는 그들이 무얼 보는지, 무슨 대화를 나누는지 알 수 없었다. 마침내 후드가 닫혔고 릭이 정비공에게 10달러 지폐를 건넸다. 내겐 정말 경이로운 일이었다. 무슨 조화인지, 릭은 응당 필요한 서류 작업이나 별도의 시간 투입 없이 차고 밖에서 차를 재빨리 수리한 것이었다. 체제 안에서 제대로 작동할 수 있을지 스스로도 의심스러운 정신을 지닌 사람에게, 체제 자체의 전복은 현혹적이다.

아파트에 돌아온 릭이 자동응답기를 확인해 보니(집에 자동응답기가 있었다!) 같은 직장의 테리에게 전화하라는 메시지가 남겨져 있었다. 테리와 통화를 마친 릭은 밤에 데이비스로 짐 가방 하나를 운반해야 한다고 말했다. 분실된 가방을 주인과 상봉시켜 주는 건 릭의 회사에서 제공하는 서비스였다. 테리가 릭을 자기 차에 태우러 올 예정이었는데, 나도 같이 가자고 했다. 왜 그 일에 두 사람이나 필요했는지, 게다가 어린 남동생까지 끌어들인 건 무엇 때문이었는지 아직도 모르겠다. 하지만 같이 드라이브를 간다니, 물론 찬성이었다!

테리의 고물 파이어버드 뒷좌석에 타고 길에 올랐을 때는 이미 날이 어둑해지고 있었다. 테리는 고속도로를 타기 전에 주유소에 들러 연료를 넣고는 뜻밖에도 버드와이저 맥주 6개들이 세트를 사들고 왔다. 그는 캔 하나를 스티로폼 컵홀더에 넣어 라벨을 가리고는 탭을 땄다. 홀더가 없는 릭은 자기 몸과 차 문 사이에 캔을 두어 잘 안 보이도록 했다. 테리는 막 열여섯이 된 뒷좌석의 꼬마에게도 맥주를 권했다. 나는 웃음을 터뜨렸다가, 농담이 아니라는 걸 깨닫고 사양했다. 그러자 담배를 피우겠느냐고 했다. "됐어요. 끊으려고 노력 중이에요." 나는 흡연 경험이 없었다.

고속도로를 타고 10분쯤밖에 지나지 않은 시점, 릭이 테리가 시키는 대로 글러브박스에서 작은 금속 파이프를 꺼냈다. 마약에 대해 문외한이었던 나조차도 그 파이프와 그 냄새가 어떤 의미인지는 알았다. 나는 태연한 척 창밖을 내다보았다. 운전을 하면서 마리화나를 하는 게 이상하긴 했지만, 릭이 괜찮아 보이니 다 괜찮을 거라고 생각했다. 이번에도 테리에게서 친절한 권유를 받았지만 거절했다.

데이비스에 도착했다. 릭은 짐 가방을 무사히 배달하고 돌아왔다. 테리가 물었다. "견딜 만해?"

"약간 알딸딸하네. 운전할 순 있어." 릭이 대답했다.

"센 놈이었어." 테리가 말했다.

릭이 내게로 고개를 돌렸다. "네가 운전할래? 너 면허 있지?"

워싱턴주 운전면허국의 교습생용 임시면허에서 부모도 보호자도 아닌 약에 취한 두 남자를 사실상의 운전강사로 인정하지 않으리라는 건 거의 확실했지만, 나는 그러겠노라 답했다. 실제로 그게 제일 안전한 선택이었다. 운전면허 시험은 아슬아슬하게 떨어졌고, 술이나 약에 취하지도 않았으니까. 물론 세월이 지나 성인이 된 지금은 마리화나에 중독된 두 멍청이를 한밤중 짐 가방 배달 여정에서 구해 내는 일이 그다지 바람직하게 들리진 않지만, 그날 밤 나는 우쭐했다. 릭을 조수석에, 테리는 뒷좌석에 태웠으니.

나는 도로 표지판을 따라 동부행 I-80 주간고속도로로 향했고, 경사로에 들어서자 릭으로부터 "더 빨리" 달리라는 지시를 받았다. 나는 곧 1980년대 캘리포니아주 도로에서 살아남기 위해 요구되는 태도는 〈매드맥스〉 영화의 철학을 채택하는 것이라고 결정했다. 손가락 뼈마디가 허옇게 질리도록 힘을 주고 운전대를 잡은 채 시속 120에서 130킬로미터로 달리는 차량 흐름을 따라갔다. 옆 차선에서 빈자리를 발견하면 짧게 깜박이를 넣고 경쟁자들에게 빼앗길라 재빨리 차선을 바꿨다. 파이프를 돌려 피우고 맥주 여섯 캔을 다 해치운 릭과 테리에게선 더이상 훈수가 들리지 않았으므로 나는 잘한다고 인정받은 걸로 해석했다. 내 생각에 여객기 조종사들은 승객들이 비행하는 동안 편안하게 잡지를 읽을 수 있다면 기분이 좋을 게 틀림없다. 그게 내가 그때 느낀 기분이다. 내 경우엔 잡지가 아니라 마리화나였지만.

우리는 그렇게 새크라멘토로 복귀했고, 나는 방문자 구역에 주차까지 완벽히 마무리했다. 테리는 운전석으로 옮겨 타고 집으로 향했다.

이틀인가 뒤에, 리노로 짧은 휴가를 다녀온 부모님이 나를 데리러 새크라멘토로 왔다. 엄마가 여행이 어땠는지 묻자 릭과 나는 입을 모아 정말 좋았다고 말했다. 우리는 이제 단순한 형제가 아니라 한패였다. 단순한 한패를 넘어, 친구였다.

마약이나 술에 빠진 사람 곁에서 자라면 연마하게 되는 기술이 있다. 안타깝게도 닌자의 기술은 아니고, 보고 싶은 것만 보는 기술이다. 그리하여 내가 경험한 건 재난으로 끝날 수도 있었던 끔찍한 한밤중 드라이브가 아니었다. 내가 멋진 일을 해낼 수 있다고 믿어 준 나의 영웅과의 모험이었다.

며칠 뒤 나는 다시 운전면허 시험에 응시했고 평행주차에서 점수가 깎인 걸 제외하면 만점을 받았다. 나는 그 후로 쭉 운전을 형에게서 배웠다고 말해 왔다. 릭은 내가 상상할 수 있는 최고의 인생을 살고 있었다.

마지막 사진은 무대 위의 나다. 황갈색 정장 차림에 알이 없는 안경을 쓰고, 1986년에 남자애들에게 유행한 섀기 헤어를 뒤로 빗어 넘겨 진지하고 유능한 인물처럼 보이고자 했지만 의도대로 되지는 않았다. 이마에 아주 약간 땀이 배었고 마음은 기쁨으로 뿌듯하다.

페더럴웨이 고등학교 판 〈앵무새 죽이기(To Kill a Mockingbird)〉 연극은 내가 고등학교 3학년이던 해 1월에 무대에 올랐다. 난방이 열악한 학교 극장에서, 대부분의 장면이 에어컨이 발명되기 전 미국 남부의 무더운 법정을 배경으로 하는 극을 연기하는 데에는 애로 사항이 있었다.

나는 무고하게 기소된 흑인의 목숨을 구하고 마을 내에서 고조된 인종 간 긴장을 완화시키면서 한편으로는 자녀에게 좋은 롤 모델이 되어 주는 시골 변호사 애티커스 핀치 역을 맡았다. 애티커스 배역을 따내고 무대에서 연기한 건 내 인생에 일어난 최고의 사건이었다.

중학교 때는 교내 연극부가 없었지만, 지역의 세미프로 극단의 한 공연에서 작은 역에 캐스팅되어 연기에 푹 빠져 지냈다. 무대에 서면 내 머리로부터 도피할 수 있었다. 연기는 현실 세계가 주지 못하는 모든 것을 주었다. 내가 무슨 말을 하고 남들이 내게 무슨 말을 할지 알았고, 남들이 나/내 배역에 대해 어떻게 느낄지도 정확히 알았다. 내가 괴짜라는 어두운 비밀을 누군가에게 들킬 위험도 없었다.

애티커스 역을 따냈다는 건 내게도 무언가 잘하는 게 있다는 의미, 내가 자신의 가치를 증명했다는 의미였다. 나는 그로부터 수십 년이 지나서야 우울증에 시달리지 않는 보통 사람은 자연스럽게 자아존중감을 가진다는 사실을 깨달았다. 그들은 단순히 지구상에 존재한다는 이유만으로 자신이 존중과 사랑과 다른 모든 멋진 것들을 누릴 자격이 있다고 믿는다. 클리니 D에 당면해 있는 사람은 이런 핵심적 자아감(sense of self, 자기감)을 못 가지고 있기에 그것을 줄 누군가를 찾아 세상을 이 잡듯이 뒤진다. 연인 관계에서 그걸 얻으려는 사람들도 있는데, 그런 관계는 독성의, 즉 해로운 것이 되기 십상이다. 아이들은 스포츠나 악기에서 자아감을 찾으려 들기도 한다. 자아감의 부재를 보상하기 위해 점점 높아져만 가는 직업적 야망을 계속 성취하려 애쓰는 패턴에서 평생 헤어나지 못하는 사람이 수두룩하다.

나로 말하자면, 연극을 가르치는 고니 선생님에게서 그것을 찾고자 했다.

30여 년이 지난 지금 냉정하게 돌이켜 보면 내가 형편없는 애티커스였다는 사실을 알겠다. 그렇지 않았을 리가 없다. 거의 백인만 사는 마을 출신으로 거의 모두가 백인인 학교에 다니고 있던 나는 미국에서, 특히 남부에서 인종이라는 게 진정 어떤 의미인지 생각해 본 적이 없었다. 인종차별이 나쁘다는 것, 마틴 루서 킹 주니어와 로자 파크스가 좋은 사람이라는 것, 킹에게 꿈이 있었다는 것 정도는 알았지만 그게 다였다.

게다가 나는 애티커스라는 배역의, 그 사람 자체와 그가 처한 상황의 무게를 이해할 길이 없었기에 영화 속 그레고리 펙을 모방하는 것으로 갈음했다.

세 번째이자 최종 회차였던 공연 중 나는 법정 장면에서 심하게 몰입했다. 달달 암기했으나 곱씹어 본 적은 없는 경구 같은 대사들을 내뱉으며 나는 약간 땀을 흘렸다. 냉장고 뺨치게 추운 극장에서 대본의 지문대로 손수건을 꺼내 눈썹을 닦자 정말로 땀이 묻어 나왔다. 나는 생각했다. '이게 진짜 연기구나. 이 순간, 나는 진짜를 건드린 거야. 나도 괜찮은 사람이야.'

아! 깜박 잊고 말하지 않은 게 있다. 나는 고등학교 때 학생회 간부로 뽑혔고, 다른 학생들을 이끌고 리더십 프로그램을 진행했고, 설득 스피치 대회에서 주 챔피언으로 뽑혔으며, 학우들의 투표를 받아 졸업식에서 고별 연설을 했다. 그러나 그 후 수십 년 동안 나는 학교에 대해 이야기할 때마다 주로 헐뜯는 표현들을 사용했으며 내 학창 시절을 끔찍했던 시기로 묘사했다.

몇 년 전 일이다. 나는 페이스북에서 페더럴웨이 고등학교와 관련된 무언가에 대해 툴툴거리고 있었다. 내가 그곳에서 얼마나 조롱받고 따돌림을 당했는지, 그런 헛소리들이었다. 그런데 3학년 때 나와 프롬(prom, 학교 무도회)에 같이 갔던 로리가 마침내 화가 머리끝까지 나서 댓글을 달았다. "애들은 널 우러러봤어. 존중했고. 널 좋아했다고."

나는 대학 내내 연기를 했고, 연기 분야 MFA(Master of Fine Arts, 예술 석사) 학위를 받으러 대학원에 갔으며, 시애틀로 이사해서 주로 소극단과 TV 광고에서 연기를 했다. 그러면서 나는 제4번 치료사와 짧은 직업적 관계를 가졌다. 나이가 지긋하고 사람 좋았던 그녀는 내가 대학원을 다닌 러트거스 대학교에서 알코올중독자의 성인 자녀들을 위한 지원 모임을 운영하고 있었다. 처음 모임에 참석한 날, 스무 살쯤 된 남자 하나가 자기 아빠 얘기를 잔뜩 늘어놓으며 발언을 독점하고 있었다. 그러다가 사실 자기 아빠가 술을 마시지는 않았다고 밝히는 것이었다. 내가 물었다. "그런 아버지가 재활 프로그램에 참여하시는…?"

"아니요." 알코올중독자가 아닌 부모의 성인이라기 어려운 자녀가 답했다. "그냥 제 생각에 저희 아빠 행동이 알코올중독자랑 비슷한 것 같아서요." 그래서 모임에 들었다는 말이었다.

나는 치료사에게 이래도 괜찮으냐고 물었고, 그녀가 괜찮다고 말하자 일어나서 자리를 떴다. 이런 망할, 내가 알코올중독자의 성인 자녀라는 지위를 얼마나 힘들게 쟁취했는데. 내가 등록한 지 한 시간도 안 된 모임에 자격 없는 사람이 들어오는 건 참을 수 없었다.

20대가 막바지에 이를 무렵, 내가 연기를, 음, **끝내주게** 잘하는 건 아니라는 깨달음이 슬슬 일었다. 그럭저럭 잘할지는 몰라도 탁월하게 잘하는 건 아니었다. 게다가 나는 대성공을 목표로 LA나 뉴욕에 가고 싶지는 않았고, 하루 종일 힘겹게 실력을 갈고닦느니 추리닝 차림으로 집에서 TV나 보고 싶었다. 그래서 나는 작가가 되기로 결심했다.

제5장

나의 닷컴 거품이 꺼지다

바야흐로 나의 20대가 펼쳐지고 있던 1990년 6월 17일, 갓 대학을 졸업한 나는 워싱턴주 오커스 섬에 있는 포 윈즈 웨스트워드 호(Four Winds Westward Ho) 캠프의 지도원으로 여름 아르바이트 첫날을 보내고 있었다. 대체로 부유한 집 아이들이 오는 이 캠프는 풍부한 전통을 지닌 곳으로, 요트가 여러 척에 말도 여러 마리 있었다. 소설가 대니엘 스틸과 싱어송라이터 보즈 스캑스가 자녀를 이 캠프에 보냈고, 배우 케이트 허드슨은 몇 년 전 본인이 이 캠프에 참여했었다. 듣기로 그녀는 전혀 튀지 않고 친절했다고 한다. 어린 시절 이 캠프에 참여했다가 커서 지도원으로 돌아온 사람들은 캠프에 대해 이야기할 때 마치 이곳이 아이들이 즐겁게 놀고 요트 타는 법도 배우는 장소가 아니라 무슨 수도원이라도 되는 양 근엄하고도 경건한 말투를 썼다. 그럴 때마다 나는 못마땅한 기색으로 눈을 굴리곤 했다. 직원 훈련 주간의 첫날이었던 그날, 지도원 하나가 내게 와서 자신을 소개했다. 질 헬프릭, 시카고 출신, 미줄라 소재 몬태나 대학교 학생. 그녀는 그날 저녁 직원 캠프파이어에서 노래를 한 곡 가르치러 히니 도와달라고 했다. 귀엽고, 짙은 색 머리에 장난기 어린 미소를 띠고 있었으며 조이스 드윗과 살짝 닮은 그녀는 완전 내 스타일이었다. "어떤 노랜데요?"

"한번 불러 볼게요." 그녀가 말했다. "나아아아안 **절대** 바지 **안** 입어! 난 **절대** 바지 **안** 입어! **절대! 바지! 안! 입어!**"

"와, 좋은데요. 그 노래 가르치는 거 도와줄게요." 내가 말했다. 전통과 돈이 넘쳐흐르는 이 캠프에 도착하자마자 기존의 분위기에 반기를 들겠다고 결심한 이 귀여운 시카고 여자가 누군지 궁금해졌다. 그녀를 더 알고 싶었다. 알고 보니 그녀와 내가 이 캠프에 이끌린 건 부분적으로 같은 이유에서였다. '포 윈즈 웨스트워드 호'라니, 배꼽 잡게 웃기는 이름이었고, 그런 이름의 장소에서 일하는 것도 재미있어 보인다는 것('four winds'는 일반적으로 동서남북 네 방위의 바람을 이르며 'westward ho'는 '가세, 서쪽으로!'라는, 옛 선원들이 쓰던 말이어서 둘을 이어 붙이면 우스꽝스러워진다. -옮긴이).

우리는 그날 밤 직원들에게 그 노래를 소개하며 우리 두 사람이 여러 해 전 미네소타에서 열린 여름 캠프에 참여했고, 그곳에서 원주민 부족들이 예전에 위대한 여정을 떠나기 위해 모이는 자리에서 기념으로 부르던 민요에서 비롯된 노래를 같이 불렀다고 이야기를 지어냈다. 우리는 무척 진지한 태도로 장광설을 늘어놓으면서 서로 즉흥적으로 장단을 맞춰 주었으며, 그렇게 분위기를 띄운 뒤 마지막으로 바지를 입지 않겠다는 노래를 소개했다. 우리의 변화구는 제대로 먹혀들었다. 직원들은 그 노래를 아주 좋아했다. 우리는 캠프에 온 아이들에게 그걸 가르쳤고, 그 노래는 오늘날에도 포 윈즈 웨스트워드 호에서 불린다.

질은 그해 여름 (내가 은근한 수준을 넘어 최선의 노력을 기울였음에도 불구하고) 나와 그저 좋은 친구 사이로 지냈고, 이듬해 여름에는 내 여자친구가 되었으며, 조금 더 시간이 지나자 나와 함께 시애틀로 이사하기로 한 여자친구가 되었다. 우리는 O. J. 심슨이 포드 브롱코를 타고 느려 터진 추격전을 벌이는 걸 온 세상이 지켜보고 있던 1994년 6월 17일에 약혼했고, 1995년 6월 17일에 오커스 섬에서 결혼했다. 정연하게 전개된, 만족스러운 5년이었다.

몇 년을 건너뛰어 1998년으로 가 보자. 나는 질과 결혼해서 시애틀에 살고 있다. 막 서른이 되었고, 연기라는 게 내 시간을 쏟아서 남의 꿈을 실현시키는 일이라는 생각이 갈수록 강해진다. 극작가, 연출가, 극단의 꿈을 실현시키면서 내 꿈은 이루지 못하고 있으니까. 반대로 내가 극을 쓴다면 남이 내 꿈을 실현시키게 할 수 있을 테다. 집에 머물며 나 자신을 세상에서 고립시킬 수 있을 테고. 그건 배우 생활보다 훨씬 쉬울 것 같았고, 게다가 추리닝도 입을 수 있을 것이었다. 물론 지금이야 고립이나 추리닝 따위를 바라는 건 우울증의 결정적 증거라는 걸 알지만, 당시엔 아주 분별 있는 생각 같았다. 나는 내 말을 들어 주는 사람이라면 누구든 붙잡고 내가 이제 작가라고 선포했는데, 그런 걸 굳이 확인하는 이도 없고 주에서 공식 증명서를 발급하는 것도 아닌 만큼 사람들은 내 말을 믿었다.

닷컴 경제의 여명이 밝아 오던 그 시기, 첫 번째 햇살/현금이 시애틀에 다다랐고 일거리는 끊이지 않았다. 나는 영화 리뷰와 음악 리뷰를 썼고, 보드게임과 비디오게임 작가로도 일했다. 내가 무언가를 써 주고 나면 고객은 언제나 다른 것도 써 달라고 요청했다. 나는 생각했다. "작가가 절실하게 필요한가 보지. 아니면 글 실력을 판단할 만큼 똑똑하지 못하거나." 내가 글을 잘 써서 그런다는 선택지는 내 머릿속에 존재하지 않았다. 한 가지 짚고 넘어가자면, 나는 글쓰기를 저녁에 부업으로 했다. 낮에는 WRQ라는 이름 없는 소프트웨어 회사에서 내가 이해하지 못하는 소프트웨어를 판매했다.

나는 창조적인 일을 전업 커리어로 추구해 본 적이 없었다. 라디오를 들고 신문을 읽었으며 그게 전부 사람 손에서 태어난다는 건 알았지만, 그런 일자리는 전부 재능 있고 똑똑한 사람들이 차지하고 있을 거라고 생각했다. 이런 일을 하는 사람들은 아마 오래된 인맥이 있거나, 돈이 있거나, 자신에게 꼭 필요한 사람에게 접근하여 말을 붙일 능력이 있을 거라고 생각했다. 모두 내겐 전무한 기술이었다. 게다가 WRQ에서는 탄산음료를 무료로 제공했다. 생각해 보라, 공짜 탄산음료라니. 그게 내가 바랄 수 있는 최선이었다. 나는 평생 WRQ에서 일하다가 은퇴해서 죽을 거라고 생각했다.

나는 임시직 취업 알선소에서 일하다가 WRQ에 취직하게 되었다. 내가 WRQ 고객 서비스에 배정한 사람들이 대단히 만족하는 걸 보고 나도 그곳 고객 서비스에서 일해 볼까 생각한 것이다. WRQ로 인력을 보내면서 나는 그 회사 인사과 직원 제인을 알게 되었고, 그녀가 90년대 시애틀의 엄청난 기술 인력 수요에 부응하기 위해 고군분투하느라 힘들어 죽겠다고 불평을 늘어놓으면 귀 기울여 들어주었다. 그녀의 남편 라이언은 내가 오래전에 임시직 취업 알선소에서 면접을 봤던 사람이었다. 어느 날, 제인은 라이언이 아마존에서 일한다고 말했다. 아마존 면접에 간 그가 내세울 거라곤 시를 공부하고 받은 학위가 전부나 다름없었지만 인사과 과장으로 채용되었다는 거다. 아마존의 스무 번째 직원인가 그랬더랬다. 그가 일자리를 얻은 건 똑똑하고 성격이 좋았으며 그날 인사과를 개설해야 했기 때문이다. 게다가 시를 공부한 사람이 인사과를 운영한다면 듣기에 꽤 근사하다는 점도 한몫했다. 아마존이 독특한 기준으로 직원을 채용하는 뭔가 다른 회사라는 증거였고, 그로써 투자자들의 시선을 끌 수 있었다.

라이언은 제인에게 유머 감각이 필요한 색다른 편집자 자리가 비어 있다고 이야기했고, 제인은 내게 그 사실을 알려 주었다.

그리고 제인은 말 한마디로 내 인생을 바꿔 놓았다. "존은 WRQ에서 일하면 안 돼요. 뭔가 창조적인 일로 커리어를 쌓아야 해요." 직업과 관련해서 누군가에게 그런 말을 들은 건 처음이었다. 나는 '허, 음, 흠' 따위 모음과 'ㅎ'으로 구성된 소리들로 대답했다.

내가 좋아하고 존중하는 제인이 나를 그렇게 생각해 준다는 것도 멋졌지만, 더 좋은 건 그녀의 말이 '나 역시 자신에 대해 그렇게 생각해도 된다'는 허락 같은 구실을 했다는 거였다. 나는 그 후 여러 차례 제인에게 그녀가 얼마나 의미 있는 일을 했는지 설명하고자 시도했지만 그녀는 그게 뭐 그리 중요했는지 정말로 이해하지는 못 하는 것 같다. 또다시 얘기하려 들면 그녀가 불편해할 테니 그러지 말아야겠다.

우울인들에게 격려는 게시처럼 다가온다. 격려는 그들의 결의를 더 굳게 해 주는 게 아니라, 결의가 없던 자리에 결의를 심어 준다. 우울인은 생각한다. "이 사람이 나를 믿어 주니까, 그리고 이 사람은 내가 *아니니까*, 아마 일리가 있을 거야."

나는 아마존이 세 들어 있던 시애틀 시내의 사무실에서 면접을 보았다. 모든 것이 이사가 끝난 지 45분쯤밖에 안 된 듯한 광경이었다. 실내장식이랄 것은 전무했고, 온갖 곳에 종이가 굴러다녔으며, 직원들은 일에 쫓기듯 사방팔방 분주히 돌아다녔다. 방금 모종의 대규모 경찰 수사가 시작되어 모든 요원이 증거를 좇아 맹렬히 돌아다니는 장면 같았다. 나는 편집자 여러 명과 면접을 보면서, 내가 대화를 나누고 있는 모든 사람이 나보다 똑똑하다는 사실을 금세 깨달았다. 많은 경우 나보다 훨씬 똑똑했다. 그래서 나는 이따금 '패러다임'이니 '확장성' 따위 용어를 내뱉으면서, 그 단어를 어떤 의미로 쓰는지 묻는 사람이 없기를 기도했다.

진이라는 이름의 편집자가 내 강점이 뭔지 묻더니, 고전적인 후속 질문을 던졌다. "당신의 최대 약점은 무엇입니까?"

나는 정색을 하고 말했다. "음, 알아 두셔야 할 게 있는데요. 저는 항상 술이나 약에 취해 있습니다. 그게 괜찮다면 우리는 잘 지낼 겁니다." 나는 이 농담으로 일자리를 확실히 거머쥐든지, 아니면 아마존과는 영영 작별하게 될 거라고 생각했다. 나는 그날 바로 언제부터 출근할 수 있느냐는 전화를 받았다.

나는 아마존에서 아직 극비 사항이던 신설 전자카드(e-card) 프로젝트를 담당하는 선임(!) 편집자로 뽑혔다는 걸 알게 되었다. 여러분이 아는 전자카드 말이다. 진짜 생일 카드를 쓰기엔 돈이 아깝고 귀찮았다는 메시지를 전달하고 싶을 때 보내는, 컴퓨터 애니메이션으로 만든 것. 전자카드는 무심함의 전자적 표현 버전이었다. 내가 이 일을 맡게 된 건 면접에서 재미있는 사람이라는 인상을 주었기 때문이었다고 한다. 농담 덕분에.

저 옛날 웹 포털 회사라는 게 존재하던 시대에 그중 하나였던 익사이트!(느낌표까지가 이름이다) 사가 블루 마운틴 아츠라는 전자카드 사이트를 7억 8,000만 달러에 인수키로 했다는 소식이 테크 업계지를 통해 전해진 지 얼마 지나지 않은 시점이었다. 조악한 수채화 일러스트와 지루한 감성을 담은 블루 마운틴 전자카드는 무료로 서비스되었다. 카드 수취인이 이메일에 나온 링크를 클릭해서 카드를 '받을' 때 열린 웹페이지에서 광고를 보게 되는 개념이었다. 과거 90년대에 웹 배너 광고는 지극히 효과적인 마케팅 장치로 여겨졌고, 그래서 익사이트!는 턱없이 비싼 가격을 지불했다. (그때 미국인들은 록밴드 후티 & 더 블로피시에도 빠져 있었다. 지금과는 다른 시대였다.) 아마존 CEO 제프 베조스는 이 사업 모델이 훌륭하다고 생각한 나머지, 자기도 전자카드 회사를 인수하기에 이르렀다. 내 업무는 인수한 사이트에서 뽑아낼 수 있는 것들을 이용해 새로운 아마존 전자카드 사이트를 만드는 것이었는데, 몇 달 뒤엔 완성되어 돌아가기 시작해야 한다는 주문이었다. 청사진도 없이 비행기를 만들라는 지시를 코커스패니얼에게 내린 셈이었다. 나는 새 일터가 될 시애틀 시내 다른 사무실의 주소를 받았다.

출근 첫날 나는 2번 애비뉴와 유니언 스트리트가 만나는 지점에 위치한, 약간 퇴락한 낮은 건물에 도착하여(아마존은 시내 곳곳의 빈 사무실을 싹쓸이하고 있었다), 파란색 판지에 인쇄하여 플라스틱 홀더에 끼운 신분증 배지를 받았다. 전자적으로 돌아가는 건 하나도 없었다. 경비원들은 신분증을 확인하는 시늉조차 안 했다. 직원들은 파란색 배지를 들고 물처럼 흘러 들어갔다.

나는 지하에 있는 새 사무실로 안내받았다. 알잖는가, 모든 회사가 최고의 인재들을 배치하는 지하층 말이다. 나는 뒤쪽 구석의 칸막이된 자리를 배정받았다. 창문은 없었다.

나는 곧 직속 부하 직원 두 사람, 제이슨과 찰스를 만났다. 제이슨은 아주 다정하고 말씨가 나긋나긋한 젊은이로 고객 서비스에서 옮겨 왔다. 그는 탁상 스피커로 얼래니스 모리셋이 그때까지 미국에서 낸 유일한 CD를 몇 번이고 반복 재생하는 걸 좋아했다. 만화 일러스트 그리는 것도 좋아했는데, 마우스만을 사용해서 일러스트를 빠르게 만들어 낼 수 있었다(캐릭터들이 거의 똑같이 생기긴 했지만). 그는 맷 르블랑이 나오는 1998년 영화 〈로스트 인 스페이스(Lost in Space)〉의 벽걸이 달력을 가지고 있었다. 제이슨보다 나이가 많고 말도 더 많은 찰스는 훨씬 사실적이고 정교

하며 아름다운 그림을 그렸다. 주로 새나 꽃이었는데, 한 장을 그리는 데 며칠은 족히 걸렸다. 먼저 연필로 그리고 스캔해서 컴퓨터로 옮겼다.

나는 그들의 작업물을 어찌해야 할지 몰라서 미소를 지으며 "좋네요"라고만 했다. 제이슨과 찰스는 당혹스러웠을지는 모르겠으나 일단은 나를 만족시켜 기쁜 듯했고, 나 자신과 마찬가지로 내가 거기서 대체 뭘 하고 있는 건지 의아해하는 것 같았다. 사무실 공간은 내가 겪어 본 다른 사무실들과 대체로 비슷했는데 유일한 차이는 독일인들이 득실댄다는 것이었다. 아마존에 인수된 전자카드 회사의 인턴들이었다. 우리는 서로 만나서 반갑다는 데 동의했다. 전자 상거래(e-commerce) 업계에서 일하기에 신나는 시기였다. 우리 프로젝트는 실제 상거래 없이 전자(e-)만 많았지만.

첫날이 끝나갈 무렵 나는 인수된 회사의 설립자이자 사장인 독일인 미하엘을 만났다. 미하엘은 이제 기술적으로 아마존 직원이었으나 인수로 인해 돈이 더럽게 많아졌으므로 회사에는 내키는 대로 오갔다. 그는 한결같이 미소를 띠었고 언제나, 언제나, 언제나 'AX'라고 적힌 스웨터를 입었다. 나는 이 사람이 계속 미소를 띠는 이유가 무엇이며 처참한 살인에 쓰일 수 있는 대형 도구 이름이 그의 스웨터에 큼직하게 적혀 있는 이유는 또 무엇인지 계속 궁금했다. 나중에 나는 'AX'가 도끼가 아니라 '아르마니 익스체인지' 브랜드의 약자이며, 그가 미소를 띠는 건 충동적이고 불필요했던 사업 거래 덕분에 갑자기 떼부자가 되었기 때문이라는 사실을 이해했다. 다시 한번 말하건대 이 장의 배경은 90년대다.

미하엘은 자기가 시작한 사이트 이름이 '웜 핸즈'였다고 설명했다. 아니, 농담이 아니다. 그게 그가 의도적으로 고른 이름이었다. 따뜻한 손. 받는 사람에게 따뜻한 손을 떠올리게 하고 그 손이 어쩌다가 따뜻해졌는지, 그 따뜻한 손이 앞으로 무얼 할지 생각하게 만드는 생일 카드—독일인들에게는 그게 조금도 불안하거나 역겹게 느껴지지 않았나 보다. 그게 우리의 많은 문화 차이 중 하나겠지.

웜핸즈닷컴(WarmHands.com)은—이 주소는 지금까지도 아마존으로 연결된다. 접속해 보라!—손그림을 스캔하여 만든 전자카드들을 제공했는데, 그 그림들이 독일인에게는 아주 재미있었을지 몰라도 내게는 대체로 둔감하고 처량해 보였다. 구체적으로 기억나는 카드는 없지만 캐릭터들은 눈이 커다랗고 자주 비명을 질렀는데 독일인들은 그게 즐거웠나 보다. 나는 안 그래도 버거운 근무 첫날에 미묘한 독일 유머 감각까지 이해하려 애써야 했다. 무슨 말인지 잘 모르겠다면, 당신이 독일의 유명한 코미디언을 얼마나 아는지 떠올려 보라. 어떤가? 내 말이 그 말이다.

카드들을 보다가 나는 그림 여러 개를 그린 아티스트가 남긴 커다란 서명을 보고 심란해졌다. "오사마(OSAMA)"라고 적혀 있었다. 웜 핸즈의 톱 아티스트 이름은 오사마였다. 성도 없이 그냥 오사마. 9/11 테러가 일어나는 건 이로부터 몇 년 뒤지만, 오사마 빈 라덴의 테러리스트 커리어는 이미 여러 해째 진행 중이었다. 독일인들이 내게 물었다. 이 일러스트 훌륭하지 않아요?

"'오사마'라는 단어는 빼는 게 좋을 것 같네요." 내가 말했다. 그리고 덧붙였다. "'오사마'라는 단어는 반드시 빼야겠어요."

독일인들이 내게 설명했다. 아뇨, 괜찮습니다. 이 카드를 만든 사람이 오사마 빈 라덴은 아니니까 괜찮아요. 다른 오사마예요. 독일인이에요. 나는 대답했다. 아, 압니다, 오사마 빈 라덴이 독일 카드 그림을 그리지 않는다는 건 알아요, 그래도요. 그리하여 아마존에서의 재직이 시작되는 이 찰나, 미하엘과 그의 독일인 인턴들에게 망할 놈의 오사마 카드를 그대로 내놓으면 안 되는 이유를 설명하는 게 내 임무가 되었다. 인턴 중에는 확실히 마티아스라는 사람도 있었고, 호르스트라는 이름의 인턴도 있었다고 믿고 싶다. 네덜란드 출신의 젊은 여자 마이켄도 있었다. 그녀는 젊은 독일인들에게 대단한 당혹감을 주었는데 무엇보다도 그녀가 우리 모두를 합친 것보다 더 똑똑했기 때문이었다. 때로는 인턴 한 사람이 사라지고 유럽에서 싱싱하게 도착한 새로운 인턴이 그 자리를 꿰차곤 했다.

나는 설명했다. 웜 핸즈 카드가 이해하기 어려운 독일식 유머를 담고 있으며 테러리스트의 이름을 두드러지게 내세우고 있다는 사실은 아마존의 새 상사들 마음에 썩 들지 않을 겁니다. 그리고 고객들도 '오사마'라고 적힌 카드를 받는 걸 그리 기뻐하지 않을 수 있어요. 그 이름만 봐도 놀라서 폭탄과 시체들을 생각하게 되고, 전반적 공황 상태 같은 것에 빠져 겁을 먹을 수도 있지요. 그러면 행복한 생일을 보내게 해 준다는 우리의 표면상의 목표는 망하는 거예요.

이 문제를 두고 긴 토론을 벌일 시간은 없었는데, 시애틀 물류 센터에서 크리스마스 성수기의 고객 주문에 대응하느라 인력이 필요했기 때문이었다. 당시엔 필수적인 업무를 맡지 않은 아마존 직원은 누구나 하루에 12시간은 족히 물류 센터의 선반들에서 책, CD, 비디오테이프 들을 골라내는 업무를 해야 했다. 우리는 숨이 붙어 있고 시급 7.25달러로 일할 의향이 있는 인력이라면 가리지 않고 고용하여, 몇 주 동안 그들과 함께 일했다.

이 시점에 메틀린은 특수교육 교사인 튀거와 결혼해 몇 년째 노르웨이에 살고 있었다. 메틀린은 아들 넷을 키우면서 심리학자로 일했다. 리스벳은 10학년 때부터 사귄 마크와 결혼해서 시애틀에 살았다. 아이가 둘 있었고 곧 셋째가 나올 예정이었다. 마크는 시애틀시 엔지니어였다. 리스벳은 커뮤니티 칼리지에서 작곡을 가르치기 시작했다. 누나들은 무척 안정적으로 지내고 있었다.

릭은 크리스마스를 맞아 고향에 내려와서 페더럴웨이의 부모님 댁에 머물고 있었다. 그는 한동안 샌디에이고 일대에서 배달 트럭을 몰며 지냈고, 자기가 이젠 술이나 약을 안 한다고 주장했다. 릭의 말이 사실이라면, 지난 10년 내지 15년 간의 생활에 큰 변화가 일어난 셈이었다. 그동안 그는 몇 개 직업을 전전했고 이사도 여러 번 했다. 여자친구와 동거하다가, 그녀와 플라토닉한 관계로 동거하다가, 룸메이트를 더 들였고, 친구와 그 부모님하고 같이 살기도 했다. 전화번호가 바뀌는가 싶더니 없는 번호가 되곤 했다. 나는 이 모든 것을 먼 거리에서 관찰했다. 아빠가 술과 담배를 끊게 하려고 애쓰면서 청소년기를 보낸 뒤 내가 얻은 교훈, 누군가 진짜로 변했다고 믿으면 바로 뒤통수를 맞게 된다는 것이다.

중독은 정신질환으로, 뇌의 논리적인 부분을 망치고 그 자리에 중독된 물질에 대한 욕구를 채워 넣는다. 흡연자들은 담배가 옳지 않고 치명적일 수 있다는 걸 알면서도 담배를 피울 것이다. 마약중독자들은 마약이나 그걸 살 돈을 얻기 위해 주변 모든 사람에게 거짓말을 할 것이다. 다음번 약을 위해서라면 신뢰를 깨부수고 인간관계를 망가뜨릴 것이다. 맞다, 속임수를 쓰는 건 그 사람의 목소리와 미소이고 마약을 얻어 몸에 투여하는 건 그들 자신의 손이다. 하나 꼭 그런 건 아니다. 그 짓을 하는 건 그들이 걸린 병이다.

하지만 나는 여전히 릭이 멋지다고 생각했으며, "이제는 정말 정신을 차렸대"라는 말이 나올 때마다 믿고 싶어 하는 쪽이었다. 더는 그렇지 않거나, 애초에 그런 적이 없었다는 사실이 분명해질 때까지는 말이다. 어쩌면 제일 최근에 얻었다는 일자리에선 오래 버틸지도 몰랐다. 나는 릭의 일자리가 노조원만 맡을 수 있는 것으로, 많은 훈련을 거쳐 특수 면허를 얻어야 갈 수 있는 자리일 거라고 생각했다. "돈을 많이 벌지도 몰라." 나는 생각했다.

현실이 나의 가정/희망과는 다를지도 모른다는 첫 번째 단서는 에릭 로버츠 영화였다. 릭은 에릭 로버츠가 출연하는 1995년작 TV 영화 〈벼락 맞은 남자(Saved by the Light)〉의 비디오테이프를 들고 왔고, 질과 내가 방문한 밤에 우리 모두, 그러니까 우리 부부와 부모님까지 다 같이 그 영화를 보자고 우겨 댔다. 이 영화에서 로버츠는 베트남전에 참전했던 재향 군인으로, 사람들을 괴롭히고 폭력을 행사하며, 그러는 과정에서 이미 오랫동안 인고해 온 부모님의 마음을 더욱 아프게 한다. 그러던 어느 날 로버츠는 벼락에 맞아 죽고, 천사의 방문을 받는다. 천사는 그가 인생을 잘못 살았다는 걸 보여준다. 하지만 고작 죽음 따위에 밀려 저세상으로 갈 에릭 로버츠가 아니다. 그는 산 자의 세상으로 돌아와 사람들을 도와주고, 학대하는 남편을 두드려 패서 아내를 구해 주고, 남편을 팬 손에 끔찍한 감염이 생기는 바람에 두 *번째*로 잠시 죽었다가, 다시 일어나 이번에는 동기 부여 전문 대중 연사가 된다. 뻔한 얘기다.

릭은 우리에게 자신이 에릭 로버츠라고, 사람들에게 상처를 줬다는 걸 알고 있으며 이제 구원을 찾고 있다고 말하고자 한 거다. 그러나 에릭 로버츠 본인이 아닌 이상 에릭 로버츠를 내세워 가족들에게 자신을 설명하고자 하는 것은 아무런 도움이 안 된다. 릭의 시도는 새로운 사실을 알려 주기보단 당혹스럽고 짠했다.

부모님이 방에서 나갔을 때 릭은 그날 아주 이상한 일이 일어났다는 말도 했다. 샤워를 하고 있는데 화장실 커튼이 수백 마리 거미로 뒤덮여서 나오기가 어려웠다는 것이었다. 릭은 그게 재미있는 일화라도 되는 양 말했다. 릭은 본디 진지한 얼굴로 농담을 던질 줄 아는 사람이었고, 나는 웃었다. 농담이라고 믿기를 선택했으므로. 그러나 평소와 달리 이번에는 장난이었다고 밝히는 릭의 미소가 뒤따르지 않았다.

그날 밤 우리는 내 새 직장 아마존에 대해 이야기했다. 나는 일이 과연 재미있기는 하지만, 당장은 성수기가 절정이고 임시직도 많이 고용했기 때문에 다 같이 창고에서 일하고 있다고 말했다. "릭이 가서 일을 도우면 어떻겠니?" 엄마의 제안에 나는 혼란스러워졌다. 휴가를 온 사람이 일용직으로 일을 하진 않는다. 릭은 샌디에이고로 돌아가 높은 보수를 주는 운전수 일을 해야 하지 않는가.

"시급이 7달러 25센트밖에 안 되는걸요." 내가 엄마의 제안을 거절하듯 말했다.

한데 릭이 말했다. "아주 좋은걸. 몇 시에 가면 돼? 차를 얻어 타야 할 것 같네."

"내가 태워 주마." 엄마가 끼어들었다.

릭은 심지어 내가 채용 담당자라고, 내가 자기의 상사가 될 거라고 생각하고 있었다. 세상에. 그 순간 릭은 더이상 괴짜지만 여전히 우러러봄 직한 나의 형이자 영웅이 아니었다. 릭은 마약에 빠진 십대, 마약중독자들이 자주 그러하듯이 처음 마약을 시작한 나이에서 더이상 자라지 못한 십대였다. 서른여섯 살이었지만 동시에 열다섯 살이었다.

다행히 아마존에서는 더이상 도울 사람이 필요하지 않다고 했다. 나중에 리스벳이 릭이 메스암페타민이라는 약을 하고 있다고 알려 주었다(우리나라와 일본에선 '히로뽕/필로폰'으로 불려 온 것이다. -옮긴이).

전자카드 프로젝트에 주어진 목표는 석 달 뒤인 3월에 제대로 돌아가는 사이트를 론칭하는 것이었다. 이 일정은 애당초 불가능했으며 하루하루 시간이 흐를수록 더더욱 불가능해졌다. 우리는 미술을 맡아 줄 프리랜서들을 고용하기로 했다. 계약직이었던 찰스는 계약 갱신이 되지 않았다. 제이슨은 사내에서 부서를 다시 배정받았다. 미하엘은 어디론가 사라졌고, 인턴들은 대부분 독일로 돌아갔다. 그들이 무엇이든 배웠기를 바라지만 솔직히 말해서 여기서 배울 게 뭐가 있었겠는가. 우리는 앨프라는 이름의 인턴 한 사람만 남겼는데, 그는 나이가 아무리 높게 잡아도 스물셋 정도였지만 태도나 행동은 산전수전 다 겪어서 만사가 시들한 베테랑 경찰 같았다.

앨프는 아마존이 땡전 한 푼 못 벌어다 줄 거지 같은 전자카드를 만들려고 미친 듯이 애쓰는 꼬락서니를 보고 재미있어 하는 듯했지만 대놓고 그렇게 말하진 않고 조용히 데이터베이스를 만들거나 농땡이를 치거나 했다(어느 쪽인지 구분하기는 어려웠다). 아마존 내부에서 새 직원 몇 명이 디자인과 소프트웨어 개발 등을 하러 단기 파견을 왔고, 새로운 상사도 배정되었다. 새 매니저 에릭은 키가 크고 뼈가 앙상하게 마른 프랑스인이었다(독일인들의 유머가 영 웃기지 않으면 당연히 프랑스인을 불러야 하지 않겠는가). 그는 고급 레스토랑의 도도한 헤드웨이터 같은 풍모와 〈핑크 팬더(Pink Panther)〉 영화 시리즈에서 허버트 롬이 맡은 드레이퍼스 서장과 같은 성향을 지니고 있었다. 스물여덟 살이라 해도 쉰 살이라 해도 말이 되는 남자였다. 도통 나이를 알 수가 없었는데, 얼굴에 떠오르는 것이 스트레스와 결의뿐일 때 나이는 미스터리가 되는 법이다. 그는 기합을 팍 넣고 사내에서 자기 가치를 증명해 보이고자 안달이 났으나—그로서는 비극적이게도—골치 아픈 프로젝트라는 짐을 지게 되었다.

"욧 같은 쿼다란 문제가 생겼어요." 에릭이 첫 회의인지에서 말했다. 머릿속에서 "욧 같은 쿼다란"을 "엿 같은 커다란"으로 번역하며 나는 고개를 끄덕였다. 문제는 서열의 사슬 저 높은 곳에 위치한 경영진으로부터 내려

온 데드라인에 있었다. 문제가 욧 같고 쿼다랬던 이유는 우리가 웹사이트를 완성하기는 고사하고 어떻게 만들지 상상조차 제대로 못 하고 있었기 때문이다. 시월의 어느 날 너른 벌판에 서서, 크리스마스 쇼핑에 때맞춰 쇼핑몰이 지어지기를 바라는 것과 똑같았다. 내가 에릭과 일한 남은 시간 동안 크고 작은 많은 문제들이 욧 같고 쿼다랗다고 묘사되었다.

나는 우리 부서로 배치되어 신생 웹사이트의 사용자 환경 프로그래밍을 담당하게 된, 무표정한 얼굴로 웃기는 말을 잘 하는 인문대 졸업생 동지 주와 친구가 되었다. 나는 그녀에게 말했다. "에릭이 '욧 같은 쿼다란 문제'라고 하면, '문제'를 '아이스크림 한 그릇'이라고 바꿔 들어 봐요. 그러면 그가 고함을 질러 댈 상대를 찾는 게 아니라 크고 맛있는 간식에 대해 이야기하고 있다고 스스로를 속일 수 있죠."

그 후로 주와 나는 회의에서 에릭이 우리 모두에게 대접할 욧 같은 쿼다란 아이스크림 한 그릇을 꺼냈다고 자주 상상해야 했다. 우리는 회의실 반대편에 앉은 서로를 향해 고개를 끄덕였다. 공포를 피하는 좋은 방법이었다. 돌이켜 보면 그건 공포보단 광기에 가까웠지만.

전자카드 섹션은 아마존 홈페이지에서 책, 음악, 영화에 이어 네 번째로 자리 잡을 탭이었다. 오사마라 서명된 전자카드를 싹 치워 버린 데다, 홀마크 사, 아메리칸 그리팅스 사와 모색하고 있던 파트너십이 성사되지 못하여 내 처진 어깨에서 창조성이라는 짐을 거두어 줄 길이 사라지자, 새 카드 숍에 올릴 전자카드의 재고 수량은 정확히 0이었다. 이제 직접 카드 만들기에 돌입해야 한다는 뜻이었다. 카드 글귀를 쓰는 게 뭐가 어려울까 싶었다. 몇 줄이나 된다고. 그리하여 지하 사무실 컴퓨터 앞에 앉아 글귀를 지어 버려 몇 시간은 보내는 사이, 두 가지 일이 일어났다. 첫째로 그리팅 카드 작가의 능력을 존경하게 되었고, 둘째로 나는 카드 글귀를 거의 쓰지 못했다.

이어지는 여러 주 동안 나는 글귀 쓰는 연습을 하게 되었다. 별 아이디어가 떠오르지 않으면 아무리 초보적이고 형편없는 아이디어라도 일단 썼다. 우리는 단순한 GIF 애니메이션을 사용할 수 있었으므로, 프리랜서 아티스트에게 등 뒤에서 생일 케이크를 꺼내며 "놀랐지! 생일 축하해!"라고 말하는 남자의 애니메이션을 만들라고 시켰다. 또 다른 프리랜서에게는 "냄새 나는 데에서 같이 구르지 않을래?"라고 말하는 개를 그려 달라고 했다. 사랑 고백 카드였냐고? 모르겠다. 아마 그때도 몰랐던 것 같다. 그게 말이 되긴 하냐고? 퍽이나 그러겠다.

나는 내가 겪게 될 것이 해고로 이어지는 치욕적인 개인적 실패가 아니라, 책임이 여럿에게 분산되는 커다란 집단적 실패일 거라고 생각하며 위안을 삼으려 했다. 회의가 툭하면 열렸는데 그때마다 각 부서가 팀 전체에 진전 사항을 보고했다. 모든 팀원들이 번갈아 입을 열어 자기가 뭔가 했다고 생색을 내려 애썼다. 이 구조에 내재된 문제는 각 부서가 다른 모든 부서에 의존해야 한다는 것이었고, 또한 자신들이 도대체 무슨 짓거리를 하고 있는지 아무도 몰랐으며, 전자카드는 멍청하기 짝이 없다는 것이었다. 우리가 개인적으로 가장 겁냈던 건 '방해꾼'으로 찍히는 것이었다. 에릭은 다른 사람들의 업무 진전을 가장 많이 늦추는 사람을 그렇게 불렀다. "자, 누우가 방해꾼입니까?!" 에릭은 당혹하고 격분한 얼굴로 묻곤 했다. 방해꾼이 되는 건 분명히 욧 같은 쿼다란 문제였다.

기억에 남는 한 회의에서, 에릭은 방해꾼이 누구냐는 대목에 이르러 큰 소리로 물었다. "해프(Half)인가요?"

모두의 얼굴에 당황한 빛이 떠올랐다. "무엇의… 반(half)요?" 용감한 영혼을 지닌 누군가가 물었다.

"해프요! 데이터베이스 관리하는 해프요!"

"앨프(Alf) 말씀이세요?" 내가 물었다.

"그래요! 해프! 해프한테 망할 일 좀 제대로 하라고 말해야겠어요."

나는 해프-앨프에게 그 메시지를 전해 주겠노라 약속했다.

"해프는 정말 욕 같은 커다란 문제예요."

나는 해프에게 그가 방해꾼이라는 말을 전하지 않았다.

회사 사람들은 내게 웹 핸즈 프로젝트가 어떻게 되어 가는지 묻고는 역겹다는 표정을 지었는데, 아마 그건 웹 핸즈라는 이름 때문이거나 오사마 서명이 들어간 카드를 보았기 때문이었을 것이다.

어쩌면 역겨운 표정은 나와 얘기하는 바람에 짓게 된 걸지도 몰랐다. 내 우울증이 주장한 것이었지만, 영 틀린 소리도 아니었다. 내가 채용되자마자 '선임 편집자'로 바로 승진한 것이 사내의 다른 직원들에게서 얼마간 질투심 섞인 혐오를 자아냈다. 나는 공원의 간이 농구 코트에서 뽑혀서 갑자기 NBA 선수가 된 사람이나 마찬가지였다. 동료들의 생각엔 일리가 있었다. 실제로 나는 부족한 연기력을 발휘하여, 내가 무슨 일을 하고 있는지 아는 척 매일 연기를 하고 있었다.

그때 내가 이른바 '가면증후군(imposter syndrome)'에 빠져 있었다는 뜻이다. 가면증후군은 자신이 성공한 게 사실은 실수이며, 곧 사기꾼이라는 게 발각돼서 우람한 경비원들에게 쫓겨나 지금의 고귀한 지위를 잃게 될 거라고 믿는 사고 패턴이다. 우울증을 앓는 사람이 가면증후군에 빠지는 건 배에서 추락한 사람이 물에 젖는 것만큼이나 쉽다. 내가 이 주제로 이야기를 나눠 본 성공한 사람들은, 전부는 아닐지언정 대부분이 일종의 가면증후군에 빠진 적이 있었다. 사실 자기가 이룬 모든 성공에 대해 완벽히 자격이 있다고 생각하는 사람이야말로 위험한 인물일 테다.

정상인들은 가면증후군에 빠져도 대개 극복할 수 있다. 자신이 사기꾼이라는 믿음을 실체 그대로, 즉 스쳐 지나가는 회의감으로 받아들이기 때문이다. 그러나 우울인들에게 이는 비이성적이고 무시무시한 급성 증후군일 수 있다. 당신이 하고 있는 수준 높은 일과 당신 자신에 대한 아주 박한 평가 사이의 간극이 너무나 커서, 남들이 조금만 들여다봐도 당신의 실체가 드러날 것이라고 생각하기 때문이다. 우울인들은 이 간극을 알아차리고선 누군가 탓할 사람을 찾다가, 우울증이 시키는 대로 즉시 자기 자신을 탓한다.

가면증후군에는 근본적으로 희극적인 가치가 좀 있다. 무언가를 성취한 게 고작 우울증에게 빼앗기기 위해서라니. 조금 우습지 않은가.

내가 가면을 쓰고 있다는 생각을 반박할 증거가 쌓여 있었음에도, 증후군은 사라지지 않았다. 언젠가 나는 시애틀의 큰 컨벤션 센터에서 열리는 아마존 연례 전 사원 회의의 진행을 맡아 달라는 요청을 받아 훌륭하게 해냈다. 제프 베조스가 《타임》 지 선정 올해의 인물로 뽑혔을 때, 그 호에 내 인터뷰와 사진이 실렸다. 그러나 이와 같은 영예를 누릴수록 가면을 쓰고 있다는 느낌은 더 강해져만 갔다. 내가 지금의 위치에 부적합한 인간이라는 사실이 점점 더 큰 무대에서 드러나고 있었기 때문이다. 심지어 아마존 사내 파티에서 베조스가—내가 그때나 지금이나 이해하지 못하는 이유로—내게 홀라 스커트를 입힌 적도 있다. 나는 성공 가도를 걷는 사람, 무리의 일원, 사랑받는 고정 멤버였다. 현실적으로 돌아보면 앞서 말한 일들이 일어났던 건 회사에서 나를 자랑스러워했고, 자랑하고 싶었기 때문이었다. 그러나 우울증은 내가 함정에 걸려든 풋내기라고 말했다. 우울증은 가장 행복하고 자부심 넘쳐야 할 순간들에 행복과 자부심을 느낄 능력을 앗아가 버린다.

질이 말하길, 이 시기에 나는 종종 잠꼬대로 전자카드 이야기를 했다고 한다. 회의가 한창인 것처럼 대화를 시작하고, 가끔 질에게 당장 어떤 일러스트레이터에게 연락하라고 시키기도 했다나. 우리는 모두 긴 근무 시간을 요구받았으므로 질은 내가 아마존에서 일하는 동안 볼 수 있었던 극소수의 비-아마조니언 중 하나였고 그건 단지 우리가 같은 집에 살기 때문이었다. 질은 인내심을 발휘해 나를 지지해 주었지만, 마음속으로는 스톡옵션으로 벌 수 있을 돈이 신경쇠약에 걸린 남편을 데리고 살 만큼 가치가 있을지 저울질하고 있었다.

스트레스, 긴 근무 시간, 마음의 평화와 신체적 건강의 희생—나는 이 모든 게 고결한 일이라는 걸 알았다. 이런 고난이 불가피하며 고귀하다는 것을. 나는 특별히 애국심이 강하거나 독실한 사람이 아니었는데도 노동에 대한 숭배에 완전히 빠졌다. 이게 바로 기업이 사람들을 속여 스스로를 해하면서 고용주의 배를 불리도록 만드는 한 방법이다.

80년대에 성장기를 보낸 우리는, 매분매초 열심히 일하고 기업의 사다리를 차근차근 오르면 상상할 수 있는 모든 물질적 부가 우리의 것이 될 수 있으리라는 믿음을 품고 자랐다. 아마 다른 대부분의 세대에 비해 더 그랬을 것이다. 기술이 막 발전하고 있던 그 시기에 자본주의 경연 대회의 상품들은—자동차에 달린 전화기! 비디오카세트리코더! 퍼스널 컴퓨터!—문화적으로 과시할 만한 것이었을 뿐더러 다른 사람보다 더 발전된 삶으로 나아가게 해 줄 도구였다. 일단 앞서가기 시작하면, 계속 앞서게 된다. 우리는 텔레비전 시리즈 〈부유하고 유명한 사람들의 라이프스타일 (Lifestyles of the Rich and Famous)〉을 시청했다. 도널드 트럼프가 영민하고 부유한 사업가라고 믿었다. 레이건 행정부가 기업들에게 더 이득이 되고 개인들에겐 보호와 안전망을 덜 제공하는 쪽으로 연방정부를 움직이던 시기였다. 우리는 자신에 대한 착취를 물신(物神)으로 만들었다.

아마존에도 이와 대체로 동일한 정서가 존재했다. 강렬한 타이와 헤어 젤이 푸른색 옥스퍼드 셔츠와 카키 팬츠로 대체되긴 했지만 문화는 동일했다. 아마존 사람들은 주당 적어도 50시간, 바라건대 그보다 훨씬 많은 시간을 근무하기를 요구받았고, 여기엔 일종의 마초 문화가 뒤따랐으며, 직원들(나를 제외하고는 스스로 '아마조니언'이라고들 불렀다)은 중요성과 근무 시간 면에서 남을 밟고 올라가고자 애썼다.

"어휴, 어젯밤에 열 시까지 일했지 뭐예요. 할 일이 산더미예요."

"내 말이. 이번 주는 자정 전에 집에 간 적이 없는 것 같아요. 카키 팬츠와 파란색 셔츠를 입은 내 상사가 웹사이트 전체를 구해 줄 사람으로 나만 믿고 있으니 말이에요."

"그러니깐요. 저는 오늘 밤엔 어제까지 일할 예정이고, 세 사람을 죽여야 해요(대화의 과시용 허풍을 코믹하게 표현한 것—옮긴이). 안 그러면 다시는 책을 못 팔게 될 테니."

이런 대화가 영원히 계속되곤 했다. 망할 놈의 입을 다물고 일에 집중한다면 아무도 그렇게 늦게까지 야근할 필요가 없을 텐데도. 나는 이 사실을 단 한 번도 꼬집어 말하지 않았다. 저녁 8시에 사무실을 빠져나가며 못마땅한 곁눈질을 받았을 때에도.

그러니 나는 내 깜냥을 훨씬 벗어나는 상황에 처해 스트레스에 짓눌린 사기꾼(이자 숨겨진 봉해꾼)이었다. 하지만 동시에 나는 내가 마침내 행복으로 가는 길에 올랐으며 내 모든 문제들이 해결되었다고 믿었다. 정말 중요한 회사에서 훌륭한 직책을 맡고 있었으니 논리적으로 그래야만 말이 되지 않겠는가. 내 계획은 아마존에서 열심히 일하고, 조기에 은퇴해서 내가 하락 없이 영원히 상승만 하리라 믿고 있던 주식으로 먹고살며, 여생은 소설이나 희곡을 쓰거나 빌어먹을 휴식을 취한다는 게 도대체 어떤 건지 한번 알아보며 보내는 것이었다. 교도소처럼 느껴질지 몰라도(모든 수감자가 카키 팬츠를 입고 대부분 MBA 학위를 지니고 있는 교도소였다) 어느 시점엔 출소할 걸 알았다. 5년에서 10년만 버티면 더 큰 집으로 이사하고, 아이를 낳고, 더 좋은 차를 몰기에 충분한 수입과 금전적 안정을 얻게 될 것이었다. 나는 열두 살 때부터 우울증으로 인해 믿게 된 것과 달리, 다리 밑에서 판지 상자로 집을 짓고 살지 않아도 되는 미래를 지닐 것이었다.

해결될 것은 물질적 염려만이 아니었다. 내 정신건강 문제 역시 다스려질 것이다. 일생 우울증과 싸우면서 그런 사실조차 몰랐던 나는 '괜찮다'거나 '행복하다'는 것이 보다 넓은 의미에서 어떤 느낌인지 확실히 알지는 못했지만, 이 새 직업이 나를 그리로 데려다줄 것만은 알았다. 분명히 알았다! 이 직업은 나의 모호하게 나쁜 상태를 없애 줄 것이었다. 무언가 고장 났다는 감각이 계속 귓가에서 앵앵거리는 모기처럼 머물러 있었고, 때로는 우레와 같이 커져서 다른 소리를 못 듣게 했다. 그러나 나는 내 새 일자리가 그 소리를 잠재워 주리라 확신했다.

이렇듯 문제가 죄다 해결될 거라는 기대는 나의 '이것만 하면' 심리를 구체화한 길고 긴 목록에 가장 최근 추가된 항목이었다. 이것 하나만 더 얻으면 나는 행복해질 것이다. 현재는 행복하지 않지만, 다음의 저 일을 해내기만 하면 행복이 보장될 것이다. 기존의 '이것만 하면' 목록은 이러했다.

—고등학교 연극에서 주역을 따내기만 하면
—좋은 대학에 합격하기만 하면
—대학 연극에서 주역을 따내기만 하면

—좋은 대학원에 합격하기만 하면

—이 여자가 나를 좋아하게 만들기만 하면

—시애틀로 이사하기만 하면

—안정적인 일자리를 얻기만 하면

—결혼만 하면

—집만 사면

이 모든 목표를 달성했는데도 문제들이 한 줄기 연기처럼 사라지는 일은 없었다. '이것만 하면' 접근법은 집에서 진짜 산타클로스를 찾으려는 것과 비슷하고, 현실성 역시 그와 동일하다.

아마존에서의 근무는 내 모든 문제를 해결해 주지 않았다. 나도 안다, 반전이 있는 결말의 정반대라는 걸. 내가 언제쯤 어떻게 하리라고 당신이 예상한 그대로 행동했으니까.

터무니없이 야심찼던 최초 마감일이 지나갔다. 에릭은 그게 사실은 욧 같은 쾌다란 문제가 아니라고 말했다. 문제이긴 하지만, 욧 같지도 쾌다랗지도 않다고. 과연 이성이 있는 사람이라면 우리가 목표한 론칭 날짜를 맞추리라는 기대는 전혀 품지 않았겠지만, 이제 우리는 일정에 뒤처졌고 다시는 따라잡지 못할 터였다. 모든 부서들이 '뽕해꾼'이 되지 않으려 노력했다. 앨프는 비자가 만료되어 독일로 돌아갔다. 에릭이 자못 애석한 빛으로 말했다. "아, 뉘무 안됐어요. 해프를 좋아했는데." 둘 사이의 관계는 역사의 그 시점 프랑스인과 독일인의 관계가 복잡했기 때문이라고밖엔 말 못 하겠다.

102

그러던 어느 날 문득 나는 자살하고 싶어졌다.

전자카드 웹사이트 론칭일은 이미 지연되었고, 다시금 지연되기를 두어 번 반복했다. 하지만 이제는 사이트 모형이 만들어지고 있었고, 내가 여러 프리랜서 아티스트들과 협의하여 만들고 있던 카드들이 더 많은 사람에게 공개되었다. 그중 내게 카드가 형편없다고 말한 사람은 아무도 없었는데, 우울인에게 이는 카드가 *실제*로는 형편없지만 다들 예의를 차리느라 혹은 화가 나서 그렇게 말하지 않는다는 의미다.

전자카드 사이트를 대중에게 공개하는 건 피할 수 없는 일이었다. 그 일이 현실이 되지 않고 하루 또 하루가 지날수록 나의 불안도 상승했다. 게다가, 소수의 동료들 그리고 당장이라도 뚜껑이 열릴 기세를 상시 유지하고 있는 프랑스인을 만족시켜야 한다는, 손톱을 깨물게 만드는 정도의 불안은 곧 온 세상 사람을 전부 만족시켜야 한다는 거대한 불안으로 대체될 터였다.

어느 아침 나는 시애틀 시내로 향하는 출근 버스에 올라 그날 해야 할 온갖 일들을 생각하고 있었다. 스마트폰이나 인터넷 연결 태블릿 PC가 나오려면 몇 년은 더 지나야 하는 시점이었으므로 실제로 그 일들을 할 수는 없었다. 할 일이 얼마나 많은지 생각하며 가랑비 내리는 시애틀 정경을 멍하니 바라볼 따름이었다. 그날의 업무량에 대한 생각은 다음 며칠, 다음 몇 주의 업무량에 대한 생각으로 이어졌다. 우울증은 내게, 너는 그 모든 걸 해낼 재능도 야심도 두뇌도 없다고, 인력 보충을 기대할지 모르지만 아마 그냥 해고될 거라고 일렀다. 해프를 탓하는 것에도 정도가 있다고.

그럼 어떻게 해야 하나?

61번 버스가 알래스칸웨이 고가교를 벗어나 세네카 스트리트를 달리다가 1번 애비뉴에서 좌회전을 하고 시애틀 미술관 앞 정류장에 정차하는 사이에 나는 정답을 찾았다. "자살하는 게 좋겠어." 나는 생각했다. 그러면 모든 게 사라질 것이다. 스트레스도 멈출 테고.

참으로 대담하고 기이한 생각이라 나는 웃음이 터졌다. 내 두뇌가 그런 결론에 다다랐다는 게 황당무계했다. 내가 아마존 섹션 론칭 때문에 자살을 할 리가 있겠나? 그 잘난 전자카드 때문에? 내겐 아내와 친구들, 집과 인생이 있었다. 분별을 되찾아 생각해 보니, 이런 스트레스는 언젠가 지나가기 마련이고 나는 삶의 다음 단계로 넘어갈 수 있을 것이었다. 버스에서 내려 1번 애비뉴를 남쪽으로 걸어 사무실로 향하면서 나는 생각했다. 자살하는 건 멍청한 짓이야.

그리고 긴 휴지…. 그건 그렇고, 자살을 어떻게 할 건데? 목을 매는 건 아프기도 하고 우리 집 천장이 너무 낮아서 좋은 생각이 아니었다. 높은 데서 뛰어내리는 선택지도 바로 탈락이었다. 내겐 높은 다이빙대에서 뛰어내리는 것조차 무리였으니까. 게다가 골든게이트교에서 투신했다가 살아남은 이들이 낙하하는 순간 결정을 후회했다는 이야기를 들은 적이 있었다. 차고에서 차와 호스를 이용해서 일을 저지르면 어떨까? 안 된다. 우리 집 차고는 간이 차고라서 불가능했다.

왼편으로 '센트럴 대출 & 총기 거래소'라는 간판이 보였다. 경비가 삼엄한 전당포로서, 거의 매일 문을 열었다. 저게 정답일 수도 있겠다는 생각이 들었다. 총을 하나 구입하고, 책상 위나 어딘가에 쪽지를 남기고, 차를 몰고 외딴 곳으로 간다. 총을 신용카드로 살 수도 있겠다. 전당포 직원에게 사격 연습용이니 뭐니 둘러대면 총 고르는 걸 도와줄지도 모른다. 그러면 이놈의 론칭에 대해선 더이상 걱정하지 않아도 될 테다. 질은 자유가 되어 정신이 이상한 걸 숨기고 살지 않는 다른 남자와 마음껏 결혼할 수 있을 테다. 실로 이는 질에게 호의를 베푸는 일이었다. 나는 봥해꾼이었다. 나는 욧 같은 퀴다란 문제였다.

사람들은 처음엔 슬퍼하겠지만 결국은 더이상 나를 상대하지 않아도 된다는 데에 안도할 것이고, 시간이 지나면 내가 자살한 게 얼마나 현명한 일이었는지 이해하게 될 것이다. 내가 엄밀한 의미에서 자살 충동을 느낀 건 아니었다는 사실을 짚고 넘어가야겠다. 뭔가를 계획하고 있던 건 아니었다. 단순한 몽상일 뿐. 이런 걸 자살사고(suicidal ideation, 자살생각)라고 부른다. 이 역시 나쁜 것이고 당장 도움을 청해야 한다는 신호이긴 하지만, 내 경우엔 실제로 자살을 시도하는 것과는 한참 거리가 멀었다.

자살에 대한 몽상이라는 길고 즉흥적인 정신적 여정의 귀착지는 또 한 번의 부정이었다. 나는 스스로에게 말했다. '아냐, 자살하진 않을 거야.' 자살이라니, 터무니없는 소리였다. 회복 불가능할 수준까지 망가진 내 뇌가 스트레스를 절망으로 변환시키고 있는 것에 불과했다. 그런 생각이 드는 건 내 성격상의 결함, 그러니까 내가 괴상하고 못되고 멍청하고 나약하다는 점 때문일지도 몰랐다. 하지만 그게 다! 내가 정신질환에 걸린 건 아니라고 생각했다. 매일 출근을 했고, 내가 살고 있는 세상을 인지하고 있었고, 내가 나폴레옹이라는 망상에 젖어 있지도 않았으니까. 정신질환은 정신병원에 갇혀 안전가위를 들고 딱한 공예 프로젝트를 하는 사람들에게나 해당되는 것이었다. 영화 〈처음 만나는 자유(Girl, Interrupted)〉에서 본 것처럼.

하지만 자살이라는 선택지는 한 번 부정된 뒤에도 내 머릿속에 둥지를 틀었다. 내가 그건 생각해 볼 수도 있는 것으로 '정상화'했기 때문이었다. 인생의 고속도로에서 빠져나가는 음산한 경사로가 완공되고 바리케이드가 철거되었다.

마침내 론칭한 전자카드 사이트는 대성공도 대재난도 아니었다. 그저 사람들이 흘긋 보고는 자기 일상으로 돌아가는 무언가였을 뿐. 나는 사이트에서 제공하는 카드 수를 팍팍 늘리고, 카테고리를 확장하고, 엄청 많은 콘텐츠로 모든 주요 기념일에 대비하라는 지시를 받았다. 직원을 더 많이 고용하고, 돈을 쓰고, 아마존 전통에 따라 전자카드 서비스를 "고속으로 성장시키라고" 했다. 나는 에릭에게서 처음으로 제대로 된 코멘트를 받았다. "당신이 만드는 그 카드들 잘 이해가 안 가요. 농담을 이해 못 하겠어요. 귀여운 토끼나 멍할 강아지나 뭐 그딴 것들이 나오는 카드를 좀 만들어 봐요. 귀웁게요. 알겠죠?" 나는 그에게 알겠다고 말하고 자리로 돌아가 강아지가 이해하기 어려운 대사를 말하는 카드들을 더 급조해 넘으로써 아마존 내에서 이름을 떨치려는 에릭의 노력을 조용히 방해했다. 그리고 다음 기념일을 대비하려고 노력했다.

기념일은 누가 방해꾼이든 개의치 않고 재깍재깍 찾아오는데, 이게 내겐 욧 같은 쿼다란 문제였다. 내 두뇌는 또 한 번 '이것만 하면' 장치를 가동시킴으로써 이에 대응했다. 이번의 스트레스 심한 시기를 버텨 내고 충분한 수의 카드를 완성하기만 하면, 나는 마침내 행복해질 것이다. 그런 믿음을 안고 나는 스트레스 심한 시기를 버텼지만 하나도 행복해지지 않았다. 하지만 다음 시기를 버티면 분명히 행복해지겠지! 아니, 다음번도 그렇지 않았다. 그리고 점점 커져 가는 문제가 있었다. 위기/마감이 다가올 때마다 나도 모르게 센트럴 대출 & 총기 거래소로 돌아가 구매를 하는 것만으로 이 모든 걸 끝낼 수 있다는 생각이 떠올랐다는 것이다. 나는 그 생각을 계속 떨쳐 내고 웃어넘기려 했다. 하지만 갈수록 우습지 않았다. 웃어넘겨 줄 다른 사람도 없었다. 누구에게도 이 생각을 털어놓지 않았으니까.

뒤이은 2년 동안 주가는 떨어졌고 아마존은 몇 차례 직원 정리를 했다. 내가 '[이 칸을 채우시오]만 하면 모든 문제가 해결될 거야'라는 생각 자체에 허점이 있는 게 아닌가 하고 그 어느 때보다도 고심한 시기였다. 나는 전자카드를 포기하고(회사에서도 곧 포기했다) 장난감 섹션의 선임 편집자로 일하기 시작했다. 그러나 예의 이름 없는 두려움은 계속 내 삶에 도사리고 있었다.

나는 이제 시애틀의 비컨힐 지역에 위치한 건물에서 일했기에 출근할 때 예의 자살사고를 했던, 그래서 그 기억이 각인됐다 할 버스를 탈 일도, 센트럴 대출 & 총기 거래소 앞을 걸을 일도 없었다. 나는 차로 출퇴근했다.

어느 날 아침 나는 우리 부부가 그레이프 에이프(Grape Ape)라고 부르는 낡은 보랏빛 픽업트럭을 타고 출근길에 올라, 다가오는 마감과 나만큼이나 스트레스에 절어 있는 딱한 동료들에 대해 생각했다. 트럭 안에서 자살사고라는 망령을 억누르는 동시에 머릿속으로 상상의 나래를 펼쳤다. 오늘 사무실에 도착하면 누군가 내 의자에 앉아서 "어머, 정리해고 얘기 못 들었어요? 당장 인사과로 내려가 보세요. 신분증 챙기시고요"라고 말하는 건 아닐까.

운전을 하며 머릿속으로 이런 시나리오를 펼치던 중, 아주 비싼 스포츠카가 내 앞에 휙 끼어들더니 좌회전을 했다. 끼어들기였다. 적어도 나는 그렇게 생각했다. 어쩌면 그 차에 우선통행권이 있었고 내가 잘못 생각했는지도 모른다. 어쩌면 그리 비싼 차가 아니었을지도. 어쩌면 스포츠카조차 아니었을지도. 솔직히 잘 기억나지 않는다. 내가 기억하는 건 갑자기 활활 타는 분노가 나를 사로잡았다는 것이다. 나는 어떤 상황에서든 누구든 해서 안 될 만큼 길게 경적을 울리고 에이프이 핸들은 틀어 내게 불쾌감을 준 운전자를 격하게 추격하기 시작했다. 액셀을 한껏 밟고 엔진 굉음을 울리며 그를 뒤쫓았다. 우울증은 당신의 도화선을 짧게 자르고는 거기에 불을 붙인다.

나는 이미 로드 레이지(road rage, 운전 중에 분노를 못 참고 보복운전 등 난폭한 행동과 말로 다른 운전자를 위협, 공격하는 일-옮긴이)의 전형적 방식으로 경적을 빵빵 울려 댔었고, 저쪽 운전자가 흉한 보라색 픽업트럭이 갑자기 바짝 따라붙는 걸 보고 더더욱 겁을 먹었을 거라고 생각했다. 이젠 앞뒤 따지지 못하는 분노에 사로잡힌 나는 망상에 빠졌다. 그는 내가 악마같이 무시무시한 놈이며, 따라서 심한 폭력을 자행할 수 있음을 알아차리고, 아까 운전을 방해한 걸 후회할 것이다. 나는 정의를 위해 우뚝 선 영웅이 될 것이고, 내 모든 문제가 해결될 것이고, 나는 행복해질 것이다. 내겐 전부 앞뒤가 맞는 소리였다. 픽업트럭을 모는 건 더이상 내가 아니었으므로. 우울증이 빈틈을 발견하고 급습한 거였다. 우울증은 몸과 마음을 가르는 울타리를 건너뛰고 내 트럭과 나라는 사람의 운전대를 둘 다 거머쥐었다. 이 모든 일이 벌어지는 동안 나는 유체이탈을 한 것처럼 한쪽으로 비켜서서, 아동극단에서 중고로 산 보라색 픽업트럭을 난폭하게 몰면서 고함을 질러 대는 저 미친 남자가 누구인지 의아해하고 있었다.

덧붙이건대, 나는 실제로 심한 폭력을 저지르지는 못한다. 약한 폭력조차도. 신체에 관한 한 나는 겁쟁이다. 말다툼이라면 누구와도 기꺼이 맞붙으며 언쟁이 뜨거워져도 상관없지만, 싸움은 평생 단 한 번 5학년 때 벌인 게 다며, 그때 나는 한 방에 나가떨어졌다. 그러나 이날 나는 트럭을 몰고 있었고, 그 안에 머물러 있는 한, 설명할 수 없이 강렬한 분노가 내게 연료를 공급하는 한, 덩치 큰 싸움꾼이 된 기분을 느낄 수 있었다.

나는 운전을 하며 목청이 터지도록 소리를 지르고 트럭 운전석 양 옆을 주먹으로 쾅쾅 쳤다. 손가락 관절과 성대, 그리고 제정신에 손상을 입히는 짓이었다. 고급 승용차는 내 앞에서 유유히 운전해 갈 뿐이었다. 고삐 풀린 추격과 아우성은 물론이요, 처음에 내가 울린 경적조차 알아차리지 못했을 가능성이 농후했다.

나는 화가 머리끝까지 나서 길길이 날뛰면서도 속도 제한과 교통 법규는 준수하고 있었다. 목이 아팠고, 차체도 내 몸도 갑작스레 이리저리 움직이는 통에 몸이 안전벨트에 끼었다. 화가 너무 나서 왈칵 눈물이 흘렀다. 그럴 수 있다는 것도 처음 알았다.

마침내 앞 차 운전자가 잠시 뒤를 돌아보았는데, 내 눈에 비친 그는 체구가 작고 대머리였다. 나는 그걸 보고 상당히 심란해졌다. 혹시 내가 난폭하게 뒤쫓고 있는 사람이 다름 아닌 제프 베조스? 내가 아마존닷컴의 설립자이자 CEO인 사람을 추격하고 괴롭힌 걸까?

그날 오후 나는 자리에 앉아, 당장 귀가해서 다시는 복귀하지 않아도 된다고 이르는 이메일이나 전화가 오기를 기다렸다. 장난감 한두 개를 리뷰하려 시도했지만 실패했다. 제프 베조스에게 악을 쓰며 보복운전을 해놓고 정신이 나가 있는 판에 엘모 목욕 장난감의 미묘한 특징들을 파악하기란 어렵다.

당을 너무 섭취했나? 그날 먹은 건 베이글 하나뿐이었다. 카페인 과다인가? 평소처럼 한 잔을 마신 게 다였다. 자기 정신건강에 문제가 있다는 걸 깨닫지 못하는 사람들이 바로 이렇게 행동한다. 생각할 수 있는 모든 외부 요소를 탓하지만, 내부적 요인은 결코 고려하지 않는다. 나는 우울증 때문일 리는 없다고 생각했다. 내가 맥 빠지고 침울해하진 않았으니까. 슬프지도 않았다. 그때 몰랐던 사실은, 우울증은 기분의 문제가 아니라는 것이다. 우울증이란 오래 기간에 걸쳐 죽죽이 이어지는 그 모든—종종 서로 전혀 다른—생각과 행동들을 유발하는 조건들의 집합이다.

자리에서 몇 시간 진땀을 빼며 대기해도 인사과의 전화가 오지 않자, 당장 해고되지는 않겠구나 하는 자신감이 조금 들었다. 비유하자면 총알을 피한 것이었다. 시내 전당포에서 구입할 뻔했던 말 그대로의 총알을 결국 피한—적어도 발사를 미연에 방지한—것처럼. 그러나 나에게 로드 레이지가 한 번 발생한 만큼, 다시 일어날 가능성이 높다는 것도 알았다. 왜 그랬는지 이유를 몰랐으니 막을 힘도 없었다.

나는 버텼고, 기다렸다. 나의 정신건강 치료 계획은 "잘 되기를 바라자"와 "이 상태가 끝나길 바라자"였다. 우리 팀은 최고경영진과 떨어져 시애틀의 인터내셔널 디스트릭트에 위치한 새 사무실로 이사했고, 그로써 나는 깜빡이를 켜고 안 켜는 따위의 문제들 때문에 제프 베조스를 살해할 위험을 덜게 되었다.

어느 날, 장난감 섹션 편집자들은 아마존 소프트웨어 개발자들 여러 명과의 회의에 불려 갔다. 그들은 신이 나서 자기들이 막 완성한 사내용 소프트웨어를 소개했다. 아마존 로봇, 줄여서 '아마봇'이라고 부르는 것이었다. 고객이 제품 페이지를 방문하면 아마봇은 유사 페이지들과의 연관성을 찾아내 그 페이지에 알맞은 문구와 디자인을 결정하고 자동으로 실행한다. 인공지능으로 편집하는 로봇이었다. 인정하건대 정말 멋진 소프트웨어였다. 굴러온 로봇이 박힌 우리를 빼내리라는 걸 감안해도, 인상적이었다. 개발자들은 자기네의 성과에 대해 기쁘고 뿌듯해 보였다.

내 동료 다이앤이 물었다. "그러니까 우리가 하루 종일 하고 월급을 받는 일을, 아마봇은 무료로 할 수 있다는 건가요?"

소프트웨어 개발자들이 고개를 끄덕였다.

"그러면 우리는 뭘 하죠?" 다이앤이 물었다.

아무도 아무 말도 하지 않았다. 나는 불길하고도 우스운 이 상황에 피식 웃었던 것 같다. 소프트웨어 개발자들은 내 일을 대신하고, 나아가 내 식탁에 오를 음식을 앗아 갈 무형의 로봇을 만드는 몇 달 동안 단 한 차례도 이 질문을 떠올려 본 적 없는 게 분명했다.

"여러분은… 다른 일을 할 시간이 생기겠죠?" 소프트웨어 개발자가 조심스럽게 말했다.

"다른 일자리를 찾을 시간요?" 다이앤이 물었다.

이번엔 아무도 대답하지 않았다.

다이앤은 몇 주 뒤 퇴사를 했고, 나가는 길에 자기 사무실 화이트보드에 '아마봇' 한 단어를 적었다. 화이트보드에 남은 이 잉크 찌꺼기는 거기에 든 원자의 양으로 볼 때, 아마봇이라는 무형의 존재가 기업들의 기준으로는 전적으로 옹호 가능한 임무, 그러니까 우리 모두를 처치한다는 임무를 수행하면서 그때까지 지녀 본 최대의 물질적 외형이었다.

얼마 지나지 않아 나는 지역 공영 라디오 방송국에서 일자리를 제안받았다. 내가 프리랜서로 일을 하고 있던 〈리와인드(Rewind)〉 프로그램의 풀타임 작가 겸 프로듀서를 맡아 보라는 것이었다. 스톡옵션은 없었지만 근무 시간이 합리적이었고, 직원들도 좋았으며, 사람들에게 필요 없는 물건을 잔뜩 사라고 설득하는 대신 정보와 즐거움을 제공한다는 보람이 있었다.

아마존에 관해서라면, 나는 그곳을 무사히 빠져나왔다. 그러니 좋았다고 할 수 있겠다. 아주 좋지는 않았다. 자살사고를 얻었고, 억만장자인 설립자를 쫓아가 괴롭혔을지도 모르고, 내 문제들은 단 하나도 사라지지 않았다. 도리어 새로운 문제가 잔뜩 솟아났다.

그렇게 나는 공영 라디오 커리어를 시작하게 된다. 당시 나는 이 직업이 내게 훨씬 잘 맞는다는 결론에 이르렀다.

사실 그때 나는, 이제 내 문제가 전부 해결될 거라고 생각했다.

〈유쾌한 우울증의 세계〉에 따르면
정신질환은 없는 척 무시한다고 없어지는 게 아니다

사람들, 특히 우울인들(제일 좋은 사람들이다)은 무언가를 이루는 것의 가치를 극도로 과대평가한다. 다음 목표를 이루면, 다음 물건을 손에 넣으면, 선망하던 안정된 지위를 쟁취하면 우울한 정신이 고쳐질 거라고 생각한다. 하지만 그대여, 그건 사실이 아니다. 나는 아마존에서 보낸 시기에 그런 믿음에 잘도 속아 넘어갔고 그 후로도 여러 차례 속았다. 아마 미래에도 수없이 속을 것이다.

행복으로 가는 길은 성취하는 것이 아니다. 우울에서 벗어나는 길은 쟁취하는 것이 아니다. 그런데 똑똑한 사람들이 그렇게 생각한다. 내가 프로그램을 진행하며 인터뷰한 사람들은 대부분 사회적으로 알려진 인물이었다. 많은 것을 이루었다. 어느 정도 유명인이기도 했다. 그러나 그들 중 많은 이가 명성과 성취로 채우지 못한 구멍 하나씩을 안고 있다.

〈유쾌한 우울증의 세계〉 첫 에피소드에서 나는 NPR(National Public Radio, 미국 공영 라디오)의 뉴스 패널 겸 코미디 퀴즈 프로그램 〈잠깐, 잠깐… 말하지 말아요(Wait Wait… Don't Tell Me)〉의 진행자로 가장 잘 알려진 피터 세이걸(Peter Sagal)과 이야기를 나누었다. 그는 하버드 대학교를 다녔고 극작가로서 성공했으며(성공하는 사람이 거의 없는 분야다) 수십 년째 인기 라디오 프로그램을 진행하고 있다. 내가 아는 똑똑하고 성공한 사람들 가운데서도 상위권에 든다. 하지만 우울증은 그렇다고 해서 봐주지 않는다. 피터의 곪아 터진 우울증은 여러 해 동안 휴면기에 있다가 이혼과 함께 분출했다.

피터와 이야기를 나누기 전에 나는 반쯤 무의식적으로, 나한테 그가 가진 것들이 있었더라면, 내가 그가 이룬 만큼 이루었더라면(이혼만 빼고) 항상 행복할 거라고 생각하고 있었다. 그건 사실이 아니었다.

『잘못은 우리 별에 있어(The Fault in Our Stars)』를 비롯한 여러 초대형 베스트셀러를 써낸 소설가 존 그린(John Green)도 오랫동안 이 문제로 고심해 왔다. 그는 내게 말했다. "이상하면서도 사그라지지 않는 희망이 퍼져 있습니다. 정신질환을 가진 사람들 사이에서만 그런 게 아니에요. 우리가 미국인이라 그런 건지 인간이 본디 그런 건지는 모르겠지만, 아무튼 내 삶에 없는 이것 하나만 손에 넣으면 내 안의 구멍이 채워질 거라는 부단한 희망을 확실히 갖고들 있는 것 같아요."

존은 언젠가 대단한 부자와 나눈 대화를 떠올렸다. "그는 저에게 정확히 이렇게 말했습니다. '비행기를 단기로 리스하지 않아도 되게 제 전용기를 한 대 소유했으면 좋겠어요.' 저는 대답했죠. '잠깐, 잠시만요. 뭐라고요? 진짜로 그렇게 믿는다는 말이에요? 진심으로 아직도 딱 하나가 부족하다고 생각한다고요? 비행기 한 대만 있으면 궁극적인 만족에 이를 수 있다고?'"

내가 아마존에서 고군분투하고 있던 시기에 존 그린은 대학 졸업 후 자신의 글이 어떻게든 출판되길 바라며 고군분투하고 있었다. '출판만 하면' 모든 게 괜찮아질 테니까. 그러나 그때나 지금이나, 그런 식의 사고는 존 그린에게 해결책이 되어 주지 못한다. 다들 의기양양하던 닷컴 시대에나 지금이나 그게 내게 해결책이 못 되듯이.

배우이자 토크쇼 보조 진행자이며 네 살 언저리부터 우울증을 안고 살아온 앤디 릭터(Andy Richter)는 말한다. "그 구멍은 절대 채워지지 않을 겁니다. 당신이 할 수 있는 일은 그 사실에 익숙해져서 편하게 받아들이는 것 정도죠."

앤디는 그 구멍, 그 구덩이, 그 공동(空洞)은 우울증을 지닌 공연자들이 아주 흔하게 지니고 있는 거라고 말한다. 그런데 애초에 그 구멍을 만든 건 바로 우울증이다. 자존감, 수없이 다양한 감정들, 추리닝 바지를 입고 나다니는 데 대한 수치심 따위를 싸그리 치워 버림으로써 말이다. 우울증을 지닌 사람들에게 문제는, 그 구멍에 다른 무엇을 넣으려 해도 들어맞지 않는다는 것이다. 자존감이 들어가야 할 구멍에 커리어 성취를 욱여넣을 순 없다. 모양이 맞지 않기에, 망치로 아무리 두드려도 들어가지 않을 것이다. 다양한 감정이 들어가야 할 구멍에 알코올이나 마약을 쏟아 부어 보라. 채워질 턱이 있나.

"사실 맞지 않는 구멍에 뭔가를 욱여넣으려고 애쓸 때마다 구멍은 더 커지고 채우기도 더 힘들어지죠." 앤디가 말한다.

여기서 상황이 정말로 불길해진다. 우울한 사람은 성취를 이룬 뒤의 상황을 과도하게 이상화하는 만큼이나 현재의 처지를 극도로 경멸한다. 내가 X를 이루고 나면 멋진 삶이 될 거라는 생각에서 그치는 게 아니라, 내가 지금까지 노력과 재능과 무수히 많은 작은 결정들을 통해 이루어 낸 것은 뭐든 대수롭지 않다는 생각을 갖게 되는 것이다.

이곳 미네소타에서 우리 외지인들은 흔히 서로 어울리게 된다. 미네소타에서 태어난 사람들은 살면서 필요한 친구들을 유치원 때 이미 다 사귀니까. 그리하여 나는 어떤 기회에 작가이자 종합적으로 똑똑한 사람으로 내가 수년 동안 찬탄해 온 애나 마리 콕스(Ana Marie Cox)를 알게 되었다.

우리는 이제 친구지만, 나는 언제나 내가 그녀의 친구가 될 만큼 똑똑하거나 멋지지 못하다는 사실을 그녀에게 들키고 말 거라는 켕기는 마음을 갖고 있다.

얼마 전 우리는 일종의 상호 인터뷰를 하다가, 우리 같은 사람들에겐 이러한 자기 폄하가 불변의 요소라는 걸 알게 되었다. 애나는 말한다. "우리 같은 사람들은 서로 다른 점이 수없이 많지만 하나의 공통된 생각을 갖고 있어요. '내가 할 수 있는 일이라면 분명 바보 같은 일이다, 내가 할 수 있는 일이라면 그리 어려운 게 아니다.' 그러니 살면서 어떤 대단한 일을 해내도, 이렇게 생각하는 거죠. '아, 이건 별로 대단한 일이 아니야. 대단한 일일 줄 알았는데 아니었어. 내가 해냈잖아. 바보라도 할 수 있다는 뜻이지.' 그러니 어려워 보이는 다음 일로 넘어가지요. 그리고 그 일을 또 해내면 이렇게 생각합니다. '그래, 이것도 정말로 중요한 건 아니었네.' 저도 알코올중독자 가정에서 자랐어요. 구멍을 성취와 업적으로 채우려 하는 건 딱 알코올중독자의 성인 자녀다운 짓이지요."

나는 팟캐스트를 진행하면서 내가 항상 원해 왔던 수준의 커리어를 일궈 낸 사람들을 많이 만났다. 닐 브레넌(Neal Brennan)은 넷플릭스에서 스탠드업 코미디 스페셜을 진행하고, 데이브 셔펠과 공동으로 TV 코미디 시리즈인 〈셔펠스 쇼(Chappelle's Show)〉를 만들었으며, 영화를 감독했고, NBA 선수들과 어울리고, 베니스 비치의 근사한 콘도에서 멋진 개 키스와 함께 산다.

닐은 말한다. "제 자존감이 얼마나 거지 같았는지 말해 볼까요. 지금도 부분적으로는 그럴 거지만요. 〈셔펠스 쇼〉를 만들고 저는 스스로에게 말했습니다. '난 괜찮은 촌극 작가지만 〈새터데이 나이트 라이브〉 작가는 못 할 거야. 〈셔펠스 쇼〉 같은 단일 카메라 촌극들은 쓸 수 있어도, 다중 카메라 생방송 촌극은 무리일 테니.' 스스로에게 한계를 설정한 겁니다. 그런데 셔펠이 〈새터데이 나이트 라이브〉를 진행할 때 따라가서 해 보니 제가 다중 카메라 촌극도 잘 쓰고 있는 게 아니겠어요. 그때 생각했죠. '뭐야, 할 수 있잖아.'"

엔터테인먼트 산업에 발을 담그고 있는 사람으로서 닐은 큰 성취나 돈다발이 어지러운 머릿속을 정리해 주리라고 생각하는 게 자기 혼자가 아님을 안다. "돈이 행복을 가져다주진 않는다고들 합니다. 사람들은 그런 말을 들으면 '글쎄요, 어떻게 되나 봅시다'라고 답하죠. 한 사람도 안 빼놓고 이렇게 말해요. '아, 저는 다를지도 모르잖아요. 한번 해 볼게요.' 하지만 제가 대화해 본 세계 최상급 영화배우들도 정확히 똑같은 결론에 이르렀더군요."

마라 윌슨(Mara Wilson)은 열 살이 되었을 때 이미 〈마틸다(Matilda)〉와 〈미세스 다웃파이어(Mrs. Doubtfire)〉를 비롯해 영화 다섯 편에 출연했다. 그러나 불안, 강박장애, PTSD(외상후 스트레스장애)와 우울증으로 인해 그녀는 무엇도 잘 누릴 수 없었다. 그녀는 중학교 시절 "제가 해낸 일들에 대해 별로 자부심이 없었어요"라고 말한다. "사람들이 제게 축하를 해 주거나 길거리에서 저를 알아보면 '내가 뭘 했다고 이러는 거지?'라고 생각했어요. 내가 한 일은 전혀 대단해 보이지 않았거든요."

제6장

험한 세상과 다리와 강물
이 장은 내 성인기의 어느 시점을 배경으로 한다.
정확히 언제인지는 사생활의 비밀로 남겨 두겠다.

우울증이 속삭이는 수많은 거짓말을 통틀어 가장 믿기 쉬운 건 "너는 망했다"라는 말이다. 우울증은 말한다. 좋은 게 하나도 없어. 과거에도 똑같았지. 그러니 앞으로도 그러리라 생각하는 게 합당해. 지금 최악의 순간에 느끼는 감정을 앞으로도 쭉 느끼게 될 거야. 시간이 흐르면서, 그게 언제까지일지는 얼마나 오래 살아남느냐에 달려 있지만, 더 악화되기만 할 거야. 나이가 들고 병에 걸리고 주위 사람들이 죽고 너 자신도 틀림없이, 아마도 고통스럽게, 죽을 것이니까. 이렇게 속삭이는 소리를 멈추지 못하면, 논리적인 결론은 모든 걸 끝내는 것이다.

하지만, 아니다. 나는 그럴 수 없었다. 자살은 나쁘다. 그건 누구나 안다.

그렇지만—나는 다시 논리를 펼쳤다—자살이 나쁘다는 걸 아는 사람들, 자살이 나쁘다고 말하는 사람들은 만사가 술술 풀리는 사회 일각에 속한 이들 아닌가. 영화 스타들이 '계속 꿈을 향해 나아가고 절대 포기하지 말라'고 말하는 것과 똑같다. *자기들에겐 그게 통했으니까 그렇게 말하는 게 당연하다.* 자살을 하지 말라고 권하는 사람들은 자기 삶을 다스릴 수 있는 사람들, 평생을 구제 불능의 괴짜로 살아오지 않은 사람들이다.

내게 마음 써줄 만큼 순진한 사람들을 뒤로하고 죽어 버리는 게 나쁜 짓이라는 건 알았다. 또한 나는 자신에 대해서 누구보다도 잘 알았기 때문에 내가 얼마나 공허하고 무가치한 인간인지도 알았다. 따라서 그들이 만에 하나 감상에 젖어 나를 애도해 준다면 그건 판단 실수일 거였다. 이 생각이 나를 슬프거나 고통스럽게 하진 않았다. 내가 쓸모없는 인간이라는 건 냉엄한 사실이었다. 나는 변속기가 고장 나고 엔진이 망가져 길가에 처박힌, 못쓰게 된 차였다. 그런 똥차는 고쳐 쓰지 않는다. 내다 버리지.

이 시점에 나는 인생 처음으로 자살을 '진지하게 고려하는' 영역에 들어섰다. 실행하기로 결심이 선 건 아니었지만, 자살은 현실적인 선택지의 범위 안에 있었다. 이 새로운 장소에 도달해서 할 수 있는 유일하게 분별 있는 행동은 주위를 둘러보는 것이었다. 자살이 바지라면 (물론 진짜로 바지는 아니다. 자살이잖아) 탈의실에 가서 입어 볼 시간이었다. 자, 유서를 쓴다는 건 어떤 기분일까?

컴퓨터 시작 버튼을 누른다. 마이크로소프트 워드를 클릭해서 연다. '새 문서'를 누른다.

질에 대한 사과로 시작한 유서는 금세 (형식에서 기대되는 바에 비해 지나치게) 콧물로 범벅이 되었다. 나는 설명했다. 물론 당신에게 괴롭고 혼란스러운 사건이겠지만, 그건 당신이 내가 아는 걸 모르기 때문이야. 나는 내가 꾸준히 악화되리라는 걸, 그 과정에서 모두를 나와 함께 나락으로 끌고 가리라는 걸 알아. 나는 이어 적었다. 당신의 인생에서 내가 죽으로써 나는 당신에게 나보다 훨씬 나은 남편, 당신이 결혼해야 마땅한 한결 같고 안정적인 남편을 만날 기회를 주는 거야. 그 남자는 아빠로서도 훌륭할 거야. 내가 평생 될 수 있는 사람보다 훨씬 훌륭할 거야.

사과는 애초에 그녀와 결혼해서 미안하다는 데로까지 확장되었다. 나는 사랑이 내 망가진 부분을 고쳐 줄 거라고 희망했는데, 그건 순진한 믿음이었다. 그 결과 나는 그녀까지도 나의 심연으로 끌고 들어오고 말았다. 애초에 그녀와 결혼하지 않았더라면 전부 피할 수 있는 일이었다. 그랬더라면 질은 대학 시절 짧게 사귀었던, 아이스크림 가게를 열어서 대성공을 거두었다는 그 남자와 결혼할 수 있었을 텐데. 나는 그녀를 사랑한다고 적었다. 그때도 지금도 사실인 문장이다. 유서는 그렇게 끝났다.

오로라 다리는 시애틀의 유니언 호수 서쪽 끝에 50미터 높이로 버티고 선, 길이가 거의 900미터에 이르는 캔틸레버 및 트러스 구조 교량이다. 시애틀의 퀸앤과 프리몬트 지역을 잇는 다리로, 1932년에 개통되었다. 여기서 통행이 개시되기도 전에 뛰어내려 죽은 신발 영업사원을 필두로 수백 명이 자살했다. 자살 충동에 익숙한 사람이라면, 오로라 다리를 운전해 건너면서 이곳에서 생을 마감한 사람들의 기분을 약간이라도 느끼지 않는 건 불가능하다. 귀신 들린 전쟁터처럼.

글을 쓰는 현재, 1995년 이래 오로라 다리에서 뛰어내려 죽은 사람은 쉰 명이다. 그중 절반 이상은 호수가 아니라 지면에, 특히 어도비 소프트웨어 회사 사옥 주변의 길과 주차장에 많이 떨어졌다. 내 계획은, 만에 하나 실행하게 된다면, 다리 안쪽으로 깊숙이 들어가되 호수까지는 가지 않는 것이었다. 실행할 경우, 어차피 죽을 몸이라 해도 심한 부상을 입은 채 유니언 호수의 얼음장 같은 물에 들어가고 싶지 않았다. 또한 살아남고 싶지도 않았다. 낫기 어려운 부상 탓에 나 자신을 돌보지도 못하는 채로, 게다가 이게 내가 자초한 일이라는 걸 모두가 아는 채로 살아가고 싶지 않았다. 네, 싫습니다. 저는 죽을 게 분명한 딱딱한 노면으로 떨어질게요. 감사합니다.

하지만 말이다! 생각하고 생각하고 또 생각해도 나는 이걸 실행에 옮길지 확신이 서지 않았다. 자살하겠다고 결심한 건 아니었던 거다. 단지 자살이라는 바지를 입어 보고 있었을 뿐.

나는 다리 근처 길모퉁이에 차를 대고 유서를 깔끔하게 반으로 접어 운전대 바로 위 대시보드에 올려 두었다. 다리를 향해 걸어가며, 숙고할 시간이 많지 않다는 걸 깨달았다. 실행에 옮기거나 그러지 않거나, 둘 중 하나였다. 난간에 너무 오래 머물러 있는 건 신호를 보내는 것, 도움을 요청하는 행위였다. 차들이 멈춰 설 것이고 경찰이 올 것이다. 윽. 나는 그냥 오로라 다리를 걸어서 건너는 것처럼 보여야 했다. 걸어서 건너는 사람이라곤 없는 다리이긴 하지만. 나는 다리로 들어가는 마지막 진입로에서 길을 건넜다. 아직은 다리 끄트머리라, 기껏해야 다리 하나 부러지고 말 높이였다.

저 앞쪽에 적당한 지점이 눈에 들어왔다. 뛰어내리면 죽을 게 분명한 동시에 살짝 물러서서 난간 너머를 내다보며 "아, 잠깐 구경하는 거예요"라는 그럴듯한 말로 시간을 약간 벌 수 있을 만한 지점. 대략 10초 동안 어느 쪽으로든 결정을 내려야 한다는 의미였다. 나는 걸음을 늦추거나 보조를 바꾸지 않고 성큼성큼 걸어 앞서 내가 정한 지점에 다다라 아래를 내다보았다. 그 순간이 온 것이다. 지나가는 차량 운전자들 몇몇이 차를 멈춰야 할지 어쩔지 생각하며 불안하게 나를 쳐다보는 게 느껴졌다.

즉시 세 가지 요소가 사고의 전면으로 부상했다.

하나. 나는 한동안 머릿속에서 수학 방정식을 암산으로 굴리고 있었다. 내가 죽었다는 소식은 질에게 대단한 충격을 줄 것이다. 그녀는 나를 사랑했다. 내 생각에 날 사랑하는 건 바보 같은 짓이었지만, 그녀 자신도 어쩔 수 없었던 모양이다. 이 시점까지 나는 그녀가 나 없이 살게 될 더 나은 삶이 그 순간의 충격을 보상해 줄 거라고 믿어 왔다. 로스쿨의 원리도 비슷하리라 상상한다. 좋은 시절을 누리기 위해 힘든 시절을 버티는 것. 다리에 서 있던 그 순간, 죽음의 소식을 접하는 질의 이미지가 더욱 선명해 졌다. 내 행방을 묻는 전화를 여기저기 점점 더 미친 듯이 걸 테고, 결국은 경찰이 집에 찾아올 것이다. 그날 아침 질은 푸른색 스웨터를 입고 있었다. 경찰이 왔을 때 질이 정확히 어디에 서 있을지도 나는 알았다. 나는 상상 속에서 그녀의 고통을 격심하게 느낄 수 있었다. 그녀를 사랑했으니까. 마음이 아픈 동시에 구역질이 일었다. 나는 여전히 그녀에게 내가 없는 편이 낫다는 걸 적어도 이성적으로는 믿고 있었지만, 내가 어떻게 그녀에게 그렇게 끔찍한 순간을 안겨 줄 수 있겠는가? 어떻게 경찰이 내 집으로 가게끔 할 수 있겠는가?

둘. 빌어먹게 무서웠다. 그 높은 다리 위에서. 아래를 내려다보면서. 떨어지면 어떨지 상상하는 것. 나는 뭘 할지 불확실한 상태에서 다리에 올라갔지만, 다리에서 뛰어내린다는 건 불확실이라는 호사를 누리지 못하며 몇 초 동안 추락해야 한다는 뜻이었다. 아무리 잠깐이라도 자유의지 없이, 오로지 중력만 작용하는 상태로 살아 있는 건 바랄 게 못 되어 보였다. 그러니까, 내겐 아직도 바라는 게 있었던 거다.

셋. 뛰어내리는 건 무언가를 실행한다는 의미였다. 뭔가 행하는 건 별로 나답지 않았다. 나는 행하지 않는 경향이 있었다. 내 전문 분야는 조바심 치며 그냥 뭉그적거리는 것이었다.

종교가 있는 사람이라면 이 순간—지나가는 운전자들이 눈을 크게 뜨고 주시하고 있던 이 순간—신이 나를 붙들었다고 표현할 것이다. 실제로 누군가 내 어깨에 손을 올리고, 가슴과 다리에 팔을 두르고, 난간을 기어오르는 것조차 시작하지 못하도록 막아 준 기분이 들었다. 나는 신을 찾는 유형의 인간은 아니라서 우울증이 나를 붙든 것처럼 느꼈다. 녀석은 아직 내게서 볼 장을 다 보지 않은 거다. 나는 몸을 돌려 지금까지 온 길을 돌아갔다. 뻔하지 않은가, 지금 이 책을 쓰고 있으니.

나는 트럭으로 돌아가 대시보드에 올려두었던 유서를 조수석에 던져두고 출근을 했다. 책상에 앉아 컴퓨터에서 유서 파일을 지우고, 휴지통 폴더에 가서 잔재마저 없애 버렸다. 그리고 나는 잘디잘게 찢은 유서 조각들을 들고 사무실 곳곳을 돌며 내가 찾을 수 있는 모든 휴지통과 재활용 쓰레기통에 나누어 넣었다. 누구든 염려해 주거나, 아서라, 개입하는 건 싫었다. 내 정신 상태는 재난이었지만 그건 오로지 나의 재난이었기에, 나는 그것을 보호하고자 했다.

〈유쾌한 우울증의 세계〉에 따르면
최악의 생각은 언제나 지척에 있다

대부분의 사람에게 자살은 비행기 추락 사고만큼이나 예측 불가능하다. 사전 경고 따윈 없다. 언제 이 끔찍한 일이 또 한 번 닥칠지 알 길이 없기에 더욱 섬뜩하다. 반면 먼 과거일지라도 우울증을 겪은 적이 있는 사람들에게 자살은 결코 그만큼 놀라운 일이 아니다. 우리는 사람이 그런 일을 할 수도 있다고 생각한다. 우리의 세상에서는 자살이 모든 걸 끝낼 하나의 어엿한 수단으로 존재하기 때문이다.

나는 미네소타주 블루밍턴의 몰 오브 아메리카 근처에 산다. 미국 최대의 쇼핑몰로, 이 안에는 롤러코스터가 여러 개인 놀이공원까지 있다. 세상 사람들에게 몰 오브 아메리카는 야단스러운 소비주의의 상징이자, 미국 자체의 희화적이고 일면 기괴하다 할 상징이기도 하다. 내게 몰 오브 아메리카는 많은 게 있는 집 근처의 몰이어서, 필요한 게 있으면 쇼핑을 하러 가는 곳이다. 우리가 약자로 MOA라고 부르는 이 쇼핑몰은 하나의 현실이다. 딱히 선하지도 악하지도 않고, 그저 지척에 있으며 접근하기 쉽다.

우울증이 있는 사람들에게 자살이란 나에게 몰 오브 아메리카가 뜻하는 것과 비슷한 데가 있다. 그것은 실제로 존재한다. 그렇다고 우울증을 앓는 사람은 누구나 툭하면 건물 벽 돌출부에 나가 선다는 뜻은 아니다. 그와는 거리가 멀다. 그저 자살이 우리가 차를 타고 갈 수 있는 실재하는 장소라는 걸 안다는 얘기다. (잠깐, 방금 내가 자살을 몰 오브 아메리카에 가는 것에 비유했냐고? 그렇다, 이상하겠지만 들은 대로다.)

전설적인 토크쇼 진행자 딕 캐빗(Dick Cavett)은 젊었을 적 우울증으로 입원했던 때의 이야기를 들려주었다. "우울증으로 병원에 있을 때, 간호사가 그러더라고요. '환자들에게 산책을 시키려 합니다.' 잘됐다고 생각했죠. 저는 달리기가 제법 빨라서, 무리에서 빠져나와 조지 워싱턴 다리까지 가서 난간을 넘는 건 일도 아니었거든요."

그 계획을 실행하는 데 얼마나 근접했냐고 물었다. "결국 산책은 나가지 못했어요. 하지만 무서웠어요. 섬찟하다기보단 그저 놀라웠다고 할까요. 왜 내가 그런 짓을 하려 하지? 유일한 답은 그로써 이 모든 걸 즉시 끝낼 수 있다는 것이었습니다. 하지만 이 생각에는 역설이 있죠. 기차 앞에 몸을 던지면 기분이 나아질 거라는 뜻이니까요. 뭐든 간에 지금 이 상태보단 기분이 좋으리라는 거지요. 죽는 게 그 뭐든에 속하는 건 틀림없습니다. 문제는 감정을 느끼는 주체인 당신이 남아 있지 않다는 겁니다."

이는 자살을 하지 말아야 한다는 빈틈없는 논리다. 자살하고 싶은 건 당신을 아프게 하는 것들에게서 구제되고 싶기 때문이지만, 자살이 당신을 구원해 주진 않는다. 내세를 믿는다면 또 모르겠다. 그러나 그 경우엔

신에게 머리에 왜 구멍이 나 있는지, 왜 피투성이가 되었는지 설명해야 할 텐데 그것도 딱히 기다려지는 일은 아니다.

슬프게도 정신질환의 고통은 때로 가장 기본적인 논리보다도 강할 수 있다. 이런 종류의 절망이 이성에 반응하는 것이었더라면 애초에 우리가 여기까지 오지 않았을 것이다. 이 지점에서 자살에 대한 생각은 자살에 대한 숙고로 급선회한다. 코미디언 마리아 뱀퍼드(Maria Bamford)는 이를 "더는 이 모든 걸 견딜 수 없다는 매 순간의 느낌"으로 묘사한다. 물론 자살하고 나면 기분이 더 나아질 수도 없다. 하지만 우리에겐 그저 존재한다는 선택지가 없다.

마리아는 『소피의 선택』의 작가 윌리엄 스타이런의 글을 읽으면서 위안과 유대감을 느꼈다. 그는 회고록 『보이는 어둠(Darkness Visible)』에서 중년에 급작스럽게 시작된 심한 우울증에 대해 적었다. 이 책은 우울증을 앓는 사람들 사이에서 널리 읽히는데, 분량도 짧을뿐더러 다른 사람도 나와 같은 걸 느낀다는 걸 알면 기분이 한결 나아지기 때문이다. 스타이런은 말했다. "심한 우울증의 고통은 겪어 보지 않은 이들이 상상할 수 없을 정도이며, 그 괴로움을 더이상 견딜 수 없어 목숨을 끊는 경우도 많다."

스타이런은 또한 그가 '제2의 자아(second self)'라고 부르는 것, "자기 짝(본래 자아—옮긴이)의 광기를 공유하지 않기에, 그가 다가오는 재앙에 맞서 싸우거나 그걸 받아들이기로 하는 것을 냉정한 호기심으로 바라볼 수 있는, 유령 같은 관찰자"의 존재를 지적함으로써 독자가 열렬히 고개를 끄덕이게 한다(적어도 독서용 의자에 앉아서 나는 그랬다).

이 글을 쓰고 있는 지금, 오로라 다리 난간에는 높은 울타리가 세워져 있다. 머릿속에서 뛰어내릴지 말지 저울질하고 있는 사람들에게 유의미한 장애물을 만들어 준 것이다. 뛰어내리는 걸 완전히 막지는 못하지만,

이 울타리는 그러라고 있는 게 아니다. 절망에 빠진 사람이 다른 가능성들을, 하나하나 모여서 그를 더 나은 장소로 데려가 줄지도 모르는 희망의 조각들을 볼 수 있는 순간을 조금이라도 더 만들어 주려고 있는 것이다. 도처의 높은 다리에 점점 더 이런 울타리가 설치되고 있다. 바보들과 뭘 모르는 사람들은 비웃는다. "쳇, 자살하고 싶은 사람들은 어차피 할 텐데 뭐." 하지만 이 말은 부분적으로만 옳다. 어차피 할지도 모르지만, 하지 않을지도 모른다. 이 지점까지 와 본 사람들은, 자신이 자살에 가까이 다가섰지만 실행하지는 않았다는 걸 알 터이다. 그리고 다시 한번 자살에 가까워질 때 그 경험을 떠올릴 수 있다. 때로 우리에게 필요한 건 짧은 찰나가 전부다.

코미디언 마이크 드러커(Mike Drucker)는 자기가 자살할 수 없는 이유는, 모든 친구가 페이스북에 그들 자신에 관한 족히 세 단락은 되는 글을 올릴 것이며 "내 죽음을 가지고 '좋아요' 200개를 받는 녀석이 있을 것"이기 때문이라고 말한다.

마이크는 몇 차례 자살에 아주 가까이 다가간 적이 있다. "부모님에게 총이 있었더라면 전 분명히 자살했을 겁니다. 누군가가 자살을 결행하지 못하는 건 자살이 어렵기 때문이기도 하다는 점을 무시해서는 안 돼요. 자살이 쉽지 않으면 '이거 시도도 하지 말아야겠다' 하고 생각하죠. 제겐 언제나 존재하고 싶지 않다는 흐릿한 바람이 있지만, 그건 당장 어떤 조치를 취하고 싶다는 충동과는 달라요."

나와 대화를 나누기 몇 년 전, 마이크는 질식을 유발해 자살하려고 다양한 장비를 샀지만, 자기가 일을 망치고 말 게 분명하다는 두려움이 들어서 실행을 멈췄다. 전에 해본 적 없는 일을 첫 시도에서 성공할 가능성이 너무 낮다고 생각한 것이다. 요컨대 그의 우울증이 그를 구한 셈이다. "낮은 자존감이 여러 차례 제가 자살하는 걸 막았습니다." 그가 말한다.

애나 마리 콕스와 나는 자살에 대해 생각하는 것이—자살을 하려고 생각하는 것뿐 아니라 자살이라는 행위 자체에 대해 생각하는 것만으로도—고통스러운데도 우울증이 있는 사람들에겐 그게 거의 일상이 된다는 이야기를 했었다. 애나는 말했다. "저는 누구나 자살에 대해 생각하며 사는 줄 알았어요. 그게 정상인 줄 알았죠. 삶을 헤쳐 나갈 방법들을 생각할 때, 누구나 예컨대 E라는 선택지까지 고려하는 줄 알았죠. 여기 선택지가 있어. A, B, C, D, 그리고 E. 그렇지? 자살하는 것 말이야! 아, 그래. 한데 지금은 때가 아닌 것 같아, 하는 식으로요."

애나는 술에 절어 살던 여러 해 전 자살을 시도한 적이 있다. 알약을 입에 잔뜩 털어 넣고 의식이 희미해지자 그녀는 이제 끝이라고 생각했다. 하지만 예상과 달리 그녀는 다시 눈을 떴다. 새로 살아갈 기회를 얻어서 날아갈 듯 기뻤느냐고 묻자 그녀는 아니라고, 다소 짜증이 났다고 답했다. "정확히 어떤 생각이 들었던 것 같았냐면요…. 제기랄. 알겠어. 이런 느낌이었죠. 이런 생각을 했던 건 기억나요. '그래, 알겠어. 다시 한번 살아 보지 뭐.' 저를 위해 다른 계획이 준비되어 있다는 느낌이 아주 강하게 들었거든요."

〈유쾌한 우울증의 세계〉의 테마 곡을 작곡하고 녹음한 레트 밀러(Rhett Miller)는 애나의 소개로 알게 된 사람이다. 한 사람이 재능 있는 동시에 잘생긴 동시에 성격이 좋은 동시에 똑똑하기까지 하다는 사실에 속이 뒤집혔음에도 불구하고 나는 그와 친해졌다. 그를 보면 세상이 불공평하다는 생각이 든다. 하지만 그의 인생도 아름답기만 했던 건 아니다. 텍사스에서 보낸 십대 시절 그는 자살을 시도했다. 알약 여러 개를 삼키고 죽기를 기다렸다.

레트는 말했다. "다리의 감각이 사라지기 시작했을 때, 문득 제가 죽으면 여동생이 저를 발견하거나, 그게 아니더라도 누군가에게서 제가 죽었다는 말을 들으리라는 걸 깨달았어요. 깨달음이 든 그 짧은 찰나, 마치 문이 활짝 열린 것처럼 저는 알게 되었어요. 제가 삶의 의미를 곱씹을 때 부정하고 있었던 게 바로 이거라는 걸요. 사르트르가 지옥이라고 말한 것, 타자 말입니다. 인생에 의미를 주는 건 그 순간 저와 제 여동생을 연결한 보이지 않는 끈이었어요. 그 후로 저는 인생을 살면서, 제가 느끼기로 많은 행복과 아주 깊은 즐거움의 순간들을 겪었습니다. 그러려고 노력했죠. 그런 순간들은, 나아가 의미와 인생에 대한 저의 이해는, 다른 사람과의 연결에서 나옵니다. 제가 죽는 게 여동생에게 어떤 영향을 미칠지 깨달은 그 순간, 저는 죽고 싶지 않다는 걸, 죽을 수 없다는 걸 알았죠."

레트 밀러의 문제는 그가 이미 망할 놈의 알약들을 삼켰다는 것이었다.

"저는 달리기 시작했어요. 뒷문으로 뛰어나가 두 블록 거리인 기찻길까지 달리고, 기찻길을 따라 1.5킬로미터쯤 더 달려서, 작은 쇼핑몰이 있는 상점가에 도착했습니다. 세븐일레븐 주차장까지 가서는 쓰러져 기절했습니다. 저랑 예술 특성화고에 같이 다니는 여자애가 있었어요. 나중에 저흰 친구가 되죠. 그 애가 길 건너 멕시코 음식점에서 나오다가 제가 쓰러지는 걸 본 겁니다."

다음에 벌어진 일에 대해 레트는 자세히 기억하지 못한다. 여러 시간을 토했다는 이야기를 들었다. 눈을 떠 보니 병상이었고 머릿속에서 웬 노래가 울려 퍼졌다. 디페쉬 모드의 「불경스러운 소문(Blasphemous Rumours)」이었다. 신에겐 역겨운 유머 감각이 있는 게 분명하다고 읊조리는 곡이다.

지금 레트는 어떻게 그렇게 꼭 맞아 떨어지는 선곡을 무의식중에 할 수 있었는지 모르겠다며 허풍을 떨지만, 그때나 지금이나 살아 있어 기쁘다.

잠깐, 이 말은 꼭 하고 넘어가야겠다. 그 계획을 실행에 옮기지 마라. 사람들은 당신을 아낀다. 나도 당신을 아낀다. 우리는 만난 적조차 없을 텐데도. 도움이 필요하다면, 미국 국내에서는 전국 자살방지 생명의 전화에서 비밀리에 도움을 받을 수 있다. 1-800-273-8255로 전화하면 된다. 하루 24시간, 휴일 없이 무료로 운영된다. 8255는 전화기 다이얼에 적힌 알파벳으로 'TALK'다.

(한국에도 생명의 전화가 있다. 1588-9191로 전화하면 된다. 하루 24시간, 휴일 없이 무료로 운영된다. -옮긴이)

제7장
드디어 나에게 뭔가 문제가 있다는 말을 듣다

2000년 말, 질의 몸에서 한 인간이 탄생했다. 찰리라는 이름의 남자 아기였다. 2년 뒤에는 케이트라는 이름의 여자 아기가 탄생했다. 아기들은 그토록 작은 몸뚱이를 지녔으면서 아마어마하게 많은 물건들을 필요로 했다. 요람, 침대, 옷장, 유모차, 하고많은 장난감들. 시끄러운 소리가 나는 전자 장난감도 잔뜩 있었다. 전부 친구와 가족에게서 받은 것이었다. 제정신이 박힌 사람이 그렇게 시끄러운 장난감을 집에 사들일 리 없잖은가. 젠장, 제정신이 아닌 나 같은 사람도 그런 장난감은 안 산다.

케이트는 왜소증의 가장 흔한 형태인 연골무형성증을 가지고 태어났는데, 여러 의료적 문제와 미래에 대한 불확실성이 수반되는 병이었다. 케이트가 태어난 시기에 내가 맡은 라디오 프로그램 편성이 취소되었다. 방송국에서 잘리진 않았지만 직업과 금전 면에서 미래가 불안해진 것이다. 다섯 번째 치료사를 만날 시간이었다. 이번 치료사는 작고 진지한 마크라메 장식이 걸린 작고 진지한 사무실에서 일하는 작고 진지한 여자였다. 내가 치료에 좀 더 열성적이었더라면 우리이 관계는 더 잘 풀릴 수도 있었다. 그렇지만 나는 공황 상태에서 생존 모드로 지내고 있었기에 마음을 온전히 터놓기가 어려웠고 다만 "저는 강해요, 저는 괜찮을 거예요, 다 극복할 거예요"를 주문처럼 되풀이할 따름이었는데 그건 사실 어떻게 봐도 치료라고는 할 수 없다. 케이트의 건강이 안정되고 직장에서의 위기도 지나가자 나는 5번 치료사와의 관계를 끊었다.

육아 스트레스와 수면 부족은 괴로웠고, 물건들이 점령한 집에서 사는 것 역시 그러했다. 별 생각 없이 거실을 지나가려고만 해도 괴상한 엘모 인형 따위가 발끝에 차이기 마련이었다. 그러면 인형이 소리 내 웃기 시작한다는 것도 사태에 별반 도움이 되지 않았다.

그리하여 나는 주기적으로 그레이프 에이프에 올라 굿윌 기부센터를 방문하기 시작했다. 거기서 받아 주지 않는 물건은 곧장 쓰레기장 행이었다. 시애틀시의 쓰레기 분류 및 처리 시설 중 하나인 사우스 트랜스퍼 스테이션은 시 남쪽의 덩굴손 모양 경계 부근 사우스케년 스트리트에 있었다. 이 동네에서 길을 찾는 건 까다로울 수 있는데, 강어귀인 두와미시 워터웨이 지역이라서 어디로 가든 강이나 늪에 가로막히기 일쑤고 우회할 길도 뚜렷이 보이지 않기 때문이다. 큰 고속도로는 도움이 될 때도 있지만 자칫하면 운전자를 저 멀리 엉뚱한 곳, 원래 목적지에서 훨씬 더 떨어진 곳으로, 최악의 경우는 내 고향까지도 보내 버릴 수 있다. 그 쓰레기 처리장을 방문한 처음 몇 번은 길 찾기가 어려웠고 나는 그즈음 운전대 앞에서 자주 그랬듯 점점 화가 치밀곤 했다. **"씨발!"** 빨간 신호등에 대고 고함을 질러 봤자 대답은 돌아오지 않았다. 그 시점에 나는, 빨간 신호등이 지시하는 바와는 반대로, 빠르게 몰아치는 일련의 생각들을 멈출 수 없었다. 생각은 이런 식으로 흘러갔다. 나는 길을 잃었고, 그건 내가 게을러서 어느 길로 해서 갈지 미리 계획해 놓지 않았다는 뜻이었고, 그러므로 나는 예상보다 늦게 집에 돌아가게 될 것이었고, 그러므로 나는 가족을 등한시하는 나쁜 남편이자 아버지였다. 이렇듯 점입가경으로 끔찍해지는 생각들이 펼쳐지는 데 걸린 시간은 몇 초에 불과했다.

나는 마침내 길을 익혀서 분노 발작을 일으키지 않고 쓰레기 처리장에 갈 수 있었다. 3월의 어느 토요일 아침, 나는 에이프에 짐을 잔뜩 싣고 사우스케넌 스트리트까지 잘 뚫린 길을 달려서 쓰레기장에 진입하는 줄에 합류했다. 평소에 비해 유난히 긴 줄이었다. 나는 라디오를 듣고 있었는데, 라디오는 내가 그 업계에 몸담고 있음에도 점점 흥미를 느끼지 못하는 대상이었다. CD를 들을 수도 있었지만 음악 역시 지난 몇 달 동안 점차 흥미가 떨어지고 있었다. 나는 결국 오디오를 끄고 가만히 앉아 앞을 응시했다.

그 시간의 고요한 무료함이 단골손님인 '초조함'과 '부정적 사고'를 초대했고, 그들은 즐거이 내 머릿속으로 달려들었다. 나는 내 앞에 다른 사람들이 있어서 화가 났다. 그들이 증오스러웠다. 트럭에서 내려, 앞에 늘어선 차들의 문을 열고 운전자들을 끌어 내려 흠씬 두드려 패고 싶었다. 나는 생각했다. '아 그래, 이런 반응은 새롭네. 걱정스럽기도 하고.' 아마존 시절의 보복운전 사건이 더 악성인 유형으로 발전하여 폭력을 행사할 위험성이 더 커진 것이다.

내 앞에 줄지어 선 차들을 보다가, 문득 대부분의 차가 에이프에 비해 훨씬 근사하다는 데 생각이 미쳤다. 물론 드문드문 낡아빠진 트럭도 있었지만, 반짝반짝 윤이 나는 하얀색의 포드 F 시리즈 신품 트럭도 있었다. 하얀색이라니! 흰 트럭을 살 만큼 부유하고 체계적이고 깔끔한 사람이 대체 누굴까? 레인지 로버도 있었다. 많은 사람이 갖기를 원하는 값비싼 물건들을 아무 생각 없이 무심결에 쓰는 부자가 모는 차겠지. 엑스페디션, 하이랜더, 에스컬레이드—이런 여러 음절로 된 이름의 대형차들도 있었다.

외지에서 시애틀에 들어와 나보다 훨씬 큰돈을 버는 사람들이 모는 차량이지 싶었다.

"개새끼들." 나는 내적 독백을 시작했다. "모든 의미에서 내 앞길을 막고 있지. 저것들 때문에 고속도로니 큰길들이니 다 막혀서 이제 시애틀에서 차를 끌고 돌아다니지도 못하겠어. 망할 놈의 차들이 크기는 얼마나 큰지 시야를 다 가리고 있네. 저 새끼들 때문에 생활비가 하늘을 뚫을 기세로 올라가고. 한때 이 도시가 지녔던 묘한 매력은 죄다 사라졌어. 개새끼들. 망해라."

그렇다. 나는 시간을 때우기 위해 분노를 쏟아 내고 있었다. 진단받기 전인 우울증 환자에게도 취미 하나쯤은 있는 법이다.

"내 꼴 좀 보라지. 천구백몇십년대 고릿적에 생산된, 파인 홈이며 긁힌 자국들로 뒤덮인 그레이프 에이프라는 트럭을 타고 있어. 시애틀의 어느 주차장에 갖다 놔도 이 차보다 흉한 차는 없을 거야. 하지만 내가 끌 수 있는 차로는 이것도 감지덕지야. 담보대출 때문에 집에 족쇄가 묶인 신세 거든. 집값이 오르긴 했지만 이사는 못 가. 시애틀의 다른 집을 살 돈이 없으니까. 옴짝달싹 못 하고 그 집에 갇힌 셈이지. 내가 자란 교외로 이사할 수도 있겠지만, 그건 내가 실패자란 뜻이 돼. 원래도 실패자긴 하지만. 난 애들한테도 얽매여 있어. 그야 뭐 애들은 애들이니까. 나 같은 형편없는 아빠가 애들한테 뭐라 하면 불공평하지. 나는 지금 내 직장에도 매인 신세야. 나처럼 멍청하고 쓸모없는 인간을 다른 누가 고용하겠어."

사우스 트랜스퍼 스테이션에 도착한 나는 주어진 자리로 가서 에이프의 짐칸에서 쓰레기를 집어서 내던지기 시작했다. 분노는 아직 가라앉지 않았다. 여러분도 알겠지만, 화가 치솟으면 왜곡된 생각을 갖게 된다. 방 저쪽으로 물건을 집어던지면 감정이 풀릴 거라고 믿는 거다. 여러분도 알겠지만 실제로 이 방법이 효과를 보는 일은 없고, 기분이 나아지지도 않는다.

쓰레기를 집어던지고 있는데 밝은 빨간색 쉐보레 실버라도 트럭이 내 옆에 멈춰 섰다. 트럭에는 돈 많은 남자 둘이 타고 있었다. 어떻게 부자인 걸 아냐고? 폴로셔츠와 카고 반바지를 입고 야구 모자를 거꾸로 썼는데 노동계급일 리 있겠는가? 나는 순식간에 그들에 대한 판단을 마친 터였다. 내 트럭보다 열 배 비싼 트럭을 모는 돈 많은 사람들. 그들은 차에서 내리기도 전에 이미 내 증오를 샀다. 자, 지금부터 내가 묘사하는 그들의 개인적 특징들은 순전히 내 상상의 산물이다. 이름에 't'를 하나만 쓰는 스콧이 운전석에서 내렸고, 마찬가지로 't'를 하나만 쓰는 브렛이 조수석 문을 열다가 에이프의 문을 찍었다. 브렛은 내 차는 무시하고 즉시 자기 차에 홈집이 나지 않았는지 살펴보았다.

"이봐요. 조심하쇼." 내가 말했다.

"아, 미안해요." 브렛이 자책하는 기색 없이 말했다. 하긴 저자가 다른 사람을 신경이나 쓰겠어? 데이트 강간범인데. 나는 두 사람을 좀 더 노려보았지만 그들은 눈치채지 못했다. 우리는 나란히 트럭 짐칸에서 물건을 내다 버리기 시작했다. 물론 스콧과 브렛 쪽의 진행이 더 빨랐는데 그들은 나와 달리 친구를 사귈 능력이 있어서 둘이 함께 왔기 때문이었다. 게다가 나는 이제 나이가 좀 들었고 못난 인간이라 게을러서 운동도 별로 하지 않는 반면, 두 사람은 젊고 튼튼했다. 투자회사에서 일하면서 모두를 '도그(Dog, 흔히 앞에 형용사를 달고 '녀석, 놈, 친구' 따위의 호칭으로 쓴다.─옮긴이)'라는 별명으로 부르겠지. 진짜 자기 개는 두드려 팰 테고. 안 봐도 뻔했다.

우리의 동시 작업이 끝나갈 무렵 멀쩡한 상태의 선반 하나가 스콧의 손에서 미끄러졌다. 선반은 실버라도 옆쪽으로 떨어져서는 에이프의 옆면을 박으며 문을 긁었다. 스콧이 선반을 집어 들더니 웅얼거렸다. "이런, 미안해요." 그는 선반을 다시 쓰레기장으로 던졌다.

"미안하다고요?" 내가 말했다. 눈에 붉은 장막이 드리우기 시작했다. 분노. 울화. 격분. "내 트럭에 뭘 떨궈 놓고 미안하다면 다요? 이게 뭐 하는 짓거리지?"

"미안해요." 특권층이 자기 행동에 대해 책임을 져야 한다는 개념에 직면했을 때 보이는 당황한 말투로 그가 말했다. "티도 안 나는데요."

림프 비즈킷 팬인 스콧의 말은… 옳았다. 선반이 떨어지면서 분명히 에이프의 옆면 패널에 파이거나 긁힌 자국이 생겼겠지만, 사실 에이프는 내 소유가 되기 전부터 이미 그런 흠집 천지였다. 그중 무엇이 새로 생긴 흠집인지 짚어 낼 수 없었다. 반대로 내가 실버라도에 비슷한 물건을 떨어뜨렸다면 눈에 띄는 흠집이 났을 것이고 나는 보험사에 전화해야 했을 것이며 보험료가 올라갔을 것이다. 하지만 스콧과 브렛은 그런 결과를 하나도 감내할 필요가 없을 것이다. 거지 같았다.

"개 같군." 내가 말했다. 두 사람은 나를 흘긋 보았으나 입을 열지 않았다.

"아주 개 같아!" 나는 고함을 쳤다. 일을 마치고 트럭에 다시 오르고 있던 스콧과 브렛은 불안해 보였다.

내 분별력을 반쯤 가려 버린 왜곡된 감정은 처음에는 계급적 분노와 선망의 혼합이었지만, **"개 같아!"**를 세 번째로, 연달아 네 번째로 외쳤을 즈음엔 오직 분노를 위한 분노가 되어 있었다. 열여섯 살 때 아버지에게 화가 나 소리 지르던 때와 똑같았다. 처음엔 아버지가 담배를 피우고 술을 마셔서 소리를 질렀지만 나중에는 소리를 지르는 걸 멈출 수 없어서 소리를 질렀고, 내 행동이 아무런 소용도 없다는 걸 깨닫자 분노는 더욱 활활 타올라서 다른 모든 것의 우위에서 나를 통제했다. 나는 한때 남학생 클럽의 교내 라크로스 팀에서 뛰었고 지금은 필수 성희롱 예방교육을 받을 때 능글맞게 웃으며 시간을 때우는 브렛과 스콧에게 미친 사람처럼 보이리라 생각했다. 난 실제로 발광 상태였다.

마침내 에이프의 짐칸을 비운 나는 방금 전 일들을 전부 털어 버리려 했다. 그때 막 출발하는 실버라도와 에이프 사이에 다른 차 한 대가 끼어들었다. 안도감과 짜증이 동시에 밀려왔다. 브렛과 스콧 녀석들의 뒤꽁무니를 따라가며 괴롭히고 싶었기 때문에 짜증이 났고, 그럴 수 없어서 안도감이 들었다. 계산 줄은 두 개가 있었다. 우리 사이의 차는 옆 차선이 비어 있었는데도 웬일인지 차선을 바꾸지 않고 실버라도 뒤에 머물러서 내가 차선을 바꿨다. 무게를 재고 돈을 내고 출발하자 바로 앞 차가 실버라도였다.

"잊자, 잊자, 잊자, 잊자, 그래, 잊어야지. 하지만 저 새끼들을 엿 먹이고 싶군!" 생각이 이렇게 이어졌고, 에이프는 커다랗고 길게 경적을 울렸다. 스콧과 브렛은 뒤를 돌아보고 나인 걸 확인하더니, 내가 분노를 삭이기 위해 자기네를 좀 뒤쫓는 걸로 생각했는지 그냥 유유히 운전해 갔다. 하지만 분노는 이제 진짜 시작이었다. 그들이 뒤를 돌아보자 나는 더욱 격분했다. 외지인들이 시애틀을 망쳐 놓았다는 등 내 딴의 불만투성이 서사에 꼭 들어맞는 행동이었던 것이다. 그래서 나는 5번 애비뉴를 따라 사우스 클로버데일 스트리트의 큰 사거리까지 가는 동안 거듭해서 경적을 더 크게 울렸다. 나는 사거리에서 우회전을 해서 언덕을 올라 우리 집으로 가야 했으므로 우회전 깜박이를 넣었다. 실버라도는 좌회전 신호를 넣었다.

나는 경적에서 손을 떼고, 앞 차에 바짝 붙어서 운전석 선바이저를 내려 얼굴을 가렸다. '쓰레기장 분노'는 공식적으로 '도로 분노'로 발전했으며, 이제는 단순히 고함지르고 악쓰는 것을 넘어 훨씬 더 깊은 무언가가 되어 있었다.

만에 하나 스콧과 브렛이 차에서 내려서 내게 와 들이댔다면 나는 줄행 랑을 쳤거나, 그게 불가능할 경우 차 문을 잠그고 웅크려 숨었을 공산이 크다.

하지만 어쩌면 그러지 않았을 수도 있다. 에이프의 운전석에서 분노를 끓이며 나는 두 남자를 흠씬 두드려 패는 공상에 빠졌다. 내가 미친놈처럼 폭력을 휘둘러 댄다면, 대학 풋볼 시즌이라 오전 10시부터 취해 있던 스콧과 브렛이 스포츠 샌들 바람으로 도망쳐서 내가 사실상의 승자가 되었을 수도 있다. 그들은 다시 나를 돌아보았는데, 불안한 낯빛이었고 맞서 싸울 용의는 없어 보였다. 겁을 먹은 듯했다. 훌륭했다.

여기서 잠깐. 내가 머릿속에서 정말 별의별 생각을 다 하지 않는가? 정도가 *심하다*. 이게 바로 우울증이 하는 짓이다. 머릿속의 댄스 플로어에서는 항상 쿵쿵 비트가 울리고, DJ는 한 번에 여덟아홉 곡을 틀기 일쑤다.

실버라도가 좌회전을 했다. 나는 앞차를 따라 똑같이 좌회전을 했다.

1971년에 개봉한 스티븐 스필버그의 감독 데뷔작 〈결투(Duel)〉에서 데니스 위버가 분한 평범한 운전자는 끈질기게 뒤를 따라오는 대형 유조 트럭에 괴롭힘을 당한다. 추격이 더욱 무서운 이유는 트럭 운전자가 절대 얼굴을 드러내지 않기 때문이다. 스콧과 브렛이 데니스 위버였고, 나는 보이지 않는 트럭 운전자였으며, 이 일에 참여하겠다고 자청한 적 없는 딱한 에이프는 유조 트럭으로 캐스팅되었다. 나는 스콧과 브렛이 내가 무슨 짓을 할지 불안해하길 바랐다. 그들이 걱정하길 바랐다.

내가 정말 바랐던 건, 내가 살면서 점점 더 심하게 느끼고 있던 감정을 그들에게 옮겨 주는 것이었다. 온갖 부정적인 생각과 걱정이 그들을 짓누르길 바랐다. 나는 이해받고 싶었다.

실버라도는 주거지역인 옆길들로 자주 방향을 틀었는데, 내가 자기네를 따라 간선도로에서 벗어나지 않고 그냥 가 버리기를 바라면서 그러는 것 같았다. 나는 계속 실버라도를 따라갔다. 꽁무니에 바짝 붙진 않았지만 따라가는 건 분명했고, 위협하는 것도 확실했다. 누구 한 사람 다쳐야만 직성이 풀릴 것 같았다. 그게 나일지 그들일지는 점점 상관없는 문제로 여겨졌다.

그렇게 몇 분이 지나자 심장박동이 차차 정상 속도로 돌아오기 시작했고 눈앞의 붉은 장막도 걷혔다. 내 뇌도 얼마간의 영역을 다시 확보해서, 앞으로 무슨 일이 일어날지 잠시 생각할 수 있었다. 그들은 결국 고속도로에서 나를 따돌리겠지만, 혹시 내 차 번호를 적어서 경찰에 신고하는 건 아닐까? 경찰들이 집에 와서 나를 조사하거나 체포하면 질이 모든 걸 보게 될 터였다. 사실 그들로서는 상당히 합리적인 대처였다. 나는 머릿속에서 변론을 구상하기 시작했다. "아이고, 경찰관님, 우리 도시에서 도로 운전이 불법이던가요? 위협을 가하거나 하지도 않았는데요. 물론 그 사람들이 쓰레기장에서 제 트럭에 손상을 입힌 건 사실이에요. 하지만 말썽을 일으키고 싶지 않아서 그냥 참았다고요." 하지만 질은 이렇게 생각할 거다. '아니, 이건 또 뭐야? 이젠 집에 경찰이 찾아오기까지 해?'

마침내 주거지역의 한 교차로에서 나는 실버라도와 반대 방향으로 운전대를 꺾었다. 집으로 향하면서 나는 이런 행동 패턴이 어떻게 귀결될지 상상해 보았다. 오늘은 아닐 거고, 심지어 올해도 아닐 거다. 하지만 언젠가는 끝을 볼 것이다. 다섯 번째나 열 번째 로드 레이지 사건 후에, 혹은 진짜 싸움이 일어난 후에, 아니면 내가 BB총이 아닌 진짜 총에 맞은 후에. 여기에 뒤따를 수 있는 결과는 두 가지였다. 아무도 다치지 않은 상황에서의 법적 문제, 아니면 누군가 다친 상황에서의 법적 문제. 나의 분노와 비참함과 자기 파괴가 이보다 덜한 시나리오는 떠올릴 수 없었다. 나는 세상과 전쟁을 벌이는 중이었다.

그날, 그리고 그 후 어떤 날에도 경찰은 오지 않았다. 그러나 타인과의 마주침엔 여전히 문제가 있었다. 나는 집에서 아이들한테 과민하게 굴면서 분노의 표출을 억눌렀다. 집안사람 모두 차라리 내가 소리를 꽥 지르는 편이 낫다고 생각했을 때까지 화를 꾹꾹 눌러 참았다. 친구들의 전화나 이메일, 뭔가를 같이 하자는 초대에 답하지 않았다. 페이스북이 생기기 전이었던 이 시대에는 타지로 떠나가는 친구와 연락이 끊기지 않으려면 노력을 해야 했는데 나는 그 노력을 할 기분이 아니었다. 내가 아무런 노력을 하지 않았기에 분명 그들 중 많은 사람이 내가 자신을 좋아하지 않는다거나 자신에게 신경 쓰지 않는다고 느꼈을 것이다.

그건 사실이 아니었다. 나는 그들을 사랑했다. 진실은, 지금 내 모습을 그들에게 보여 주고 싶지 않았다는 거였다. 재미없고 불만투성이에 실패 그 자체인 불쌍한 나. 그들은 내가 어떤 사람이 되어 가고 있는지 알아차리고 동정이나 혐오로 반응할 테다. 그 눈에 비친 내 모습을 보고 싶지 않았다.

한 가지 알아 둘 것. 실제로는 그럴 리 없었다. 내 친구들은 말 그대로 친구이므로 좋은 때나 나쁜 때나 나를 만나고 싶어 했다. 그게 우정 아닌가. 하지만 우울한 정신은 현실을 왜곡하여 믿는 데 능숙하다.

나는 세상으로 통하는 문 가운데 닫을 수 있는 것들을 모조리 닫기 시작했다. 타인과의 만남이 순조롭게 흘러가면 우울증은 이 관계도 끝이 나게 되어 있으며 지금 잘 풀리고 있다는 건 미래에 더 큰 추락을 겪으리라는 뜻밖엔 안 된다고 말하곤 했다. 관계가 평탄치 않을 것 같거나 갈등이 생길 듯해 보이면, 내겐 갈등을 원만하게 해결하는 데 필요한 자존감과 자신감이 없으니 관계 자체를 아예 회피해야겠다는 생각이 더욱 커졌다.

나의 인간혐오에는 예외도 몇 사람 있었다. 나는 아내와 아이들을 사랑했다. 산책을 나가 아이스크림이나 부리토를 사먹고 이따금 펫 숍에 들를 때면 모든 게 좋았다. 어린아이를 키우는 건 분명 스트레스 받는 일이다. 그러나 아이들에게서 사랑을 듬뿍 받고 그것을 되돌려 주면서 나는 세상에 대한 긍정과 안정감을 느끼곤 했다. 항상 녹초 상태로 걱정을 안고 살았지만, 그것도 전부 이 환상적인 아이들을 위해서였기에 괜찮았다. 질과 나는 여느 가족들과 공유하는 별남, 그리고 우리 작은 가족만의 별남을 즐기는 데 있어 죽이 잘 맞았다. 찰리가 세 살이 되었을 때 우리는 지역 가전제품 가게에서 상자들을 주워 와서 '대형 가전제품 판지 상자'라는 주제의 파티를 열었다. (내가 제안했으나 탈락한 주제 후보는 '질식 위험물'이었다. 집안의 온갖 것들에 "세 살 이하 유아에게 주지 마세요"라는 주의가 적혀 있었다. 나는 구슬, 작은 레고 조각, 공깃돌 등 찾을 수 있는 걸 죄다 그러모아서 그것들을 가지고 놀 수 있는 나이가 된 걸 축하하면 어떨까 했다. 스물한 살이 된 사람을 바에 데리고 가는 것처럼.)

하지만 더 넓은 범위의 가족은 얘기가 달랐다.

지난 몇 년의 이야기를 풀어놓아야겠다. 1998년 6월, 아버지가 은퇴한 다음 날 엄마와 아빠, 리스벳 누나와 마크, 질과 나, 이렇게 여섯이서 라디오 버라이어티 쇼인 〈프레리 홈 컴패니언(*A Prairie Home Companion*)〉 공개 방송을 보러 워싱턴주 레드먼드에 갔다. 방송이 끝나자마자 아빠는 심하게 기침을 하기 시작했다. 알고 보니 아빠에겐 암이 있었고 기침은 그 부작용이었다. 치료를 시작했지만 암은 1년 반 동안 꾸준히 진행되었다. 아빠는 암을 딱히 반기지는 않았으나 맞서 싸우겠다는 결의를 보이지도 않았다. 이제 그를 태울 차가 왔고 떠날 때가 되었다는 사실을 담담히 받아들였을 뿐. 아빠는 1999년 8월에 돌아가셨다. 그 직전에 릭이 샌디에이고에서 오고 메틀린이 휴가를 가는 줄 아는 아이들을 데리고 노르웨이에서 귀국해, 네 자녀가 모두 집에 모였다.

릭은 약에 취해서인지, 혹은 약을 끊는 중이어선지 예전에 쓰던 침실에 틀어박혀 하루 스무 시간씩 잠을 잤다. 깨어 있는 짧은 시간 동안 그의 주된 관심사는 우편배달이 잘 이루어지고 있는지였다. 릭은 묻곤 했다. "편지 왔어? 여기선 배달부가 몇 시에 다녀가?" UPS나 페덱스로, 또는 미국우정공사 소인이 찍혀 배달된 봉투 안에 자기가 기다리는 수표가 있을 거라고 했다. 하지만 그 봉투 안에 든 물질이 종이가 아니라는 건 불 보듯 뻔했다.

종국에는 우리 모두 부모님 집에서 밤을 보냈다. 얼링 모는 밤사이에 별일 아니라는 듯이 세상을 떠났다. 잠에서 깨어나 아버지가 돌아가셨다는 소식을 듣고 릭이 처음 뱉은 말은 이랬다. "배달부 왔다 갔어?"

중독은 병이다. 릭은 자유의지가 아니라 중독성 물질에 의해 조종당하고 있었다. 나와 피가 섞이지 않은 이가 물질중독에 빠져 고통받고 있다는 얘기를 들었다면, 나는 그에게 크나큰 연민과 호의를 느꼈을 것이다. 하지만 릭에게는 아니었다. 나는 릭이 잡아먹히고 말았다는 사실에 분개했다. 릭이 아빠처럼 된 것에 분개했다. 중독은 아버지를 그냥 죽이지 않고, 더 사악한 짓을 했다. 아버지의 행동을 조종했고 그의 자유의지를 무디게 만들었다. 중독은 나의 아버지와 형을 꼭두각시처럼 가지고 논 것이다. 내 앞에 서 있는 듯 보이지만 사실은 그곳에 없는 아버지와 소통하고자 기를 썼던, 수없이 많은 기억들.

알코올중독자 부모를 둔 사람은 자기 둘레에 작은 요새를 쌓게 된다. 남들이 나를 보살피고 지켜 줄 거라는 신뢰가 없으며 타인이 나의 기대를 저버린 생생한 기억들을 안고 있기에, 또다시 실망할 위험을 뿌리째 없애고 자 인간관계를 줄이거나 아예 끊어 낸다. 그렇게 바위가 되고 섬이 된다. 설상가상으로 우울증까지 있다면(그러기가 십상이다) 요새의 벽은 더 두 꺼워지고 견고해지고 높아진다. 어떤 관계에서든 가능한 결과란 오로지 실망이기에. 친구를 사귀어도 마음을 놓을 수 없다. 누군가가 자신이 해 야 할 일을 제대로 하리라 믿을 수 없다. 우리가 살면서 처음으로 기대는 걸 익히는 상대는 부모인데, 그 부모조차 믿을 수 없다면 그 누구에게도 기댈 수 없는 것이다.

우리는 아버지를 당신의 뜻에 따라 화장했다. 아버지가 바라신 건 정확 히는 당신이 죽었는지 반드시 확인하고 그다음에 화장하라는 것이었다. 우리는 그래서 아버지가 숨이 끊어진 게 분명한지 철저히 확인했는데 이는 엄숙하면서도 좀 우스운 일이었다. 그러고 나서 우리는 배를 한 척 빌려서 아버지의 재를 퓨젓사운드만에 뿌렸다.

쓰레기장 사건 이후 몇 년이 흐르고 세상을 떠난 아빠가 퓨젓사운드만 에서 차츰 소멸되고 있던 어느 날, 엄마에게서 전화가 왔다. 릭이 엄마 집 을 방문한다는 소식이었다. 릭이 온다는 건 곧 엄마가 비행기표를 사 주 었다는 의미였다. 릭은 짐이랄 것도 없이 기껏해야 나일론 운동가방 하나 정도만 들고 털레털레 나타나곤 했다. 이때 엄마는 페더럴웨이 집을 팔고 나와 리스벳이 사는 시애틀로 이사해서 살고 있었다. 엄마는 릭이 나와 질과 우리 아이들을 정말로 보고 싶어 한다며 집에 한번 들르지 않겠느 냐고 했다.

나는 생각했다. '어떻게 결정하든, 지금 내 가족에게 무엇이 최선인지가 핵심 기준이어야 해.' 릭은 나의 형이었지만 메스암페타민과 무종의 관계를 맺고 있었으며 그로 인해 예측 불가능하고 폭력적으로 행동할 수도 있었다. 질과 나는 릭을 만나러 가는 일에 대해 대화를 나누었고, 그러던 끝에 나는 상대가 릭이 아닌 다른 사람이었더라면 어떻게 했을지 생각해 보았다. 가령 가족이 아니라 내 친구 앤디에 관한 결정이라면 어땠을까?

나는 말했다. "앤디 젠슨이 전화해서 우리를 집에 초대했다 쳐. 앤디의 친구도 올 거라는데, 그 친구는 우리 부부랑 아이들을 정말 만나고 싶대. 그런데 그 친구가 몇 년 동안 마약중독에 빠져 있었고 가장 최근에 듣기로는 메스암페타민을 하고 있었다고 해. 이런 경우에 우리가 앤디 젠슨의 초대를 받아들일까? 아니. 우리는 가지 않을 거야."

나는 엄마에게 전화했다. "릭을 보러 가지 않을 거예요. 제 아이들을 우선 생각해야 해요. 마약을 끊었다는 말, 못 믿겠어요. 위험을 무릅쓰고 싶지 않아요."

엄마가 워낙 깜짝 놀라서 나는 같은 말을 몇 번 되풀이해야 했다. 마침내 엄마가 말했다. "릭은 전보다 훨씬 나아진 것 같아. 이제는 마약도 하지 않는 것 같고."

"엄마 말이 맞았으면 좋겠네요. 하지만 저는 엄마 같은 믿음이 없어요. 제 아이들을 릭 곁에 두고 싶지 않아요." 선을 긋는 건 옳은 일인 동시에 틀린 일로 느껴졌다. 건전하고 적절하고 논리적인 선택이기에 옳았다. 원가족에게 등을 돌리는 일이기에 틀렸다. 하지만 옳은 게 틀린 것보다 더 크게 느껴졌다.

나는 릭이 그를 만나지 않겠다는 내 말에 충격을 받고 변하리라는 바람은 품지도 않았다. 단 한 번뿐인 유소년기 내내, 내가 아빠의 담배와 술 때문에 얼마나 불행한지를 알면 아빠가 그 물질들의 손아귀를 뿌리치고 건전한 선택을 하리라는 믿음을 품고 지냈으니까.

사람들이 들어오지 못하도록 새로이 경계선을 긋자 내 세계는 끔찍이도 작아졌다. 그런데도 나는 그 세계를 더 작게 만들고자 더 쳐낼 것이 없나 두리번거렸다. 내겐 직업이 있었다. 상상할 수 있는 가장 쿨한 직업이었다. 나는 공영 라디오(NPR)의 시애틀 지역 가맹사인 KUOW 라디오 방송국에서 하급 프로듀서로 일을 시작했고, 노력을 통해 뉴스캐스터 자리까지 올라갔으며, 이제는 프로그램을 진행하는 데 이르렀다. KUOW는 공영 라디오를 사랑하는 똑똑하고 사려 깊은 사람들이 넘쳐나는 도시 시애틀에서 최고의 방송국으로 꼽히곤 했다.

나는 비즈니스와 테크놀로지를 다루는 주간 프로그램의 제작과 진행을 맡고 있었다. 감자칩 공장이나 의수족 회사 같은 사업체들을 방문했고, 방송국의 신뢰를 받으며 내가 원하는 종류의 프로그램을 만들었다. 나는 예술 프로그램 제작에도 수시로 기여했는데, 그건 유머 작가인 데이비드 세다리스 같은 사람이 내게 인터뷰를 받으러 온다거나, 여성 듀오 인디고 걸스가 라디오를 듣는 수백만 청중을 위해 오직 나 한 사람만 객석에 두고 공연을 한다는 의미였다. 내 직업은 내가 아는 사람 누구에게든 상상할 수 있는 최고의 직업이었다. 상사는 나를 믿었고, 청중은 나를 좋아했고, 동료들은 내 작업물을 높이 평가했으며 대부분 나와 어울리는 걸 즐겼다. 나는 그곳에서 평생 일자리를 보장받을 수 있었다.

내가 무조건 그곳에서 탈출해야 한다는 뜻이었다.

아직 진단 전인 우울증이 점점 악화되고 있는 사람에게 위의 상황은 이렇게 보인다. 내가 만드는 프로그램은 주 1회, 화요일 밤에 방송되었는데 그 시간대는 낮보다 청취자가 적었다. 방송국이 나를 미워하고 멍청이로 취급한다는 증거였다. 나는 예술 프로그램 제작을 도왔지만 진행은 다른 사람이 했다. 경영진이 나를 주도면밀하게 골탕 먹이고 있거나, 동료들이 악의적으로 나를 왕따 시키고 있다는 의미였다. 내 벌이는 원하는 수준에 미치지 못했고, 나는 우리 방송국의 확고한 급여체계가 소유주인 워싱턴 대학교에 의해 정해진다는 걸 알면서도 화가 났다. 아, 공영 라디오 시스템의 전국 방송 프로그램에서 쓸 이야깃거리를 취재하여 가욋돈을 벌 수도 있었고, 실제로 나는 그렇게 했다. 그러면서도 나는 그 모든 게 근본적으로 불공평하다고 느끼며 분노했다. 우울증이 있는 사람들에겐 좋은 것조차 자기 정신 상태에 더 잘 어울리도록 흉측하게 만들어 버리려는 욕구가 있다.

우리 방송국의 주력 프로그램은 월요일부터 금요일까지 오전 9시~11시에 방송되는 〈위크데이(Weekday)〉였다. 지역과 전국의 이슈들을 고루 다루는 〈위크데이〉에서는 게스트를 스튜디오에 초대하거나 전화로 이야기를 나누었으며, 청취자 전화도 받았다. 진행자는 나의 라디오 영웅인 시카고 사람 스티브 셰어(Steve Scher)였다. 나는 스티브처럼 당당하되 건방지지는 않은 사람이 되고 싶었다. 나 자신을 믿고 싶었고, 고함을 들어야 마땅한 사람들에게 고함을 치고 싶었고, 또한 방송국의 스타가 되는 것도 나쁘지 않을 터였다.

그러나 그게 현실이 될 리 없었다. 만에 하나 스티브가 떠난다 하더라도 먹이사슬에서 나보다 위에 있기에 그 자리를 꿰찰 방송 진행자들이 있었고, 애당초 스티브가 떠날 리도 없었다. 현재의 내 지위는 몇 년 전만 해도 감히 꿈도 꿀 수 없는 것이었는데 지금은 못 견디게 싫었다. 이건 내 마음이 부리는 속임수였다. 물론, 커리어에 대한 불안은 점점 쌓여 가는 고통의 원인이 아니라 증상이었다. 원인은 우울증이었으나 나는 계속해서 우울증을 슬픔이나 의기소침과만 관련짓는 우를 범했다. 방구석에 틀어박혀 울상을 짓고 있진 않았고, 아침 일찍 기상했으니(어린 아들딸이 기꺼이 도와주었다) 우울증일 리는 없다고 생각했다.

144

"자기가 걱정돼." 어느 날 질이 말문을 뗐다. 할 얘기를 미리 준비한 게 틀림없었다. "점점 더 상태가 나빠지는 것 같아. 이런 식으로 살 필요는 없다고 생각해. 자기한테 우울증이 있을지도 모르겠다는 생각이 들어. 의사를 만나 보는 게 좋을 것 같아. 나는 자기가 의사한테 가 봤으면 해."

딱 봐도 터무니없는 생각이었다. 그래, 내가 음침하고 불만투성이인 건 맞았고, 당연히 계속 그렇게 살고 싶진 않았다. 내 기분이 점점 가라앉고 있는 것도 물론 싫었다. 하지만 나는 스스로에게 말했다. 질은 이해하지 못하지만, 세상이 워낙 끔찍하기 때문에 내 반응은 정상적이고 합리적이라고. 그러니까, 누가 미친 걸까? 암울한 현실을 직시하지 않는 내 아내일까, 모든 게 저주받았으며 죽을 운명이라는 걸 아는 나일까?

"고마워. 그냥 요새 스트레스가 심해서 그래. 일도 힘들고, 통근도 힘들고, 어린아이가 둘이나 있잖아. 힘들지만 시간이 지나면 나아질 거야." 나는 말했다. 그리고 그녀가 속아 주길 바라며 미소를 지었다. 나아질 리 없다는 걸 잘 알았지만, 질을 나와 같이 나락으로 끌고 내려갈 필요는 없었다.

질에게 말하지 않은 이유가 하나 더 있었다. 우울증을 겪어 본 사람에게는 완벽하게 합당한 이유일 테고, 겪어 보지 않은 사람에게는 말도 안 되는 헛소리일 테다. 그 이유란, 의사의 시간을 허비하고 싶지 않다는 것이었다. 나는 병원에 가도 도움을 받지 못할 거라고 확신했으므로 의사 입장에서는 해결 가능한 문제를 지닌 누군가에게 시간을 내주는 편이 나았다.

독자 여러분, 의사는 자신을 찾아온 이보다 더 많이 알고, 그의 문제를 진단하고, 그를 도와주는 직업이다. 사람을 만나 도우려 노력하는 것이 이 직업의 본질이자 전부다. 그러니 사람이라면, 여러분에겐 의사를 만날 자격이 있다. 도움을 받을 가치가 있다.

"의사를 찾아가진 않을 거야. 내 말은, 약을 복용시켜서 내가 좀비처럼 되면 어떡해? 게다가 진료비도 내야 하잖아."

당시 우리가 내야 할 본인부담금은 10달러였다. 나는 10달러를 쓸 가치가 없는 인간이었다.

"자기가 의사를 만나러 갈 만큼 스스로를 사랑하지 않는다 해도, 적어도 나랑 아이들은 사랑하지?"

어이쿠. "그럼."

"그럼 우리를 위해서 의사에게 가."

스웨디시 웨스트 시애틀 일차 진료소는 당시 우리가 살던 집에서 1킬로미터가 안 되는 거리에 있었다. 걸어서 10분, 차로 3분이었다. 보험 처리도 되었다. 나는 오전 첫 스케줄로 예약을 잡았다. 내키지 않는 걸음으로 접수대에 가 접수를 하자 질문이 돌아왔다. "어떤 문제로 오셨어요?"

"뭐라고요?"

"무슨 문제가 있어서 오셨잖아요. 오늘 의사를 만나러 온 이유요."

세상에, 지금 사람들이 바글거리는 로비 앞에서 내 문제를 큰 소리로 말하라는 건가? 앉아 있는 이들과의 거리가 꽤 돼서 들리진 않겠지만, 아무리 그래도? "음, 정신건강… 문제요?" 나는 마지못해 웅얼거렸다. 다른 누군가가 과민반응으로 나를 여기 보냈다고, 나는 단지 내가 정상이라고 말해 줄 누군가가 필요한 것뿐이라고 암시하고자 눈을 굴렸다.

접수원은 당혹한 기색으로 내 말을 받아 타이핑했다. 간호사가 내 활력징후를 측정하고 신체검사를 몇 가지 받게 했다. 마침내 마이클 코바 선생이 미소 띤 얼굴로 진료실에 들어와 내게 악수를 청했다. 나는 아무 문제도 없는데 찾아와 의사를 귀찮게 하는 것에 여전히 당혹감을 느끼며 멋쩍게 악수에 응했다. 그는 내게 몇 가지를 물었다. 에너지 수준(이미 낮았고 점점 낮아지는 중입니다), 수면 패턴(좋게 말해도 불규칙하죠), 사고 습관(사교를 안 하는데요?), 무기력하다고 느낀 적이 있는지(하하! 맞아요!).

"우울증이 있으시네요." 그가 말했다. "의학적 명칭은 주요우울장애입니다. 환자분은 우울합니다. 우울증이 있어요."

믿기지 않았다. "설마요. 질문 몇 개 던지고선 바로 우울증이 있다는 걸 안다고요?"

"아, 그렇지 않아요. 환자분을 본 즉시 알았죠. 질문드리고 그런 건 그저 확인 차원이었어요. 그게 예의이기도 하고요."

한 방 먹었소, 코바 선생. 그는 내가 우울증에 대응하기 위해 여러 가지를 시도해 볼 수 있다고, 자기와 함께 노력하자고 말했다. 모두에게 효과를 보이는 하나의 해법은 존재하지 않지만, 시도해 볼 만한 방법은 다양하다는 것이었다. 일단은 집 밖으로 나서서 규칙적으로 운동을 하는 것도 좋은 생각이라고 했다. 마라톤 완주를 목표로 훈련하라는 소리가 아니라 규칙적으로 달리기와 자전거 타기를 하는 스케줄을 짜라는 얘기였다. 식단을 건강하게 꾸리는 것은 언제나 괜찮은 생각이고.

그가 말했다. "그리고 약물치료를 시작하고 싶은데요. 일단 졸로프트(Zoloft)를 가장 낮은 용량으로 시작해서 어떻게 되는지 봅시다."

내가 물었다. "약을 쓰지 않는 방법은 없을까요? 제가 아닌 다른 사람으로 변하고 싶진 않거든요. 저는 저 자신으로 남고 싶습니다."

"이런 종류의 약물은 복용하는 이를 다른 사람으로 만들지 않아요. 약물이 다른 많은 사람들에서처럼 효과를 발휘한다면, 오히려 더 나다워진다고 느낄 겁니다. 차의 앞유리를 깨끗이 닦는 거라 할까요. 변하고 싶지 않다고 하시니 말씀인데, 현재 상태가 마음에 드시나요?"

이 코바라는 사람은 모든 것에 대해 적절한 답을 갖고 있었다. 이런 대화를 수천 번 해봤고 아주 오랜 세월 동안 의사로 수련한 것처럼. 그는 대화치료를 알아보는 것도 좋은 생각이라고, 나와 비슷한 상황에 놓인 사람들에게 많은 도움이 되었다고 말했다. 하지만 그보다 빠르게 기분이 나아졌으면 해서 우선 졸로프트를 권한다는 것이었다.

"아, 그래요, 알겠습니다. 최근에 사는 게 더 힘들긴 했어요." 나는 인정했다. "아버지가 돌아가신 후로 말이죠. 99년도에 돌아가셨거든요. 하지만 솔직히 말하자면 평생 그랬던 것도 같아요. 그러니까 제가 평생 느끼고 상대해 온 이것이 우울증이라는 말씀인가요?"

"네." 그가 망설임 없이 답했다. "제 말은, 아마 그럴 겁니다. 환자분이 겪은 일들을 낱낱이 알지는 못하지만 저로서는 아주 내리기 쉬운 진단입니다. 교과서적인 경우거든요. 진단이라는 관점에서 환자분은 뭐랄까, 재미없다고 할 수 있어요."

나는 에이프에 올라 KUOW를 향해 가면서 이 모든 게 어떤 의미인지, 내가 이에 대해 어떤 기분을 느끼는지 생각해 보았다.

나의 주된 느낌은… 훌륭했다? 행복했다. 안심되었다. 이것에 이름에 있다니. 귓가에서 울려대는 이 끔찍하고 무거운 짐이, 열린 옷장 속 괴물이, 절대 가시지 않는 짙은 연무가, 내 성격의 본질적인 일부가 아니라 병이라니. 나는 못된 게 아니었다. 아픈 거였다.

나는 물질사용 문제가 있고, 유전된 트라우마와 내 세대에 생겨난 트라우마가 존재하며, 그것에 대처할 의미 있는 대화나 행동을 막는 일련의 문화적 신념을 지닌 집에서 자랐다. 고통과 유독성의 강한 저류를 배경에 두는 것이 가족으로 살아간다는 경험의 일부라고 생각했다. 하지만 내가 정상이라고 생각한 것이 언제나 더없이 나쁜 기분을 안겨 주었다면, 그건 사실 전혀 정상이 아니다. 그건 문제다. 그 문제에는 이름이 있다. 그 이름은 우울증이다.

이런 생각도 들었다. 좋았어! 우울증 없이 살 수 있다면 상상컨대 정말 멋질 거야. 그게 구체적으로 어떤 걸지는 상상할 수 없었지만. 잘생겨지는 것과 비슷할까?

우울증 진단을 받고 나는 다시 세상으로 향했다. 꾸준히 약을 먹고 치료사를 찾아가겠다는 약속을 품고. 여기서 급반전은, 내가 둘 다 하지 않았다는 것이다.

〈유쾌한 우울증의 세계〉에 따르면
당신이 우울하다는 걸 남들은 이미 안다

우울증 삽화(episode, 질환의 증상이 일정 기간 나타났다가 호전되기를 반복할 때, 그 개별적 발현 사례-옮긴이)를 겪고 있는 사람에게 핼러윈 의상을 부탁하지 말 것. 십중팔구는 찢어진 유니타드와 머리에 쓸 빨간 쇼핑백을 건네주며 "자, 됐지! 스파이더맨이야! 영화랑 똑같아!"라고 말할 테니. 우울인들은 자신이 다른 모두를 속이고 있다고 생각하지만, 그들은 깊은 진창에 빠진 나머지 현실을 직시할 능력에 심각한 손상을 입었다. 그들은 자신이 형편없는 상태라는 사실을 아무도 눈치채지 못할 거라고 생각한다.

우울증을 들킨 사람은 여러 갈래로 반응할 수 있다. 나는 안도를 느꼈다. 이제 머릿속에서 끊임없이 불평이 쏟아지지 않는 길로 인도되고 있었으며, 그러기 위해 약을 먹어야 한다면, 글쎄, 그것도 나쁘지 않았다. 내가 이렇게 반응한 건 너무 폐 들어서 우울증을 알게 되었고 우울증에게서 도망치는 데 지쳐 있었기 때문이리라 생각한다. 그러나 모든 사람의 우울중 경험이 제각각이듯, 진단에 대한 반응 역시 천차만별이다.

크리스 게서드(Chris Gethard)는 나보다 더 오래 '프로' 우울인으로 지냈다. 그는 코미디언이자 배우이고, 토크쇼를 진행하며, 자신이 겪은 정신건강 여정을 주제로 하는 원맨쇼를 오프브로드웨이에서 만들었다. 처음 그가 우울증을 들킨 건 뉴저지에서 보낸 청소년기의 어느 날이었다.

그는 말한다. "중학생 때 일이에요. 고등학생인 형이 어느 날 친구들을 데려와서 저희 집 뒷마당에서 놀고 있었죠. 저는 구석에 있는 의자에 그냥 혼자 앉아 있었어요. 그런데 저보다 서너 살 많은 형 친구가 제게 다가오더니 조용히 이런 말을 하는 거예요. '야, 너 괜찮냐?' 그에게서 질문을 받고선 처음으로 이렇게 생각했던 게 생생히 기억나요. '아, 내게 무슨 일이 일어나고 있는지 바깥에서 보이는구나. 표정에서 속내를 더 잘 숨기는 법을 알아내야겠네.'"

크리스는 우울증을 숨겼다. 그래야 한다고 배웠으므로.

"노동계급 가정에서 자라는 많은 아이들에게는 '저기, 엄마 아빠, 나 슬퍼요'라고 말할 기회가 사실상 없다고 생각합니다. 상황이 그런 식으로 돌아가지 않거든요. 제가 경험하고 있는 건 모종의 나약함을 반영한다고만 느꼈어요. 남들에게 굳이 드러낼 만한 것은 아니었죠."

여러 해 뒤, 크리스가 마침내 도움을 구하고 치료를 시작하자 부모님은 반대하진 않았지만 혼란스러워하며 물었다고 한다. "뇌에 전기충격을 주는 거니?"

크리스는 회상한다. "엄마에게 그게 아니라고 설명했죠. 그랬더니 엄마가 그 말을 아빠에게 전했고요. 이번엔 아빠가 묻더군요. '약이 잘 듣니?' 저는 대답했어요. '좋아요. 괜찮아요.' 너무나 어색했어요."

하지만 시간이 지나자 그는 긴장을 풀어 줄 농담을 던질 수 있게 되었다. 저녁 식사 중 어머니에게서 지금은 기억나지 않는 어딘가에 가자는 제안을 받고 크리스는 싫다고 했다.

"왜?" 부모님이 물었다.

"무서우니까요."

"왜 무서워?"

"저는 미쳤으니까요."

크리스는 그게 자기가 던진 첫 농담이었다고 말한다. "이렇게 말하곤 했어요. '엄마, 나 미쳤어요. 제가 미쳤다는 거 기억 좀 해 주실래요?' 그러면 엄마는 말했어요. '넌 미친 게 아니야. 미쳤다는 말 좀 그만해.' 저는 답했죠. '나 미친 거 맞아요. 약 먹고 있잖아요. 약 보여드려요? 엄마, 내가 그 약을 왜 먹는 것 같아요? 내 서랍장 위에 둔 약 보이죠? 그게 뭐 속쓰림 약 같아요? 무슨 약인지 알잖아요. 나 미쳤어요!' 그럼 엄마는 웃음을 터뜨렸고 아빠도 형도 따라 웃었어요. 농담 덕에 모두 무장 해제되었죠."

윌 휘턴(Wil Wheaton)은 내가 인터뷰한 유명인들 가운데서도 유독 흥미로운 이력을 지니고 있다. 그는 영화 〈스탠 바이 미(Stand by Me)〉에 아역으로 출연해 명성을 얻었고 TV 시리즈 〈스타 트렉: 넥스트 제너레이션(Star Trek: The Next Generation)〉에서 주요 배역을 맡았다. 그러고서 그는 할리우드를 떠나 캔자스로 이주해서 테크 회사의 마케팅 부서에서 일하기 시작했다. 우울증이라는 요소를 감안하지 않으면 이해할 수 없는 급선회다. 그는 자신이 살고 있던 삶을 감당할 수 없었다. 하지만 자살하는 대신 캔자스와 마케팅을 택한 거다.

그는 말한다. "정신질환을 안고 살아가는 건 창문도 문도 없는 굉장히 크고 어두운 방에서 사는 것과 같았습니다. 그 방은 믿을 수 없을 만큼 시끄러워서, 저는 그 시끄러운 어둠 속에서 존재하는 법을 배웠다고 할 수 있겠어요. 한 번은 아내가 말했습니다. '당신이 지금 겪고 있는 일에 대해 도움을 좀 받는 게 좋겠다고 생각해. 정상 같지는 않거든.' 그래서 저는 정신과 의사들을 찾아가고 약을 먹기 시작했어요. 그 전에도 여러 해 동안 치료사들을 만났고 어느 정도까진 효과를 보았습니다. 하지만 제 뇌에는 화학적인 불균형이 존재했던 거예요. 약물을 처방해 줄 수 있는 정신과 의사를 만나자 제가 그때까지 있는 줄도 몰랐던 문이 열렸습니다."

"갑자기 빛이 보였어요. 그 빛을 향해 걸어갈 수 있었죠. 저는 그 문을 나갔고, 나가 보니 어둡고 요란한 방 바깥에 온 세상이 있었어요. 방에서 제가 가지고 나온 건 귓가의 시끄러운 울림뿐이었죠. 그 끔찍한 울림까지 사라지자, 저는 지금껏 제 인생의 얼마나 많은 부분을 그저 존재하려고 애쓰는 데에 바쳤는지 깨달았습니다."

이제 윌은 자신이 애초에 어쩌다가 그 방에 들어가게 됐는지 알아보기 시작했다. 다시 그 방에 들어가는 걸 막을 수 있도록.

"정신질환은 저희 집안 내력입니다. 이상한 건, 저희 부모님 둘 다 절대 그 얘기를 하지 않으려 들었단 겁니다. 그게 제가 도움을 구하기까지 그렇게 오래 걸린 이유의 하나입니다. 부모님은 우울함이 곧 나약함이라는 생각을 진심으로 믿고 내면화한 세대였죠."

내가 대화를 나눠 본 사람들에게 약물은 초능력을 안겨 주는 티켓이 아니라 인간이 되는 티켓이었다. 코미디언이자 작가인 제니 재피(Jenny Jaffe)는 효과 있는 약을 먹었을 때 어떤 일이 일어났는지 기억한다. "어떤 기분이었냐면… 저는 아주 어렸을 적부터 안경을 썼거든요. 처음 안경을 쓰고 주위를 둘러보았을 때 저는 놀랐어요. '하느님 맙소사! 다른 사람들은 세상을 이렇게 자세히 보고 있었단 말이야?'"

나의 동료인 코미디언 젠 커크먼은 약물이 "내가 저 심연으로 가라앉는 것"을 막았다고 말했다. "저는 해수면 아래에 있었는데 약물 덕분에 해수면까지 올라왔습니다. 더 높이까지 올라가진 못했어요. 남들보다 더 행복해진 건 아니었으니까요. 그저 견딜 만한 수준이 된 거죠."

키가 198센티미터에 달하는 게리 걸먼은 내가 만난 이들 가운데 특히 거구인 축이다. 그는 체격과 운동 기량 덕분에 풋볼 장학금을 받아 보스턴 칼리지에 입학했다. 그런데 대학에 가서 보니 그는 팀원들보다 풋볼에 대한 재능과 흥미가 떨어졌다. 게리의 형은 우울증 치료를 받았었는데, 그럼에도 게리는 자기 역시 우울증일 수 있다는 생각은 전혀 하지 못했다. 게리는 말한다. "어느 주말에 저는 집에 가서 내내 방에만 틀어박혀 있었습니다. 그걸 보고 큰형이 말했죠. '쟤, 우울증이네.' 다음 월요일 풋볼 연습을 하러 학교에 가서, 저는 팀 트레이너들을 찾아갔습니다. 그들은 대단한 이해심을 보여 주었습니다. 한 사람은 자기 아버지도 같은 것으로 고통받았다고 말하더니 정말 친절하게도 저를 상담 센터장에게 보내 주었습니다. 센터장을 만나며 이렇게 생각했던 게 기억나요. '와, 이게 내가 오랫동안 필요로 했던 거야.' 바로 그런 생각이 들었죠. 그는 말했습니다. '풋볼 팀을 나오면 어떻겠니?'"

그건 게리가 그때까지 생각조차 하지 못했던 선택지였다. 우울증으로 인해 뇌가 망가진 나머지, 그냥 하기 싫다는 이유로 무언가를 그만둘 수도 있다는 사실을 잊기에 이르렀던 것이다. 다른 사람들은 게리에게 힘을 행사할 수 있었으나 게리 본인은 그러지 못했다.

릭이 어릴 적 내게 가르쳐 준 트릭이 있다. 양 팔을 몸에 붙인 채 문간에 선다. 문이 좁으면 좁을수록 좋다. 다음으로 팔을 뻗어 양팔로 문틀을 1분 동안 가능한 한 세게 바깥쪽으로 민다. 그리고 나서 무가을 벗어나면, 마법처럼 두 팔이 위로 두둥실 떠오른다. 마침내 도움을 구하는 것이 이와 비슷하다. 움직일 수 없는 장애물을 워낙 오랫동안 밀어내고 있었기에, 치료를 통해 보통 사람들이 있는 곳으로 나서면 몸이 위로 떠오르는 기분이 든다.

제8장

밝은 눈으로 세상을 보다

대략 1만 3,000일을 거의 약 없이 산 사람이 매일 아침 약을 먹어야 한다는 걸 기억하기는 어렵다. 졸로프트가 유발하는, 위산이 역류하는 타는 듯한 느낌도 약을 먹고 싶은 마음을 키워 줄 리 없었다. 하루는 아침에 약을 먹었다가, 다음 날은 잊고, 그다음 날은 오후에야 약을 먹곤 했다. 사흘을 건너뛰었다가, 마음을 다잡아 사흘 연속으로 아침마다 잘 챙겨 먹고는, 그런 자신이 뿌듯한 나머지 다시 약을 빼먹기도 했다.

졸로프트는 그렇게 복용하는 게 아니다. 다른 선택적 세로토닌 재흡수 억제제(selective serotonin reuptake inhibitor, SSRI)들도 마찬가지다, 아니 어떤 약도 이런 식으로 복용해선 안 된다. 졸로프트의 경우 일관적이지 못한 복용이 자극과민성, 말도 안 되는 꿈, 메스꺼움, 피로를 낳았는데 이런 일군의 상태들은 약을 먹기 전 내 머릿속에서 일어나던 일들과 별반 다르지 않았고 더 나을 것도 없었다. 근처의 모든 사람에게 소리를 지르고 싶은 충동에 사로잡혀 있으며 퇴근 후엔 소파에서 일어설 수 없다면, 우울증 치료 계획이 순조롭게 진행되고 있다고 믿기 어려워진다. 나 같은 우울인은 한 발짝 더 나아가 모든 우울증 치료가 헛소리거나 제약회사들이 만들어

낸 거짓말이라고 의심하기 시작한다. 그것이야말로 정확히 우울증이 당신을 데려가고 싶어 하는 지점이다.

나는 이런 약물들이 약리학적 관점에서 어떻게 작용하는지 공부해 보지 않았기에, 항염증제 이부프로펜(ibuprofen)과 비슷하리라 추측했다. 기분이 나쁘면 한 알을 먹고, 몇 분이 지나면 기분이 나아질 것이다. 그래서 나는 기분이 심하게 요동치기 시작할 때 약을 한 알 먹고 기다렸다. 틀렸다. 우울증 약은 그렇게 쓰는 게 아니다. 기분이 좋을 때에도 복용해야 한다. 이런 약은 당신이 약 없이는 도달하지 못하는 기준선(baseline)에 이르도록 도와주는 것이므로.

치료의 진척이 부진했던 건, 이제 힘든 부분은 거의 지났다고 내가 멋대로 추측했기 때문이기도 했다. 문제를 아는 것과 해결하는 것을 같은 일로 생각한 것이다. 다리가 부러졌다는 걸 알고 나면 '음, 그렇군' 하듯 고개를 끄덕이곤 깡충깡충 뛰어갈 수 있다는 듯이.

코바 선생의 진단은 내게 하나의 발견이었다. 그러나 우울증을 적절하게 치료하려면 엄청나게 많은 작업이 더 필요하며, 내가 이제 그 일을 시작해야 한다는 데까지는 생각이 미치지 못했다. 갇혀 있는 냉장고의 종류를 알게 되었지만 그 냉장고에서 '탈출'하는 방법은 무시해 버린 거다. 꽉 닫힌 냉장고 안에 갇힌 사람이라면 누구나 바로 이 부분이 중요하다는 걸 알려 줄 텐데.

약을 꾸준히 먹지 못하는 자신에 대한 수치심, 그 결과인 감정기복, 약을 목으로 넘길 때의 역겨운 느낌. 이 모든 것으로 인해 나는 얼마 뒤 약을 아예 중단했다. "금방 다시 먹으면 돼." 나는 스스로에게 말했다.

문제는 약이 아니라 나였다. 항우울제는 실제 치료 작업을 시작할 수 있도록 당신의 정신건강 상태를 정상적으로 작동할 수 있는 기준선까지 끌어올리고 그것을 유지하는 수단이다. 증상 몇 가지는 없애 주되 그 증상을 유발하는 질환 자체를 해결해 주진 않는다는 점에서 감기약과도 비슷하다.

나는 앞선 여러 해 사이에 여기저기서 대화치료에 발을 담가 보았지만 유용한 결과랄 건 얻지 못했다. 내 이야기를 들려주긴 했으나 터놓기 껄끄러운 부분은 제외했고, 그리하여 진짜 문제는 빠뜨리기 일쑤였다. 내가 얼마나 이상하고 형편없는 인간인지 치료사에게 들킬 수는 없었다. 치료사가 뉴에이지풍의 대화를 시작하면 눈을 굴리며 못 믿겠다는 티를 냈고, 내가 실은 멀쩡하다는 합리화를 구상해 읊었으며, 그러다 다음 예약을 잡지 않고 관계를 끝냈다. 결국 대화치료들을 통해 향상된 건 정신질환 문제를 더 효과적으로 회피하기 위해 허튼소리를 늘어놓는 요령뿐이었다. 그럼에도 나는 치료사와 몇 차례 예약을 잡았다. 약은 잘 챙겨 먹지 않았지만, 코바 선생의 신선한 진단에 새로이 용기를 얻은 것이다. 하지만 바로 그때 우울증이 끼어들었다. 대화치료를 앞두고 긴장한 내 마음을 파고들어, 그런 건 이번에도 시간 낭비일 거라고 속삭였다. 나는 예약을 죄다 취소해 버렸다. 우울증은 당신이 가진 최악의 습관들을 이용하여 스스로를 보호하는 등딱지를 짓는다.

이제 내 치료는 단지 문제가 있다는 걸 인지하기만 한 단계로 후퇴했는데, 잘 들어 두라, 이건 치료가 아니다. 몇 달 뒤 나는 코바 선생이 졸로프트의 효과를 나에게 물어 확인할 수 있게끔 후속 진료를 받았다. 나는 약을 꾸준히 먹지 않았다고, 복용에 익숙해지기가 어렵기도 하고 약을 먹으면 목과 뱃속에서 항상 역겨운 느낌이 들기도 해서 그랬다고 털어놓았다. 그가 말했다. "좋아요. 다른 걸 시도해 보는 게 좋겠군요." 그는 프로작 (Prozac)이 더 나은 선택일지도 모르겠다고 했다. 내 도덕성에 대한 평가나 꾸짖음은 없었다. 나는 약해 빠지고 끔찍한 인간이 아니었다. 나는 말했다. "아. 다른 거요. 그러죠."

2006년 가을, 인생이 박차를 가하고 있었다. 그해 시월 나는 첫 책『나를 보수로 만들어 보시지(Conservatize Me)』를 출간했고, 무척 자랑스러웠다.『나를 보수로 만들어 보시지』는 내가 정치적으로 보수가 되어 보려고 노력한 한 달을 세세히 기록한 책이다. 나는 토비 키스(Toby Keith, 조지 W. 부시를 응원한 것으로 잘 알려진 보수파 컨트리 가수-옮긴이) 콘서트를 보러 인디애나까지 갔고(호텔에서 공황발작이 일어났다) 윌리엄 크리스톨(William Kristol, 신보수주의 정치 평론가-옮긴이)과 조나 골드버그(Jonah Goldberg, 보수적 칼럼니스트이자 작가-옮긴이) 같은 사람들을 만났으며, 레이건 도서관과 닉슨 도서관을 관광했고, 심지어 총도 쏘아 보았다. 워싱턴주 벨뷰의 사격장에는 회원이 아니면 혼자 사격을 할 수 없다는 규칙이 있다. 회원이 아닌 사람은 친구와 동행해야 한다. 이런 규칙이 없다면 사람들이 총을 빌려 사격장에서 자살해 버리기도 하니까. 실제로 그게 문제가 되었던 거다. 친구와 동행한다면 이런 가능성은 사라지리라는 논리였다.

책이 나오기 하루 전에 질과 나는 유산을 겪었다. 임신이 벌써 몇 달 진행된 시점이었고, 우리는 깊은 비통에 잠겼다. 첫째 찰리는 유치원에 들어갔고, 둘째 케이트는 무수히 많은 진료를 받고 호흡기 문제로 인해 종종 입원을 하고 있었다. 그러므로 그 시기에 내가 겪은 건 직업적 흥분과 극심한 개인적 슬픔 및 불안의 칵테일이었다. 이 모든 게 뒤섞이자 머릿속에서 거의 매분 매초 비명이 울려 댔다. 나는 생각했다. "다 지나갈 때까지 버티

자. 그냥 견디자." 질과 나는 서로에게서, 그리고 친구와 가족에게서 얻은 사랑과 지지로 이 시기를 버텼다.

우울한 사람에게 위기는 현실 속 자신의 위치를 다시 확인하는 계기가 되기도 한다. 자기 머리 바깥에도 세상이 있다는 걸 상기시켜 주니까. 위기가 닥치면 미래에 대해 조바심을 치거나 과거의 일로 마음 졸이는 건 관두고 머릿속에 새로운 무언가를 넣어야 하는 것이다. 그 무언가가 끔찍하거나 슬픈 것인데도 어떻게든 버티고 있다면—아침이면 잠에서 깨고 커피를 내리고 밥을 먹고 출근을 하고 있다면—이는, 진부하게 들릴지 몰라도, 삶은 어쨌거나 계속된다는 징표다. 그리고 우울한 사람에겐 삶이 어쨌거나 계속된다는 건 언제나 토론의 여지가 있는 명제이기에, 비극에 직면해서도 삶이 실제로 계속되고 있다는 사실은 안도감을 준다.

유산에 대해서는 할 수 있는 말이 훨씬 많지만 하지 않기로 한다. 나는 지금 선을 긋고 있는 것이다. 선을 긋는다는 건 건강하고 좋은 일이다.

두 주쯤 뒤 나는 미네소타 공영 라디오라는 이름으로도 알려진 아메리칸 퍼블릭 미디어(APM, 미국에서 NPR 다음으로 큰 공영 라디오 프로그램 제작 및 배급 조직-옮긴이)의 시사 프로그램 〈위크엔드 아메리카(Weekend America)〉의 책임 프로듀서 피터 클라우니(Peter Clowney)에게서 전화를 받았다. 나는 그 프로그램에 몇 년째 기고하고 있었다. 피터는 공영 라디오의 웨스 앤더슨(영화 〈그랜드 부다페스트 호텔〉을 쓰고 제작하고 연출한 작가주의 감독-옮긴이) 내지는 잭 화이트(다재다능한 싱어송라이터이자 음악 프로듀서-옮긴이)라고 할 수 있었는데, 그를 중심으로 좋은 프로젝트들이 구성되곤 한다는 점에서 그러했다. 그는 〈위크엔드 아메리카〉의 프로듀서 자리를 맡은 지 얼마 되지 않았고, 나는 그의 이름을 수년 전부터 알고 있었으나 직접 만나기는커녕 대화 한 번 나눠 본 적도 없었다.

피터는 내가 자기 프로그램을 위해 한 일들이 아주 마음에 들었다고, 특히 시애틀 우들랜드 공원 일대에서 신나게 뛰어다니던 토끼들에게 닥친 암울한 운명에 대한 최근 이야기가 좋았다고 했다. 어린 토끼가 새로 나타났는가 싶으면 금세 사라졌다. 그 이유가 궁금했던 나는 토끼의 실종을 취재하겠다고 제안했다. 토끼와 실종을 한데 묶는 게 좋았다(우울증 덕분이지!). 알고 보니 토끼가 실종된 이유는 너무나 처참하고 무시무시했다. 토끼들은 일상적으로 코요테에 의해 살해되거나 매에게 잡혀간 거였다. 매는 토끼 두개골의 윗부분을 부수어 뇌를 먹고—실화다—나머지는 사체를 먹는 동물들의 몫으로 놔두었다. 매에게 뇌는 가장 영양이 풍부하고 맛있는 부분이다. 이 사실을 알게 된 한 자원봉사자가 나서서, 살아남은 토끼들을 모두 포획 틀로 구조하고 중성화를 해서 시애틀 북쪽의 초대형 우리에 풀어 주었다. 나는 토끼들에게 닥친 이 마지막 운명이 가장 슬프다고 주장했다. 자연의 순환고리에서 떨어져 나와 결과도 원인도 되지 못하는 채로 그저 존재만 하는 것이니까. 작고 귀여운 토끼들이 지옥 같은 일종의 '내세'에 빠져 버린 거다.

피터는 내가 대리로 프로그램 진행을 맡았던 날도 재미있게 들었다며 말했다. "이제 당신은 우리와 풀타임으로 일하게 될 겁니다. 시애틀에 계속 살면서 해도 되고요. 직책은 선임 기자이자 고정 예비 진행자가 될 거예요. 이렇게 갈 겁니다."

나는 말했다. "우와, 정말 매력적인 계획이군요. 절 생각해 주셔서 감사합니다. 물론 좀 더 알아봐야 할 거예요. 아내랑 의논도 해봐야 하고요."

"이건 제안이 아닙니다. 확정된 사실이에요. 우리와 일하게 된 거죠. KUOW보다 더 많은 보수를 드릴 거고, 일도 더 마음에 들 거고, 커리어에도 더 낫지요. 축하합니다. 채용되었어요."

친구들이여, 알코올중독자 밑에서 자란 우울한 사람에게, 당신이 사랑받고 필요한 사람이라는 말보다 더 중독적인 건 없다. 백마 탄 왕자님 뺨치는 말이다. 웃기게 생긴 남자인 내겐 여자가 먼저 다가오는 경우가 거의 없었고, 그럴 때마다 나는 순전히 감사하는 마음에서 그녀와 깊은 사랑에 빠지려는 충동을 자제해야 했다.

피터는 내가 KUOW에서 불만스러워한다는 걸 정확히 예측했다. 우울증으로 인해, 내가 무슨 일을 하든지 그 일이 바로 내가 하고 있기 때문에 나쁘다고 자동적으로 생각하는 것까지야 몰랐겠지만, 그럼에도 정확히 맞혔다. 그가 깨닫지 못한 건, 내가 나 자신에게 주지 못하는 인정과 애정을 줄 수 있는 고정된 전국 청취자를 갖게 된다는 생각에 심하게 동요했다는 것이다.

"음, 생각해 볼게요." 내가 말했다.

"생각이야 얼마든지 해도 좋아요. 하지만 직원들에게 이미 당신이 오게 됐다고 공지했는걸요. 축하합니다!"

나는 NPR로 옮긴 동료 로버트 스미스에게 연락해서 이렇게 말했다. "나는 정말 그리로 가고 싶어. 하지만 아직 자리를 잡지 못한 프로그램에서 일하게 될 거야. 반면 지금 방송국에 남는다면 안정성은 보장되지."

로버트가 말했다. "자네 재능이 곧 안정성이야. 의지할 것은 방송국이 아니라 자네의 재능이라고."

우울증이 있는 사람에게 이건 꿈에도 생각할 수 없는 논리다. 방송에서 성공을 거두었을 때도, 나는 그게 몇 년 연기를 하며 지내다 보니 우연찮게 발화 전달력이 좋아졌기 때문이라고만 생각했다. 글이 호응을 얻으면, 농담을 몇 개 끼워 넣어서 독자를 즐겁게 한 덕분에 형편없는 작가라는 사실을 들키지 않은 거라고 생각했다. 이번과 같이 큰 기회가 오면, 글쎄다,

이 클라우니라는 친구가 자기네 프로그램에 어떻게든 변화를 주고 싶은데 손에 닿는 가장 가까운 도구가 나였나 보다, 하고 생각하게 되는 것이다. 내가 내 재능을 소중하고 의지할 수 있는 걸로 여겨도 된다는 생각은 황홀했다. 나는 일자리를 받아들였다. 내가 아주 나중에야 알게 된 사실은, 피터 역시 늘 불안에 시달리는 사람이었으며, '자신감 넘치는 남자'처럼 행동하느라 엄청난 노력을 기울였다는 것이다. 그는 지금까지도 나의 절친한 친구다.

크리스마스가 다가올 즈음 엄마가 알려 주기를, 릭이 UCLA를 통해 아직 실험 단계인 마약 치료 프로그램에 등록했고, 뭘 했는지는 몰라도 마법처럼 나아졌다고 했다. 또, 릭이 안정적인 직업을 얻었으며 두 아이가 있는 킨드라라는 여자와 몇 달째 연애를 하고 있다는 거였다. 둘은 회복 프로그램에서 만났고 아이들은 릭을 무척 따른다고 했다. 엄마는 이보다 더 신나는 소식이 있다며 말했다. 킨드라가 임신했단다. 릭은 아버지가 될 거야.

"아." 나는 도무지 할 말을 생각해 낼 수 없었으나 가까스로 이어 말했다. "우와."

킨드라와 릭은 크리스마스 직전에 시애틀로 와서 엄마 집에 머물 거고 했다. 기쁘게도 릭이 새사람이 되었고 아기도 생겼으니만큼, 내 가족이 크리스마스를 질의 어머니와 함께하러 시카고로 가기 전에 하루 저녁만 집에 들러 주면 안 되겠느냐고 엄마는 부탁했다. 나는 그게 잘하는 일일까 미심쩍었지만 그러겠노라 했다.

나와 질, 갓 여섯 살과 네 살이 된 찰리와 케이트, 우리 네 식구는 오후 4시경 어머니 집에 도착했다. 릭은 눈빛이 또렷했고 평소 그렇듯 반쯤 수줍어하는 모습으로 말을 많이 했다. 우리와 시선을 맞추었고, 어느 모로 봐도 정말로 과거를 청산한 사람 같았다. 그는 찰리와 케이트와 놀고 싶어 안달했으며 아이들도 삼촌을 만나게 되어 초흥분 상태였다. 새 사촌이 생긴다는 말을 듣고 흥분은 배가되었다. 엄마 집을 단골로 드나드는 손님답게 아이들은 즉시 장난감이 있는 놀이방으로 향했다.

릭은 바로 아이들을 따라갔고 곧 셋은 낄낄거리며 씨름을 시작했다. 나는 부엌 옆 놀이방 문간을 공연히 어슬렁거리면서 귀와 눈을 활짝 열고 안에서 어떤 일이 벌어지는지 살폈다. 릭은 정신이 멀쩡해 보였다. 아이들과 노는 데 열중했고, 아이들의 맹공을 받아 주면서도 혹시 누가 다치는 일이 없도록 조심하고 있었다. 시간이 조금 지나자 나는 걱정이 되어서가 아니라, 그렇게 행복한 사람들을 보는 것이 단순하면서도 크나큰 기쁨이라서 그 자리를 지켰다.

저녁이 흐르면서 릭과 킨드라와 대화를 나누는 동안 나는 그들의 관계가 실제로 어디쯤 가 있는지 잘 판단할 수가 없었다. 둘이 커플이었던 건 확실하지만, 지금도 그런 사이인가? 아기는 킨드라와 아이들과 살게 될 거라고 했다. 릭은 그 근처에 아파트를 마련하고 킨드라 집에 자주 들를 계획이었다. 그럼 둘은 커플이 아닌가? 그렇다면 킨드라가 릭을 따라 시애틀에 온 이유는 무엇인가? 임신에 관해선, 릭과 킨드라 둘 다 미소 지으며 무척 기쁘다고 말했다.

릭은 임신과 이런저런 계획에 대해 이야기했다. 자기가 좋아하는 음악에 대해서도 말했는데 그새 영국 록에서 캐나다 록 밴드 베어네이키드 레이디스로 취향이 진화한 모양이었다. 그리고 릭은 언제나처럼 엄마를 실시간으로 완벽하게 흉내 내는 장난을 쳤다. 엄마가 말할 때 표정까지 똑같이 지으며 립싱크를 하니 방 안의 모두가 배꼽을 잡을 수밖에 없었다. 엄마도 자기 역할을 했다. 처음엔 다들 왜 웃는지 몰라 혼란스러워하다가,

밝은 눈으로 세상을 보다 163

이유를 깨닫고는 웃음에 동참하며 릭에게 그만 좀 하라고 했다. 두 사람은 몇십 년 동안 같은 레퍼토리를 공연해 왔다. 릭은 내 책이 무척 마음에 들었으며 내가 정말로 자랑스럽다는 이야기도 했는데, 구체적인 부분들에 대해 말하는 걸 보니 책을 완독한 것 같았다. 내가 릭이 약에 취해 있을지도 모른다고 생각했을 때 만나지 않겠다고 거절했다는 걸 릭은 알고 있었다. 릭에겐 이날 저녁이 나의 마음을 사기 위한 일종의 오디션이었거나, 적어도 자신이 달라졌음을 내게 보여 주는 자리였음이 분명했다.

나는 형을 되찾고 있는지도 몰랐다. 그렇다 해도, 릭이 부모님에게 크나큰 고통을 안겨 준 사람이라는 사실은 여전했다. 차를 수리해야 한다는 거짓말로 부모님 돈을 계속 뜯어 가면서 말이다. 나와 달리 부모님은 릭을 포기하지 않았다. 여러 해 전 릭은 리스벳과 내게도 밤중에 연락을 해서 당장 차 수리에 들어가야 하니 돈을 달라고 한 적이 있었다. 그런데 왜 우리한테 전화하는데? "엄마랑 아빠가 여행 중이니까, 네가 책임져야지." 릭이 리스벳에게 말했다.

"뭘 책임지라는 거야?" 리스벳이 물었다. 릭은 우리에게서 돈을 얻어 내지 못했다.

중독은 병이지만, 그 안엔 자유의지도 포함되어 있을 테다. 그렇잖은가? 내가 무슨 중독자이거나 우울증을 앓고 있다 해도, 누군가를 죽인다면 나는 그 행동에 책임을 지고 교도소에 갈 것이다. 릭과 아빠의 행동에서 자유의지가 차지하는 부분의 문제는 나를 무척이나 혼란스럽게 만들었고, 나중에는 분노를 자아냈다. 내가 할 수 있는 일이 하나도 없어서 화가 난 것이다.

이기적인 생각이었을지도 모르지만, 릭이 내 영웅으로 남지 않은 것에도 화가 났다. 릭이 가정을 꾸리기 전에 내게 먼저 가정이 생겼다는 것, 내게 좋은 직업과 300달러를 넘는 차가 있다는 것, 모두 마음에 들지 않았다.

킨드라는 곧 샌디에이고로 돌아갔지만 릭은 시애틀에 며칠 더 머물렀다. 그는 리스벳네 가족과 같이 스키를 타러 가겠다고 고집했는데, 리스벳은 나중에 내게 모든 게 아주 좋았다고 보고했다. 리스벳에 의하면 릭은 고등학교 친구들에게, 적어도 그중 폐인이 되거나 사라지지 않은 친구들에게 하나씩 연락하고 있었다. 그 친구들과 직접 만날 시간은 없었지만 마음 먹고 긴 대화를 나누었다고 했다. 이것이 내겐 12단계 회복 프로그램에서 밟는 하나의 단계처럼 들렸기에 그래, 잘 되었네 하고 생각했다.

릭이 시애틀을 떠나기 직전 나는 발라드라는 동네의, 엄마가 이사한 집에서 멀지 않은 곳에서 릭과 만나기로 약속을 잡았다. 엄마가 차로 릭을 태워다 주었다. 나는 커피를, 릭은 허브티를 시켰다.

"형이 전보다 잘 지내고 있어서 정말 기뻐." 나는 미리 연습해 둔 말을 꺼냈다. "불안했거든. 형이 계속 약을 하면서도 거짓말로 약에서 손을 뗐다고 할까 봐 걱정했어. 하지만 형은 정말 끊은 것 같아."

"그렇지?" 릭이 말했다.

"지난 여러 해 동안 엄마에게서 형이 약을 끊고 안정적인 직업을 얻고 좋은 생활을 꾸려 나가고 있다는 말을 여러 번 들었어. 성실하게 출근할 수 있게 차를 수리할 돈이 조금 필요한 것뿐이라고. 그런데 내 생각에 형이 그 돈들을 차에 쓴 것 같진 않아."

릭은 음울한 미소를 지을 뿐 말이 없었다.

"아빠가 돌아가시기 전에 부모님이 멕시코로 휴가를 간 적이 있었지. 그때 형이 리스벳 누나한테 전화해서 월급날이 아직 이틀 남았다면서 돈을 달라고 했어. 곧바로 입금해 달라고 했잖아, 그날 밤에라도."

릭은 기억하는지 아닌지 알 수 없는 표정으로 가만히 내 말을 들었다.

"그때 형이 누나한테 한 말이 나는 너무 속상했어. 엄마가 없으니까 리스벳 누나가 책임져야 한다고 했잖아. 책임을 진다니. 그 말에 뚜껑이 열렸어. 우리 가족이 형한텐 그런 거였구나. 그저 돈줄이었구나. 리스벳 누나는 형에게 누이동생이 아니라 은행 대리로 보였던 거야. 상황이 정말이지 엉망이었어. 형은 엄마를 속이고 리스벳 누나까지 속이려 들질 않나, 누나는 나한테 연락해서 어쩌면 좋겠느냐고 묻질 않나. 그리고 형, 내게도 나름의 문제들이 있었어. 얼마 전 알게 되었는데 나는 새커저위아 중학교에 다니던 때부터 우울장애가 있었던 것 같아. 게다가 아빠는 술을 마셨고, 메틀린 누나는 미국을 떠나 버렸고, 형은 마약을 했고, 나는 계속 리스벳 누나와 스스로를 비교했지. 그러다 보니 내가 결국 망가져 버린 것 같아."

릭은 경청했다.

"하지만 이제는 우울증 진단을 받았고 건강하게 살아 보려고 노력 중이야. 적어도 나 자신과 질과 아이들을 위해 그러려고. 내 삶을, 뭐랄까, 재건하려고 노력하고 있어. 무슨 말인지 알지? 내가 나아질 수 있다고 믿고 싶어. 그리고 형이 아주 잘 지내는 것 같아서 정말 행복해. 형도 무척 힘든 시간을 보냈다는 걸 알지만, 우리 관계를 잘 고칠 수 있다고 믿고 싶어. 시간이 좀 걸리겠지만 나는 노력해 볼 생각이야. 형도 그러길 바라고. 다시 형제가 되고, 다시 친구가 되고 싶어."

릭이 대답했다. "그럼. 물론이지. 내가 정말 미안하다."

"고마워. 나도 미안해. 내가 등을 돌렸잖아. 형을 도울 방법을 찾았어야 했는데."

우리는 잠시 가만히 앉아 있었다.

릭이 입을 열었다. "네 곁에 있어 주지 못했다는 게 제일 마음 아프다. 고향을 떠나 캘리포니아로 가는 바람에 널 돕지 못했어. 널 여기 혼자 놔

166

됐지. 내가 여기서 널 도왔어야 하는데."

릭이 나를 자신이 얼마간 책임져야 할 사람으로 보리라는 생각은 꿈에도 하지 못했다. 릭은 자신이 살면서 얻은 교훈과 자신이 겪은 실수들을 이용해 내가 삶을 헤쳐 나가도록 도왔어야 하는데 그러지 못했다는 죄책감을 몇십 년이나 안고 살았다고 했다.

내가 말했다. "괜찮아. 형이 캘리포니아로 간 게 얼마나 자랑스러웠는데. 진짜 멋지다고 생각했어. 왜 그렇게 떠났고, 멀리 갔는지 난 알아. 그때도 이해했고 지금은 더 잘 이해가 가."

그러고 나서 우리는 머리에 떠오르는 대로 이것저것 말하며 대화를 이어 갔다. 지난 20년 동안 '한담'이라 할 대화를 거의 나누지 못했으므로 할 이야기는 많았다. 여섯 살 먹은 찰리가 역사에 집착하는 것, 네 살 먹은 케이트가 헤비메탈 음악에 놀라울 정도로 관심을 갖는 것, 왜소증으로 인한 난관들을 헤쳐 나가겠다는 그 애의 발랄한 투지에 대한 이야기 등등.

나는 마침내 말했다. "아이들 얘기가 나와서 말인데, 나는 다시 한번 삼촌이 되는 거네. 축하해! 형도 신나지?"

릭이 찻잔을 내려다보며 말했다. "음. 모르겠어. 겁이 나는 것 같기도 하고. 내가 누군가의 아빠가 될 거라곤 꿈도 못 꿨는데."

"두려운 일이지. 나도 알아. 나도 완전히 겁에 질렸었거든. 하지만 계속 겁이 나진 않을 거야. 정말이야. 아기를 건네받는 순간 뇌에서 무슨 일이 일어나는 것 같아. 우선, 이제 내가 뭘 해야 하는지 하나도 모른다는 걸 깨닫지. 어떻게 알겠어. 하지만 곧 그래도 괜찮다는 걸 깨닫게 돼. 살아가면서 그때그때 알게 될 테니까. 아기가 누워서 이렇게 말하는 것 같아. 아빠, 나 태어났어요, 되는대로 한번 해 보죠. 그렇게 나름대로 해 보면서 아빠가 되는 거지."

"아기를 실망시킬 것 같단 느낌이 들어." 릭이 말했다.

"아니야. 그냥 아기를 사랑해 주고 형이 할 수 있는 일을 하면 다 잘될 거야."

릭이 미소를 지었다. 희미한 미소였다. 신이 나 보이진 않았다. 십대 시절 언젠가 릭은 우리가 사는 이 거지 같은 세상에 누군가를 데려오는 건 너무 잔인한 일이기 때문에 절대 아이를 갖지 않겠다고 나에게 말한 적이 있었다. 릭은 아직도 그렇게 믿는 것 같았다. 나는 생각했다. '하지만, 괜찮을 거야. 형은 생각을 바꾸게 될 거야. 그리고 새로운 삶에 익숙해질 거야.'

2007년 1월, 나는 〈위크엔드 아메리카〉에서 일을 시작했다. 곧 일터에서 멋진 일들이 한꺼번에 수두룩하게 일어났다. 월급이 올랐고, 짜증스러운 교통체증에 허비하는 시간이 줄었고, 통근 거리가 극적으로 줄었고, 정해진 근무 시간에 얽매이지 않아도 되었다. 또한… 고립될 수 있었다. 내가 작은 사무실을 임대한 건물은 넓은 공간에 작은 방들이 빼곡히 들어차 있어서 마치 수감자들이 직접 갇혀 있을 시간을 정하는 아주 근사한 교도소처럼 느껴졌다. 나는 다른 사람의 존재가 그리 아쉽지 않았고 심지어 혼자 있는 게 낫다는 걸 깨달았다. 고독은 안도감을 주었다. 건물이 열기로 후끈한 날엔 바지를 입지 않고 사각팬티 차림으로 일할 수 있었다. 현대 미국 직장의 대부분에서 눈총을 받을 것이다. 솔직히, 동료들과 수다를 떨지 않으니 일도 엄청 많이 할 수 있었다.

하지만 우울증이 일이 잘 돌아간다고 해서 낫는 병이었더라면, 우리에겐 너바나와 엘리엇 스미스의 음반이 훨씬 많이 남아 있을 것이다(너바나의 리더 커트 코베인은 마약중독과 우울증으로 27세 때 자살했고, 싱어송라이터 엘리엇 스미스도 알코올 및 마약중독과 우울증에 시달리다 34세 때 자살인지 타살인지 모호한 상황에서 죽었다. -옮긴이).

직업적으로는 좋은 일이 그렇게 많이 일어났지만, 나는 여전히 약을 먹는 일에 익숙해지려 애쓰고 있었고, 치료사를 만나려는 생각을 가지고 있었고, 상황이 더 나아지리라는 희망을 품고 있었다.

내 바람은 현실이 되지 못했다.

〈유쾌한 우울증의 세계〉에 따르면
약은 도움이 될 수도, 안 될 수도 있지만 유난을 떨지는 말자

일반 대중은 우울증 약을 이해하지 못하고, 사람들은 이해하지 못하는 대상을 두려워한다. 그리고 두려워하는 것은 조롱하거나 공격한다(혹은 둘 다 한다). 그러니 지금, 약에 대해 조금 이해해 보면 어떨까. 약 문제에 보다 차분해질 수 있도록. 솔직히, 약이 필요 없는 사람들이 약에 대해 얘기하는 걸 들어 보면 미친 사람들 같다. 미친 건 우리지 자기들이 아닌데.

약물은 하나가 아니다. 우리가 받는 약병에 단순히 '약'이나 '항우울제'라고만 적힌 건 아니다. 우울증으로 고생하는 사람들이 사용할 수 있는 처방약은 종류가 끝도 없을 정도다. 졸로프트, 프로작, 플루옥세틴(Fluoxetine), 신다퀼(Cyndaquil), 셀렉사(Celexa), 팍실(Paxil) 등등. 사실 이 중 하나는 항우울제가 아니라 포켓몬 이름이다(신다퀼을 말한다. -옮긴이).

현실에서 항우울제의 투약은 화학 실험에 가깝고 약품의 효과에 영향을 미칠 수 있는 요소는 무수히 많다. 한 사람에게 통하는 것이 다른 사람에겐 소용없을 수도 있다. 너무 높거나 너무 낮은 용량으로 복용하면 사람이 완전히 맛이 갈 수도 있다. 약을 불규칙하게 복용하는 건 아예 복용하지 않는 것만큼이나, 혹은 그보다 더 나쁠 수도 있다. 내 경우 어떤 약이 몇 년 동안 마법처럼 잘 들다가 갑자기 '빵' 하더니 대재난을 일으키기도 했다.

나를 하도 웃겨서 인터뷰를 진행하기 어려울 지경으로 만들었던 마리아 뱀퍼드는 제2형 양극성장애(bipolar II disorder)를 진단받았다(그녀는 배우 캐서린 제타-존스도 같은 진단을 받았다며 이걸 "섹시한 병"이라고 부른다). 마리아는 현재 건강하고 보람차게 살아가고 있지만 10년쯤 전에는 그렇지 못했다. 그녀는 어느 날 무너져 입원을 했다고 한다.

"병원에 갔어요. 72시간 동안만 입원해 있을 테니 그 사이에 약만 잘 조절해 달라고 했죠. 친구가 제가 말을 너무 빨리 한다고 해서 간 거예요. 누구도 귀찮게 하지 않고 뭔가 조처를 하고 싶어서요."

그녀는 원하던 것을 얻었다. 대충은.

그녀는 "새 약을 투여받고, 기분안정제인지 뭔지 하는 걸 시도해 보고, 그러면서도 다음 주 시카고 공연은 해내고 싶었죠"라고 말한다. "저는 사흘 동안만 입원해 있었어요. 배꼽 잡게 웃겼던 건, 정신과 의사가 저를 알아보고 진료 세션 중 유튜브에서 제가 나온 영상까지 찾아 봤으면서, 인지적 측면에서 주된 부작용이 있는 기분안정제를 줬다는 거죠. 생각하는 것도 말을 하는 것도 불가능하게 만드는 약이었죠. 시카고에 갔을 때 저는 생각할 수도 말을 할 수도 없었어요."

제니 재피는 어릴 적부터 쭉 약을 먹었다. 제일 처음 약을 먹었을 때 그녀는 생각했다. "'이게 사람들이 제대로 기능하는 기준선이란 말이지?' 약을 먹자 제 뇌는 들어오는 자극들을 그냥 처리해 내는 것 같더군요. 모든 걸 반드시 공황발작을 일으킬 새로운 이유로 보지 않고 말이에요. 집요한 생각들을 놓아 버리기가 더 쉬웠고, 꼭 당장 자살을 하고 싶지도 않았어요. 약은 사람을 바꿔 놓지는 않아요. 기울어진 운동장을 조금 평평하게 해 줄 뿐이지요."

제니는 약을 먹고 제법 좋은 효과를 보았지만, 그럼에도 약이 '거짓 자아(fake self)'를 만들어 낸다는 사회적 오해에 흔들린 적이 있었다. "많은 사람이—특히 젊었을 때 약을 먹기 시작하는 사람들이—하는 생각을 저도 똑같이 했어요. '약을 끊으면 내가 더 창조적이거나 더 재미있는 사람이 되진 않을까?' 그래서 두어 차례 갑자기 약을 끊어 보았죠. 창조적이 되거나 재미있어지기는커녕 제대로 기능조차 하지 못할 정도로 우울해지더군요."

젠 커크먼은 나와 대화를 나눴을 때 항우울제를 끊은 상태였다. 약 없이 잘 지내고 있었지만, 의사와 긴밀하게 상담하며 상태를 살폈고, 필요할 경우 다시 약을 먹을 준비가 되어 있었다. 그녀는 처음 약을 먹은 경험이 놀라웠다고 회상한다. 그녀가 혐오하던 크리스마스 시즌이었다.

"어느 날 갑자기 크리스마스 음악이 거슬리지 않았다는 게 기억나요. 어찌나 대단한 느낌이었는지! 스크루지처럼 길거리에서 춤을 추는 기분이었어요. 그저 신경을 쓰지 않았을 뿐인데, 세상만사 하나하나가 다 거슬린다고 느끼지 않았을 뿐인데 말이에요. 그렇다고 해서 제가 다른 사람들보다 더 행복한 건 아니었습니다. 그저 견딜 만한 수준이 되었던 거죠."

팟캐스트의 첫 시즌에서 나는 앤디 릭터와 대화를 나누었다. 앤디는 내가 직접 만나기 전부터 여러 해 동안 멀리서 찬탄해 온 사람이다. 항상 재미있을 뿐 아니라 똑똑하고 솔직해 보이기도 하는 그는, 누구나 곁에 두고 싶어 하는 분별 있는 중서부 출신 친구 같은 사내다. 오래 기간 항우울제를 복용해 온 그는 말한다. "사람들은 정신과 약을 먹는다는 것에 생래적으로 반감을 느낍니다. 제가 약 얘기를 하면 이렇게 말하죠. '흠, 너 그거 평생 먹어야 하는 건 아니지?' 제가 느끼기엔 고지혈증약 리피터나 당뇨약인 인슐린, 아니면 왜 있잖아요, 저용량 아스피린 같은 것에 대해선 이런 식으로 말할 것 같지 않거든요."

나나 다른 많은 사람들처럼 앤디도 약이 오랫동안 잘 듣다가 갑자기 효과가 없어지는 경험을 했다. "그게 돌아왔어요. 절망이." 그는 말했다. "얼마나 좋은 하루를 보냈든 상관없어요. 아내를 얼마나 사랑하든 상관없어요. 보수가 좋은 직장에서 얼마나 재미있는 일을 하고 있든 상관없어요. 내 예쁜 아이들이 얼마나 큰 충족감을 주든 상관없어요. 그런 절망 속에서도, 절실한 감정적 고통 속에서도, 저는 이런 생각에 매달려 있었어요. '젠장, 어떻게든 약이 다시 듣게 만들어야겠어.'"

내가 보기에, 우울한 사람의 일상에 약을 도입하는 것은 누군가가 처음으로 칫솔 쓰는 법을 알려주는 것과 비슷하다. 그가 말한다. "여기, 당신이 매일 사용해야 하는 게 있습니다. 때로는 드러그스토어에 가서 새것을 사야 할 거예요." 칫솔을 거부하고 이가 썩어가는 채로 구취를 풍기며 돌아다닐 수도 있다. 아니면 권유대로 칫솔을 사용할 수도 있다. 그게 좋은 결과를 낳고, 그다지 힘들거나 불편하지도 않으니까.

제9장

모든 것이 달라지다

웨스트 시애틀에 위치한 내 작은 사무실 창밖으로는 거대한 흙더미가 보였다. 시애틀은 강우량이 풍부한 도시지만 이 흙더미는 빗물에 쓸려 가는 법 없이 언제나 봉긋한 형태를 유지했다. 누군가가 오가며 흙더미를 관리하고 유지한 건지—옆면을 깔끔하게 불도저로 정리하고 꼭대기에 어떻게든 흙을 더 쌓아 올린 사람이 있었는지—나는 아직도 모른다. 근무하는 날은 대개 흙더미를 오래 지켜보곤 했지만 그런 사람은 보이지 않았다.

흙더미를 내다보고 있노라면 선회 중인 흰머리수리가 자주 눈에 띄었다. 웨스트 시애틀 부둣가를 따라 줄지어 선 키 큰 나무들에 독수리 둥지가 몇 개 있었는데, 그중 하나가 내 사무실과 비교적 가까운 곳에 있었다. 흰머리수리는 참으로 아름다운 동물이다. 거대하고 우아하다. 그러나 안타깝게도 나와 이웃한 흰머리수리는 그 고무적인 자태를 뽐낼 기회를 자주 박탈당하곤 했는데, 못된 까마귀들이 툭하면 녀석을 긁어 놓았기 때문이었다. 흰머리수리가 흙더미 위로 날아오르면 불현듯 까마귀 서너 마리가 떼 지어 나타나서 부리로 쪼아 대고 험악하게 까악거려, 독수리로 하여금 갑자기 거추장스럽게 느껴지는 장엄한 몸체를 이끌고 진로를 바꾸거나 저 멀리로 내빼게끔 만들었다.

이것이 내 작은 사무실 창문 밖에서 늘 펼쳐지는 구경거리였다. 흙더미, 독수리, 까마귀들. 나는 이 모든 걸 사랑했다. 바깥을 내다보고 있노라면 마음이 차분해졌다. 대부분의 날들은 그랬다.

4월 4일은 흐리고 쌀쌀했다. 시애틀 날씨가 흔히 그렇듯 금세라도 비가 쏟아질 것 같았다. 그날 이른 오후에 나는 어느 레스토랑을 방문해 프로그램의 한 코너를 녹음했다. 지역 셰프들에게 병아리 모양 마시멜로를 이용한 창의적인 부활절 레시피를 소개해 달라고 부탁했고, 병아리 마시멜로 퐁듀와 병아리 마시멜로 껍데기를 만든 푸아그라 토르숑 요리법에 대해 인터뷰를 했다. 녹음은 순조로웠다. 사무실에 돌아오니 3시 반쯤이었고, 잠시 후 질에게서 전화가 왔다. 수요일이었으므로 우리는 주말을 어떻게 즐길지 아이디어를 나누었다. 그리고 전화를 끊었다.

10분 뒤 다시 한번 전화벨이 울렸는데, 또 질이었다. 깜박 잊은 말이 있는가 보다 했다. 하지만 질의 어조가 바뀌어 있었다.

"자기 형 릭이 총으로 자신을 쐈대."

이 말을 들은 순간, 나는 내 몸을 떠났다. 의자에 앉아 질과 통화하다가 그 말을 들은 나 자신을 바깥에서 보고 있었다. 칼이 내 몸통을 깊이 그어 내려 내장이 책상 위로 쏟아지는 걸 보고 있었다. 그걸 내가 직접 느낀 건 아니었다. 그런 말을 들은 사람은 이렇게 느끼리라는 걸 알았을 뿐이다. 릭이 총으로 자신을 쐈다. 10분의 1초쯤은 그게 대체 무슨 뜻인지 알 수 없었고, 그 찰나가 지나자 하나부터 열까지 이해가 갔다. 릭은 정신질환을 앓은 적이 없었는데? 아니다, 언제나 정신질환을 앓고 있었다. 나는 그걸 막지 않았다. 나는 몰랐다. 막지 않았다. 나는 몰랐다. 그리고 나는 또 다른 내가 지켜보는 가운데 무미건조하게 말했다.

"아. 죽었대?"

질이 대답했다. "잘 모르겠어. 그렇다는 얘기는 못 들었어. 자기, 지금 어머니 댁으로 가야겠어. 리스벳도 그리로 온대. 셋이 비행기를 타고 샌디에이고에 가야 해."

"어디였대?" 내가 물었다.

"사격장이었대. 사격 연습장 같은 곳."

"아니 내 말은, 몸의 어디였냐고."

"머리를 쐈대."

"아. 알겠어. 끊을게."

통화를 종료하고 정신을 차려 보니 나는 오로라 다리를 건너 엄마 집이 있는 북쪽을 향해 달리고 있었다. 라디오는 틀지 않았다.

엄마 집을 몇 블록 남긴 80번 스트리트와 15번 애비뉴 교차점 근방에서 무감각을 산산이 깨트리며 공포가 돌출했다. 사격장이라니. 나는 릭이 내 책을 읽었다는 걸 알고 있었다. 릭은 내 책에서 사격장에 가서 총으로 자살하는 것에 관한 구절을 읽었다. 그리고 몇 달 뒤 사격장에 가서 자기 머리를 쏘았다. 근거리에서 머리를 쏘면 보통 살아남지 못한다. 내가 형을 죽인 것이다.

리스벳은 이미 엄마 집에 도착해 있었다. "내 잘못이야." 내가 말했다. 고백이 아니라, 그렇지 않다는 말을 들으려는 게 아니라, 단순히 사실을 적시한 것이었다. "내 책에 사격장에서 총으로 자신을 쏘는 사람들에 대해 썼어. 거기서 아이디어를 얻은 거야. 형은 내 책을 읽었거든. 이건 내 잘못이야. 내가 한 거야."

엄마가 말했다. "아니야. 네가 한 게 아니야. 릭이 한 거지."

개가 풀을 뜯어먹는다면 모를까, 엄마의 말은 사실이 아니었다. 우리는 끔찍한 진실을 부정하는 집안 전통을 또다시 이어 나가고 있었다. 나는 형을 죽였다. 이제 나는 형을 죽인 사람으로서 살아가야 할 것이다. 우리가 카인에 대해, 그가 아벨에게 한 짓을 제외하고 아는 게 있던가?

어찌어찌 비행기 표를 사자 이륙 시간이 두 시간 조금 넘게 남아 있었다. 우리가 있는 발라드는 시애틀 북서부였고 공항은 시애틀 남쪽, 그리로 가는 길에 남서부인 내 집이 있었다.

혼자 있고 싶었다. 절박한 위기의 순간에, 내 형이 스스로를 총으로 쏘는 사건이 벌어진 직후에, 내가 원한 건 오로지 남들 모두에게서 거리를 두는 것뿐이었다. 맞다, 부끄러워해 싸다. 나도 부끄럽긴 했다. 그러나 혼자 있고 싶은 욕망이 어찌나 강했던지 나는 차라리 수치심을 삼키는 게 낫겠다고 생각했다.

나는 말했다. "공항에서 만나죠. 집에 들러서 옷을 챙기고 질이랑 얘기도 좀 하고 할게요." 나는 막 맏아들을 잃은 어머니를 돌보는 일을 리스벳에게 넘겼다.

집에 가서 옷 몇 벌을 가방에 욱여넣었다. 가는 길에 조용히 독서를 즐기는 건 언감생심이었지만, 그럼에도 나는 책을 가져가야 한다는 긴박한 충동에 휩싸였다.

나는 생각했다. '현금이 필요해. 여행할 땐 언제나 현금을 챙겨야지.' 배도 고팠다. 먹을 게 마땅치 않으면 어쩌지? 요새 비행기에서는 음식을 제공하지 않고, 공항에선 먹을 시간이 없을 것이다. 시간이 나더라도, 맙소사, 우리 형이 총으로 자신을 쏘았는데 식사를 할 수 있겠는가. 나는 현금과 먹을거리를 찾아 공항 바로 옆 뷰리언 지역의 트레이더 조 식품 체인점에 들렀다. 하지만 트레이더 조에 여행길에 싸갈 만한 음식이 뭐가 있나? 형이 자살했을 경우, 트레이더 조에서 어떤 휴대용 식품을 사는 게 알맞을까? 에너지 바? 어떤 에너지 바? 블루베리는 약간 이상하게 들리고 퍼지도 마찬가지다. 나는 형을 죽였다. 피넛버터 바면 될 것 같다. 단백질 바도 괜찮고. 어째서 에너지 바의 맛을 두고 이렇게까지 고민하는 거지? (독자 여러분, 내가 감당할 수 있는 생각이 그것 하나였기 때문이다.) 시간이 촉박해지고 있었고 나는 공항 맞은편, 퍼시픽 고속도로 남행선의 매스터파크 주차장에 가까스로 도착했다.

공항행 셔틀에 탄 승객은 나 하나였다. 운전기사는 젊고 기운이 넘쳤으며—아, 제발요—수다스러웠다. "자, 출발합시다!" 그가 공항을 향해 서쪽으로 운전대를 틀어 사우스 170번 스트리트로 접어들며 말했다.

"손님, 어디 가십니까?" 운전수가 내게 질문을 던졌다.

"샌디에이고요." 나는 심드렁하게 답했다.

"아, 햇살 좋은 샌디에이고! 여기보다 훨씬 낫죠. 출장인가요, 휴가인가요?"

1,000번 중 999번은 완벽하게 알맞은 질문이었겠지만, 내가 바로 1,000번째 사람이었다. 우습지 않은가. 릭은 사람들에게 장난 걸기를 좋아했고—그 시점 나는 그에 대해 생각할 때 현재형을 써야 할지 과거형을 써야 할지 알 수 없었다—특히 상대가 그의 의도를 금방 알아채지 못하게 놀리는 걸 좋아했다. 나 역시 그래 볼 심산으로 질문에 에둘러 답했다. "아, 정확히 말하면 둘 다 아니에요."

"좋아요, 좋아요." 운전수가 말했다. 말투로 짐작하건대 그는 길을 살피느라 차 안 분위기를 살피는 능력은 잃은 듯했다.

서틀버스는 한동안 정적 속에서 나아갔다. 마침내 운전수가 물었다. "그래서 샌디에이고는 어쩐 일로요?"

솔직히 너무 꼬치꼬치 캐물었다는 건 그도 인정할 것이다.

나는 지극히 침착하게 말했다. "오늘 오후에 저희 형이 자기 머리에 총을 쏴서 지금 비행기를 타고 형을 보러 가려는 겁니다. 죽기 전에 형을 볼 수 있으면 좋겠군요."

"아이고 죄송해라, 아이고 죄송합니다."

기사는 다시는 입을 열지 않았다. 확신컨대 이후 다른 어떤 승객에게도 말을 걸지 않았을 것이다. 내가 영영 알지 못할 유일한 수수께끼는 그가 계속 운전 일을 했는지, 아니면 주차장으로 돌아가 상사의 책상에 차 열쇠를 던지고 퇴사했는지 여부다. 나는 그 어느 때보다도 두려운 기분이었지만, 솔직히 이건 좀 웃겼다. 릭도 그렇게 생각했을 것이다. 아빠도 아주 신이 났을 거다.

릭이라면 운전기사를 더 부추겼을 것이다. 형의 취미 중 하나는 담배를 피우고 있는 사람에게 다가가서 이렇게 말을 거는 것이었다. "실례합니다. 담배를 태우시는군요. 멋져 보여요. 저도 흡연을 시작해 볼까 생각 중이거든요. 저처럼 이제 막 담배를 시작하는 사람에게 어떤 브랜드를 추천하시나요?"

대부분의 경우는 릭에게 애초에 흡연을 시작하지 말라고 권한다. 그러면 릭은 혼란스러운 척 연기하면서, 담배가 그렇게 나쁘면 당신은 왜 피우느냐고 묻는다. 릭의 놀이는 대화를 얼마나 길게 끌 수 있는지 보는 것이었다. 피우려면 말보로 라이트로 하라고 권하는 사람도 종종 있었다.

공항에서 엄마와 리스벳을 만났다. 여기서부터는 기억이 뭉텅뭉텅 비어 있다. 물론 릭의 소식 자체는 내 기억에 낙인처럼 찍혀 있었다. 하드드라이브에 저장됐을 뿐 아니라 뇌의 바탕화면 가장 눈에 띄는 곳에 그 기억으로 향하는 바로가기까지 있었다. 엄마나 리스벳과 나눈 대화도 대체로 기억나지만 내 책과 사격장에 간 릭에 대한 생각에 드문드문 가려 흐릿하다.

그러나 비행기 여행은 수동적인 행위다. 좌석에 앉아 안전벨트를 채우고 어딘가에 다다르길 기다린다. 책을 읽진 않았던 건 안다. 옆 좌석에 엄마와 리스벳이 앉아 있었으니 뭔가 대화를 나누었겠지. 최근 리스벳은 나에게 그 비행이 어땠는지 전혀 기억나지 않는다고, 엄마가 자신에게 쿠키를 열심히 권했던 것 말고는 깜깜하다고 말했다. 나는 쿠키조차 기억나지 않는다.

샌디에이고에 도착해 보니 킨드라의 어머니와 의붓아버지가 우리를 기다리고 있었는데 그것도 어찌 된 영문인지 모르겠다. 누가 그들에게 연락했는지, 그들이 우리를 어떻게 찾았는지, 우리가 그들을 어떻게 찾았는지 모르겠다. 그들의 이름도 기억나지 않고 생김새도 모르겠다.

그들이 아주 친절했던 건 기억난다. 릭과 아는 사이였고 그를 무척 좋아했다고 말한 것도 기억난다. 릭에게 그런 일이 일어난 게 슬펐지만 우리를 돕기 위해 슬픔을 억누르는 티가 났다는 것 역시 기억난다. 그들 덕분에 모든 게 훨씬 수월했다는 것도.

그들은 우리를 데리고 스크립스 머시 병원으로 향했다. 구글 지도를 열어 보니 이 병원은 힐크레스트 지역에 있다고 한다. 지금 내겐 아무 의미도 없는 정보다. 솔직히 병원 이름도 찾아보고야 겨우 알았다. 우리는 어떻게 타고 왔는지 모르는 차를 주차했을 것이고, 건물에 들어서 릭이 있는 중환자실로 직행했을 것이다. 여기서부턴 다시 기억이 또렷해진다. 몇 사람이 옹기종기 모여 있었고, 우리는 그들이 릭 때문에 온 사람들이라는 걸 어찌어찌 알게 되었다. (우리가 물었던가? 그들이 물었던가?) 한 사람이 말하길 그들은 릭의 친구들과 릭이 2년 동안 자원봉사를 해온 알코올중독자를 위한 핫라인 동료들이라고 했다. 남녀 할 것 없이 회복에 전념하고 있는 중독자 특유의 지쳤으되 건강한 모습이었고, 개인의 구체적 특징들은 하나도 기억나지 않지만 그들의 친절함만은 기억난다. 우리 가족과는 정반대로 포옹을 좋아하는 그들이 우리 반응에 개의치 않고 엄마와 리스벳과 나를 끌어안자 선의에서 우러나왔으나 기묘하게 우스운 어색함이 감돌았다. 중독에서 빠져나오는 중인 사람들이야말로 최고의 포옹을 한다. 내 생각에 그건 연습을 많이 하기 때문인 것 같다. 킨드라도 병원에 있었다. 우리가 대화를 나눴던 것 같진 않다.

우리는 커다랗고 묵직한 나무문 두 개를 통과해 안으로 들어갔다. 병원에서 볼 수 있는, 확신컨대 심각하고 무서운 이유들로 인해 상시 잠가두고 아무나 들어가지 못하게 해 놓는 종류의 문이었다. 방 안은 바쁘게 움직이는 사람들로 북적이고 있었다.

우리는 어찌어찌—기억나지 않는다—데스크 오른편의 작은 공간으로 안내받았고, 거기서 기다리면 의사가 올 거라는 말을 들었다. 데스크 앞 사람들이 많이 오가는 곳 너머에는 중환자실의 한 구역이 바닥부터 천장까지 이어진 창과 유리문으로 분리되어 있었는데, 환자들이 있는 공간이었다. 커다란 노란 커튼이 드리워서 시야는 거의 가려져 있었다. 우리와 가장 가까운 침대에 누워 있는 대단히 비만한 남자의 신체 일부가 얼핏 보였을 뿐 다른 사람은 거의 보이지 않았다. 릭이 어디 있나 찾아봤지만 허사였다.

눈물을 흘리는 사람은 없었다. 나는 하나도 울지 않았고 엄마나 누나도 우는 기미가 없었다. 우리는 가라는 곳으로 갔고 꼭 필요할 경우나 누가 말을 걸 때에만 말을 했다.

의사가 나타나 자기소개를 했다. 이름은 기억나지 않지만 나이는 대략 마흔 언저리로, 이르게 머리가 벗어지고 있었고 평균 키보다 약간 작은 친절한 남자였다. 의사는 우리가 가장 긴급한 질문을 던지기 전에 선제적으로 입을 열어 릭이 엄밀히 말하면 아직 살아 있지만 뇌 기능이 멈췄다고 알려 주었다. 이 상태로 생명을 유지한다면 돌이킬 방도 없이 식물인간이 될 것이다.

"뇌사군요." 내가 웅얼거렸다.

"예." 의사가 말했다.

총알은 릭의 머리 오른편으로 들어갔다고 했다. 릭은 오른손잡이였다. 관통상이었는데, 이 말은 총알이 반대편으로 나가지 않고 머릿속에 박혔다는 의미였다(총알이 몸을 뚫고 나갈 경우는 의학적으로 '천공상[穿孔傷]'이라 한다.-옮긴이). 그는 이런 상황에서 발생하는 응혈을 제거하느라 무진 애를 썼다고 말했다. 수혈에 대한 이야기도 있었던 걸로 기억한다. 의사가 말했다. "들어가서 환자분을 보여드릴 수 있습니다. 하지만 원래의 모습으로 보이진 않을 거라고 미리 말씀드려야겠군요."

릭과 나는 같은 부모에게서 태어났다. 같은 곳에서 태어났고 같은 집에서 자랐다. 명백히 우리는 둘 다 우울증이 있었다. 물론 우리는 서로 다르긴 했지만 그건 단지 인생행로에 관한 우리의 몇 가지 선택과 삶이 무작위로 건네준 몇 개의 카드가 달랐기 때문이었다. 그러나 뿌리로 내려가면? 우리는 똑같았다. 그러니 릭의 자살은 충격이긴 해도 완벽히 이해 가능했다. 릭은 나보다 여섯 살 위였고, 내가 나 자신의 귀착지가 되리라 걱정하기 시작한 곳에 먼저 다다른 것이다. 머리에 총을 쏘았다. 심장도 배도 아닌 머리에. 자신의 뇌가 하고 있는 짓거리가 너무나 증오스러워서 총을 들고 뇌를 파괴하고자 방아쇠를 당긴 것이다.

의사는 우리를 바로 앞에 있던 첫 번째 침상으로 데려갔다. 비만한 남자가 바로 응급 수혈로 인해 몸이 부푼 릭이었다. 릭은 평생 한 번도 살이 찐 적이 없었다. 지붕 공사 일을 하던 해에 기이할 정도로 몸이 탄탄해지고 피부도 구릿빛이 되더니 이후로 쭉 그런 외모를 유지해 왔다. 운동을 하지 않아도 언제나 건강과 몸매를 잘 유지하는 사람이 있는데, 릭이 바로 그랬다. 그의 말로는 패스트푸드나 인스턴트식품도 맛이 싫어서 결코 먹지 않는다고 했다. 채소를 더 좋아했다. 맥주 맛도 싫어했고, 마리화나나 메스암페타민에는 칼로리 따위는 없다.

그러니, 아니었다. 이 사람이 내 형 릭일 리 없었다. 릭에겐 여러 특징이 있었지만 그중 하나는 언제나 '봐줄 만하다'는 것이었다.

릭의 몸은 환자복에 싸여 있었고 그 위를 병원 특유의 누런색 담요가 덮고 있었다. 이 모습이 내겐 터무니없게 느껴졌다. 체온을 조절하거나 뭐 그럴 필요가 있었을 것이다. 하지만 담요를 덮다니? 릭이 낮잠이라도 자기로 했단 말인가?

그러고 머리가 있었다. 아니 머리라기보다는, 어깨 위에 누르스름한 붕대에 감싸인 커다란 구체가 있었다. 붕대 사이의 작은 틈새로, 다시는 보지 못할 세상에 노출된 릭의 감긴 왼쪽 눈이 보였다. 온갖 곳에 이런저런 관(管)들이 매달려 있었다.

머리에는 많은 처치를 해둔 데 비해, 릭의 몸은 소름끼치게 부풀긴 했지만 대체로 건드리지 않은 상태였다. 환자복이 반팔이라 양옆으로 팔이 보였다. 왼손을 만져 보니 따뜻했다. 내가 뭔가 잘못 건드릴까 두려워 손을 잡지는 않았다. 솔직히 여기서 내가 무얼 더 악화시킬 수 있겠나 싶긴 했지만. 이제 사람이 아니라 하나의 육체에 불과한 몸 옆에 서서 형의 손의 온기를 느끼던 게, 언제나처럼 구릿빛으로 그을린 피부를 보던 게 기억난다. 나와 놀이방에서 씨름을 하던 그 손, 신축성 좋은 양말 마지막 한 켤레를 놓고 깔깔거리며 대격투를 벌이던 그 손의 따뜻한 피부가.

이런 장면, 누구나 영화에서 봤을 거다. 가족의 일원이—어쩌면 소원해진 일원일지도 모른다—입원해서 죽음의 문턱에 있는 가운데 (하나같이 의대가 아니라 연극영화과를 나온 것처럼 보이는 의료진들이 분주히 돌아다니는 가운데) 주인공은 '명장면'에 돌입한다. 가슴에 사무치는 촌철살인 한마디로 자기 영웅의 여정을 요약하는 동시에 혼수상태인 환자와의 망가진 관계를 바로잡는다. 그러면 환자는 주인공의 감동적인 말을 듣고 의식이 돌아오고 아마도 건강까지 되찾거나, 아니면 죽거나 둘 중 하나다. 죽어도 괜찮다. 장면만 잘 나왔으면 됐다.

현실은 조금 다르게 돌아간다. 그 자리에 존재하는 건 트라우마와 비명, 공포, 공황, 허무가 전부다. 즉흥 연설을 하기엔 최악의 순간이다. 아무 말도 나오지 않았다. 나는 손바닥을 따뜻한 부푼 손에, 더이상 존재하지 않는 이에게 속한 그 손에 얹고 있었다. 농담과 거짓말을 뱉어 내고, 사람을 조종하고 사랑하고, 혼란스러워하고, 나이에 걸맞지 않게 환상과 현실의 경계가 흐려졌음을 드러내는 이야기들을 들려주고, 결국은 절망에 빠져 버린 그 뇌가 없는 릭은 무엇인가? 그가 과거 무엇이었든 현재 무엇이든, 이런 신체 조직 덩어리는 릭이 아니었다.

홀마크 카드들이 전해 주는 문화적 지혜에 따르면 형제는 언제나 서로의 곁에 있어 준다. 우리는 서로의 곁에 있은 적이 거의 없었다. 릭은 그에 대해 죄책감을 지녔고 크리스마스에 내게 사과했다. 그 전에 나는 릭에게 등을 돌렸었고—치명적인 행동이었다—내 삶에 다시 들어오려 하는 그를 묻지도 따지지도 않고 맞아들이지 못했다. 물론 몇 달 전 커피숍에서 우리는 새로운 길을 걷기 시작했지만 그건 실현되지 못할 여정의 첫 발짝을 뗀 것에 불과했다. 우리는 서로 무엇이든 털어놓을 수 있는 형제가 아니었다. 록 밴드 더 후나 코미디 듀오 치치 앤드 총에 대해서는 얼마든지 말했어도, 알맹이 있는 얘기는 전혀 하지 않았다. 우리의 삶에서 어떤 일이 일어나고 있는지, 무엇이 잘못되어 가고 있는지 서로에게 말할 수 없었다. 멀리 떨어진 각자의 도랑에 빠져 서로에게 가닿을 수 없었다.

중환자실에서 '릭'과 함께 있던 그 순간, 나는 사랑을 느꼈다. 그러나 나의 우울증은 그때마저, 바로 그런 상황에서조차 내가 그 사랑을 가장 중요한 것으로 느끼지 못하게 했다. 사랑을 회한과 분노, 혼란, 경악과 뒤섞어 버렸다. 그리고 내가 내 멍청한 책으로 형을 죽였다는 사실을 재차 상기시켰다.

그래서 나는 말없이 방을 떠났다. 우리는 중환자실의 메인 로비 바로 옆 대기실로 안내받았고, 거기서 기다리고 있으면 새로운 소식이 있을 때마다 의사가 와서 얘기해 줄 거라는 말을 들었다.

이 시점이야말로 오랫동안 회피해 온 가족 토론을 개막할 시간이다. 그렇잖은가? 희곡이었다면 대단히 좋은 극적 출발점이 되었을 것이다. 이선 호크가 내 역을 맡아 주면 좋겠지만 현실적으로는 아마 폴 지어마티겠지.

우울증의 특징 하나는 정신을 산만하게 만든다는 것이다.

가족 토론이라니. 우리는 그냥 말없이 앉아 있었다. 우리 가족이 언제나 안고 있었던 온갖 문제들을 마침내 직시해 의논하고 싶었더라도, 방법을 몰랐다. 그래서 우리는 서로에게 물병을 권하고 창밖을 내다보았다. 리스벳은 남편 마크에게 전화해서 짧게 현재 상황을 전했다. 나는 대기실 밖으로 나가 질에게 전화했다.

나는 그녀에게 말했다. "뇌사래. 의학적으로 아직 살아는 있고. 형을 보고 왔어. 하지만 이제 어떻게 될지는 모르겠어."

"회복할 수 없다는 거네."

"뇌는 리셋할 수 없어. 절대 그렇겐 안 돼. 살아나더라도 평생 기계장치를 달고 있어야 할 거야." 나는 그녀에게 내가 아는 걸 전부 알려 주었다.

릭은 사격장에서 스스로를 쐈다. 앰뷸런스에 실려 병원에 왔다. 무슨 머시
라고 하는 병원인데 이름이 기억나지 않는다.

"자기는 어때?" 그녀가 물었다.

"괜찮은 것 같아." 단순한 안부 인사가 아니라 정말 깊고 진지한 질문이
라는 건 알았다. 그러나 내가 어떤 상태인지 알 수 없었다. 형이 죽음의 문
턱에 있고, 내가 그 원인을 제공한 사람이며, 누나와 엄마가 옆방에 있는
이 상황에서, 내겐 자신의 상태가 어디쯤에 있는지 알아낼 능력이 절대적으
로 결여돼 있었다.

나는 말을 이었다. "내 말은, 당연히 괜찮진 않지. 하지만 지금 여기 있
잖아. 나는… 나는 여기 있고 이제 어떻게 해야 하는지 알아내려 애쓰고
있어."

"밖에 나가서 바람 좀 쐬고 오면 안 되나?" 질이 물었다.

"안 될 것 같아. 병원 사람들이 열어 줘야 하는 문을 엄청 많이 통과해서
여기까지 들어왔거든. 자리를 지켜야 할 것 같아. 의사가 다시 오네. 이따
전화할게."

아까 본 의사가 대기실로 걸어 들어오고 있었다. 그가 입을 열었다. "환
자가 숨을 거뒀습니다. 사망했습니다. 방금 전에요. 뭐라 드릴 말씀이 없
습니다."

"형을 돌봐 주셔서 정말 감사합니다." 내가 말했다.

리스벳과 나는 엄마를 끌어안았다. 형편없는 포옹이었다. 내게 이 포옹
은 이런 상황에서 사람들이 하는 행동, 더 정확히는 그들이 하리라고 내가
추정한 행동을 따라 한 연기였다. 엄마는 릭이 우리 셋이 도착하기를 기다
렸다가 떠난 게 확실하다고 말했다. 글쎄, 그건 아닐 거라고 나는 생각했
다. 릭이 정말로 우리에 대해 마음을 썼더라면 애초에 이런 일을 저지르지

않았겠지. 게다가 뇌 활동이 멈춘 상태에서 '기다리는' 선택 따위는 할 수 없다. 내가 마지막으로 듣기로 릭은 무신론자였고, 따라서 사람이 죽으면 그냥 죽은 거라고 믿었을 테니 우리가 전부 모였는지 영혼의 세계에서 지켜볼 능력도 없을 것이다. 하지만 나는 이런 얘기를 하나도 입 밖으로 내지 않았다. "그래요"라고 말했을 따름이다.

의사, 간호사들과 대화를 나누었다. 나는 이 대화에 적극 참여했음에도 무슨 말들이 오갔는지 도통 기억하지 못한다. 눈곱만큼도. 완전히 백지다. 그 당시에는 알았을까 싶다. 내가 생각할 수 있었던 건 부풀대로 부푼 릭의 시신뿐이었으니까.

붕대, 누런 빛, 환자복에 대한 생각을, 그리고 무엇보다 그 몸이 전혀 릭처럼 보이지 않았다는 것에 대한 생각을 떨칠 수가 없었다. 내가 기억할 수 있는 저 옛날부터 릭의 머릿속을 휩쓸고 있던 폭풍이 마침내 끝났다. 릭이 평안을 찾은 건 아니었다. 평안을 느낄 릭이 이젠 존재하지 않으니까. 그러나 결국은 모든 게 멈췄고 이 잔해만이 남았다.

나는 다시 질에게 전화해 릭이 세상을 떠났다고 알렸다.

우리는 어찌어찌해서 호텔로 갔다. 킨드라와 그녀의 가족이 우리를 데려다주었으리라 생각한다. 홀리데이 인 익스프레스 앤드 스위츠는 병원과 가깝고 고속도로 바로 옆이라서 출장 다니는 회사원이나, 형이 방금 자기 뇌에 총알을 꽂아 넣고 죽은 남자가 머물기에 안성맞춤이었다. 우리는 방을 두 개 빌렸는데 하나는 나 혼자서, 하나는 엄마와 리스벳이 같이 쓰기로 했다. 엄마가 리스벳과 함께 있길 원했기 때문이었다.

메틀린에게 전화를 걸 시간이었다. 내가 자원했다. 36년쯤 전 메틀린이 노르웨이로 이민 간 이래 우리가 통화를 하는 건 아마 처음이었던 것 같다. 그러니 뭔가 잘못되었다는 걸 감지했을 터였다.

"지금 엄마랑 리스벳이랑 샌디에이고에 와 있어. 릭이 총으로 자기 머리를 쐈어." 나는 건조하게 말했다. "릭이 죽었어." 수화기 반대편에서 내가 예상한 것보다 더 심한 외침이, 비탄과 경악의 비명이 울려 퍼졌다.

누나와 짧은 통화를 하는 동안 내 머릿속을 스친 생각들을 항목마다 앞에 둥근 점을 찍은 이른바 '총알 점 목록'으로 정리해 보았다. 편리한 형식이지만 이름에서 음침한 아이러니가 느껴진다.

- 메틀린과 릭의 관계는 어떠했나?
- 관계랄 게 있긴 했던가?
- 둘은 가까웠나?
- 우리 남매들 가운데 서로 가까운 사람들이 있긴 했나?
- 메틀린은 놀라움과 슬픔, 둘 중 무엇을 더 크게 느꼈을까?
- 방금 나는 처음으로 명확하게 '릭이 권총으로 자신을 쏘았고, 죽었다'는 말을 했다.
- 이 말을 앞으로 몇 번이나 더 해야 할까?
- 릭이 나보다 여섯 살 위였으니 말인데, 나도 앞으로 6년 뒤인 2013년에 자살하게 될까?
- 이건 그저 이상한 꿈이 아닐까?
- 누가 죽으면 모두가 "채비를 해야지"라고 말한다. 그게 무슨 의미일까?
- 나는 왜 아무것도 느낄 수 없지? 우울증 때문일까, 트라우마 때문일까? 아니면 그냥 내가 개자식이라서?
- 울어야 하는 거가? 여기를 하던 시적 큐가 떨어지면 곧바로 우는 법을 익히려 했지만 실패했다.

• 나는 이제 통화를 그만하는 게 좋겠다.

위의 생각을 마지막으로 나는 수화기를 엄마에게 넘겨주었다.

어딘가를 떠나고 싶은 것도 일종의 감정이라 할 수 있을까? 어느 때보다도 위안을 주고받아야 했을 그 끔찍했던 밤에, 나는 기를 쓰고 위안을 밀어내고자 했다. 혼자 있고 싶었다. 사격장에서 자기 머리를 쏴 버리는 사람과는 달리, 적어도 나는 계속 이곳에 머물 것을 알았기에. 게다가 내겐 할 일이 있었다. 라디오 작업을 끝내야 했다.

뭐라고? 진심이다.

병아리 마시멜로 요리법에 대한 라디오 취재 말인가? 그래, 바로 그것 말이다.

샌디에이고에서 어떻게 그 일을 한단 말인가? 작업용 노트북을 챙겨왔다.

뭐라고?! 언제?! 질에게 전화를 받고 곧바로 사무실을 떠날 때 챙겼다.

충격에 빠진 상태 아니었나? 맞다. 일터로 돌아오지 못할 것에 대비해 노트북을 가방에 넣었다.

미친 거 아닌가?! 그 사실은 이미 오래전에 밝혔다고 생각한다.

하지만… 내 말은…. 그냥 말해라.

대체 왜? 사람들이 내게 화내는 게 싫어서.

맞다, 그날 오후 형이 권총으로 자살을 했다. 하지만 나는 새 직장에 들어간 지 겨우 몇 달째였다. 나는 사람들이 내가 내놓는 작업물의 질을 근거로 나를 평가할 거라고 믿었고, 이번 작업을 가능한 한 훌륭하게 만드는 최고의 방법은 내가 직접 마무리 짓는 것이었다. 누군가에게 작업을 넘겨주거나 취재 내용이 아예 방송을 타지 못하게 되면 나는 전적으로 나뿐 평가를 받게 될 것이고 상사와 새 동료들은 나를 나쁘게 생각할 것이고 그러면 나는 해고당할 것이고 다시는 아무에게도 채용되지 못할 것이며 질은 나를 떠날 것이고 나는 노숙자가 되어 약물 남용으로 죽거나 총에 맞아 죽을 것이다. 게다가 이런 상황에서도 작업에 전념한다면 동료들에게 내가 우선순위를 올바르게 잡고 있다는 걸 보여줄 수 있을 테다. 즉, 내 우선적 관심사는 가족이 아니라, 청취율이 바닥을 기는 시사 프로그램을 위해 별 볼일 없는 이야기를 완성하는 거라는 점을.

셰프가 알려주는 병아리 마시멜로를 굽는 올바른 방법에 대한 생각이 죽은 형의 자살이나 그 형의 누렇게 부푼 시신에 대한 생각을 100퍼센트 막아 주지는 않을 테지만, 30퍼센트 정도는 가능했다. 궁한 처지에 달고 쓴 걸 가리랴. 나는 프로 툴스 소프트웨어가 흐릿하게 보이기 시작할 때까지 일을 했고, 앉아서 헤드폰을 낀 채로 잠이 들어 버리는 바람에 이야기의 많은 부분이 기억나지 않는다는 걸 깨달았다. 그날 일어난 일들을 감안하면 다시는 잠들지 못할 거라고 생각했었는데 여전히 잠이 온다는 게 놀라웠다. 작업을 끝내지 못할 게 확실해 보였다.

나는 편집자에게 이메일을 써서 그날 어떤 일이 있었는지 설명하고, 어느 서버에 들어가면 내가 작업하고 있었던 이야기의 초안을 찾을 수 있는지 알려주었다. 바로 방송에 내보낼 수준까지 완성하지 못해 미안하다고도 적었다.

나는 잠이 들었다.

제10장
뾰족한 방법 없이 그날 이후를 살아가려 하다

서른여덟 살이나 먹고도 아침 햇살에 충격을 받을 수 있을까? 4월 5일 오전 6시 30분경, 떠오르는 해가 뻗은 기묘하게 번쩍이는 빛의 촉수가 호텔 주차장에 모여 있는 SUV들을 지나 내 머리를 세게 찔러 대는 통에 나는 잠에서 깼다. 일출이 H. P. 러브크래프트의 소설에 나오는 괴물처럼 느껴진 건 처음이었다.

전날 일어난 일의 무게가 순식간에 콘크리트 블록처럼 가슴을 짓눌렀다. 그 기억이 꿈처럼 느껴지거나 하는 일은 전연 없었다. 팔을 꼬집어 볼 필요도 없었고, 어떤 일이 일어났는지 머릿속에서 되짚어 볼 필요도 없었다. 깨어나 마주한 것이 새로운 현실이라는 사실을 나는 분명하게 자각하고 있었다. 지금부터 내 인생은 둘로 나뉘는 것이다. 릭이 그 총알을 발사하기 전에 살아온 삶과 그 후의 삶으로.

세 시간여나 잤을까, 잠깐 눈을 붙인 덕에 나는 약간의 통찰을 얻었다. 내 과실은 동행 없는 비회원의 출입을 제한하는 사격장의 규칙을 책에 적은 것, 그럼으로써 권총을 대여해서 자살하기 위해 그 규칙을 우회하는 방법을 암시한 것에 머무르지 않았다. 그보다 훨씬 컸다. 그게 다였다면 무시할 수도 있었다. 내 과실은 답신하지 않은 그 많은 '부재중 전화'들이었다. 또, 가족 모임에서 릭이 내게 손을 내밀었을 때 의심을 떨치지 못하고 소통을 거부하며 언짢은 마음으로 지은 억지웃음들이었다. 지난 크리스마스, 커피숍에서 나는 형과의 관계를 되돌리려고—아니, 우리에겐 되돌릴 관계랄 게 없었으니 관계를 처음부터 만들어 나가야 했던 걸지도 몰랐다—시도하긴 했지만, 그건 일방적인 것이었을 뿐 아니라, 우리가 말짱한 정신으로 서로를 솔직하게 대하며 사랑을 나눌 수 있는 많은 세월이 남아 있으리라는 맹목적인 가정에 근거한 것이었다. 릭이 당면한 위험과 촉박한 시간표를 전혀 염두에 두지 못한 것이다. 보통 때 내겐 인정과 연민이 있었다. 적어도 나 자신은 그렇게 생각했다. 나는 릭이 얼마나 절박한 상태였는지 알아차릴 수도 있었고, 알아차렸어야 했다.

독자 여러분, 이건 자기연민에서 나온 말이 아니다. 그때나 지금이나 그렇다. 나는 진실을 알았고, 그 묵직한 진실을 평생 어깨에 지고 살아가야 했다. 혹시 영화 〈바스터즈: 거친 녀석들(Inglourious Basterds)〉을 봤는가? 영화의 말미에서 알도 레인 중위(브래드 피트)는 나치 친위대의 한스 란다 중령(크리스토프 발츠)의 이마에 나치의 표지인 스와스티카를 새겨넣어서 그가 여생 동안 어디를 가든 그가 어떤 놈인지, 어떤 짓을 했는지 모두가 알게끔 한다. 바로 그런 거다.

그런데도 태양은 계속 떠올랐다. 멍청한 것 같으니.

나는 약을 먹었다. 그 후로 지금까지 매일 챙겨 먹고 있다. 7시경 엄마와 리스벳의 방으로 가 보니 리스벳이 구해 온 머핀과 커피가 있었다. 하루를 계획해야 했다. 리스벳은 귀가하러 공항에 가야 했다. 릭이 총으로 스스로를 쐈다는 말을 들은 순간 그녀는 큰 소리로 "릭이 총으로 자기를 쐈다고?"라고 비명을 질렀고, 세 아이 모두 그 말을 듣고 말았다. 마크가 나름대로 수습해 보았지만, 리스벳이 샌디에이고로 달려가는 동안 아이들은 당연히 충격에 휩싸여 난리가 났다. 리스벳의 아이들은 내 아이들보다 나이가 많았고 엄마를 필요로 했다.

나는 사무실에서 전화를 받았으므로 찰리와 케이트는 아직 무슨 일이 일어났는지 모르고 있었다. 당시 질은 일을 쉬던 중이라 내가 이 아이러니하게 햇살 좋은 장소에서 일을 처리하는 동안 가정을 돌볼 수 있었다. 여섯 살, 네 살 먹은 아이들에게 이제 막 만난 삼촌을 다시는 보지 못하게 될 거라고 설명하는 건 질의 몫이 되었다.

우리는 어찌어찌 렌터카를 빌려서 스크립스 머시 병원으로 갔고, 나는 그곳 사무실에서 대형 마닐라 완충봉투를 받았다. 안에는 릭의 지갑과 열쇠들이 들어 있었다. 열쇠고리는 단순한 금속 링이었고 걸려 있는 건 자동차 열쇠와 아파트 열쇠 두 개가 다였다. 지갑은 사실상 텅 비어 있었다. 릭의 소지품은 그게 전부였다. 봉투를 건네준 사람에 대해서는 별로 기억나는 게 없다. 친절한 여자였다는 것밖엔. 우리가 어떻게 가족이라는 걸 증명하고 릭의 소지품을 받았는지도 모르겠다.

엄마에게 전화가 왔다. 전화를 건 사람이… 누구였지? 그때 엄마에게 전화가 있었던가? 사격장 앞 도로에 세워둔 릭의 차를 오후 다섯 시까지 옮기지 않으면 견인할 거라는 내용이었다. 그때가 오후 네 시였다. 아마 200달러쯤밖에 안 나갔을 차의 열쇠는 우리가 받은 봉투 안에 들어 있었다. 거저나 다름없는 값으로 똥차를 사고, 차가 퍼질 때까지 몬 다음 고철로 넘겨 버리는 릭의 전통에 부합하는 차였다. 나는 릭의 차가 어떻게 생겼는지조차 몰랐으니 어쩌면 200달러라는 가격은 너무 관대하게 책정한 건지도 몰랐다.

"그러라고 해요. 그냥 견인해 가라고 해요." 나는 엄마에게 말했다.

엄마는 나만큼이나 이런저런 일을 처리하는 데 몰두해 있었다. 누구나 알겠지만 아들의 자살을 이해하려 애쓰는 것보다야 자잘한 일들을 돌보는 게 그래도 나으니까. 엄마는 뭐라도 해야 했고 불안하기도 했으므로 차를 가지러 갔으면 했다. "경찰서나 추심업체에서 편지를 받고 싶진 않다." 엄마가 말했다.

그래서 우리는 차를 찾으러 갔다. 엄마는 나를 데려다주고 호텔로 돌아갔다.

만일 내가 우울증과 자살에 대한 픽션을 쓰고 있었다면, 음산하고 우울한 사격장에 대해 써야 했다면, 그리고 그 가상의 사격장을 '할인권총마트'라고 이름 붙였다면, 일을 좀 아는 편집자들은 약간 과하다고 지적했을 것이다. 그러나 그 망할 놈의 업소 이름은 실제로 '할인권총마트'였다. 할인권총마트는 상점들이 일렬로 길게 늘어선 쇼핑몰만큼 컸고 모양도 그와 비슷했다. 내 생각엔 실내 사격장이 있어서 그만큼 넓어야 하는 것 같다.

나는 사격장으로 걸어 들어갔다. 이런 장소에서 만나는 사람들에겐 공통점이 있다. 남자다. 대부분이 턱수염을 기르고 있다. 모두가 담배를 피울 것처럼 생겼고, 하나같이 아주 심각하다. 난폭한 산타클로스처럼 생긴 사람도 있다.

할인권총마트는 릭이 생의 마지막 방문지로 정한 장소였다. 모든 걸 끝장낼 준비를 하면서도 돈을 아껴야겠다는 데 생각이 미쳤던 것이다. 릭은 '호화권총마트'나 '안락권총마트'를 택하지 않았다. 상호에서 권총을 언급하기도 전에 저렴하다는 말부터 내세운 사격장을 택했다. 나는 생각했다. '망해라.'

"이곳 책임자십니까?" 카운터 뒤의 수염 기른 남자에게 물었다.

"네, 손님!" 그가 활기차게 대답했다.

"존 모라고 합니다. 릭 모의 동생이죠. 어제 형이 여기서 권총으로 자길 쏘았고 이제 세상을 떠났습니다. 몇 가지 질문을 드리겠습니다."

그는 내게 옆으로 이동해서 얘기해도 되겠느냐고 묻고선 다른 수염 기른 남자에게 누군가가 도움을 청하면 처리해 주라고 말했다. 사격장을 운영하는 사람은 언제 무엇으로 비난받을지 모른다는 생각을 늘 하면서 지내지 않나 싶다. 암암리에 많은 것에 대해 책임이 있으니까. 그래선지 남자는 긴장한 듯했다. 하지만 여기서 내 볼 일은 그런 게 아니었다. 나는 그저 더 많은 걸 알고 싶었기에 어제 일에 대해 아는 것들을 말해 달라고 청했다.

그가 입을 열었다. "그때 저는 여기 없었습니다. 직원 둘이 있었는데 한명은 오늘 휴무고요. 다른 사람은 오늘 출근했어야 하는데, 어… 출근을 못 하겠다더군요. 그 사람이 댁의 형을… 음, 발견했습니다."

"릭이 이곳 회원이었나요?" 내가 물었다.

남자는 그렇다고 대답했다. 릭은 2월에 할인권총마트를 방문해 회원가입을 하고 가입비를 냈다는 거였다. "등록만 하고 떠났어요. 사실 그 후엔 오지 않다가 어제가 두 번째 방문이었죠."

"이런 상황이 자주 있습니까?" 내가 물었다.

"전에 겪은 적이 있어요. 하지만 여러 해 전이었죠." 남자가 답했다.

그는 말하고 싶지 않은 무언가가 있는 것처럼 망설이면서 시선을 돌렸다. 그러더니 입을 열었다.

"그런데 실은요. 어제 그분이 와서 탄약 한 상자를 샀습니다. 그리고 음, 그 일이 일어난 뒤에, 직원들이 가서 보니 상자가 뜯지 않은 상태 그대로 놓여 있었다더군요. 우리한테서 산 탄약을 사용하지 않은 겁니다."

나중에 릭의 주머니에서 총알이 더 나오지는 않았고, 현장에 있던 총알은 상자 안에 든 게 전부였다. 그 말인즉 릭은 일을 저지르기 전 주머니에 총알 하나를 넣고 다녔다는 소리였다. 편도 티켓 한 장을 들고 다니며 사용할 날을 기다리고 있었던 거다. 총알을 지니고 다닌 건 얼마나 오래전부터였을까? 그 답은 릭과 함께 죽어 버렸다.

남자는 내게 나가서 사격장을 보고 싶으냐고 물었다. "아뇨, 괜찮습니다." 내 말에 그는 크게 안도한 듯했다.

나는 견인하겠다고 예고된 시간을 몇 분 남겨 놓고 도로변에 세워 둔 차를 발견했다. 진회색에 여기저기가 들이받혀 파인 문 두 개짜리 똥차였다. 내부는 깨끗했다. 진공청소기를 돌린 정도는 아니었지만 잡동사니는 없었다. 차를 몰던 사람의 흔적은 전무했다. 다음 주인이 쓸 수 있도록 준비해 둔 것이다. 열쇠를 돌리자 엔진이 통통거렸고, 잠시 머뭇거리다 시동이 걸렸다. 라디오는 꺼져 있었다. 할인권총마트까지 정적 속에서 운전해 갔거나 내릴 때인지 언제인지 마음먹고 라디오를 껐을 것이다. 라디오를 트니 주파수 89.5, 샌디에이고의 NPR 가맹 방송국인 KPBS에 맞춰져 있었다. 내 프로그램을 방송하는 곳이었다.

나는 '스캔'을 눌러 자니 캐시의 노래 「맨 인 블랙(Man in Black)」이 나오고 있는 방송국에 주파수를 고정했다. 딱이네. 검은 옷의 사내라니. 노래가 끝나고 곧 호텔에 도착했다. 릭의 친구가 우리 대신 그 차를 팔아 주겠다고 했는데, 그 자신 차를 하나 살 생각이 있었던 듯도 싶었다. 나는 다른 차에 편승해 호텔에 온 그에게 릭의 차 열쇠를 주면서 그냥 가지세요, 했다. 팔든 가지든 마음대로 하세요. 영수증을 써주고 그는 차를 몰고 떠났다.

샌디에이고에서 보낸 그 며칠 동안 우리는 몇 군데를 더 들렀다. 우리는 릭의 주소를 알았고 아파트 열쇠는 릭의 주머니에서 발견되었다. 룸메이트에게 연락하니 언제든 들러서 간직하고 싶은 물건이 있으면 가져가라고 했다. 나머지는 자기가 상자에 담아 굿윌 기부센터에 보내 주겠다는 것이었다. 릭은 선불 대포폰만 이용했다. 릭의 전화번호는 잠깐씩만 살다가 옮기기를 반복한 거처들의 유선 번호들뿐이었다. 릭의 전화와 거처는 그의 차들과 유사했다. 일회용 싸구려였다.

건물과 릭이 살던 집은 더럽거나 낡진 않았으나 무미건조했다. 거실에는 낡은 소파와 작은 TV가 있었고 소형 주방도 딸려 있었다. 작은 침실 바닥에 달랑 놓인 매트리스가 릭의 침대였다. 바닥에는 대형 휴대용 오디오 플레이어가 놓여 있었고 CD가 몇 장 흩뿌려져 있었다. 책도 몇 권 있었다. 매트리스 바로 옆에 내 책이 있었다. 벽장 속 몇 벌 안 되는 옷가지는 여행가방 하나에 충분히 담길 것 같았다. 릭은 오랫동안 돈이 거의 바닥난 채로 너무나 많이 이사를 다니며 살았으므로 옷이 몇 벌 없었다. 내가 알아볼 수 있는 한, 감상적인 물건은 없었다. 사진 앨범도 없었고, 벽은 텅 비어 있었으며, 유년기의 기념물도 없었다. 취미나 관심사나 열정을 드러내는 물건도 없었다. 우리는 릭이 일기를 쓴다는 걸 알고 있었기에, 매트리스 옆 스프링 제본 공책을 보자마자 나는 그게 뭔지 알아차렸다. 엄마가 먼저 그것을 집어 들어 우리가 가져온 상자 안에 넣었다. 릭의 방은 십대 소년의 방처럼 보였다. 학교생활이 순탄치 못한 대학생의 방 같기도 했다. 이 방의 주인은 나이를 아무리 높게 잡아도 스물을 갓 넘은 사람일 것 같았다. 릭은 세상을 떴을 때 마흔네 살이었다.

우리가 상자 안에 넣은 유일한 물건이 일기장이었다고 확신한다. 어쩌면 엄마는 상자를 버려두고 일기장만 자기 백에 챙겨 넣었을지도 모른다 엄마는 내게 가져가고 싶은 게 더 있냐고, 혹시 릭이 갖고 있던 내 책을 가

져가겠느냐고 물었다. 아니었다. 나는 릭이 갖고 있던 내 책을 가져가고
싶지 않았다.

"사격장에서 많이 일어나는 일입니다. 이런 곳에서도 많이 일어나죠. 바
로 여기서도 그런 적이 있고요."

책상을 사이에 두고 나와 엄마 맞은편에 앉아 있던 이는 장의사인가 장
례지도사인가 하는 사람이었지 싶다. 우리는 어디에 주차하는 게 편리하
면서도 안전할지에 대해 길고 긴 대화를 마친 뒤, 릭을 화장하는 일로 대
화 주제를 옮긴 터였다.

"잠깐만요. 장례식장에 와서 권총으로 자기를 쏜다고요?"

그녀가 설명했다. "그게 예의 바른 거라고 생각하는 거예요. 자기 시신
을 이곳까지 차로 운반해야 하는 수고를 덜어 준다고 생각하는 거죠. 그
정도로 사고가 비정상인 겁니다. 자신의 사려 깊은 행동에 사람들이 고마
워할 거라고 생각하고요."

장의사는 나이가 있는 편이었다. 그래, 친절하기도 했다. 하지만 그 친
절함은 보통의 친절함과는 종류가 달라서, 더 진지하고 실용적이었다. 내
기억 속에선 캐시 베이츠가 그녀를 연기하고 있다. 그녀는 직업의 특성상
자기 인생 최악의 날을 보내고 있는 사람들을 하루 종일 친절하게 대해야
하고, 그 친절함을 가지고 아주 많은 일을 처리해야 한다. 그러니 그녀의
친절함은 진심으로 마음을 열고 자기 고객들이 느끼는 슬픔을 같이 느끼
며 공감대를 형성하는 유의 친절함은 아니었다. 그럴 수야 없다. 그랬다
간 하루 일 하고는 뻗어서 죽을 테니까(편리하게도 바로 장례식장에서).

그 친절함은 따뜻하고 현명한 지도자의 친절함이었다. 장례식장의 간달프라고 할까. 나는 여러 해 뒤, 사람들과 우울함에 대해 이야기를 나누는 팟캐스트를 시작하면서 이 접근법을 염두에 두게 된다.

"릭의 시신은 어디 있죠?" 내가 물었다. 내가 찾는 걸 '그것'이라고 불러야 할지 '그'라고 불러야 할지 알 수 없었기에.

"저 뒤편에 있어요. 오늘 아침에 전달받았습니다." 친절함을 발휘하는 게 직업인 숙녀분, 대명사 사용을 피하는 게 아주 능란하시군요.

우리는 화장을 한 뒤 재를 시애틀로 운송시키기로 장의사와 얘기를 마쳤다. 그게 엄마가 바라는 것이었다. 그리고 릭은 엄마가 바라는 것이라면 무엇이든 똑같이 바랐을 것이다. 두 사람 때문에 나는 몇 년 동안 미쳐 버릴 것 같았고, 두 사람은 나 때문에 더욱 미쳐 버릴 것 같았겠지만 서로에 대해선 더할 나위 없이 편안함을 느꼈다.

그러고서 우리는 비행기를 타고 집으로 갔다.

〈유쾌한 우울증의 세계〉에 따르면
어떤 고통은 사라지지 않고 진화한다

내가 보기에, 가까운 사람의 죽음을 극복할 수 있다고 생각하는 사람들은 가까운 사람의 죽음을 경험해 본 적이 없는 사람들이다. 직접 겪어 봤다면 그렇게 단순하지 않다는 걸 알 테니까.

아역 배우에서 작가로 성장한 마라 윌슨은 영화 〈마틸다〉를 찍은 직후 어머니를 유방암으로 잃었다. 그로 인해 이미 불안과 강박장애와 우울증으로 채워져 있던 그녀의 정신적 문제 목록이 더 빽빽해졌다. "상자 안에 든 공의 비유를 들은 적이 있어요. 공 하나가 상자 안에서 이리저리 튀고 있지요. 상자 안에는 버튼이 하나 있어서 가끔 공에 눌리곤 해요. 처음엔 공이 들어 있는 상자가 아주 작아요. 상자는 갈수록 더 커지고, 그래서 공이 튀어 다닐 수 있는 공간도 커지죠. 하지만 그래도 가끔은 버튼이 눌릴 거예요. 어머니를 생각하면 슬퍼지지 않을 수 없어요. 절대 떨쳐 낼 수 없죠." 그녀는 말했다.

내게 릭의 죽음은 이를 뺀 자리의 구멍, 혹은 머리를 엄청 짧게 자르고 남은 까슬까슬한 그루터기와 더 비슷하다(물론 여기에 압도적인 슬픔과 회한이 더해지지만). 이제는 없어진 것들을 계속 더듬고 있는 것이다. 나의 일부는 언제나 그게 정말로 사라진 게 맞는지 의심하므로.

나는 라디오 업계에 17년 이상 종사하면서 숱한 인터뷰를 해왔지만 스콧 톰슨(Scott Thompson)과의 인터뷰 준비는 평소와 달랐다. 그 이유 하나는, 5인조 스케치 코미디 그룹 키즈 인 더 홀(Kids in the Hall)의 일원인 그는 코미디 세계에서 대략 신적인 존재였기 때문이었다. 직업적으로 대단히 찬탄하는 사람과 이야기할 때마다 나는 뇌 일부 영역의 스위치를 내리고 "당신 정말 대단해요!" 따위 질문을 던지려는 스스로를 뜯어말려야 했다. 사실 엄밀히 말해 그건 질문도 아니다.

스콧은 동생 딘을 정신질환에 따른 자살로 잃었다. 그는 내가 릭을 우러러본 것처럼 딘을 우러러봤다.

"우리는 연년생이었어요… '아일랜드 쌍둥이'라고 부르는 거죠." (아일랜드 쌍둥이[Irish twins]란 터울이 1년 이하인, 특히 같은 해에 태어난 형제자매를 말한다.-옮긴이) 그가 입을 열었다. "우리는 18년 동안 문자 그대로 같이 살았어요. 저는 혼자 방을 쓴 적이 한 번도 없었죠. 그런데 동생과 저는 그야말로 정반대였어요. 딘은 사내다웠고 운동을 잘했고 미남이었어요. 여심을 살살 녹였죠. 손대는 모든 걸 훌륭하게 해냈어요. 하키도 할 줄 알았고

200

요. '얘는 라크로스를 한 번도 안 해봤구나' 싶다가도 일주일이 지나면 팀에서 최고의 선수가 되어 있는 거예요. 그러니 남자아이에게 기대할 수 있는 모든 걸 지닌 거예요. 게다가 남들과 아주 편안하게 어울렸고요. 한마디로 총아였죠. 그런데 열여덟 살 즈음, 딘이 변했어요."

그때 스콧은 또래 학생들과 필리핀에서 열 달 동안 생활하는 프로그램에 참여하고 있었다. "부모님이 편지를 썼는데 [딘에게] 무슨 일이 일어나고 있다는 거예요. 이해가 가지 않았고 믿을 수도 없었죠. 이렇게 생각했어요. '말도 안 돼. 미친 사람은 난데. 딘은 운동을 잘하는 애고.' 딘이 부러 미친 척을 하는 줄 알았어요."

"아주 또렷하게 기억나요. [집에 돌아와] 문을 여니 형제들이 다 있었죠. 저는 물었어요. '딘은 어디 있어?' 그랬더니 '내려올 거야' 하더군요."

"딘은 침실에 있다가 계단을 내려왔어요. 복도 끝에 있는 딘을 본 순간이 기억나요. 그 애 눈을 보고는 생각했죠. '딘은 어디 있지?' 솔직히 말해, 뭔가에 씐 사람 같았어요. 그건 딘이 전혀 아니었어요."

딘 톰슨은 조현병과 싸우고 있었다. 우리 모두가 아는 세상이 그에게서는 사라지기 시작했다. 딘은 스콧에게 셰익스피어의 「줄리어스 시저」를 탱크가 나오는 버전으로 다시 쓰고 싶다고 말했다. 맹렬한 호모포비아가 되었으며—스콧은 게이다—자신이 예수 그리스도라고 선언했다.

"저는 좋은 형이 아니었습니다. 절대 아니었어요. 딘에게 공감해 주지 않았죠." 스콧이 말했다.

그러던 중 딘은 차에 치이는 사고를 당했고, 오랫동안 혼수상태에 있었다. "딘이 깨어났을 때 우리 가족은 순진하게도 차 사고가 광기를 죽이지 않았을까 생각하고 있었습니다. 그만큼 멍청했던 거예요."

딘은 자기 의사와 무관하게 정신병원에 수용됐고, 의사들은 그의 머릿속에서 울리는 목소리들을 잠재우기 위해 약물을 투여했다. 그러나 이젠 그의 몸이 망가지기 시작했다. 스콧은 딘이 자기에게 일어나고 있는 일에 대한 공포와 수치심으로 인해 종국에는 자살까지 하게 되었다고 믿는다. 나는 딘이 어떤 방법으로 자살했는지 묻지 않았다. 그건 중요하지 않았다.

스콧은 인터뷰를 하며 힘겨워했다. 딘과의 모든 기억을 재생하면서 자신이 어떤 단서들을 놓쳤는지 깨달았고, 동생을 도울 수 있는 기회가 한 번만 더 주어졌으면 했다. 나 역시 같은 이유로 이 인터뷰를 진행하기가 어려웠다. 내가 릭을 더 다정하게 대했더라면 어땠을까? 받지 않은 전화가 그리 많았는데, 한두 번이라도 몇 분을 투자해 콜백을 했더라면 어땠을까? 릭의 정신건강에 대한 단서들, 돌이켜 보면 파악하기 어렵지 않았던 단서들을 당시에 알아챘더라면 어땠을까?

물론 이런 질문들은 누군가의 자살에 항상 뒤따르는 것이다. 남겨진 사람은 불가피하게 이런 질문들을 던지며, 어느 정도까지는 평생 같은 물음을 되풀이하게 된다. 한편 그 사람의 친구들은 이렇게 말하기 마련이다. 너는 알 도리가 없었어, 너무 자책하지 마, 너는 그때 네가 알고 있던 것의 한계 안에서 최선을 다 한 거야. 양쪽 다 일리가 있다. 뼈저린 사실은, 이 논란이 결코 해소되지 않으리라는 것이다.

스콧과 대화를 나눈 뒤 나는 녹초가 되어, 자주 그러듯이 스튜디오 의자에 잠시 그대로 앉아 있었다. 팟캐스트의 프로듀서인 크리시 피스는 내가 특히 공감 가는 인터뷰를 한 날에는 나더러 어서 집에 가라고 재촉한다. 그녀는 말한다. "아직도 인터뷰에서 빠져나오지 못한 것 같군요. 게스트가 한 말을 머릿속에서 곱씹으면서 말이죠."

우리 팀은 일 년에 몇 차례씩 인터뷰를 하러 출장을 간다. 목적지는 주로 로스앤젤레스와 뉴욕이다. 출장을 가면 대면 인터뷰를 가능한 한 많이 해 두려고 노력하기 때문에 보통 하루에 두 명 이상과 인터뷰를 하게 된다. 하루치 대화들이 끝나면 나는 호텔에 돌아가 말도 안 되게 오랫동안 잠을 잔다.

우울증에 대해 이야기하는 건 아주 좋고 건강한 일이지만, 진을 바싹 빼는 일인 것도 분명하다.

제11장
입을 열고 시끄럽게 굴기로 하다

아이들은 샌디에이고에서 돌아온 나를 많이 안아 주었다. 짧게 만난 게 전부지만 그새 사랑하게 된 친척을, 준-아빠를 잃어서 슬퍼했다. 그러나 찰리와 케이트는 나를 더 걱정하고 있었다. 자기들보다 내 상태가 더 중요했던 건데, 나이를 감안하면 제법 감동적인 공감 능력이었다. "아빠 괜찮을 거야." 걱정하는 아이들에게 들려준 대답은 반사적으로 나온 것이었지만, 처음으로 괜찮을 거라는 말을 하고 나니 기분이 한결 나아졌다. 진심으로 믿진 않아도 그런 말을 하는 게 좋았다. "하지만 이건 우리 모두가 겪고 있는 일이란다. 난 무척 슬프지만, 내가 많이 슬프다고 해서 너희가 덜 슬플 필요는 없어. 너희도 슬퍼하고 싶은 만큼 슬퍼하렴." 그러자 아이들은 나를 좀 더 안아 주었다.

질은 아이들에게 릭이 자기 머리를 쐈다는 얘기는 하지 않았다. 우리는 릭에게 뇌 질환이 있었다고 얘기하기로 합의했는데, 거짓말은 아니었다. 아이들은 나도 똑같은 병에 걸릴지, 혹은 자기들도 같은 병에 걸릴 수 있는지 궁금해했다. 질은 아이들에게 우리가 아주 조심할 거라고, 뇌에 문제가 생기기 시작하면 당장 의사를 찾아갈 거라고 일러 주었다.

내가 집에 돌아온 첫 밤에 우리는 소파에 꼭 붙어 앉아 담요를 함께 덮고 만화와 영화를 보았고, 나는 두 아이를 하나씩 재우면서 책을 읽어 주고 조용히 얘기를 나누었다. 아이들이 완전히 잠든 걸 확인하고서야 방을 나섰다.

이제 자살은 내겐 영영 꿈꿀 수 없는 일이 되었다는 걸 알았다. 맹세나 결정이라기보다, 단순히 내가 절대 자신을 죽이지 못하리라는 자각에 가까웠다. 그런 선택이 얼마나 큰 피해를 입히는지 깨닫기 시작한 것이었다.

그러니 나는 이렇게 살아가야 할 테다. 주머니에 숨겨 둔 총알 없이, 이곳에서 나가게 해 줄 은밀한 티켓 없이. 그건 지옥이다. 우울, 비탄, 죄책감, 회한, 길을 잃은 듯한 혼란감을 영영 안고 살아가면서, 영화 〈시계태엽 오렌지(A Clockwork Orange)〉의 맬컴 맥다월처럼 의자에 묶여 누군가에게서 억지로 안약을 투여받으며 맨 정신으로 1초도 빠짐없이 그 모든 걸 지켜보도록 강요받을 것이다(〈시계태엽 오렌지〉에 나오는 혐오요법 '루도비코 테크닉'이 이것이다.—옮긴이). 내가 남몰래 평생을 안고 살았고 감히 입 밖에 내지 못한 수치심, 결국은 우울증이라는 병으로 진단받게 된 그 수치심은 나의 영원한 짐이 될 것이다. 나는 '신'이라고 불리는 거대하고 투명한 우주 괴물이 현명하고 신중하게 우리에게 닥칠 일들을 분배한다는 생각을 그럴싸하다고 여긴 적이 없었지만, 이제 내가 형을 죽였으니 내 행동의 후과를 짊어진 채 삶의 행로를 터덜터덜 걸어가야 하는 저주를 받으리라는 것은 일종의 시적 정의로서 합당해 보였다. 릭은 사형선고를 받았고 나는 가석방 없는 종신형을 받은 것이다.

아이들을 안고 뒹구는 건 좋았다.

찰리는 이튿날 생일 파티에 가야 했고 나는 아이를 데려다주겠다고 자원했다. 질과 나는 그곳에 올 법한 부모들이 누구누군지 빠르게 떠올리며 우리가 지난 며칠 동안 겪은 일을 아는 사람이 있을지 점검해 보았다. 누군가가 내 팔을 살짝 건드리며 사슴 같은 눈망울로 "괜찮으시죠?"라고 묻는 건 싫었다. 시애틀의 부모들은 무척 섬세한 사람들이다. 때로는 짜증이 날 만큼.

내가 누군가가 보는 앞에서 감정이 폭발해 엉엉 울까 봐 겁이 났던 건 아니다. 오히려 반대였다. 차분하게 "음, 저희 형이 자살을 했으니 그다지 괜찮진 않아요"라고 대답하고 싶지 않았던 거다. 못된 짓이니까. 나아가 나는 다른 사람 마음을 좀 편하게 해 주려고 릭의 죽음을 전후 맥락 속에서 설명해야 하는 상황에 처하고 싶지도 않았다.

이런 말을 하고 싶지 않았단 거다. "글쎄요, 형이 그렇게 고통받고 있는 줄 몰랐어요. 슬프지만 극복해야죠. 적어도 형은 이제 고통에서 벗어났으니까요. 당장은 힘들지만 우리 모두 이겨 낼 거라고 생각해요. 특히 '잘 알지도 못하는 남의 일에 시시콜콜 끼어드는 부모' 당신이 도와준다면 말이에요."

"얘기 들었어요, 유감입니다" 수준의 단순한 대화조차 달갑지 않았다. 여기에도 대답은 해야 했고, 위로의 제스처에 감사를 표하면서 타인과 말을 섞어야 했기 때문이었다. 엿이나 먹으라지. 인생을 더 풍부하게 만들고 그것에 의미를 주는 행위인 타인과의 소통을 할 의지는 이미 우울증에 의해 꺾였을진대, 하물며 이런 위기 상황에서? 어림도 없다.

"파티에 신경 쓰일 만한 사람은 오지 않을 것 같아. 자기가 찰리를 데려다주고 싶은 거 확실해?" 질이 말했다.

"응. 좀 움직이는 편이 낫겠어. 그리고 애들은 생일 파티도 가고 그래야 하니."

이 모든 일이 벌어지고 몇 달 뒤 어느 노련한 치료사가 내게 조언하길,

언제까지일지는 몰라도 앞으로 한동안은 감정적 여력이 거의 존재하지 않을 테니 그게 필요한 상황을 자초하진 말라고 했다. 감정적 여력의 측면에서, 나는 우울증으로 인해 이미 불리한 처지였다. 하루 종일 스스로를 증오하느라 무슨 문제나 골치 아픈 상황이 발생했을 경우에 대비해 예비로 두어야 할 에너지를 전부 소모해 버리니까. 비탄은 더 많은 에너지를 빼앗아 간다. 둘이 합쳐지면 에너지 잡아먹는 귀신이 돼서, 나 같은 상황에 놓인 사람들은 잠을 아주 많이 자거나 아니면 생일 파티에 갈 교통수단을 제공하는 것 같은 일상의 일들을 멍한 상태로 처리하는 텅 빈 껍데기가 되어 버린다.

이런 사실들을 웨스트 시애틀의 남동 지역에서 열린 파티에 도착했을 때는 몰랐다. 문을 열자 열에서 열댓 명쯤 되는 사람들이 아주 작은 거실에서 부대끼는 와중에 생일을 맞은 소년의 아빠가 소파 한가득 몸을 기대고 누워 있는 장면이 보였다. 그자가 소파를 완전히 독차지하고 있었기 때문에 아무도 거기 앉을 수 없었다. 나는 생각했다. '아니, 이러면 안 되지. 일어나! 아들의 생일 파티인데 일어나 움직여야지. 설사 아내가 총지휘권을 잡았더라도 2인자로서 파티를 이끌고 일을 돌보아야지. 세상에나, 적어도 몸은 똑바로 세우고 손님들을 맞아야지. 앉으라고 자리를 권하고.' 이건 모두 마음속 독백이었다. 바깥에서 볼 때 나는 단지 가만히 서서 누구와도 말을 나누지 않고 소파를 응시하는 남자일 따름이었다.

생일 파티에서 여섯 살은 미묘한 나이다. 다른 부모들과 파티 장소에 머물며 아이들을 감독하는 걸 도와야 할까? 아니면 자리를 떴다가 초대장에 적힌 파티 종료 시각에 돌아와야 할까? 당시 시애틀의 오후 파티에서 부모가 머물러 있어도 좋다는 신호는 대개 맥주가 준비되어 있다는 것이었는데, 내 눈에 맥주는 보이지 않았다. 그게 저 게을러 터진 아빠가 맡은 일이었을까? 내가 돕는 게 좋을까? 다른 부모들은 소파 공간이 없어 앉지 못하고 주위를 하염없이 떠돌고 있었다. 누구도 어찌해야 좋을지 몰랐다. 나는 몸을 돌려 문을 나섰다. 나는 그날 파티가 끝나고도 찰리를 데리러 가지 않았고, 찰리는 여전히 그 집에 남아 언젠가 소파에 앉을 날이 오기를 꿈꾸고 있다. 농담이다. 나는 찰리를 데리러 갔다. 그 집 부모는 그로부터 얼마 지나지 않아 이혼했다. 아빠에게 우울증이 있었던 건지 궁금하다. 자신이 우울하단 사실을 그가 알았을지 궁금하다.

신문에 실릴 릭의 부고를 쓰는 일은 내 몫이 되었는데 내 글이 출판되어 나오는 건 릭을 죽인 책에 이어 두 번째였다. 미루고 화내고 까먹으며 일주일을 보낸 뒤 내가 머리를 쥐어짜 생각해 낸 부고의 앞부분은 다음과 같았다.

리처드 주얼 모. 1962년 8월 24일 터코마에서 태어나 2007년 4월 4일 샌디에이고에서 사랑하는 사람들이 지켜보는 가운데 세상을 떠났다. 그는 시애틀 지역에서 자랐으며 성인기의 대부분은 캘리포니아에서 보냈다. 지난 22년은 샌디에이고에서 살았다. 그는 가족에 대한 사랑이 깊었으며, 친구들에게도 늘 따뜻했다. 릭은 자연에 열정적인 관심을 보여, 전원과 살아 있는 모든 것에 대해 깊은 사랑을 품고 있었다. 그는 약물중독이라는 병, 그리고 정신질환과 오랫동안 싸운 끝에 맑은 정신을 되찾았지만, 결국은 그 둘의 영향으로 자살에 이르렀다.

이 초안에는 중독과 정신질환과 자살 이야기가 포함되었다. 나는 기자였기에, 릭의 인생이 어떠했고 어쩌다 죽음에 이르렀는지에 관한 이야기를 적을 필요가 있다고 느꼈다. 그러지 않으면 릭은 아무런 이유 없이 그냥 존재하기를 멈춘 사람이 될 테니까. 내가 쓴 버전이 엄마의 편집을 거치며 살아남을지에 관해선 자신이 없었는데, 실제로 엄마는 여기에 손을 댔다. 〈샌디에이고 유니언-트리뷴〉과 〈시애틀 타임스〉에 실린 버전은 더 완곡했고 내가 원하지 않은 언외의 의미들을 한껏 깔고 있었다.

리처드 주얼 모. 1962년 8월 24일 터코마에서 태어나 2007년 4월 4일 샌디에이고에서 사랑하는 사람들이 지켜보는 가운데 세상을 떠났다. 그는 시애틀 지역에서 자랐으며 성인기의 대부분은 캘리포니아에서 보냈다. 지난 22년은 샌디에이고에서 살았다. 그는 가족에 대한 사랑이 깊었으며, 친구들에게도 늘 따뜻했다. 릭은 자연에 열정적인 관심을 보여, 전원과 살아 있는 모든 것에 대해 깊은 사랑을 품고 있었다.

손보아진 이 부고는 꽤 젊은 나이에 설명 없이 죽어 버린 사람을 이야기하고 있었다. 자동차 사고도 아니고, 암도 아니고, 도대체 아무런 정보가 없다. 이런 경우에 독자들은 대개 사인이 자살이었으리라 생각하게 되는데, 가족이 수치스러워서 말하지 않는 무언가가 있음을 감지하기 때문이다. 어떤 부고는 "집에서 갑자기 사망"이나 "예기치 못한 사망"과 같은 암호화된 어구를 넣어 독자들에게 그렇다, 물론 사인은 자살이었지만—미국인의 사망 원인 중 높은 순위에 올라 있는 자살이었지만—수치스러워서 그 사실을 밝히지 않았다는 메시지를 전한다.

내가 보기에, 이런 생략엔 언제나 나쁜 부작용이 따른다. 그 하나는 문제의 병 자체를 위장해 준다는 것인데, 아무도 그 병에 관해 이야기하지 않으면 그걸 감지하기도 훨씬 더 어려워지기 때문이다. 중독이나 우울증이나 다른 정신질환에 관해 얘기하는 것은 그것들의 병리와 증상을 비롯한 정보를 제공하는 것이다.

부고에서 진실을 감추는 것은 암묵적으로 자신들이 유죄임을 인정하는 것으로서, 이렇게 말하는 셈이다. "우리의 아들이자 형제는 자살했고, 그건 아주 몹쓸 짓이었으며, 그러게끔 놔둔 우리도 몹쓸 사람들이라서, 우리의 집단적 죄책감으로 점철된 진실을 알리는 것조차 감당할 수 없습니다." 나는 릭을 자살로 이끌었다는 죄책감을 지니고 있었음에도 여기서 불쾌함을 느꼈다. 내가 오래전부터 알고 있듯이 중독, 우울, 정신증(psychosis), 조현병은 전부 선택이 아니라 질병이다. 조현병에 걸리겠다고 손을 번쩍 들어 자청한 사람은 없다. 자신이 중독자인 걸 자랑스러워하는 사람도 없다. 자유의지가 존재하지 않는다거나, 문제를 지닌 사람들은 자기 행동에 대해 아무런 책임을 지지 않아도 된다는 말이 아니다. 나는 자유의지가 있다고 믿으며 책임도 져야 한다고 생각한다. 하지만 무게가 사오십 킬로그램 나가는 신발을 신고 있는 사람들을 빨리 달리지 못한다고 꾸짖거나 경주를 그만두고 싶어 한다고 탓하지는 말자는 거다. 그러지 말고, 그들이 그 끔찍한 신발을 벗을 수 있게 돕자.

나는 릭이 죽은 이유를 꼬집어 밝히고 싶었다. 만일 케빈이라는 이름의 연쇄살인마가 돌아다니다가 형을 죽였다면, 모두에게 그 사실을 알리고 싶을 거다. "이봐요! 케빈이 또 나타났어요! 우리 형을 죽였다고요! 케빈이! 끔찍한 일인데, 적어도 이 정보를 사람들에게 알려줍시다. '케빈이 나타나 사람들을 죽이고 있으니 **케빈과 마주치지 않게 조심하세요!**'라고." 그러나 모두가 케빈에게 살해당한 게 부끄러운 일인 양 행동한다. 부끄러워해야 할 사람은 계속 남을 죽이고 다니는 케빈인데도. 케빈, 부끄러운 줄 알아!

부고에 대한 의견 불일치는(나는 엄마의 뜻에 즉시 굴복했다) 내게 처음으로 희미한 빛을 비춰 주었다. "있잖아, 어쩌면 내가 릭을 죽인 게 아닐지도 몰라. 릭을 죽인 건 그 자신일지도 몰라." 최소한 내가 릭의 죽음에 기여한 건 사실이라고 여전히 확신했지만, 이제는 이런 관점이 핵심적인 진실이 아니라 외삽(外揷)이라는 걸 알아볼 수 있었다(본디 과학 용어인 '외삽'은 기존의 사실이나 정보를 그것이 미치는 범위 밖의 영역으로까지 확장해서 추론하는 것이다.─옮긴이). 모두가 입을 모아 말했으나 내가 귀 기울여 듣지 않았던 바로 그 생각. 그 생각은 이번에도 내 머릿속에 자리를 잡지 못했고, 유유히 컨버터블을 타고 운전해 가다가 잠깐 내게 손을 흔들고선 속도를 내어 길 저쪽으로 사라졌다. 그래도 나는 그 녀석을 보았다.

메틀린이 노르웨이에서 항공편으로 도착하고 나의 장모 수지가 아이들을 봐주러 시카고에서 오자 우리 가족은 하나의 대표단을 이루어 시애틀에서 샌디에이고로 갔다(이번엔 긴급 상황은 아니었다). 엄마, 메틀린, 리스벳, 마크, 질, 나, 이렇게 여섯 사람이었다. 엄마는 우리 모두가 머물 숙소로 저번에 묵은 호텔을 예약해 두었다. 엄마에게 미지가 아닌 장소였으니까. 그게 최근 겪은 트라우마 속에 잠자리를 마련하는 행위임을 알면서도 나는 반대하지 않았다. 적어도 이번엔 질이 곁에 있었고, 객실도 달랐다.

릭을 추도하는 의식은 두 차례 치러졌는데 우리가 샌디에이고에 간 건 그중 첫 번째, 릭의 샌디에이고 친구들과 공동체를 위해 열린 추도식에 참석하기 위해서였다. 행사를 주관하지 않아도 되니 우리 가족은 4월의 시애틀이나 노르웨이보다 훨씬 햇살 좋고 따스한 샌디에이고에서 시간이 남았다. 그래서 우리는 다 함께 외출을 했다. 그러니까… 샌디에이고를… 즐기려고…?

아침 식사는 호텔에서 했지만 점심과 저녁은 너무 이국적이지 않고 메뉴를 번역해서 알려 줄 필요도 없는 음식들을 정성껏 준비해 내주는, 대개

해안가에서 찾을 수 있으며 부모님을 모시고 가기에 알맞은 유형의 널찍한 레스토랑들에서 먹었다. 랍스터를 먹었다. 우리는 다 같이 시애틀에 온 이유에 대해선 말을 아꼈고, 단지 릭이 그런 일을 겪고 있었다는 걸 전혀 몰랐다는 게 얼마나 부끄러운 일인지에 관한 짤막한 생각들만을 교환했다. 정신질환을 알아차리는 게 얼마나 어려운 일인지를 자신에게 그리고 서로에게 이야기했다. 엄마는 릭이 자기를 중독에서 빠져나오게 해 주었다고 말했던 UCLA의 실험적 치료 프로그램을 거듭 화제에 올렸다. 나는 로스앤젤레스에 있는 대학이 왜 샌디에이고에서 피험자를 모집했을까 하는 궁금증을 입에 올렸다. 로스앤젤레스의 중독자들로는 모자랐나? UCLA 연구라는 게 실제로 있었는지 나는 확신할 수 없었다. 아직도 릭을 믿을 수 없었던 거다.

식사 후에는 해안을 따라 산책을 했다. 라호이아 코브로 이어지는 길도 걸었다. 그곳의 작은 해변은 바다사자들의 아지트인데, 녀석들은 부두나 해안 산책로에서 자기들을 구경하는 관광객들 앞에서 게으르게 빈둥거리며 여유를 즐기고 있었다. '새끼 낳는 철' 6개월 동안은 녀석들 사이에서 걷는 것이 금지되지만 다른 시기에는 인간과 바다사자가 함께 어울리고, 우정을 쌓고, 그러다 서핑을 하거나 배구를 하거나 하며 놀 수 있다. 우리가 해변에 도착했을 때, 그곳은 바다사자들이 인간을 전혀 상대하지 않아도 되게 규제를 대폭 강화해 달라고 촉구하는 시위자들로 붐비고 있었다. 그래서 우리는 바다사자를 가까이서 보는 즐거움을 누릴 수는 있었지만 그에 대해 죄책감을 느끼지 않으려야 않을 수 없었다.

오락적인 일을 즐기는 것과 그에 대해 죄책감을 느끼는 것 사이에서 균형을 잡는 일이야말로 샌디에이고 여행 전체의 주제나 다름없었다. 누나들과 어울리는 건 좋았다. 마지막으로 함께 긴 시간을 보낸 게 아빠가 돌아가셨을 때였으니까. 우리 남매의 배우자로서 참석한 질과 마크는 둘 다 동행자로서 버팀목이 되어 주는 동시에 우리가 얘기하지 않는 더 큰 주제에 대해서는 반 발짝 물러서 있는 데에 능했다.

나는 화제에 오르는 모든 이야기에 집중하려고 애썼다. 그 순간의 몰입에서 빠져나와 내 머릿속으로 돌아가면 이런 고함이 들렸으니까. **"이게 도대체 뭐 하는 짓이야? 망할 놈의 랍스터 맛이나 즐기고 있다니. 그 오랜 세월 형이 거듭 뻗어 온 손을 내가 내쳐 버렸다고! 손을 잡아 주진 못할망정 어떻게 죽어야 할지 알려주는 책이나 썼다고! 그래, 우리 이젠 뭘 할 거지? 가서 아이스크림이나 먹어?!"**

그렇게 했다. 우리는 아이스크림을 사 들고 공원을 거닐었다. 결혼식에 참석하러 먼 곳으로 여행 온 하객들처럼.

코바 선생이 준 작은 알약들은 효과가 썩 좋진 않았다. 산불에 대고 정원용 호스로 물을 뿌리는 격이었달까. 증상들이 전부 복귀했으며 그 어느 때보다도 심했다. 도망치고 싶었지만, 그러려는 자신을 붙잡았다. 릭에 대한, 나 자신에 대한, 우리 모두 고집스럽게 유지하고 있던 가식적인 다정함에 대한 분노가 끓어올랐지만 최선을 다해 억눌렀다. 계속 잠이나 자고 싶었지만 그러는 대신 공원을 걸으며 망할 놈의 민트 초코칩 아이스크림을 처먹었다.

추도식이 열린 VFW(미국 해외참전용사협회) 홀은 검소했으나 분위기는 나쁘지 않았다. 거구의 남자들이 웃고 껴안고 술을 마시고 심장마비를 일으키는 장소였다. 모인 사람은 여든 명 언저리로, 대부분이 실제 나이보다 훨씬 더 오래 산 것처럼 보였다. 바깥엔 흡연자가 제법 되었고 안에는 커피를 마시는 이들도 적지 않았다. 중독에서 벗어난 사람들이었는데 어휴, 어찌나 포옹을 좋아하던지. 처음 보는 사람들이 하나씩 내게 다가와선 릭과 어떤 관계였는지 밝히고 나를 곰 같은 상체로 끌어당겨 안았다. 그들은 말했다. "유감입니다. 릭을 정말 사랑했어요. 훌륭한 사람이었죠."

조문객 중에는 기억이 흐릿한 그날 밤 병원에서 만난 이들도 있었다. 대부분은 이름이 기억나지 않았다. 릭의 친구들은 직접적인 상실을 겪고 있었다. 트럭 옆자리에 타던 남자가 영영 가 버린 것이다. 직장에서 함께 전화를 걸고 받던 남자가 가 버린 것이다. 나긋나긋한 말씨에 장난스럽게 유쾌하며 항상 무언가에 좀 홀린 듯한 기색이던 그 남자가 다시는 돌아오지 못하게 되었다. 나는 그들의 상실을 애도했다. 그리고 질투심을 느꼈다. 그들은 릭과 몇 년이나 일상의 시간을 함께했다.

릭이 세상을 뜨고 나서 나는 릭의 지인들을 힘닿는 대로 찾아서 주제넘은 기자처럼 보이지 않으려 노력하며 여러 질문을 던졌다. 릭은 의사에게 가 봤던 모양이었고, 그에게서 정신건강 문제를 치료하는 데 훨씬 더 적극적인 태도로 임하라는 권고를 받았으며, 많은 일을 겪은 뇌를 치료하기 위해 입원 시설에 들어가는 것도 고려해 보라는 말을 들었다. 그러나 릭은 도움을 구하지 않았고, 수치를 느꼈다. 정신질환에 걸림으로써 자신이 모두를 실망시킨 것처럼. 자기가 그러겠다고 선택한 것도 아닌데.

추도식에서는 많은 이들이 일어나 릭에 대해 이야기했다. 그의 유머 감각이 거듭 화제에 올랐다. 그가 던진 농담들, 짓궂은 장난들. 무슨 의미인지 이해조차 못 하다가 며칠이 지나 마침내 릭의 두뇌회전을 따라잡으면, 릭은 능글맞게 웃곤 했다. 중독 탈출 모임의 친구들은 릭의 죽음에 대해 딱히 충격을 받은 것 같진 않았다. 그들에게 자살은 하나도 새롭지 않았다. 릭은 전쟁 중 쓰러진 사랑하는 전우였다.

릭이 사망한 날 같이 차를 타기로 되어 있었던 남자가 가장 충격이 큰 것 같았다. 릭이 병가를 내자 동료였던 그는 걱정이 되었다. 둘이 해야 할

운행 및 배달을 혼자 해내는 와중에도 하루 종일 릭에게 연락을 시도했고, 메시지를 남겼고, 공통의 지인들에게 전화해서 릭에게서 무슨 소식이 없었느냐고 물었다. 그날 아주 늦게, 근무 시간이 끝나 갈 무렵에야 그는 무슨 일이 벌어졌는지 알았다. 그는 릭과 함께 일을 나갔던 어느 날의 일화를 들려주었다. 릭은 고속도로 길가에서 다친 새 한 마리를 발견하곤 차를 세우자고 고집했다. 까마귀였는지 했던 새를 낡은 티셔츠에 포근하게 감싸고는 동료에게 야생동물 구조센터로 가는 길을 술술 알려주었다. "그런 일을 많이 했지요." 남자가 말하자 나머지 조문객들이 웃음을 터뜨리고 고개를 끄덕였다. 그들에겐 그게 전형적인 릭의 모습이었던 거다. 릭은 중독자들을 구하고, 새를 구하는 사람이었다. 우리 모두 릭이 구한 목숨들에 대해 생각하다가, 이 방에 모인 이유로 생각이 되돌아갔다.

다른 조문객들은 릭이 자신을 바로잡기 위해 얼마나 노력을 쏟았는지 이야기했다. 우리는 릭이 마약을 끊은 뒤엔 도박이 문제가 되었다는 이야기를 듣게 되었다. 흥분을 느끼게 해 줄 다른 무엇이 필요했던 것이다. 릭은 카지노에서 제법 성과가 좋았던 터라, 그가 걱정한 건 금전적 손실이 아니라 그 짜릿함에 또다시 의존하게 된 것이었다. 릭은 이 문제를 해결하기 위해 모든 카지노에서 자신을 입장 금지시켰다. 그런 조치가 가능하다. 카지노에 가서 사진을 찍고, 그곳에서 도박이 허용되지 않으며 입장하려 들면 쫓겨날 거라고 적힌 문서에 서명을 하면 된다.

원가족을 대표하여 마이크를 잡는 일은 우리 가족에서 가장 시끄러운 사람이자 말하기를 업으로 삼고 있는 사람인 내게 맡겨졌다. 나는 즉흥적으로 말하면서. 우리가 서로에게 걸었던 난투에 가까운 장난들 이야기를 들려주었다. 데크에 나가 햇살 아래에서 독서를 하고 있던 내게 릭이 M-80 폭죽(당초 군사용으로 개발됐던 것이다.—옮긴이)을 쏜 이야기를 했다. 그

복수로, 릭이 지붕 이는 일을 하러 출근하는 오전 6시에 차에 숨어 있다가 릭의 가슴을 확 움켜잡았던 이야기도 했다. 릭은 놀란 가슴을 진정시키기 위해 말없이 뒤뜰을 10분이나 거닐어야 했다. 재미있는 이야기들이었고, 나는 좌중 앞에서 얘기하는 법을 알았다.

흡사 라디오 방송이나 스탠드업 코미디를 하는 기분이었다. 결혼식 축사를 하는 기분이기도 했다. 진심에서 우러나오는 대로 했더라면 나는 그저 비명만 질렀을 테고, 의자 몇 개를 내동댕이쳤을지도 모른다.

나는 내가 느끼는 걸 사실대로 이야기하지 않았다. 그냥 내가 가진 기술, 이야기를 하고 방 안 분위기를 띄우고 청중을 행복하게 만드는 기술을 사용해 회피를 하고 있었다. 이게 우리 형의 추모 행사가 아니라 공연인 것처럼. 자리에 다시 앉았을 때 나는 모든 게 괜찮은 척 행동한 나 자신에게 화가 머리끝까지 나 있었다. 실제로는 괜찮음에 근접하지조차 못했다.

그러나 나의 넘치는 분노가 겨냥한 건 나 자신만이 아니었다. 나는 릭에게도 화가 났다. 그가 남겨 두고 떠난 모든 사람은 영영 그 경악과 혼란을 안고 살아야 한다. 나와 누나들과 어머니만이 아니라, 아직 태어나려면 두 달이 남은 릭의 딸마저도. 아이는 아버지가 자신을 만나기도 전에 스스로 목숨을 끊었다는 걸 알게 될 것이다. 그 사실을 평생 안고 살면서 감당해 내야 할 것이고, 그게 자기 잘못이 아니었다는 진실을 믿으려고 노력해야 할 것이다. 나는 딸의 이런 문제에 혼자서 대처해야 할 킨드라를 대신해 릭에게 화가 났다. 몇 달 뒤 엄마는 내게 분노를 내려놓아야 한다고 말했다. 나는 아니라고, 아직 분노와 볼일이 끝나지 않았기 때문에 그럴 수 없다고 했다. 내겐 아직 분노를 쓸 일이 있었다.

시애틀에서 릭의 추도 예배는 리스벳이 다니는 유니버시티 회중교회에서 열렸다. 미국 연합그리스도의교회에 속한 곳이었다. 질과 나는 우리가 다

나는 웨스트 시애틀의 연합그리스도의교회 목사 다이앤을 무척 좋아했다. 늘 직설적인 다이앤은 미국 동해안 지역에서 시애틀로 이주한 여성으로, 우리 영혼을 구원하는 것보다 사람들을 선하게 대하는 걸 더 중요하게 여겼다. 언젠가 그녀에게 내가 어떤 종류의 기독교 신도 믿지 않는다는 확신이 드니 교회에 다니는 게 옳지 않은 것 같다고 털어놓은 적이 있다. 그녀는 어깨를 으쓱하더니 그게 교회에 다니지 않을 이유는 아니라고 말했다.

나는 우리 가족이 퓨젓사운드만에 릭의 재를 뿌리는 날 함께 배에 올라 달라고 다이앤을 초대했다. 우리가 잘 아는 사람, 노르웨이계 미국인들은 꿈도 못 꿀 정도로 직설적일 수 있는 사람과 함께 간다는 게 질과 나에게 얼마간 힘을 보태 주었다. 아빠의 재를 뿌린 퓨젓사운드만에 릭의 재를 뿌리자는 건 엄마의 아이디어였다. 심지어 엄마는 8년이 채 안 된 아빠 때 우리가 탔던 배와 그 선원들을 찾아서 그때와 같은 조건으로 계약을 했다. 가족 중 남자가 죽으면 수장하는 우리만의 패턴이 생긴 셈이다. 나는 이 시점부터 영원히 퓨젓사운드만을 가족 묘지로 보게 되었고 나 자신이 언젠가 그곳에 뿌려지는 모습을 쉽게 그릴 수 있었다. 그런 숙명을 바란 건 아니다. 다만 피할 수 없는 엄연한 사실로 여겼을 뿐.

배의 승객 명단에는 선원들, 엄마, 리스벳, 마크, 메틀린, 다이앤 목사, 질, 그리고 내 이름이 올랐다. 아이들은 참석하지 않았다. 우리는 부두로 갔고 메틀린은 자동차의 해치백을 열어 유골함을 꺼냈다. 나는 리스벳에게 조용히 물었다. "화장유골(cremains, 'cremated'와 'remains'의 합성어-옮긴이)'이라는 단어보다 더 고약한 게 있을까? 가장 안 좋은 순간에 이렇게 이상한 말장난을 만난다니."

리스벳이 고개를 끄덕였다. "게다가 크레이즌스(Craisins, 건크랜베리 브랜드 이름-옮긴이)랑 발음이 좀 비슷하잖아."

릭이라면 이런 농담을 허용했을 것이다. 오히려 부추겼을 것이다. 내 말은, 그가 한 줌의 유골이 되어 있지 않았더라면 말이다. 유골이 된 릭은 가타부타 말이 없었다.

내가 당최 짐작할 수 없는 이유로 엄마가 메틀린에게 물었다. "상자가 무겁니?"

상황이 상황인 만큼 메틀린은 별수 없이 답했다. "음." 그녀는 입을 열었다. "무겁진 않아요…." 그리고 말을 잠시 멈췄다. 우리는 여전히 비탄에 빠져 있었고, 그 느낌은 여생 내내 지속될 것이었지만, 메틀린이 다소 멋쩍어하며 "내 동생이잖아요"라고 말을 끝마치자 웃지 않을 수 없었다('He ain't heavy, he's my brother'는 영국 록그룹 홀리스의 1969년도 히트곡 이름으로, 이후 많은 가수들이 이 노래의 커버 버전을 발표했다.-옮긴이).

그날 많은 말들이 오갔다. 그랬던 것 같단 얘기다. 내가 정확히 기억하는 것은 다이앤의 말밖에 없다. "이런 자리가 없었어야 해요." 그녀는 좀 더 넓은 맥락에서 부연 설명을 했다. 정말 죽을 시기가 오기 전에 떠났거나 자기 손으로 목숨을 끊은 누군가를 잃고 남겨진 사람들이 느끼는 특유의 고통이 있다고. '이건 잘못된 일이야'라는 느낌 때문인데, 실제로 잘못된 일이므로 그렇게 느끼는 것임을 인식해야 한다고. 세상은 그렇게 돌아가면 안 된다고. 그건 부당하며 조화롭지 못한 일이라고. 누군가 소리 내어 이렇게 말해 주니 도움이 되었다. *이런 자리가 없었어야 해요.*

그날 오간 다른 말은 하나도 기억나지 않는다. 아! 잠깐! 한 가지 기억나는 게 있다! 그날 해상에 바람이 좀 불어서, 재를 뿌리던 중 일부가 바다로 떨어지다 다시 위로 날려 메틀린의 재킷에 묻었다. "릭! 내게서 떨어져!" 메틀린이 말했다. 메틀린이 최고다. 연타서 안타였다.

공개로 열린 추도 예배에서 내가 제일 먼저 알아차린 건 KUOW에서 일하던 시절의 동료 몇몇이 참석했다는 것이었다. 방송국을 떠난 지 몇 달이나 지났고 릭을 아는 사람도 없었는데 말이다. 내 친구 대부분과 내 동료 거의 전부는 내게 형이 있다는 사실조차 몰랐다. 내가 릭에 대해 말하는 법이 없었으니까. 조문객 목록의 나머지는 대부분 아주 오래전, 릭이 캘리포니아로 가기 전 매력적인 아이였던 시절부터 우리 가족을 알고 지낸 친구들이었다. 우리와 같은 거리에 살았던 아네트는 남편 진과, 나를 BB총으로 쏜 적이 있으며 여러 해 동안 나와 제일 친한 친구였던 아들 딘과 함께 참석했다. 내게 강박장애를 유발한 그 집 개 펑킨과 버피는 둘 다 오래전에 죽어서 올 수 없었다. 대그마 오브라이언과 밥 오브라이언 부부도 참석했다. 리스벳과 동급생이었던 릭의 옛 여자친구 오드리도 참석했다. 엄마는 항상 릭이 오드리와 계속 사귀었다면 좋았을 거라고 했다. 오드리는 릭과 함께 새크라멘토로 이사했지만 릭이 탈선을 시작하자 홀로 시애틀로 돌아왔다.

추도 예배를 드리러 들어가 앉기 전, 잠시 서서 사람들과 이런저런 이야기를 나눌 기회가 있었다. 조문객들은 엄마, 메틀린, 리스벳, 나에게 차례차례 다가왔다. 한 사람 한 사람이 모두 유감(sorry)이라고 말했다. 나는 그들 각각에게 돌연 혼란스러운 표정을 지으면서 이렇게 말하고 싶은 충동을 억눌렀다. "미안하다고요(sorry)? 세상에, 당신이 릭을 죽였나요?! 지금까지 릭이 자살한 줄로만 알았거든요! 아이고! 아주 크게 착각했군요! 하지만 미안한 줄 아신다니 기쁘네요. 오늘 우리 모두 교훈을 얻었다고 생각합니다." 릭이라면 허락했을 행동이다. 하지만 나는 참았다. 그러는 대신 미소를 짓고 친절하게 위로해 주어 감사하다고 말했다.

부모님의 오랜 친구들은 계속 줄지어 다가와서 릭에 대한 다정한 기억들을 나누었다. 레이니어산이나 워싱턴주 해안으로 떠난 캠핑 여행과 당일치기 나들이들을 회상했다. 릭이 얼마나 영리했는지 이야기했고, 재미있지만 무해했던 릭의 장난들, 그의 창의성과 에너지에 대한 기억을 꺼냈다. 이야기들의 배경은 언제나 릭에게 가능성이 넘실대던 시대, 릭이 자기 에너지를 감당하지도 집중하지도 못하는 아이가 아니라 그저 다루기 힘든 악동으로 간주되던 시대였다. 이들 조문객, 선의에 찬 가족 친구들은 당연히 릭의 인생의 일부가 아니었기에, 그들이 기억할 수 있는 건 그들이 한때 알았던 소년일 뿐이었다.

나는 그때 생각했다, 그건 릭이 아니라고. 그건 오늘 우리 모두를 이 자리에 모이게 만든 행동을 한 릭이 아니라고. 그들이 아는 버전의 릭은 아주 음울한 전기의 첫 한두 챕터에 불과하다고. 함부르크 시절에서 끝나는 비틀즈의 역사와 다름없다고. 가족 친구 분들이여, 릭에겐 더 많은 사연이 있답니다. 릭에 관한 그들의 이야기가 쌓여 갈수록 나는 더 깊이 좌절했고, 분노의 도관이 열리는 걸 느꼈다. 그들은 릭이 자기 몸에 마약을 채워 넣고 머리에 총알을 꽂아 넣는 부분들을 생략하고 있었다. 그들에겐 침실에 엽총을 두고 살아간 릭에 관한 이야기가 없었다.

얼마간 시간이 지나자 나는 고개를 끄덕이길 멈췄고 고맙다는 말도 그만두었다. 대신 나는 말했다. "음, 형에겐 문제가 많았어요. 그것도 정말 오랫동안요. 공항에 첫 취업을 했을 때부터 마약을 시작했죠. 열다섯인가 열여섯 살이었을 거예요. 중독은 우리 집안의 내력이고요." 그러면 나와 말하던 사람은 갑자기 다른 이와 얘기할 필요가 있는 양 급히 자리를 떴다.

나는 이런 말도 했다. "감사합니다. 형의 정신적 문제가 이 지경에 이르게 될 줄은 몰랐어요. 오랫동안 괴로워했을 게 분명해요. 지난 20년 동안 형이랑 저는 별로 가깝게 지내지 않았거든요. 형은 간헐적으로 홈리스 생활을 했고, 물론 마약중독자였죠. 저는 평생 회한과 죄책감에 묻혀 살 겁니다." 그러면 대화는 빠르게 마무리되었다. 자, 다음 분.

"그것 참 멋진 이야기로군요. 형이 자살을 했을 때, 아시겠지만 총으로 자신을 쐈을 때, 저는 형과 연락이 거의 단절된 상태였어요. 마약을 끊은 것처럼 보이긴 했지만 믿어야 할지 확신이 들지 않았죠. 왜냐면 말씀하신 것처럼 형은 카리스마가 있었고, 카리스마가 있는 중독자는 위험하니까요. 자기한테 필요한 그 물질을 손에 넣기 위해선 누구든 이용하고, 어떤 거짓말이든 하거든요. 그건 병이에요." 그렇게 또 한 사람이 떠났다.

적어도 오드리는 다른 사람들과 같지 않았다. 그녀는 릭이 삐딱선을 타기 시작했을 때 그의 곁에 있었다. 중독자들을 알았고, 사람들이 어떻게 길을 잃는지 보았다. 오드리는 릭이 죽었을 때 충격을 받긴 했지만 샌디에이고의 중독자 모임 사람들과 마찬가지로 놀란 기색은 전혀 없었다.

얼마간 시간이 지나자 나는 이 행사 전반에 대해 냉소적이 되었다. 그날 오간 말 중에 조금이라도 의미 있는 건 단 하나, 배에서 다이앤이 한 '이런 자리가 없었어야 한다'는 말이었다. 이 행사는 애초에 있어서는 안 되었다. 릭은 부모님의 친구들이 돌아가실 때까지 살아 있었어야 했다. 릭이 그들의 장례에 갔었어야 했다. 세상은 본디 그렇게 돌아가야 하는 거다. 내가 릭의 장례식에 가게 된다 해도 그건 내가 수십 살 더 먹은 때의 일이었어야 했다. 내 아이들은 릭의 장례에 가겠지만, 그건 아이들이 쉰 살은 되었을 때의 일이었어야 했다.

우리 사회는 릭이 어린 시절 과잉행동과 관련해 갖고 있던 문제들을 알아차리고 관심을 기울일 만큼 발전했어야 했다. 학교는 릭의 학습장애를 알아차리고, 그가 문제아이며 학습 부진아라고 결론을 내리는 대신 문제 해결을 위해 노력했어야 했다. 릭은 그런 평가를 받아들이지 말았어야 했다. 그리고 학업을 때려치우지 말았어야 했다. 공항에서 릭과 함께 일한

222

사람들은 어린 그에게 마약을 권하지 말았어야 했다. 릭은 마약을 받지 말았어야 했다. 나는 릭에게 좀 더 연민을 느꼈어야 했다. 그에게 콜백을 했어야 했다. 미국은 수치심을 유발하지 않는 정신건강 관리 시스템을 운영해야 한다. 미국은 중독, 우울증, 각종 정신증 등 정신질환을 지닌 사람들에게 도움을 얻고 살아남을 기회를 제공해야 한다.

그럼에도 우리는 릭을 추모하는 자리에 있었다.

정신질환에 관해 단순히 이야기만 하는 것도 도움이 된다. 릭이 우리 사회에, 그리고 자신의 마음속에 존재하는 정신질환자에 대한 편견을 극복하고 무슨 일이 일어나고 있는지를 더 많은 사람들에게 털어놓았더라면, 그는 도움을 받을 수 있었을 것이고 우리는 이 자리에 있지 않았을 것이다. 정신질환이나 자살이 그렇게 단순하다는 얘기는 아니다. 나도 그건 잘 안다. 그러나 만일 더 많은 사람들이 정신질환에 대해 자유로이 이야기할 수 있다면, 더 많은 사람들이 도움을 받고 상태가 호전되고 할인권총마트 따위에서 죽어 버리지 않으리라는 건 의심의 여지가 없다.

그러나 우리 사회는 그러는 대신 무엇을 선택하는가? 우리는 그런 이야기를 하지 **않겠다고** 자의로 선택한다. 정말 더럽게 멍청하다. "소아마비 백신"이라고 말만 하면 저절로 소아마비 백신이 주입되는데도 그러지 않기로 선택하는 것과 다를 바 없다. 소아마비의 프라이버시를 존중하기 위해서인가?

좋다. 그러면 내가 한번 시끄럽게 굴어 보겠다.

〈유쾌한 우울증의 세계〉에 따르면
입을 열면 좋은 일이 일어난다

사람들이 우울증에 관한 이야기를 피하는 건 그들이 나약해 빠졌거나 겁쟁이거나 바보 멍청이라서가 아니다. 입을 다물 이유야 충분하다. 우리들 가운데 어릴 적 보호자에게서 우울증 같은 것에 대해 이야기해도 좋다고 배운 사람이 얼마나 되겠는가. 많은 청취자들이 듣는 팟캐스트에서, 아니 거기까지 갈 것도 없이 그냥 남들 앞에서 거리낌 없이, 자신의 가장 깊은 내면에 숨겨진 취약점에 대해 이야기할 위치에 있는 사람은 많지 않다는 걸 안다. 대학 학위를 지닌 백인 이성애자 남성으로서 나는 특권이라는 산 꼭대기의 성에 앉아서 '다들 터놓고 말하라'는 메시지를 전파하고 있는 셈이라는 것도 잘 안다. 그래도 나는 청취자들에게—그리고 일반 대중에게—믿고 도움을 청할 수 있는 사람에게 솔직히 터놓고 이야기하라고 격려한다. 그렇게 한 사람들은 한결같이 확실하게 득을 본다는 것이 내 눈에 보이기 때문이다. 발언대에 오르고 거기 머물겠다는 결심은 내게 결정적인 변화를 일으켰다. 내 팟캐스트에 출연한 많은 사람들에게도 마찬가지였다.

NPR에서 코미디 퀴즈 프로그램 〈잠깐, 잠깐… 말하지 말아요!〉를(이 짜증스러운 구두점들!) 진행하는 피터 세이걸은 녹음을 마친 뒤 종종 방청객과 격의 없이 어울리곤 한다. 그는 〈유쾌한 우울증의 세계〉에 나와서 우울증과 씨름한 이야기를 들려준 적이 있는데, 그게 내 팟캐스트에서 진행한 인터뷰들 가운데 특히 높은 인기를 얻었다. 그래서 요즘은 〈잠깐, 잠깐〉 녹음이 끝나면 〈유쾌한 우울증의 세계〉 청취자들이 피터에게 가서 자신이 우울증과 싸운 이야기를 시시콜콜히 풀어놓는다고 한다.

"제게 가장 흐뭇했던 반응을 보여준 건, 가정사를 방송에서 털어놓는 게 남들 앞에서 더러운 속옷을 내보이는 거나 마찬가지라며 고깝게 생각했을 사람이었습니다. 바로 저희 아버지였죠." 피터는 내게 이야기했다. "이제 여든이신 우리 아버지는 유대인인데 그중에서도, 우리 할머니 식으로 말하면, '고임(goyim, 이교도 즉 비유대인을 뜻하는 이디시어-옮긴이)' 앞에서 자기 문제를 내보이는 건 글러먹은 짓이라고 생각하는 계파입니다. 가정에 어려움이 있거나 개인적 문제를 겪고 있더라도 입도 벙긋하지 말라는 거죠. 절대 세상에 내보이지 말라고요."

"팟캐스트가 나가고 시간이 좀 흐른 뒤 먼저 어머니가 전화를 하셨습니다. 어머니도 여든이세요. '네 블로그를 봤는데 아주 멋지더구나', 대강 이런 얘기를 하셨어요."

그 칭찬은 대수로운 게 아니었다고 피터는 말한다. "태어나서 처음 된 똥을 눈 이래" 어머니에게선 언제나 칭찬만 받아 왔으니까.

피터가 기다리고 있던 건 어머니보다 훨씬 과묵한 아버지의 연락이었다. "팟캐스트가 나가고 몇 달이 지나, 아버지에게서 전화가 왔습니다. '거 팟캐스트 있잖아. 그거 들었다. 우울증이 있다고 고백했더구나.' 저는 그렇다고 대답했습니다."

"그랬더니 아버지가 말하시더군요. '있잖아, 그건 우리 집안의 내력이지.' 그리고 우리는 그 내력에 대해 얘기하기 시작했습니다."

38분짜리 팟캐스트 하나가 수십 년 동안 봉인되어 있던 정보의 금고를 비집어 연 것이다.

피터에 더해 앤디 릭터 역시 고맙게도 내 팟캐스트가 론칭도 하기 전에 출연 요청을 수락했는데, 그 말이즉 물정 모르고 뛰어들었다는 뜻이다. 내 팟캐스트에 출연하고 2년쯤 뒤, 앤디는 댁스 셰퍼드(Dax Shepard)의 팟캐스트 〈탁상공론가(Armchair Expert)〉에 나가서, 나처럼 우울증에 관해 대놓고 이야기한 다음 어떤 반응이 돌아왔는지 들려주었다.

"존 모라는 사람이 진행하는 〈유쾌한 우울증의 세계〉라는 팟캐스트가 있어요. 저도 한 차례 출연했는데, 제가 그동안 한 일 중 그날만큼 큰 반응을 얻은 건 없었던 것 같아요. 어느 날 아침 일찍 워너브라더스 사내 체육관에 가서 매점 커피를 한 잔 마시고 있는데 웬 남자가 거의 울면서 저를 향해 오더니 부드러운 남부 말씨로 말을 거는 겁니다. '당신이 그것에 대해 이야기하는 걸 듣고 저는 치료사를 만나러 갔습니다. 가야겠다고 생각하면서도 몇 년이나 미루고 있었던 일이죠. 부모님은 과거에도 항상 반대했고 지금도 반대하세요. 하지만 그 덕분에 전 목숨을 구했습니다.'" 앤디는 이런 결론을 내렸다. "저는 한낱 광대에 불과하지만, 그저 솔직해지는 것만으로 누군가를 도운 겁니다."

게리 걸먼이 출연한 회차는 우리 팟캐스트 중에서도 고통스러운 축에 속한다. 녹음 당시에 그가 무척 우울한 상태였기 때문이다. 그때까지 한동안 직업적 성공과 인정을 누려 왔음에도 그냥 살아 있는 것조차 너무나 어렵게 느껴져서 어머니 집으로 돌아간 상태였다. 게리가 나온 회차를 편집하는 작업은 아주 오래 걸렸는데, 그가 자기 삶을 묘사할 단어를 찾지 못해 "음"과 "어"를 남발했기 때문이었다.

대략 1년이 지나 다시 인터뷰한 게리는 전연 다른 사람이 되어 있었다. 그는 활기차게 또박또박 말했다. "부분적으로는 당신과 했던 인터뷰 덕분이라고 생각해요. 그 후에 사람들에게서 우울증에 대해 이야기해 줘서 고맙다는 말을 듣기 시작했습니다. 처음에는 '뭐 별로 어려운 일도 아니었는걸'이라고 생각했죠. 고맙다고 해 주니 저로서도 고맙지만, 제가 실제로 무슨 도움이 되었단 건지 모르겠더라고요. 하지만 그 뒤 무대 위에서 우울중에 관해 이야기하기 시작했고, 공연이 끝나면 사람들이 엄청난 호응을 보이며 제게 고마움을 표했습니다. '아주 어려운 일을 하셨어요'라고들 말했는데, 만일 사람들이 제게 그만 입을 다물라고 하거나 아주 부정적으로 반응하거나 불편한 내색을 했더라면 그게 어려운 일이었을 겁니다. 하지만 다들 너무나 긍정적인 태도로 저를 격려해 주어서 이야기하기가 아주 쉬웠어요. 코미디를 통해 이런 효과를 얻을 수 있다는 건 하나의 깨달음이었습니다. 저의 '관찰 코미디'(observational comedy, 일상생활에서 사람들이 간과하기 쉬운 측면과 양상들을 면밀히 관찰하여 묘사하는, 스탠드업 코미디의 주요 유형—옮긴이)는 원래도 인기가 있었지만 우울증에 관한 이야기는 사람들의 마음속 깊은 곳에 가닿는 것 같더군요. 여러 모로 대단히 만족스럽고 흐뭇한, 제겐 구원과 같은 일이었습니다."

우울증에 대한 게리 걸먼의 스탠드업 코미디는 반응이 어찌나 좋았던지 저드 애퍼타우(Judd Apatow)가 제작한 HBO 스페셜로 만들어졌다. 여기서 요점은, 단지 우울증에 대해 이야기하는 것만으로 저드 애퍼타우와 협업해서 HBO 스페셜을 만들 수 있다는 것이다. 미친 소리 같지만 매번 효과가 있다고 장담한다.

제12장
다 진절머리 나, 미네소타로 갈 거야

내가 비탄과 회복을 받아들이는 모습은 오리가 미적분을 받아들이는 것보다 하등 나을 게 없었다. 어떻게 믿는 게 올바른 건지야 잘 알았다. 릭이 죽은 건 내 잘못이 아니고, 모든 게 나아질 터이며, 나는 릭과 다르다는 것. 그러나 어째서인지 이런 믿음을 늘 유지할 수는 없었고, 그 결과 나는 분노에 사로잡힌 침울하고 성마른 일종의 얼간이가 되어 버렸다. 이따금 아무것도 느껴지지 않았다. 내 인생에 대한 아주 지루한 영화를 보고 있는 것처럼. 여러 해 뒤에 질은 그 시기에 이런 생각이 들었었다고 털어놓았다. '이제 저런 사람으로 변해 버린 걸까? 앞으로도 쭉 저런 상태일까? 그렇다면 지금 내가 어떻게 대응하는 게 좋을지 모르겠네.'

질이 선택한 대응책 하나는 내가 스스로 선택하지 못한 것이었다. 그녀는 가까운 사람을 자살로 잃은 이들을 전문으로 다루는 치료사를 찾아냈다. 사실 릭의 죽음이라는 사건은 무거운 돌덩이처럼 나를 아주 형편없는 곳으로 끌어내리고 있었지만, 나는 돌덩이를 내던지길 거부했다. 그 짐을 지어야 마땅하다고 느꼈기 때문이다. 게다가 진료비 본인부담금이 10달러씩 들 테고. "그 사람 이름은 마크 호글런드야. 우리 보험으로는 처리가 안 되니 수표책을 갖고 가서 세션마다 진료비를 내야 해." 질이 말했다.

"글쎄. 돈이 많이 들 텐데. 내가 보통 미친 게 아니잖아."

"필요하면 대출이라도 받을 거야. 주택담보 대출을 한 번 더 할 거야. 그렇게라도 반드시 치료받게 할 거야. 자기에겐 이게 필요해."

우리는 결혼생활에서 절대적인 표현을 잘 쓰지 않는다. 반드시라는 말이 나왔을 때는 확실히 큰일이라는 걸 안다.

내 인생의 치료사 컬렉션에서 여섯 번째를 차지하게 된 호글런드는 말투가 나긋나긋했지만 직설적이었다. 맞습니다, 당신과 같은 상황에 놓인 사람을 여럿 다루어 봤습니다. 아니요, 쉬운 길은 없습니다. "극복하고 말고의 문제가 아닙니다." 그가 말했다. "결코 극복하지 못할 겁니다. 아무것도 전으로 돌아가지 못할 거예요. 그 일이 일어나기 전의 삶과 그 후의 삶이 있을 뿐이지요. 하지만 그 일을 관통해서 나아갈 수는 있어요. 그 모든 걸 느끼고, 모든 걸 의식하되, 계속 걸어 나가는 거지요."

다 괜찮고 좋고 납득이 가는 말이었다. 그럼에도 이 경험에서 불협화음을 일으킨 건, 내가 도움이나 상담을 받을 자격이 없는 인간이라는 사실이었다. 일반적으로 살인자는 피해자의 때 이른 죽음에 어떻게 대처하고 있느냐는 질문을 받지 않는다. 물론 '생존자의 죄책감(survivor's guilt)'이라는 게 있고, 나도 그건 이해한다. 많은 사람들이 자기 책임이 아닌 일에 대해 책임을 느낀다는 것도 안다. 그러나 문제는 내겐 실제로 책임이 있다는 점이었다. 사실상 릭을 부추겨서 할인권총마트로 향하게 한 인간이 나였으니까. 호글런드에게 이 모든 걸 설명하고 나는 물었다. "제가 형의 죽음에 책임이 없다고 하는 건 좀 편리한 생각 아닐까요? 제가 자신을 죄책에서 놓아 준다면, 그건 그저 제 미래를 쉽게 살아가기 위한 이기적인 선택 아닐까요?"

그가 곧장 받아쳤다. "당신에게 책임이 있다는 게 좀 편리한 생각은 아닐까요?"

한 방 먹었소, 마크 호글런드 선생.

그는 누구나 자기가 다른 모든 사람의 삶에서 대단히 중요하다고 생각한다고, 우리가 스스로의 삶에서 중요하기 때문에 그렇게 상상하는 오류를 범하는 거라고 설명했다. 우리는 모두 자신의 영화에서 주역이다. 로맨틱한 사랑에 빠지고, 슈퍼 악당을 무찌르고, 챔피언이 된다. 그러나 다른 사람의 영화에서 우리는 성격배우다. 어쩌면 베스트 프렌드라서(최상의 경우다) 주인공의 의사 결정 과정에 기여할 수도 있지만 결코 그 결정을 좌지우지하진 못한다. 대부분의 경우 우리는 베스트 프렌드조차 되지 못하며 숱한 등장인물 중 하나에 불과하다. 대사가 단 두 마디 주어진 주유소 직원 같은. 호글런드는 릭과 내가 제대로 대화를 하지 않았다는 걸 감안하면, 내가 아무리 가족이라 해도 그에게 큰 영향력이 있었다고 믿기는 어렵다고 상기시켰다.

나는 호글런드의 말을 받아들였다. 기분이 한결 나았다. 그러나 슬픔으로 한껏 충전된 우울증이 나를 그렇게 쉽게 놓아줄 리 없었다. 나는 마크 호글런드에게 시간을 내주어 고맙다고 말했고, 그에게 수표를 써 줬고, 그 후에도 여러 세션을 진행하며 많은 걸 얻었지만, 여전히 낮은 소리로 혼잣말을 했다. "그래, 뭐라 해도 내가 릭을 죽인 거야."

릭은 2007년 봄에 죽었다. 2008년 봄, 질과 나의 삶은 달라져 있었다. 내가 일하는 라디오 프로그램은 미네소타주 세인트폴에 근거지를 두고 있었는데, 나는 그곳에 들렀을 때 피터 클라우니에게 나를 시애틀에서 아예 빼내 달라고 로비를 하기 시작했다. 프로그램과 회사에 더 보탬이 되고 싶다고 말했다. 교통체증과 높은 생활비, 퓨젓사운드만을 볼 때마다 묘지를 떠올리게 되는 것에서 벗어나고 싶었다. 부모님이 1960년 노르웨이에서 '집어치워'라고 적힌 리셋 버튼을 누른 것처럼, 질과 나는 짐을 싸고 집을 팔고 중서부로 향했다. 이 결정에는 셋째 아이의 임신도 한몫했다. 아이 셋을 키울 계획이라면, 시애틀에선 살 수 없다. 그러기엔 애가 너무 많다. 집 안에서 소를 키우는 셈이랄까. 북중서부로 가야 한다(미국 중서부의 북부 지역인 북중서부[Upper Midwest]는 보통 아이오와, 미시간, 미네소타, 위스콘신 등 4개 주를 가리킨다.-옮긴이). 따라서 정말 환상적이었던 6번 치료사와의 관계도 끝이 났다.

릭이 죽고 1년이 조금 넘은 시점에 우리는 친구가 거의 없고 가족은 아예 없는 '트윈 시티스'의 세인트폴에 살고 있었다(미니애폴리스와 세인트폴은 지리적 근접성으로 인해 '트윈 시티스' 즉 '쌍둥이 도시'로 묶여 불리곤 한다.-옮긴이). 미네소타 베이비, 미네소타 원어민인 마거릿이 태어났을 때 우리를 도와줄 현지 붙박이가 거의 없었다는 의미다.

마흔 직전에 나라를 가로질러 이주를 하면 생기는 일은 다음과 같다. 음, 정확히 어떻게 표현해야 할지 모르겠는데, 대략 죽게 된다. 나는 죽었다. 시애틀에서의 나, 내 유년기와 성인기의 대부분을 보낸 시애틀 대도시권에서의 나는 이제 존재하기를 멈추었다. 물론 페이스북과 이메일이 있었고 아마 전화 통화들도 있었을 것이다. 방문하러 갈 수도 있었으며 우리는 실제로 그 후 몇 차례 시애틀에 돌아가기도 했다. 하지만 사실 나는 과거의 나를 죽이고 그 무덤 위에서 춤췄다. 과거의 인생을 향해 즐거이 레킹볼(건축물을 부술 때 크레인 같은 데 달아 휘두르는 쇳덩이-옮긴이)을 내둘렀다.

나는 여전히 같은 이름을 썼고 같은 몸을 지녔으며 같은 만성 정신질환을 앓았고 최선을 다해 시애틀 마리너스를 응원했다. 하지만 시애틀에서의 내가 지니고 있던 맥락은—집, 동네, 가까이 사는 친구와 가족, 직장 따위는—깡그리 사라졌다. 날씨가 달랐고, TV 네트워크들의 채널 번호가 달랐으며, 일기예보는 강우에서 쾌청으로 바뀌었다. 내가 열 살 적에 부모님은 가족을 이끌고 보스턴으로 이사하기로 결정했었다. 아빠가 그곳에서 일자리를 제의받은 것이었다. 하지만 마지막 순간에 부모님은 결정을 철회했다. 열네 살이 되어서야 그 이야기를 처음 들은 나는 달라질 수 있었던 삶에 매혹되었다. 그곳의 내게도 같은 문제들이 있었을까? 다른 문제들이었을까? 내가 여전히 나였을까?

시애틀에는 나라는 사람의 가장 나쁜 부분을, 내가 겪은 나쁜 일들을 떠올리게 하는 것들이 수없이 많았다. 우리 우울인들은 그런 토템을 일부러 찾아보고 손쉽게 발견하는 경향이 있다. 뉴스에서 페더럴웨이를 언급하기만 해도 겁먹은 분노와 걷잡을 수 없었던 울음으로 점철된 날들의 기억이 떠오른다. 엄마를 보러 가느라 발라드 거리를 지날 때면 릭과 마지막으로 대화한 커피숍을 보지 않을 수 없다.

이제는 다 지난 얘기다.

우울증이 있는 사람이라도 공사다망할 때는 그 증상이 잠시 눈에 보이지 않을 수 있다. 그렇다고 해서 우울증이 치료되었다는 뜻은 아니다. 전혀 그렇지 않다. 단지 뇌가 당장의 자극들을 받아들여 처리하고 관련된 결정을 내리느라 바쁜 나머지 스스로를 검토하는 (그리고 꾸준히 부식하는) 데 평소만큼 시간을 들이지 못할 뿐이다. 기념비적인 이사를 하고 아기가 태어난 직후 우리는 세인트폴에 집을 샀다. 내가 〈위크엔드 아메리카〉의 리포터에서 진행자로 승진한 바로 그 시기였다. 이 모든 일은 나의 새 보금자리인 세인트폴에서 공화당 전당대회가, 부통령 후보 세라 페일린이 '빙판 위의 반비'처럼 전국 무대에 데뷔한 그 대회가 열리고 있던 때 일어났다. 그 직후엔 미국의 경제가 거의 붕괴할 뻔했고, 얼마 뒤 대선이 열렸다.

그 와중에 둘째 케이트는 유치원에 다니기 시작했고 찰리는 2학년으로 진급했으며 마거릿은 아기였다. 질과 내가 아마 잠을 자긴 했겠지만, 돌이켜 보면 확언은 못 하겠다.

오래 지나지 않아 내가 받는 스트레스가―우울증이 내 정신을 무너뜨리지 못하게끔 막고 있던 일에의 몰두가―많이 줄어드는 듯했다. 그러기까지 고작 몇 달이었다. 경제 위기의 보다 극적이고 가시적인 영향들은 지나갔고, 버락 오바마가 당선되었으며, 〈위크엔드 아메리카〉는 폐지되었다. 제작비가 많이 들었고, 경제 위기로 인해 기업 후원은 많은 부분 고갈되었던 것이다.

〈위크엔드 아메리카〉가 폐지될 때 피터는 내가 진행을 맡고부터 그 프로그램을 송출하는 방송국 숫자가 늘어나고 있었으며 청취율도 꾸준히 상승하고 있었다고 알려주었다. 방송국 CEO가 내 사무실을 찾아와 어쩔 수 없는 일이었다고 사과하며 낙담하지 말라고 했다. 그의 바로 아래 임원이 내게 점심식사를 대접하며, 내가 진행할 새로운 프로그램을 만들 테니 실망스럽더라도 퇴사하진 말아 달라고 부탁했다. 나야 당연히 떠날 생각이 없었다. 막 집을 샀고 아기를 맞은 참이었으니. 그러나 상사들이 지대한 노력을 기울여 내가 훌륭하고 귀중한 인재라고 일러 주었음에도, 물론 나는 스스로 형편없고 무가치한 인간이라고 느꼈다. 그 프로그램은 내 책임이었다. 나는 실패했고 나쁜 사람이었다.

이런 생각들, 암울한 왜곡들은 내게 일종의 어두운 위안을 주었다. 좋았던 것들이 엉망이 되는 건 우울한 사람의 정신이 옳았음을 입증하는 거니까. "봤지? 실제로 모든 게 이렇게 끔찍하다니까. 내가 뭐랬어!"

나는 이제 새로운 프로그램 아이디어를 떠올려야 하고, 그것을 현실로 변환시키는 긴 과정을 시작해야 하는 지옥 같은 처지에 놓였다. 내 달력에는 회의 일정이 거의 적혀 있지 않았고, 생각할 시간만 잔뜩이었다. 정신적으로 건강한 사람들은 본능적으로 자기성찰에 쏟는 시간을 조절하여 삶을 그냥 살아가는 데 쓰는 시간과 균형을 맞춘다. 이런 정상인들은 요가나 명상을 하기도 하고 목표 목록을 만들 수도 있으며 이따금 자기계발서를 집어 들기도 하지만, 그러고 나선 이탈리아 요리 체인점 올리브 가든에서 친구들과 어울려 샤블리 와인을 마시거나 브래들리 쿠퍼 영화를 본다. 자, 보다시피 난 정상인들이 어떻게 시간을 보내는지 잘 모른다. 그들은 자기 머릿속 최악의 생각에 갇혀 버리거나 몇 년씩 그런 생각에서 벗어나려고 애면글면하는 걸 걱정할 필요가 없다. 그런 생각들은 나른한 패기로 휙 쫓아 버리겠지. 이건 정상인들에겐 파티에 아무렇지도 않게 참석할 수 있는 것만큼이나 본능이다.

반면 우울인들은 한갓진 순간마다 머릿속으로 뛰어 들어가선 우울을 꺼내 과거에 대해 자책하고, 불안을 꺼내 미래에 대해 자책하고, 대체로 형편없는 인간이라고 자신을 질책하는 경향이 있다.

다시 한번 치료를 시도해 볼 시간이었다.

조지 H. W. 부시 행정부 말기인 1991년부터 질과 함께한 나로서는 데이트를 한다는 게 어땠는지 잘 기억나지 않지만, 남들 말로는 치료사를 찾는 건 데이트와 비슷하다고 한다. 인터넷에서 누군가를 찾고, 만나기로 약속하고, 무언가 통하는 게 있는지 확인한다. 그렇게 나는 희망과 경계심을 동시에 품고 치료사 데이트 시장에 뛰어들었다. 이 시점에 나는 내 뇌와 기억, 죄책감, 그리고 끊임없이 낮게 웅웅대는 순전한 절망을 어떻게 다루어야 할지 전혀 갈피를 못 잡고 있었으나 적어도 내가 무얼 상대하고 있는지는 알았다. 치료사와 처음 만나는 인테이크 세션마다 나는 내 병리를 설명했다. 내 책이 릭의 자살과 관련 있다는 대목에 이르면 치료사들은 항상 맥이 빠지는 듯했다.

"우와." 백이면 백 턱수염을 기르고 있는 치료사들은 이렇게 말하곤 했다. "알겠어요." 나는 그들을 당황시켰다. 내가 겪은 일을 훌륭한 서사로 엮어 낼 수 있었던 건 내가 공영 라디오에서 일하는 사람이니 당연했다. 나는 좋은 일화가 어떤 이야기 구조로 전개되는지 알았다. 그리고 나는 대개 이야기를 해피엔딩 비슷한 것으로 끝냈다. 이런 식이다. "하지만 당신도 알다시피, 삶은 계속되지요. 저도 이런저런 일을 겪었지만 그래도 앞으로 나아갈 도리밖엔 없어요." 그리고 희미한 미소를, 그럴듯하지만 여전히 일말의 음산함이 감도는 미소를 지으면 끝이었다.

이 시기 내가 만난 치료사들과는 불꽃이 튀는 일도, 두 번째 데이트/진료 약속을 잡는 일도 없었다. "전화드릴게요." 문을 나서며 이렇게 얘기하곤 방금 받은 명함을 쓰레기통에 처넣었다. 이 사람들을 7번에서 10번까지의 치료사라고 부르겠다. 코앞에 서 있어도 기억하지 못할 사람들이다. 그들은 눈곱만큼도 도움이 되지 않았다. 접근법을 바꿔야 할까? 지지집단(support group) 루트를 택해 보면 어떨까?

구글을 슬쩍 검색해 보니 '자살 생존자(suicide survivor)', 즉 가까운 이가 자살하고 남겨진 이들을 위한 지지집단 모임들이 있었다. 나는 비교적 가까운 곳에서 열리는 것 하나를 골랐다. 주중의 더운 밤이어서 나는 모임에 가기 전 편의점에 들러 대형 페트병에 담긴 게토레이를 샀다. 남은 사이즈가 그것밖에 없었다. 그러고선 상행 고속도로를 타고 표지판을 따라 교외인 화이트베어 레이크로 향했다. 주소지에 도착하자 장례식장이었다. 진짜다! 자살 생존자들을 위한 이 지지집단은 꽤 오래전부터 장례식장에서 정기 모임을 열고 있었다. 나로서는 잘 모르겠다. "그래도 삶은 계속되지요" 같은 분위기로 느껴지진 않았다. "바로 여기 이 주소지의 저쪽 상자들 안에서 삶이 끝납니다" 같은 분위기라면 모를까. 하지만 뭐 마음을 열고 임해 보자.

나는 그날 모임에서 최소한 열다섯 살 차이로 막내였으며, 극소수의 남성에 속했다. 대부분은 나이 지긋한 미네소타 여자들이었다. 미국에서 자살 시도율은 여자가 더 높지만, 성공하는 비율은 남자가 훨씬 높다. 남자는 총을 사용하기 때문이다. 사람들은 자기소개 삼아 이곳을 찾은 이유를 간단히 들려주었는데, 그건 우리 대부분이 인생 최악의 하루를 짧게 요약해 이야기했단 뜻이다. 그중 가장 연장자인 잰은 간단히 말한다는 게 그다지 마음에 들지 않았는지, 그냥 전체 이야기를 풀어놓았다. 잰은 남편에 대해 한동안 염려하고 있었던 것 같다. 평소보다 조용했지만(나이 지긋한 미네소타 남자들에게선 눈치채기 다소 어려운 차이다) 크게 경보를 울릴 만한 일은 없었다. 그러던 몇 달 전 어느 날, 잰이 통화를 하고 있는데 남편이 옆을 지나갔다. 언니와 전화하고 있냐고 물어서 그렇다고 하니 아, 그래, 나 대신 안부 전해 줘, 라고 말했다. 잰은 안부를 전했고 남편은 차고를 향해 나갔다. 그 직후 총성을 들었다.

전화를 끊고 차고로 간 잰은 머리 일부가 날아간 채 죽은 남편을 발견했다. 그녀는 아들에게 전화했고, 아들은 경찰에게 연락했고, 그녀는 집 안에 홀로 앉아서 아들과 경찰이 오길 기다렸다. 먼저 도착한 건 경찰이었는데, 잰에게 몇 가지 질문을 하더니 경찰차 뒷좌석에 앉아 있으라고 했다. 그들이 설명하길 이런 상황에서 표준 절차가 그렇다고 했다.

잰은 모임 사람들에게 말했다. "그 사람들이 왜 그랬는지 모르겠어요. 제가 총을 쏜 게 아니잖아요. 저는 그런 짓을 하지 않아요." 잰은 자신의 비탄이나 슬픔에 대해 이야기하는 데엔 큰 관심이 없었다. 그녀에게 중요한 부분은 자기가 느낀 혼란과 방향 상실이었고, 그녀의 이야기는 왜 이런 일들이 일어났는지 알지 못하는 한 나이든 여인의 이야기였다. 남편이 마지막으로 한 말은 "나 대신 안부 전해 줘"였다. 그런데 그가 죽었다고? 나는 경찰차에 타 있고?

우리는 보통 자살로 누군가를 잃는 것과 특정 감정들을 연결시킨다. 고통, 죄책감, 비탄, 분노, 슬픔. 여기에 더해 혼란도 언급되어야 마땅하나 실제로 이야기되는 일은 많지 않다. "어떻게 이 사람이 일부러 죽을 수 있지? 나는 그럴 가능성이 있는지조차 몰랐는데." 그토록 엄청난 일이 닥쳐오고 있다는 걸 미리 보지 못했다는 건, 당신이 살고 있는 이 세계에선 다른 누구든 똑같은 행동을 할 수 있다는 의미이고, 그렇게 당신의 혼란에는 두려움이—사실은 공포가—더해지게 된다. 평범한 일상을 보내고 있는데 쾅, 하더니 이런 일이 일어난다. 어쩌면 당신은 내내 세계를 잘못 이해하고 있었던 걸지도 모른다.

그날 밤 집에 돌아와 나는 잰의 이야기가 얼마나 평범했는지, 얼마나 일상적인 것이었는지 생각하며 놀랐다. 그녀의 이야기는 죽음이 명백한 전조 없이, 걸맞은 의상도 차려입지 않고, 점점 커지는 불길한 음악을 깔지도 않고 찾아오는 세상에서, 영화 속이 아닌 현실 세상에서 일어났다. 전조가 주어지지 않는 세상에서 말이다. 그 범속함이야말로 두려운 것이었다. 죽음은 언니의 안부를 물으며 지나간다. 게토레이에 설탕이 가득 들었다는 걸 미처 생각지 못하고 한 병을 다 마셔 버리는 바람에 그날 밤엔 아무리 청해도 잠이 쉬이 오지 않았다. 나는 새벽 네 시까지 뜬눈으로 천장을 바라보며 잰과 남편을 생각했다. 나는 장례식장에서 열리는 지지집단 모임에 더는 가지 않았다.

집에서 더 가깝고 내 스케줄에 맞으며 장례식장에서 열리지 않는 다른 지지집단 모임을 찾아보았다. 기준에 부합하는 모임은 딱 하나였는데 모임 장소가 세인트폴 동부경찰서였다. 이 모임에 참석한다는 건 보안 검색을 통과해야 하며 온 사방에 총, 총, 총이 있는 곳에 가야 한다는 의미였다. 이 지역의 사회복지 촉진자들에겐 이런 종류의 모임을 죽음과 폭력의 냄새가 나지 않는 장소에서 연다는 게 불가능한 모양이었다. 커피숍 안쪽 룸을 예약하기가 그렇게 어렵나?

이번 모임은 연령과 성별 구성이 더 다양했다. 훨씬 대규모이기도 했다. 자살은 이를테면 끝없이 재생 가능한 자원이고 미국 내 자살률은 증가 추세이니, 뒤에 남겨져 혼란에 빠진 사람들이 매일 수없이 생겨난다. 여기서도 모두 돌아가며 자기소개를 했는데, 다만 이번에는 요약한다는 생각을 버리고 모두가 전체 이야기를 풀어놓았다. 이런 상황에서 내 머릿속 제작자의 뇌에 불이 들어오는 건 라디오 업계에서 너무 오래 일했기 때문일 거다. '모임 시간이 90분이고 12명이 있다면 말할 시간은 인당 7분 30초지. 진행에 걸리는 시간이 있으니 7분이라고 치자. 그렇지만 실질적인 대화를 나눌 시간이 있으려면 일인당 3분이 낫겠어.'

나는 여섯 번째인가로 말을 시작했고, 이야기를 꽉꽉 눌러 담아 4분 만에 끝마침으로써 모두에게 모범을 보이고자 했으나 내 다음 사람은 다시금 10분 내지 12분가량 말을 이어 나갔다. 그날 들은 사연은 다양했다. 자살로 자녀나 아버지, 어머니, 남자친구를 잃은 이야기. 가까운 사람을 잃은 지 10년이 된 사람들도 있었고 한 달이 된 사람들도 있었다. 본인이 시신을 발견한 경우도 있었고 끔찍한 전화를 받은 경우도 있었다. 미네소타 고유의 의사소통 스타일이 그런 건지 아니면 다른 어떤 이유에서인지는 모르겠으나, 자신의 감정에 크게 집중하는 사람은 없었다, 그런 일이 일어나서 기분이 어땠다거나 삶의 다음 단계로 나아갈 전략은 무엇인지에 관해 할애된 시간은 거의 없다시피 했다. 그럼에도 감정은 그것을 억누르려는 모든 수단을 뚫고 비어져 나왔기에 눈물이 흘렀고, 심지어 약간의 웃음도 있었다. 그러나 결국 우리가 마주한 건 다시 한번, 우리가 어쩌다 이런 상황에 놓였는가에 대한 혼란이었다.

지지집단 실험은 릭의 죽음에 관한 죄책감도 비탄도, 다른 무엇도 경감시키지 못했다. 각자의 일화를 공유하는 게 전부였으니까. 진정한 공감과 동지애를 낳을 수 있는 토론이나 탐색은 이루어지지 않았다. 내 우울증에도 전연 도움이 되지 않았다. 내가 진짜로 얻은 건 하나의 깨달음이 다였다. '나는 저주받았고 다른 많은 사람들도 저주받았다.'

나는 저널리즘 스쿨에 다닌 일이 없다. 여러 해 동안 이곳저곳을 돌아다니며 공영 라디오 기관들에 컨설턴트 역할을 해온 전직 CBC(캐나다 공영방송) 임원 데이비드 캔도에게 훈련을 받은 게 유일했다. 나는 2014년에 세상을 떠난 데이비드가 미치도록 그립다. 그가 내게 가르쳐 주기를, 세상 최고의 인터뷰어는 세 살짜리 아이라고 했다. 세 살짜리들은 "왜?"라고 물으니까.

그 아이들은 "왜?"라는 질문에 대한 답을 이해하지 못하면 다시 한번 "그런데 왜?"라고 묻고, 그들이 이해할 수 있는 진실을 말해 주거나 당신의 답변 의지가 완전히 꺾일 때까지 그 질문을 거듭 던진다. 세 살짜리 아이들은 자신이 남들에게 유식해 보이는지, 교양 있어 보이는지에 신경 쓰지 않는다. 자신이 전문가처럼 보이는지는 중요하지 않다. 아이들은 배우고 이해하기 위해 질문하며, 명쾌한 답을 요구한다. 라디오 방송 일을 하면서 나는 단순한 "왜요?(Why?)"가 최고의 질문인 경우가 많으며, 그보다 더 짧은 "네?(Oh?)" 역시 그러하다는 걸 알게 되었다.

내게 지지집단 모임의 문제점은 후속 질문을 던질 시간도 없고 그런 형식도 갖춰져 있지 않다는 것이었다. 자살 사건이 있은 뒤 제일 처음으로 당신의 기분이 나아지게 만든 건 뭐였나요? 죽은 사람은 자신의 가족과 가깝게 지냈나요? 그 일에서 마약이나 알코올이 어떤 역할을 했나요? 누군가 건네준 최고의 조언이 있다면? 스스로에게 해준 최고의 조언은?

나와 비슷하게 깊은 트라우마를 지닌 사람들과 모여 서로 돕고 싶다는 것이 지나친 욕심으로 느껴지진 않았는데, 이런 바람은 영 이루어지질 않았다. 나는 지지집단을 나왔다. 그리하여 약을 복용하는 게 내 정신건강을 위한 노력의 시작이자 끝이 되었다. 내 상태를 낫게 해 주진 않아도, 적어도 악화되는 건 막아 주었으니까. 정신질환의 데이퀼(DayQuil, 감기 증상을 완화시키는 약—옮긴이)인 셈이다. 내가 할 수 있는 일은 깊이 뿌리내린 정신질환과 무시무시한 트라우마를 남긴 슬픔이 알아서 해소되길 기다리거나 혹은 다른 원인으로 세상을 뜨는 날까지 계속 약을 먹는 것, 둘 중 하나였다. **봤나? 문제 해결 완료!**

2009년 여름, 시애틀에서 알던 친구 매슈 볼드윈이 '무한한 여름(Infinite Summer)'이라는 이름의 프로젝트를 시작했다. 데이비드 포스터 월리스의 1079쪽짜리 추상표현주의 베스트셀러 소설 『무한한 재미(Infinite Jest)』를 마침내 읽어 보기로 한 사람들을 위한 온라인 북클럽이었다. 매슈는 이 소설을 읽는 경험에 관한 에세이를 다양한 필자들에게서 받고 있었다.

월리스의 자살 1주기가 다가오고 있었고, 매슈는 릭의 자살을 겪은 일에 비추어 내가 월리스의 소설을 읽지 않는 이유에 관해 에세이를 써주지 않겠느냐고 부탁했다.

아래는 내가 쓴 글의 일부다.

책장에서 보이는 모든 월리스 책이 내 눈엔 눈물에 젖은 것으로 비친다.

데이비드 포스터 월리스와 릭 모는 고작 6개월 차이로 태어났으나 전혀 다른 사람들이었다. 그걸 알면서도 때로는 둘을 구별 짓기가 퍽 어렵다. 둘 다 대부분의 사람들과는 다르게 작동하는 뇌를 지니고 있었다. 나는 둘 다에 대해 나의 다른 모든 동경을 초월하는 동경을 품었다. 릭에 대한 동경은 역시, 자전거와 스케이트보드를 잘 타고 힘이 세고 농담을 던지고 차를 모는 형에게서 으레 비치는 금빛 광채였다. 월리스에 대한 동경은, 《하퍼스》에 실린 에세이 몇 편을 읽고 셰이 스타디움에서 열린 전설적 공연에 참석한 비틀스 팬 같은 열광과 일종의 경외심을 동시에 느끼는 것이었다. 땀을 흘리고 내면의 비명을 지르며 나는 생각했다. 아, 이런 사람이 작가구나. 작가가 되고 싶었던 내겐 더할 수 없이 영감을 주는 동시에 기를 완전히 꺾는 경험이었다. 월리스가 존재하는 세상에서 작가가 된다는 건 마이클 조던이 존재하는 세상에서 농구를 하는 것과 비슷한데, 다만 나머지 우리 모두가 농구를 하는 법조차 알지 못하고 망가진 라크로스 장비를 지닌 부상한 어린애들에 불과하다는 게 달랐다.

이 글이 인터넷에 올라가자 속마음을 내보인 느낌에 약간 불안해지기도 했지만, 비로소 나의 진심을 조금이나마 이야기했다는 것에 기분이 좋았다. 이윽고 댓글이 쌓이기 시작했고, 소셜 미디어를 통해 글이 공유되기 시작했다. 자살에 관한 글치고는 제법 입소문을 탔다. 독자들은 내게 감사를 표했고 자신의 이야기를 들려주었다.

예상치 못한 일이었다. 내 글은 그냥 나의 경험을 설명한 것일 뿐인데도, 나나 릭을 알지 못하는 사람들이 내 글에 공감했고, 도움이 되었다고 했다.

나는 생각했다. '흠. 이건 기억해 둬야겠어.'

〈유쾌한 우울증의 세계〉에 따르면
치료는 좋지도 나쁘지도 않은 하나의 모험이다

우리는 불확실하고 혼란투성이인 세상에서 살아간다. 그러니 대화치료 같은 게 매번 성공이 보장되는 해법일 리 있겠는가. 모든 데이트에서 사랑에 빠지지는 않는 것처럼, 모두가 최선을 다한다 해도 당신이 처음 만나 본 치료사와 반드시 마음이 통하리라는 보장은 없다.

우리는 팟캐스트 세 번째 시즌의 '치료라는 모험' 회에서 청자들로부터 치료를 시도한 경험 가운데 무엇이 좋았고 무엇이 별로였는지 들어 보았다. 좋은 치료가 얼마나 멋질 수 있는지 보여 주고 싶었고, 사람들이 겪은 나쁜 치료 상황에 대해 들어 보고 싶기도 했다. 청자들에게서 반응이 쏟아져 들어왔다(직접 녹음해서 보낸 것들이다.—옮긴이). 제일 마음에 든 것 몇 개를 옮겨 본다.

학생보건센터를 통해 불규칙적으로 치료사 두어 명을 만나 본 뒤, 저는 마침내 6주 이상 진료를 받을 수 있는 개업 치료사에게 보내졌습니다. 목록에 오른 첫 번째 치료사에게 첫 진료를 잡으려고 전화를 했습니다. 진료 시간을 정하고 전화를 끊기 전에 그녀가 마지막으로 덧붙였습니다. "아참, 목요일엔 제가 키우는 골든리트리버를 사무실에 데려가요. 혹시 문제가 될까요? 그렇다면 집에 둘게요."

그 후 여덟 달 동안, 저는 매주 목요일을 스카일러와 함께 바닥에 앉아 제 불안과 우울증과 가족 문제의 해결에 노력하며 보냈습니다. 마지막 학기에 제 수업 시간표가 바뀌자 스카일러의 시간표도 바뀌었죠. 그 녀석은 저를 만나러 화요일마다 사무실로 출근하기 시작했어요. 스카일러는 치료 훈련을 받은 개가 아니라 순수한 마음과 몹시 부드러운 털을 지니고 놀라운 치료사를 주인으로 둔 맹한 골든리트리버였죠. 그로부터 7년이 지났지만 저는 아직 미시와 스카일러만큼 훌륭한 치료사 팀을 만나지 못했습니다.

—애틀랜타에서 캣이 보냄

언니가 세상을 떠나고, 이미 있던 우울증은 물론이요 슬픔과도 싸워야 할 처지에 놓인 저는 치료사에게 갔습니다. 이 상황에 대처할 전략을 찾기 위해 치료사를 만나고 싶은 생각이 절실했던 거예요. 제가 치료사를 찾은 건 사내의 직원 지원 프로그램을 통해서였는데, 제게 무작위로 배정된 사람은 굿윌 기부센터와 비슷한 냄새가 나는 사무실 건물에서 일하는 남자였죠. 접수하는 곳으로 보이는 작은 방에서는 휴대용 오디오 플레이어에서 70년대 노래가 흘러나오고 있었어요. 사무실로 들어가 보니 벽은 텅 비어 있고, 초침이 움직일 때마다 엘비스 프레슬리가 골반을 앞뒤로 움직이는 시계 하나가 걸린 게 다였죠. 소리가 어쩌나 요란하고 정신 사납던지요. 게다가 그 남자에게 직장에서의 하루하루를 버티게 해 줄 대처전략을 묻자 화를 내더니 이렇게 말하는 게 아니겠어요. "대처전략이라고요? 당신이 얼마나 많은 걸 잃었는지 이해하지 못하는 것 같군요. 이게 얼마나 엄청난 문제인지 모르는 것 같다고요! 내 말은, 앞으로 당신은 휴일, 크리스마스, 추수감사절, 부활절, 언니의 생일마다 언니 생각을 하게 될 겁니다! 내 말은, 이게 얼마나 끔찍하냐고요! 이 사건은 당신의 여생 전체에 영향을 미칠 거예요. 국가제정 기념일조차 맨 정신으로 보내지 못하겠죠!"

그래요, 저는 그가 국가제정 기념일 운운할 때까지 그게 휴일인지도 모르고 있었습니다. 저는 울면서 사무실을 떠났어요. 하지만 이제는 국가제정 기념일마다 웃음이 납니다. 존재하는지도 몰랐다가 슬퍼할 날이 하루 더 늘었으니까요. 그러니 그 점에 대해선 치료사에게 고마워해야겠군요.

—콜로라도주 볼더에서 에리카 보냄

[제 치료사는] 짜증스러운 남편과 다사다난한 관계를 맺고 있었습니다. 식사 준비를 끔찍이 싫어했던 그녀는 몸무게를 1톤쯤 빼겠다는 목표를 향해 달리는 중이었지요. 제가 체중을 감량하려 애쓰며 느낀 좌절감을 공유하려고 하자 그녀는 제 감정들에 대해선 전혀 얘기하지 않고 즉시 체중 감량 약을 처방해 줄 의사를 추천하더군요. 어느 날은 제가 소파에 앉아 체중과 자존감 문제에 대한 속마음을 다 털어놓고 있는데 그녀가 제 말을 끊었던 게 생각나요. "어머나 그래요, 당신 말이 무슨 뜻인지 알아요. 저는 제 결혼사진조차 못 보겠어요. 너무 뚱뚱했거든요. 그때 제게 친구가 있었다는 게 신기할 지경이죠." 그러고선 소파 옆자리에 앉아 페이스북에 접속해선 자기 결혼식 사진을 죄다 보여주더니, 계속해서 체중과 외모를 근거로 스스로를 폄하하고 헐뜯는 게 아니겠어요. 5분이 넘게 그러고 앉았더군요.

—텍사스주 플레이노에서 크리시 보냄

대학 시절, 20년 동안 절친하게 지낸 사촌이 자동차 사고로 세상을 떴습니다. 그때 이미 낮잡아도 4년째 우울증을 앓으며 바닥을 치고 있던 제게 이 사건은 큰 타격이었어요. 삶을 이어 나가고 싶은지조차 의문스러웠습니다. 쓸모없고 하찮은 인간이 된 기분이었고요. 저는 한 친구의 추천으로 학내 치료사를 만나러 갔고, 일주일에 한 번씩 상담을 진행했습니다. 첫 상담은 괜찮았지만, 두 번째 상담은 첫 번째 상담이 재탕에 불과했어요. 세 번째 상담 날 치료사의 사무실에 들어가니 그녀가 의아해하는 눈으로 저를 보고 묻더군요. "미안하지만 누구죠?"

제가 말했습니다. "아, 저는 트래비스예요. 3시에 예약했어요."

그러자 그녀가 말했습니다. "무슨 일로 온 거죠?"

저는 잠시 멈칫하고 말했습니다. "음, 다른 문제들도 있지만, 무엇보다도 꽤나 하찮은 인간이 된 기분이라서요." 그 시점에 저는 뒤돌아 나가는게 최선이겠다고 느꼈습니다. 그로부터 벌써 몇 해가 지난 지금은 웃을 수 있지만, 당시엔 제가 자존감을 되찾을 수 있게 도와주어야 할 사람조차 저를 까맣게 잊었다는 사실이 상당히 뼈아팠습니다.

—오클라호마시티에서 트래비스 보냄

제가 직전에 만나던 치료사를 그만 찾아가게 된 데에는 몇 가지 이유가 있지만, 주요한 이유 하나는 그녀가 언제나 무척 금욕적인 표정과 긴장된 몸자세를 유지하는 바람에 인간적 교감이 잘 이루어지지 않았다는 것이었습니다. 그런데 제가 새로 만나기 시작한 치료사에 대해선 희망이 생깁니다. 처음 찾아가니 문까지 마중 나와 있더군요. 그녀를 따라 사무실에 들어가는 길에, 옷이 실수로 속옷에 끼어 있는 걸 발견해서 알려줬지요. 우리는 둘 다 웃기 시작했어요. 이 첫 상호작용에서 느낀 진정성과 유머는 아주 빠르게 신뢰감과 교감을 낳았고, 그런 기분은 상담 세션 내내 지속되었습니다. 앞으로 그녀를 만나러 갈 날들이 기대됩니다.

—시애틀에서 로럴 보냄

제13장
나를 더 강하게 만드는 것들

모두에게 통하는 만병통치약은 없다. 그러나 우울증을 지닌 사람 대부분에겐 긍정적인 변화를 일으켜 줄 무언가가 어딘가에 있기 마련이다. 그걸 찾기까지 길고 힘겨운 시행착오를 겪어야 할지도 모르지만, 뜻밖의 장소에서 운 좋은 발견을 하게 될지도 모른다. 약과 심리치료 외에 내가 효과를 본 것을 몇 가지 소개하겠다.

개

개를 키워라! 기왕이면 두 마리를!

아이를 낳는 것과 매우 비슷하게, 당신의 삶에 개를 들인 건 심각한 실수였다고 때로 느낄 수도 있다. 이 소음과 똥과 비용과 영영 되찾지 못할 수면 시간이라니. 그러나 아이와 달리 개는 당신의 차를 망가뜨리거나, 회고록에서 당신에 관한 진실을 폭로하거나, 학비 비싼 인문대에 들어갈 일이 거의 전혀 없다. (만일 이런 일들이 일어난다면 당신이 키우는 개는 굉장히 똑똑하니 돈벌이 수단으로 삼을 수 있겠다.) 확언하겠다. 개가 아이보다 낫다. 여기서 우리 아이들에게 사과할 수도 있겠지만, 녀석들도 '개 대 부모'의 문제에 대해 똑같은 논증을 펼치리라 확신한다. 게다가 아이들 은 내 책을 읽는 법이 없으니, 무슨 상관이랴.

시애틀 시절 질과 나는 럭키라는 이름의 비글을 키웠다. 그러나 케이트 가 태어나자 럭키는 삶이 그저 버거워졌다. 새 아기의 탄생이 이제 자신에 겐 먹을 게 주어지지 않으리라는 의미라고 생각해 겁을 먹었는지, 음식을 쟁취하고자 조리대 위로 뛰어오르고 떨어지고 냉장고 뒤에 끼이는 등 물불 가리지 않고 생각할 수 있는 모든 노력을 기울였다. 한번은 플라스틱 뚜 껑이 덮인 통 안에 음식이 들어 있다고 착각하고선 그 안에 들어가려고 용 을 쓰느라 아래턱이 빠져 버려서, 우리는 턱이 빠지고도 후회하는 기색 하 나 없는 미친 비글을 데리고 응급으로 동물병원에 가야 했다. 우리는 결국 인간 자녀의 편에 서기로 선택하고, 럭키에게 새 주인을 찾아 주었다. 혼자 사는 비글 애호가 여인이었다.

그러니 우리는 개를 키우는 게 얼마나 글러먹은 일이 될 수 있는지 이 미 경험했으며 턱이 빠져 덜렁거리는 비글의 모습을 떠올리는 것만으로 그 사실을 상기할 수 있었다. 한데 우리가 세인트폴에 거주한 지 1년이 지난 2009년, 8살 찰리와 5살 케이트가 진정성 넘치는 로비 작업을 시작했다. 아이들은 도서관에서 개에 대한 책을 빌려 왔고, 자기들이 좋아하는 품종 을 다룬 페이지들을 찾아서는 집 안 곳곳에 일부러 펼쳐 놔두곤 했다. 날 씨가 좋으니 밖에 나가서 놀라고 하면, 개가 있었더라면 캐치볼을 하며 재 미있게 놀 수 있었을 텐데 안타깝게도 개가 없다는 식으로 나왔다.

결정타는 아이들이 조르는 바람에 개를 위한 호텔을 다룬 가족영화 〈강아지 호텔(Hotel for Dogs)〉을 본 것이었다. 하나도 비슷하지 않은 영 화 〈호텔 르완다(Hotel Rwanda)〉에도 출연했던 배우 돈 치들이 강아지 호텔을 운영하면서 사람을 온통 무력화하는 오줌 지린내에 신기하게도 전혀 압도되지 않는 사회복지사 역할을 했다. 영화가 끝나고 아이들이 눈물을 흘리며 한탄하는 걸 보고 질과 나는 굴복하고 말았다.

나는 찰리와 케이트에게 개는 장난감이 아니라고 경고했다. "아주 많이 보살펴야 해. 밥을 주고, 산책시키고, 씻겨야 한다고. 감정적인 문제도 있어. 어느 날인가 죽을 거고."

찰리가 무식한 아빠를 노려보며 말했다. "그건 사실이 아니에요. 개는 그러지 않아요."

"아니, 물론 그럴 거야."

"개가 데리고 오는 날에 바로 죽지는 않는다고요. 적어도 대부분은요." 그가 말했다.

"나는 '오는 날'이 아니라 '어느 날' 죽는다고 했어."

"아!" 찰리가 외쳤다. "'오는 날' 죽을 거라고 말한 줄 알았어요. 아빠, 우리도 개가 죽는다는 건 알아요. 모든 건 죽잖아요."

"애야, 실로 그렇단다." 나는 찰리가 모르는 브루스 스프링스턴의 노랫말로 답했다(그의 대표곡 중 하나인 「애틀랜틱시티」의 후렴에 나오는 말이다.—옮긴이).

데이브는 작고 신경이 과민한 잡종견으로, 고작 두 살인데도 벌써 몇 명의 주인을 거쳤다. 뇌 안 회로들이 죄다 잘못 연결돼 있는 바람에 많은 것을 거꾸로 하는 개였다. 내가 퇴근하면 마중하러 달려 나와 애정을 표현하는 대신, 내가 매일 저녁 5시 30분이면 침입하는 집요한 강도인 양 맹렬하게 짖어 댔다. 다른 개와 어울리는 걸 즐기지 않았고, 장난감도 싫어했고, 간식을 내밀면 고개를 돌렸다. 가끔은 알갱이를 다 뺀 옥수수 속대를 발견하고 그것과 사랑에 빠져 누가 근처에 오기만 하면 으르렁댔다. 장난을 거느라 던진 테니스공이 머리를 맞고 튀어 올라도 눈 한번 깜짝하지 않았다.

하지만 데이브는 평온한 상태에선 우리에게 안겼고, 매일 밤 찰리의 침대에서 잤다. 찰리가 유소년기를 보내며 사회생활의 위험과 난관을 겪는 내내 데이브는 믿음직한 친구로서 아무런 대가도 바라지 않고 다만 그 애 곁에 있고 싶어만 했다. 개들이 으레 그렇듯, 데이브는 가족 가운데 자기를 가장 필요로 하는 사람을 찾아내선 임무를 다한 것이다. 녀석은 방바닥에 똥도 자주 쌌는데 그건 임무는 아니었다. 그러므로 데이브의 실적에 관해선 엇갈리는 평가를 내릴 수밖에.

여러 해가 지나 내가 무대에서 진행하던 라디오 프로그램 〈위츠(Wits)〉가 폐지되어 몹쓸 우울증의 벽에 부닥치고 있던 시기, 우리는 개를 한 마리 더 들이기로 했다. 이번에는, 뭐랄까, 개답게 구는 개를 말이다. 장난치는 개. 뛰어다니는 개. 우리는 데이브를 사랑했지만 녀석은 나이가 들자 개보다는 성격 나쁜 고양이와 더 비슷해졌다. 게다가 중년의 위기에 대응하는 방식으로는 개를 들이는 게 스포츠카를 사거나 불륜을 벌이는 것보다 낫다. 돈도 덜 들고.

그렇게 휴메인 소사이어티(미국의 동물학대 방지 단체-옮긴이) 출신의 5개월 난 검은색 래브라도리트리버-포인터 잡종 샐리가 우리 삶에 입장했다. 샐리는 한눈에 데이브와 사랑에 빠졌고 거의 쉴 새 없이 녀석에게 장난을 걸었다. 데이브는 샐리가 자기에게 왜 그러는 건지 몰랐고, 장난을 정확히 어떻게 치는 건지 머리로 이해하지도 못했다. 그럼에도 샐리는 그만두지 않았기에 둘은 TV 애니메이션 〈네모바지 스폰지밥(SpongeBob SquarePants)〉의 스폰지밥과 그의 이웃인 문어 징징이의 관계와 다르지 않은 역학을 형성하게 되었다. 우리는 종종 개들을 미시시피강 연안의 크로스비 팜 파크에 데려갔다. 거기서 녀석들은 목줄 없이 덤불 사이를 달렸고, 샐리는 헤엄도 쳤는데 데이브는 그런 짓을 어떻게 하는지, 왜 하는지 모르는 채로 샐리를 빤히 쳐다보곤 했다. 공원에서 샐리가 특히 좋아한 놀이는 데이브 위를 뛰어넘는 것이었다. 데이브는 이 놀이를 제일 싫어했고, 샐리를 향해 짖고 으르렁댔다. 하지만 샐리는 이런 식으로라도 드디어 데이브를 끌어들인 게 좋아서 이 놀이를 더 즐기게 되었다.

2017년 6월, 공원을 산책하던 중 샐리가 무슨 소리를 듣고 덤불 속으로 뛰어들어 조사하기 시작했다. 빽빽한 관목과 나무들에 가려진 현장에서 다투는 소리가 들리더니, 기이하게도 칠면조 우는 소리가 뒤따랐다. 이에 데이브는 샐리를 구하려고 덤불 속으로 뛰어들었다. 잠시 뒤 샐리는 한껏 행복한 모양새로 덤불에서 뛰쳐나왔다. 데이브는 나오지 않았다. 데이브를 한 번 불렀다. 다른 때는 그러면 재깍 나오던 녀석이 돌아오지 않았다.

우리는 데이브를 찾아 덤불 속으로 들어가 몇 번 더 이름을 불렀다. 반응이 없었다. 녀석이 들어간 정확한 지점을 찾아갔다. 아무것도 없었다. 한 시간의 수색은 헛수고였다. 개가 사라지는 건 드문 일이 아니지만, 보통은 멀쩡하게 발견되곤 한다.

이어진 몇 달 동안 우리는 온 가족이 나서서 데이브를 찾았고, 실종된 장소 부근에서 고기를 구워 냄새를 솔솔 피워 보았으며, 친구들과 트위터에서 모집한 사람들까지 동원해 마흔 명서 집중 수색도 했다. 개를 찾아 주는 자원봉사 단체에 부탁해 거기서 나온 사람이 아낌없는 노력을 기울여 주기도 했다. 야외에서 동물의 움직임을 포착하는 트레일 카메라를 설치하고 그 앞에 먹을 것과 물을 차려 놓아도 보았고, 반려동물 커뮤니케이터(주술로 반려동물과 의사소통을 한다는 이들—옮긴이)도 두 사람이나 찾아갔다. 몇 달이 흘렀다. 여기저기서 데이브 같다는 개들이 발견되곤 했다. 보호소에서 봤다는 제보도 있었다. 그러나 알아보면 다 데이브가 아니었다.

어렸을 적 나는 개를 차 사고로 잃어도 보았고 병에 걸려 보내도 보았는데 정말이지 끔찍한 경험이었다. 그런데 우리 가족이 겪은 일은 그보다 심했다. 우리는 희망을 잃기 시작했지만, 논리적으로는 데이브를 죽었다고 간주할 수 없었다. 알 길이 없었으니까. 동시에 데이브가 살아 있으리라고 기대하는 건 무리였는데, 미네소타의 겨울이 다가오자 더욱 그러했다. 데이브는 슈뢰딩거의 개였다(물리학자 에르빈 슈뢰딩거가 1935년 양자역학의 불완전성을 보이기 위해서 고안한 유명한 사고실험 '슈뢰딩거의 고양이'에 비유한 말-옮긴이). 살아 있으며 죽어 있었고 살아 있지도 죽어 있지도 않았다.

데이브가 사라지고 몇 달이 지나 나는 고등학교 2학년이었던 찰리를 데리고 대학 탐방을 다녔다. 차 안에 단 둘이 탄 우리는 대화밖엔 할 게 없었다. 그러던 중 찰리가 몇 달 동안 억눌러 온 울음을 터뜨렸다. 그리고 말했다. "데이브는 제게 친구가 없을 때에도 제 친구가 되어 주었어요. 아무 조건 없이 절 좋아해 줬어요."

이듬해 여름, 데이브가 사라지고 1년이 넘게 흐른 뒤에야 우리 가족은 녀석이 무언가에게 당한 게 틀림없다는 사실을 받아들이게 되었다. 많고 많은 눈물이 흘렀고 앞으로도 그럴 것이다. 알지 못한다는 스트레스는 끔찍했다. 앞으로도 결코 알지 못하리라는 것도 거의 그만큼 힘들다. 코요테가 녀석을 해하거나 죽였을지도 모른다. 근처에 사는 몸집 큰 매나 독수리가 어떤 역할을 했을지도 모른다. 겨우 칠면조 한 마리가 데이브를 죽였다고는 절대 믿지 않는다. 아무리 데이브라도, 그건 너무 이상하다. 나는 데이브에겐 많은 것들이 거꾸로였으니 어떤 본능이 잘못 발현되어 안 그래도 나쁜 상황이 최악으로 치달은 게 아닌가 추측한다.

차를 타고 가다가 찰리가 비로소 마음이 아프다고 털어놓자 나는 서둘러 위안의 말을 찾았다.

"데이브가 원한 건 단 하나, 네 마음속에 들어가고 널 자기 마음속으로 들이는 거였어. 네 마음에 사랑을 채워 넣고, 네가 누군가와 연결되어 있다는 걸 느끼고, 알고, 따뜻한 경이감으로 확신하길 바랐어. 데이브는 성공했지, 그렇지?"

찰리는 그렇다고 말했다.

"그리고 데이브가 네게 준 건 아직 네 마음속에 있지. 당장은 미칠 듯 아프지만, 그것도 사랑이야. 그것도 좋은 거야. 한 사람에게든 한 가족에게든 개는 사랑의 사절로 찾아오는 거야. 그렇게 짖어 대고 방바닥에 똥을 싸도 우리가 참아 주는 건 바로 그 사랑 때문이지. 누군가의 마음속에 사랑을 굳건히 채워 넣은 개는 여생을 목표 달성을 축하하는 파티처럼 보내게 돼. 그리고 프린스가 노래했듯이 파티는 언젠간 끝나게 되어 있단다."

그래, 과장이라는 건 인정한다. 하지만 프린스는 미네소타에서 가장 중요한 예언자였으니 시도해 볼 가치가 있었다. 나는 말을 이었다.

"사랑하는 사람과 보내는 시간은 결코 충분하지 않지. 우리하고 생물학적으로 다른 개와는 더욱 그렇고. 우리가 데이브와 더 많은 시간을 보내지 못한 게 안타깝다. 하지만 그 사랑은 아직 우리 가슴에 있고, 앞으로도 그럴 거야."

"감사해요, 아빠. 도움이 되었어요." 찰리가 말했다.

데이브가 사라진 뒤 샐리는 축 처져 지냈다. 엄밀히 말해 슬픈 건 아니었지만 신경이 곤두선 듯 보였다. 샐리는 매일 밤 9시쯤 나를 찾아와 안고 쓰다듬어 달라고 요구했다. 이 의식에는 '안도의 시간'이라는 이름이 붙었다. 몇 달이 흐르고 우리는 샐리를 위해 개를 한 마리 더 데려오기로 결정했다. 샐리는 우리의 개였고, 우리는 샐리에게 녀석만의 개를 주기로 한 것이다.

휴메인 소사이어티에서 우리는 앨라배마에서 구조된, 종을 알 수 없는 금빛 털의 개 브렌다를 만났다. 작은 면회실에서 브렌다는 소심하게 우리 가족 구성원 사이를 오가며 쭈뼛쭈뼛 애정을 표현했고 쓰다듬는 걸 받아들였다. "참 착하고 순한 개네." 질이 약간 놀라서 말했다. 우리는 녀석을 입양하기로 했지만 '브렌다'는 개보다는 중학교 과학 선생님에게 어울리는 이름이라는 데 전원일치로 동의하고 '메이지'라는 새 이름을 붙였다.

브렌다는 예의바르고 소심했던 반면, 메이지는 집에 오자마자 정신줄을 놓았다. 에너지가 넘쳐 흘렀고 매분매초 샐리에게 씨름 놀이를 걸었으며—샐리는 이런 난투라면 두 발 들고 환영이었다—짐작건대 앨라배마 특유의 격렬한 태도로 장난감을 야생적으로 물고 으르렁대며 즐겼다. 어떤 개도 데이브와 이렇게까지 다를 수는 없었다. 중요한 공통점 딱 하나만 빼면.

메이지는 찰리와 사랑에 빠졌다. 찰리의 침대에서 자고 얌전히 위안을 주는 유의 사랑이 아니라, 찰리와 놀고 놀고 또 놀고 싶어 하는 유의 사랑이었다. 메이지가 가장 좋아하는 '당신을 깨물고 싶어 하지만 언제 멈춰야 할지는 모르는 강아지' 놀이에 가족 모두가 지쳐 버렸지만 찰리는 아니었다. 찰리는 메이지의 기본 태도가—말하자면 이빨을 드러낸 다정한 허무주의가—아주 웃긴다고 생각했다. 데이브의 특성이 개 같지 않은 개라는 것이었다면, 메이지의 특장은 최고로 개다운 개라는 것이었다. 메이지는 입을 벌리고 이빨을 드러내고 책상에서 숙제 중인 찰리의 침대에 뛰어올라서, 찰리가 모의 전투에 참전하겠다고 동의할 때까지 끊임없이 놀자는 신호를 시끄럽게 보냈다. 이 전투는 뚜껑을 열어 보면 개와 노는 것이자, 진짜로 개에게 물리는 것이었다. 메이지는 찰리에게 개에 대한 사랑을 놓지

254

않는 법을 가르쳤다.

개는 과거나 미래에 대해 걱정하지 않는다. 우울도 불안도 없다. 바로 이 지점에서 개는 롤 모델의 지위를 갖게 된다. 개의 '오직 현재뿐인' 삶의 태도를 모방해선 안 되지만 (그랬다간 우리의 커리어와 가족과 집이 엉망이 될 테니) 그럼에도 그 태도는 용감하다고 볼 수 있다.

여느 개가 거의 모든 인간을 사랑하는 것처럼 인간이 다른 인간을 대놓고 사랑하는 건 불가능하며 바람직하지도 않다. 내 말은, 개가 인간에게 하듯이 남을 쓰러뜨리고 낑낑거리며 온 몸을 핥아 댈 수는 없지 않은가. 그건 무례한 짓이다. 하지만 사랑이란 게 어떤 모습을 띠는지에 대한 그토록 일상적인 시범을 보는 건 인간에게 유용하다. 특히 우울한 인간에게 이는 무언가를 느끼는 것이, 그것도 깊이 느끼는 것이 정말 가능하다는 사실 또한 상기시켜 준다. 심지어 데이브도 내게 목이 터져라 짖어 대는 와중에 언제나 꼬리를 흔들고 있었으므로 나는 데이브의 속마음을 알 수 있었다. 데이브 자신은 영영 몰랐겠지만.

개는 또한 인간의 자만심을 누그러뜨리는 데 큰 효과를 발휘한다. 개들은 말한다. "당신과 나, 우리는 둘 다 포유류야. 우리 모두 먹고 똥을 싸고, 여기저기 돌아다니고, 부드러운 걸 깔고 자는 걸 좋아해. 장난감의 정의는 다르지만 장난감 갖고 노는 것도 좋아하고." 개와 조금이라도 시간을 보내 보면, 기본적 생존의 차원에서 개와 인간에게 공통점이 적잖다는 걸 깨닫게 된다. 어딘가에서 읽기로 개들은 사실 종간 구분에 대해 별 생각이 없으며 녀석들이 인간을 정말 멋지다고 생각하는 건 우리를 특출하게 똑똑한 개로 간주하기 때문이라고 한다.

개들은 생각한다. "*저 개들 좀 봐. 두 다리로 걸어 다니고 온갖 데의 물건들을 잡을 수 있어. 냉장고를 열어 고기와 치즈를 꺼낼 수도 있지. 그것*

들을 당장 다 먹진 않지만—이건 아직도 이해가 안 가고 말도 안 되고, 감명받을 행동인지도 모르겠어. 단지 당혹스러울 뿐이야—핵심은 음식을 꺼낼 수 있다는 거야. 이 놀랍고 *커다란 털 없는 개*들이랑 어울리고 싶어."

우울한 사람들은, 개를 집에 들여 돌볼 여건만 된다면, 개를 한 마리 입양하는 걸 진지하게 고려해 보아야 한다. 두 마리도 좋겠다. 개 한 마리는 끝없이 이어지는 추상적 독백이지만, 두 마리는 기묘한 익살극이니까.

밴드

세상 모든 사람이 밴드에 들어가는 게 좋겠다. 들어갈 만한 밴드를 찾을 수 없다면 정부에서 하나 지정해 주어야 한다. 밴드에 들어가고 싶지 않다 해도 어쨌든 밴드에 들어가야 한다. 여러분 자신의 말을 듣지 말고 내 말을 들어라. 이게 좋고 옳은 일이니까. 그러면 모두가 밴드 활동을 하게 될 것이고 우리 모두 삶이 훨씬 나아질 것이다.

당신은 말하리라. 하지만 존, 나는 음악 실력도 재능도 없는걸요. 그건 하나도 안 중요하다. 나 또한 실력도 재능도 없는데 수십 년 동안 밴드 생활을 했다. 핑계는 있을 수 없다. 그동안 충분히 생각해 봤는데, 음악을 못 해도 밴드 활동은 할 수 있다.

나는 처음으로 록 스타라는 존재를 인식한 이래 그들을 숭배해 왔다. 다섯 살 때 메틀린이 내게 비틀스에 대해 설명하고 그들의 이름과 특징을 알려주었다. 폴/귀여운 애, 조지/조용한 애, 링고/웃기는 애, 존/심오한 애. "비틀스는 내가 제일 좋아하는 밴드야." 나는 선언하고 몇 달 동안 그 사실을 곱씹으며 지냈다. 우리 집 너머 더 넓은 세상과 맞닿은 기분이 들었다. 당시 내가 제일 좋아한 비틀스 노래는 「앨버트 삼촌/홀지 제독(Uncle

Albert/Admiral Halsey)」이었는데 나는 몰랐지만 그 노래는 비틀스가 아니라 폴 매카트니의 솔로 앨범 2집에 실린 것이었다.

팬심의 짧은 밀월은 메틀린이 내가 비틀스를 얘기하면서 계속 현재 시제를 사용하고 있다는 걸 눈치챘을 때 끝났다.

"비틀스가 해체한 건 알지?" 메틀린이 물었다. 나는 상심했다. 어떻게 그런 짓을 할 수 있는가? 나는 아직 비틀스의 음악을 듣기도 전이었는데.

4학년에 올라간 나는 새로운 밴드에 마음을 열 준비가 되었다고 느꼈다. 당시 차트에서 가장 인기 있는 앨범이 플리트우드 맥의 〈루머스(Rumours)〉였는데, 그 비닐 LP를 생일 선물로 받았다. 이 앨범은 물론 명반이지만, 내가 정말 매료된 까닭은 이것이 내가 가진 앨범 중에서 앞면에 동물 만화 그림이 없는 유일한 앨범이었기 때문이었다. 성숙한 앨범이었다는 얘기다. 〈루머스〉를 녹음하는 동안 밴드 멤버들은 일련의 사랑과 이별을 겪었고 거기서 유래한 애석함과 씁쓸함, 분노, 당혹, 희망, 절망을 몇몇 뛰어난 노래들에 차례차례 녹여 냈다. 그런 걸 나는 하나도 이해하지 못했다. 하지만 그들의 목소리를 들으면 무언가 일이 벌어지고 있다는 것을 알 수 있었다. 내가 아직도 손꼽게 좋아하는 앨범이다. 여성 보컬리스트 스티비 닉스는 어떤 아릿한 감각에 불을 붙여 주었다.

시간이 흐르며 뮤지션들에 대한 매혹은 커져 갔다. 어떤 밴드들은 친근하게 느껴졌다. 예컨대 비지스, 멘 앳 워크, 반 헤일런 등. 애매하되 약간 문제아처럼 느껴지는 밴드들도 있었다. 퀸, 더 후, 레드 제플린, 더 폴리스. 오금을 못 펴게 만드는 밴드들도 있었다. 키스(으스대는 것처럼 느껴졌다), AC/DC(악마를 즐기는 것처럼 보였다), 그리고 이상하지만 엘튼 존. 특이한 비음과 몹시 별난 의상이 특징인 그는 사회 규범 밖에 존재하는 사람처럼 보였다. 게다가 피아노를 친다니?! 엘튼은 어떤 식으로든 말썽에 휘말리고 혼쭐이 나도 이상하지 않을 사람이었다.

그러나 모든 밴드와 뮤지션이 지닌 공통점은 공연을 한다는 것이었다. 그들은 모두 무대에 올라 활보하고 다니며 자기를 뽐냈다. 그렇게 해도 진정하라는 핀잔을 듣기는커녕 사랑을 받았다. 사람들은 밴드가 뽐내는 걸 볼 수 있는 공연장에 들어가기 위해 큰돈을 지불했고, 환호로 그들의 행동을 승인했다. 내가 관찰한 바, 록 스타는 무조건적인 사랑과 인정을 받았다. 콘서트를 마치고 고양이 메이크업을 한 채 집에 돌아가 마찬가지로 고양이 메이크업을 한 가족들, 그리고 인간 메이크업을 한 자기 고양이에게 말을 거는 밴드 키스의 피터 크리스조차도. 그 가족엔 사랑이 넘치리라고 나는 추측했다.

물론 나는 록 스타가 되고 싶었다! 두말하면 잔소리지. 그렇지만 문제가 하나 있었는데, 내게 음악적 재능이 전무하다는 것이었다. 5학년 때 프렌치호른에 도전해 보았지만 진도가 나가지 않는 것에 스트레스를 받은 나머지 속이 타는 듯한 복통을 얻었고 초기 궤양을 진단받았다.

처음 시애틀로 이사하고 한동안 나는 고등학교 동창이자 잘생긴 오랜 친구 숀, 뉴저지의 대학원에서 알게 된 조와 함께 그린 호수 근처의 복층 아파트에서 살았다. 몇몇 친구들이 '맥주 극장'이라는 이름으로 일련의 뒷마당 공연을 꾸리고 있었는데(이름을 보면 어떤 것인지 감이 올 거다) 우리 셋은 조의 기타, 냄비와 프라이팬 몇 개, 하모니카, 차 키 등을 악기로 해서 몇 곡을 연주하기로 했다. 우리는 숀과 내가 식료품점에 갔다가 발견한 식품 명칭을 따서 스스로를 '프리레인지 치킨스(Free Range Chickens, 놓아기른 닭)'라고 부르기로 했다.

프리레인지 치킨스의 첫 공연은 리틀 피트의 「윌린(Willin')」, 그레이트풀 데드의 「아이 노 유 라이더(I Know You Rider)」 그리고 제법 많은 농담과 개

그로 구성되었다. 반응이 썩 괜찮았고, 나는 들뜬 기분으로 무대를 내려왔다. 노래를 했는데 관객에게 미움을 사지 않다니. 이것을 시작으로 우리는 시내의 다른 여러 버라이어티/캬바레 공연에 초대를 받게 되었고, 나는 마음속으로 조용히 전율했다. 내가 이제 밴드에 속한 걸까? 그러니까 내가… 밴드남이라고?

그 당시 나는 직전에 문을 닫은 시내 한 로펌의 몇 안 되는 잔무 처리 직원의 하나로서 수십 년 동안 쌓인 서류들을 정리하고 그 대부분은 폐기하는 일을 하고 있었다. 이 팀에서 유일한 정규직이었던 랜디는 이따금씩만 출근하면서 직원들을 느슨하게 관리했다. 우리는 친해졌고 랜디는 베이스를 칠 줄 알았기 때문에 나는 그를 연습에 초대했다. 대학에서 사귄 친한 친구 스콧은 드럼을 쳤으므로, 나는 그 역시 꼬드겨서 5인조 밴드를 완성했다.

꿈을 꾸는 기분이었다. 내 인생의 네 시기에—유년기, 대학, 대학원, 사회에서—각기 만난 네 남자와 록밴드를 결성하다니. 우리가 쓸 만한 밴드였는지는 모르겠다. 우울증에 걸린 뇌는 항상 스스로를 형편없다고 말하는 데다, 우리는 남들에게 형편없다는 말을 들을까봐 선수를 쳐서 우리 스스로 형편없는 밴드라고 말하고 다녔으니까. 음악적 예방접종을 맞는 거라 할까. 그렇다고 해서 우리가 형편없지 않았다는 건 아니다—아마 형편없었을 것이다. 내 말은, 인지왜곡의 프리즘을 끼고 보는 내 견해를 신뢰할 수 없다는 것이다.

어릴 적에 친구 에설에게서 바느질을 배운 질은 거창하고 화려한 핼러윈 의상 만드는 재주가 있었다. 그녀는 언제가 될지 모르는 다음 공연 때 우리 모두가 입을 닭 의상을 만들어 줘도 되겠느냐고 물었다. 깃털 달린 노란 후드, 그리고 마찬가지로 깃털을 댄 턱받이인지 판초인지로 구성된 의상이라고 했다. 질이 말했다. "쉽게 걸쳤다 벗었다 할 수 있는 거야." 놀랍게도 모두가 이 아이디어에 동의했다.

1994년 크리스마스 한 주 전, 우리가 종종 빌리던 리허설 공간을 운영하는 사람들에게서 전화가 왔다. 12월 26일에 우리 동네의 골수 다이브 펑크 바인 레이크 유니언 펍에서 공연키로 한 밴드가 일정을 취소했다는 것이었다('다이브 바[dive bar]'란 일반적으로 평범하고 캐주얼한, 대개 지저분한 옛 스타일의 동네 술집을 말한다.—옮긴이). 보수는 맥주로 준다고 했다. 레이크 유니언 펍은 유명했지만 펑크 바라 해서 실제로 폭력이 일어나는 곳은 아니었고, 오로지 시끄럽고 분노로 가득한 잘 모르는 음악과 슬래밍 즉 서로에게 몸을 부딪치는 걸 춤으로 여기는 팬들 때문에 이름이 난 곳이었다. 다음번 연습 날 나는 말했다. "그러니 결정을 해야겠어. 공연을 하고 싶은지, 그리고 공연을 한다면 그 의상을 입을 건지."

그즈음 우리 밴드 멤버는 전원이 닭 의상과 그 의상이 내뿜는 '그냥 장난이잖아' 분위기에 열렬히 꽂혀 있었다. 가장 연장자인 조가 나서서 말했다. "여기서 최악의 시나리오가 뭐겠어? 깃털 달린 닭 의상을 입고 화난 펑크록 팬들에게 쫓겨 골목을 달리는 거지. 살아남으면 끝내주는 이야깃거리가 되겠는걸!"

크리스마스였고, 우리의 지인 중에는 그런 바에 오겠다는 사람이 없었으므로, 바에 모인 관객은 얼마 되지 않았다. 우리는 전원이 가죽 옷을 입은 남성으로 구성된 소수의 펑크음악 팬들 앞에서 닭 의상을 입은 채 세트리스트를 기운차게 연주해 나갔다. 그들은 처음 세 곡을 연주하는 동안은 믿지 못하겠다는 눈으로 우리를 빤히 보더니 그 다음부터는 점점 더 크게 격려의 환호를 보냈다. 바로 이 공연에서 나의 또 다른 자아가 등장했다. 나는 공연장을 뛰어다니고, 무대 위에서 굴렀다. 반 헤일런의 리드싱어 데이비드 리 로스와 닭의 혼성체인 양. 내게 무슨 일이 일어나고 있는지 알 수 없었지만 신경 껐다. 나는 그날 밤 무대에서 내 이름을 리틀 재키 치킨으로 소개했다.

나는 내 머릿속에서 벗어나 있었다. 생각하지 않았다. 단지 순간을 살고 있었으며, 그 순간은 좋았다. 연기와는 달랐다. 완벽하게 조정된 배역을 연기하는 게 아니라 그때그때 마음이 끌리는 대로 행동했으니까. 나는 내 머리로부터 휴가를 얻은 셈이었다. 닭 옷을 입고 펑크록 팬들 앞에서 노래를 하면 그만이었으니까. 이 얼마나 남는 장사인가!

"이봐요." 공연이 끝난 뒤 문신을 한 녹색 머리의 관객이 미소 지으며 말을 걸었다. "보통 땐 공연을 보면서 슬래밍을 하느라 힘든데 오늘은 웃느라 힘들었소."

우리 밴드는 6년을 더 갔다. 베이시스트가 몇 차례 바뀌었고, 한때 음향을 맡아 주었던 스티브가 어느 날 리허설에 기타를 들고 나타나서 밴드에 합류하기도 했다. 데모 테이프도 만들었다. 실력이 점점 나아졌다. 위어드 알 앵커빅(Weird Al Yankovic, 미국 대중문화의 다양한 면모를 패러디하는 것으로 유명한 뮤지션이자 배우, 프로듀서-옮긴이)이 우연히 우리 공연을 한 번 보고는 즐거웠다고 말했다. 우리는 실제로 괜찮은 밴드였을지도 모른다. 하지만 제일 중요한 건, 우리의 밴드 활동이 취미로 한 거였다는 사실이다. 우리는 유명해지려고, 혹은 레코드 레이블과 계약하려고 노력하지도 않았다. 이 밴드를 제외하면, 내가 지금까지 살면서 손댔던 창조적 프로젝트에는 언제나 '이걸로 대박을 낼 수 있을 거야'라는 생각의 자그마한 씨앗이 담겨 있었고 따라서 대박이 나지 않았을 경우엔 많은 스트레스와 다양한 정도의 감정적 저주가 뒤따랐다. 그런데 프리레인지 치킨스의 경우, 무대에 서는 것만으로도 내가 기대한 만큼의 대박이 난 셈이었다. 우리 밴드의 다른 멤버들도 마찬가지였으리라 생각하지만, 나는 남들에게 어떤 사람들이 볼링 리그에 참가하고 어떤 사람들은 레크리에이션 소프트볼 리그에 참가하듯이 나는 밴드 활동을 하는 거라고 말하곤 했다. 목적은 다 같다.

가족에게 투자해야 할 시간이 늘어나고, 손이 시애틀을 떠나고, 내가 새 베이스 연주자들과 잘 어울리지 못하자 밴드는 해체됐다. 재미가 없어서 좋이 난 거다. 그로부터 몇 년 뒤 서른다섯 살 생일을 맞은 내게 질이 깜짝 파티의 선물로 밴드 멤버들을 되모아서 불러 주었다. 모두 의상을 입었고, 베이스 연주자는 처음 보는 사람이었다. 우리는 준비 없이 즉석 연주를 했다. 그리고 질이 기대한 바는 전혀 아니었겠으나, 이날 회동의 결과 우리는 프리레인지 치킨스 대신 '치킨 스타십'이라는 이름으로 재결합하여 몇 년을 더 연주했다. 닭 의상을 입고('무슨무슨 스타십'은 해체해야 마땅한데 그러지 않는 밴드들이 지정 단어처럼 붙이는 이름이다). ('스타십' 명칭 이야기는 1965년에 결성된 유명한 록밴드 제퍼슨 에어플레인이 훗날 멤버들의 이합집산에 따라 '제퍼슨 스타십', 그냥 '스타십' 등으로 이어진 데 근거한 것으로 보인다. ─옮긴이)

미네소타로 이사한 뒤엔 나의 밴드 시대가 끝났다고 생각했다. 벌써 나이가 마흔이니 밴드에 들어가면 남들이 나를 보며 "재미있게 사네"가 아니라 "저 딱한 애아빠가 뭘 하는 거지?"라고 생각할 것 같았다. 나를 미네소타로 데려온 프로듀서 피터 클라우니는 정말 실력 있고 야망도 제법 있는 밴드에 속해 있었다. 모든 밴드가 필연적으로 그러하고 마땅히 그래야 하듯 그 밴드 역시 해체되자, 클라우니는 내게 무언가 같이 해보지 않겠느냐고 했다. 이번엔 닭 의상 없이.

우리의 모험에 수학 교수인 친구가 합류하여 베이스를 맡았고, 그 친구의 또 다른 수학 교수 친구가 드럼을 맡았다. 그 결과 리듬 섹션은 전부

수학 교수들이 맡고, 기타와 보컬은 공영 라디오의 프로그램 창작자들이 맡게 되었는데, 이야말로 어떤 위대한 밴드에도 해당되는 고전적인 족보라 하겠다. U2, 라디오헤드, 전부 이랬다니까. 우리는 밴드 이름을 '매스 이머전시(Math Emergency, 수학 비상사태)'라고 붙였다. 베이스 연주자가 내려던 수학 논문과 같은 내용의 논문을 누군가 앞질러 발표할 뻔한 위기를 잠깐 겪은 데서 따온 것이었다. 수학은 내가 상상한 것보다 극적일 수 있는 학문이었다.

우리는 지난 5년 동안 공연을 다섯 번인가 했다. 네 번일지도 모르겠다. 이 밴드에는 리틀 재키 치킨도 없고, 바닥에서 구르는 퍼포먼스도 없다. 하지만 리허설은 있다. 우리는 거의 매주 일요일 밤마다 드러머네 집 지하실에 모여 우리가 작곡한 노래를 연주하고 공연에 대비한 리허설을 하며, 새 곡을 쓰고 편곡한다. 이 모임의 목적은 맥주를 마시고 가족들로부터 두 시간 정도 벗어나는 것이기도 하다. 이 책을 쓰는 지금은 마지막으로 공연한 지 1년 반이 지났으니 "다음 공연을 위해 리허설을 하는 중"이라는 핑계는 거의 힘을 잃었다.

나는 더이상 리드싱어 퍼포먼스를 통해 내 머릿속에서 벗어나고자 하지 않는다. 나이 들고 몸이 삭고 죽음을 향해 나아가고 있는 지금 내게 필요한 건 음악 만들기와 나의 실제 자아를 융합시키는 일이다. 매스 이머전시에서 나는 내가 보통 때의 대화에서 구사하는 정도의 유머 감각만 발휘하고, 정체성과 결혼, 자녀, 내 가족, 나이 드는 것에 대한 노래를 짓는다. 나는 자유로워지는 법을 배우기 위해 잠시 리틀 재키 치킨이 될 필요가 있었으나, 지금은 나 자신으로 사는 게 썩 괜찮다.

그러니 말이다, **밴드에 들어가라!**

가짜일 수 있는 무서운 것들의 동영상

사는 게 유난히 힘들 때면 나는 유튜브에서 유령, 빅풋(Bigfoot, 미국의 태평양 연안 북서부와 캐나다 등지에서 목격된다고 전해지는 유인원 비슷한 형태의 미확인 생물체-옮긴이), UFO에 관한 동영상을 본다. 신뢰성이 지극히 떨어지는 이 동영상들이 진짜라고 꼭 믿어서가 아니다. 그런 경우는 여간해선 없다. 하지만 세상에는 우리가 증명하거나 관찰한 것 이상의 무언가가 있다고 나는 믿는다. 나는 저 어딘가에 무언가 놀라운 것이 숨겨져 있을지도 모른다는—**그럴지도 모른다!**—생각의 애호가다.

우리 아빠는 스웨덴에서 살던 시절 자기 아버지와 캠핑을 갔다가 귀신을 만난 얘기들을 즐겨 들려주었다. 한번은 밤중에 시골길을 운전하고 있었는데, 헤드라이트에 길을 건너는 발 모습이 비치곤 해서 자꾸만 차를 멈춰야 했다고 한다. 시골 밤길에 웬 사람이 이렇게 많은지 의아해서 할아버지가 차에서 내려 보면 아무도 없었다. 이어지는 이야긴즉슨, 같은 일이 몇 차례 반복된 후 할아버지는 마침내 가까이에서 몇 쌍의 발이 차를 향해 걸어오다가 멈추는 걸 보았다. 차에서 다시 내려 보니 아무도 없었고, 단지 무너진 다리의 잔해만 쌓여 있었다. 키보드를 치고 있는 지금 이런 생각들이 떠오른다. "할아버지에겐 차가 없었던 걸로 아는데." "캠핑을 갈 땐 버스를 탔다고 분명히 들었어." "어떻게 생겨먹은 헤드라이트가 도로를 발 높이까지밖에 비추지 못하는 거지?" 하지만 당시 이 이야기의 교훈은 늘 이러했다. **"귀신은 실재한다."** 그리고 그에는 못 미치지만, **"죽은 스웨덴인들은 교통안전에 신경 쓴다."**

우리의 경우, 유령을 보는 건 여름 캠핑 여행 때였다. 캐나다 밴쿠버섬으로 떠난 캠핑 여행에서 우리는 과거에 군사 요새였던 공원을 방문했다.

다 허물어져 가는 콘크리트 벙커들 주위를 자유롭게 돌아다닐 수 있었지만 방은 전부 들어가지 못하게 잠겨 있었다. 벙커 하나에는 창살 달린 문이 있어서 그 사이로 안을 들여다볼 수 있었는데, 안에서 희미하게 반짝이는 불빛이 들어갔다 나왔다 하고 있었다. 나는 의심의 여지 없이 이게 유령이라고 믿었다. 드물게도 낮에 출몰하는 유령.

같은 여행 중에 있었던 일이다. 나는 리스벳과 함께 도로변을 걷고 있었다. 언덕에 있는 도로였는데, 빨간색 컨버터블 승용차 한 대가 언덕을 내려왔다. 조수석에는 미소를 띤 대머리 남자가 타고 있었고 운전석에는 **아무도 없었다.** 대머리 남자는 멍하니 바라보는 우리를 향해 미소를 짓고 손을 흔들었다. 차를 운전한 건 누구였을까? 누구긴 누구야, 유령이었겠지. (몇 달 전 나는 리스벳에게 그 차가 영국제 아니었을까 이야기했다. 리스벳은 이 설명을 듣고 실망한 눈치였다.)

우울증이 있는 아이, 자신이 우울한 줄도 모르고 있던 아이, 자신이 이상하다는 생각에 수치심을 느끼고 있던 아이에게 유령의 세계는 대단한 위안을 주었다. '진짜' 세계는 종종 끔찍할 수 있었으나 그 세계가 전부는 아니었다. 적어도 하나의 다른 세계가 있었다. 둥실둥실 떠다니며 (따라서 사람들보다 우위에서) 사람들을 놀리고, 닫힌 문을 그냥 통과하는 등 마법 같은 멋진 짓을 할 수 있는 세계. 심지어 밤늦게까지 자지 않아도 되는 세계! 그리고 유령의 세계가 있다면 또 다른 세계들도 있을 수 있었다. 유령이 존재한다는 건, 이 가족과 함께 이 집에서 살며 이 학교들에 다니고 누구도 나랑 결혼하거나 나를 고용하려 들지 않는 미래를 맞게 될 지금의 삶 이외에 무언가가 더 존재한다는 의미였다. 또한 나는 가족을 사랑했기에 우리가 모두 죽으면 천국의 구름 위에서 노닐거나 함께 유령이 되어 사람들을 놀려먹을 수 있다는 생각이 마음에 꽤 들었다.

빅풋은 유령과 비슷하지만 좀 더 냄새나고 덩치가 있고 더 가까이 있었다. 태평양 연안 북서부에 살던 아이에게 빅풋은 전설도 수수께끼도 아닌 엄연한 팩트였다. 빅풋이 우리 지역의 토박이이며, 여러 차례 포착되어 아메리카 원주민 전설에 그에 관한 이야기가 남아 있다는 건 상식이었다. 그래서 3학년 때 빅풋이 생포되었다는 소문이 돌자 우리는 서슴없이 그것을 믿고 신문에 기사가 실리기를 고대했다.

1970년대는 빅풋류의 전성기였다. 〈육백만 불의 사나이(The Six Million Dollar Man)〉에 빅풋이 등장했고, 허접한 카메라와 더 허접한 취재 보도 관행으로 만들어진 다큐멘터리가 쏟아져 나왔다. 그중 하나는 외딴 숲속에 있는 어느 커플의 오두막집을 빅풋이 돌을 던져 공격하고, 문을 열자 그 앞에 모습을 드러냈다는 이야기를 재연했다. 유튜브에서 다시 본 이 다큐멘터리에서 빅풋은 인간이 지금껏 만든 것 가운데 진짜 진짜 최고로 가짜 티가 나는 가면을 쓰고 나타난다. 하지만 어린 내겐 이 빅풋이 스크린에서 본 어떤 것보다도 무서웠다. 빅풋이 우리 지역 어딘가에 산다는 걸 알았으므로, 한동안은 빅풋이 우리 집 뒷마당의, 교외 주택단지에 흔히 보이는 자그마한 숲에서 나타나 집 옆면을 타고 올라와 2층에 위치한 내 방 창문을 박살내고 들어와서 나를 때려눕힐 거라는 확신을 품고 잠자리에 들었다. (존, 빅풋이 뭐 하러 당신을 때리겠어요? 괄호 속 질문자여, 제가 그걸 어찌 아나요.)

세월이 흐르며 나는 유령에게 매료된 것과 같은 이유들로 빅풋을 존경하고 동경하게 되었다. 우리가 아는 세상 밖에도 세상이 있다는 얘기니까. 깊은 숲속에 있는 그 세상에서, 빅풋들이 아마도 하나의 온전한 사회를 이루고 필시 건물도 좀 세우고 살아가고 있을 그곳에서 나는 정말 편안할지도 모른다. 나 같은 뇌를 지닌 사람도 그곳에선 괜찮게 여기고, 아예 눌러 사는 건 안 될지 몰라도 가끔 방문하는 건 허락할지도 모른다. 빅풋은 이 세상엔 내가 어쩔 수 없이 살아야 하는 지금의 삶 말고도 무언가가 더 있다는 희망의 상징이었다.

이제 나는 이런 현상들에 좀 더 인류학적으로—믿음의 대상보다는 그걸 믿는 사람들에게 더 관심을 갖고—접근한다. 누가 뭐래도 굳게 믿는 사람들의 이야기를 듣는 건, 나 자신의 정신을 비집어 열고, 엉성하게 위장돼 있는 대안현실들을 상상하도록 아주 부드럽게 유도되는 것이며, 그리하여 때로는 일터의 내 자리로부터, 현재로부터, 바라건대 하나뿐이 아닐 현실로부터 아주 짤막한 휴가를 떠나는 것이다. 볼 만한 빅풋이나 유령 동영상이 없으면 UFO나 음모론으로도 얼마간은 버틸 수 있다.

개인적으로 나는 정직한 태도를 보이거나 적어도 그러려고 노력하는 유튜브 채널들을 선호하는 편이다. 톱파이브스(Top5s)라는 채널에서는 아주 진지하고 다소 걱정스러워하는 듯한 말투의 영국 남자가 '외계인과 외계 생물이 존재한다는 가장 강력한 증거 다섯 가지'나 '테이프에 녹화된 가장 으스스한 귀신 영상 다섯 가지' 같은 제목을 단 동영상들의 내레이션을 맡고 있다. 슬랩트 햄(Slapped Ham) 채널에서는 또 다른 영국 남자가 '카메라에 포착된 교회 안의 귀신 영상 열 가지', '당신도 믿게 만들 진짜 빅풋 포착 영상 일곱 가지' 같은 모음을 선보인다. 두 채널 모두에서 내레이터는 제시된 '증거' 중 좀 더 의심스러운 것에 대해선 "누군가는 이렇게 말하죠"나 "판단은 여러분 몫입니다" 따위 멘트를 친다. 나는 그게 사랑스럽다고 생각한다.

유튜브에서 본 동영상으로 인해 내가 귀신이나 빅풋, UFO, 혹은 다른 어떤 초자연 현상을 믿게 되진 않았다. 하지만 나는 직장에 축퇴구하는 동안 불안한 생각에 사로잡혀 있지 않아도 되지 싶은 다른 세상들에 대해 공상하는 것을 여전히 아주 좋아한다.

제14장

완전히 이해는 못 해도
인정할 수밖에 없는 치료법

릭은 유령처럼 내 트위터 피드를 떠돌아다닌다.

릭의 삶과 죽음에 대해 트윗을 올리고 예상보다 더 강렬한 반응을 얻은 뒤, 나는 매년 한 번씩 릭과 우울증과 정신건강에 대한 '폭트(폭풍 트윗, tweetstorm)'를 시작했다. 치료 가능한 질환이니만큼 치료되게끔 도움을 청하라고 사람들에게 권고했다. 자살은 남겨진 사람들에게 반향을 일으키고 해를 끼친다고 설명했다. 우울증은 흔한 질병이며, 죽음으로 이어질 수도 있지만 치료는 가능하니 무언가 조치를 취하라고 단호하게 지적했다.

압도적인 반응이 돌아왔다. 사람들은 내게 말을 꺼내 주어 고맙다고 했다. 기뻤던 건 그뿐이 아니라 그들이 생면부지의 내게 아끼는 사람을 잃은 이야기를 털어놓고 자신의 상태를 개선시키기 위해 진료 예약을 잡겠다고 약속했다는 것이었다. 그리고 몇 달 뒤엔 자기 삶이 어떻게 나아지고 있는지 내게 알려 주었다.

그런데 나 자신의 상태를 밝히는 건 얘기가 달랐다. 나는 겁이 났다. 세상 사람들 앞에서 내가 우울증이 있다고 고백하면, 직업상의 기회들이 빠르게 사라질 가능성이 높아 보였다. 누가 나랑 일하려 하겠는가? 누가 나를 믿을 수 있겠는가? 급속히 늙어 가고 있으며 자기가 미쳤다는 걸 공개한 진행자를 고용하는 위험을 방송국들이 무릅쓰고 싶겠는가? 그러나 나자신의 병은 숨기면서 남들에게 정신질환에 대해 솔직히 털어놓으라고 계속 설교할 수는 없었다.

나는 내가 속한 회사의 브랜드와 결부된 공인이었으므로 아메리칸 퍼블릭 미디어, 즉 미네소타 공영 라디오가 내 우울증 고백이 불러올 비난과 피해를 받아들일 수 있겠는지도 걱정이었다. 나는 인사과의 젠과 만나, 트위터에서 내 우울증에 대해 털어놓아 '커밍아웃'을 하고 싶다고 밝히고, 사측에서 문제 삼지 않을지 물었다. 젠은 말했다. "당신이 말해야 한다고 생각해요. 회사는 당신 편에 서 줄 거예요. 개인적으로도 당신이 말을 하길 바라요. 저도 오랫동안 우울증과 싸우고 있는 사람으로서, 당신이 그것에 대해 하는 말에 동의하거든요."

나는 트위터에 접속해서 이렇게 썼다. "사실을 말하자면, 저는 지금껏 제가 할 수 있는 모든 걸 하지는 않았습니다. 충분히 솔직하지 못했습니다. 거짓말을 하진 않았지만 모든 진실을 밝히지도 않았습니다. 사실 저도 여러 해 전부터 우울증을 질환으로 가지고 살고 있습니다." 긍정적인 반응이 해일처럼 밀려들었다. 사람들은 내게 솔직히 털어놓아 주어 고맙다고 말했고, 자신들도 커밍아웃을 했으며, 도움을 청하겠다고 맹세했다. 부정적인 반응은 어땠냐고? 이런 내용을 공유하는 게 실수라고 지적한 사람은 한 명도 없었다.

나는 시 곳곳에서 열리는 정신건강 행사들에서 강연을 해 달라고 초청받았다. 내가 라디오 진행자이기 때문이기도 했지만, 대체로는 내 트위터 덕분이었다. 트윗들! 나는 생각했다. '내가 우울증에 대해 얘기하는 데 정말 소질이 있거나, 아니면 사람들이 우울증에 대한 이야기를 듣고 싶어 죽겠는데 입을 여는 사람이 나밖에 없는 거지.' 내 화끈하게 잘생긴 외모 탓일 수도 있고. 진짜 그럴지 누가 알아.

그래서 트위터 식으로 표현해 보자면, 릭은 착한 유령처럼 나를 쫓아다니고 있었다.

미네소타에서 몇 년을 보낸 시점에 내 일은 더할 나위 없이 잘 풀리고 있었다. 무대에 게스트를 불러 인터뷰하는 시리즈 〈위츠(Wits)〉의 론칭을 도왔고, 이 시리즈는 미국 전역의 공영 라디오 방송국에서 내보내는 음악 및 코미디 버라이어티 쇼로 발전했다. 우리는 역시 라디오 버라이어티 쇼인 〈프레리 홈 컴패니언〉의 본거지 세인트폴 피츠제럴드 극장에서 녹음을 했다. 〈위츠〉를 진행하면서 나는 감히 꿈조차 꾸지 못했던 상황을 맞곤 했다. 코미디언 프레드 윌러드(Fred Willard)와 데이비드 크로스(David Cross), 마리아 뱀퍼드와 촌극을 하는 것. 싱어송라이터 니코 케이스(Neko Case)와 브랜디 칼라일(Brandi Carlile), 루퍼스 웨인라이트(Rufus Wainwright)의 아늑한 음악 공연에 함께하는 것. 이보다 더 꿈결 같은 꿈의 직업은 상상할 수 없었다.

그러나 이런 프로그램을 만들어 내려면 일거리가 아주 많았고, 이는 내가 그때까지 직장에서 겪어 본 적 없는 수준의 압박을 느꼈다는 얘기다. 나는 진행자인 동시에 수석 작가로서 프리랜서 작가들을 감독하며 대본의 많은 부분을 직접 썼고, 재미있고 매력적인 공연을 무대에 올리기 위해 대본을 끊임없이 수정했다. 1년에 20개에서 25개의 새로운 공연을 무대에 올린다는 건, 관객 앞에 내놓기 전에 소재들을 시험해 볼 데가 없다는 의미였다. 이런 상황에서는 그저 관객들이 웃어 주기를 기대할 수밖에 없었다(왜냐면 코미디에는 과학이 없으니까). 호응이 영 시원찮으면 내 정신은 그건 내가 재미없고 나쁘고 멍청한 사람이기 때문이라고, 내가 관객과 다른 모든 스탭들을 실망시켰다고 야단했다. 무언가 잘 풀리지 않으면 그건 내가 충분히 주의를 기울이지 않았거나 충분히 노력하지 않아서라고 스스로를 질책하게 되었다.

〈위츠〉는 타 지역에서 순회공연도 조금 했지만 대부분은 세인트폴에서 무대에 올랐다. 그래서 나는 전국적인 청중을 확보하고자 애쓰고 있는 프로그램에 푼돈을 받고 출연하기 위해 비행기를 타고 미네소타까지 와달라고 우리 제작자가 설득할 수 있을 법한 공연자가 누가 있을지 계속 생각해 내야 했다. 이들 게스트는 피츠제럴드 극장에서 천 장의 표를 팔 정도로 인지도가 높은 동시에, 여기까지 오기로 마음먹을 만큼 인지도가 낮아야 했다. 이 틈새에 들어 있는 유명인은 놀라울 만큼 적다. 우리의 게스트 목록은 새 이름에 목말랐다.

질과 저녁에 쉬면서 영화를 볼 때 나는 누가 나오는지, 그가 게스트로서 어떨지, 표를 팔아 줄 수 있을지, 여기까지 와 줄지를 생각했다. 라디오를 듣다가 자꾸 차를 세우고 흘러나오는 노래를 샤잠 어플로 검색하고 그 뮤지션이 얼마나 유명한지, 혹시 투어 중이라 미네소타에 올 계획이 있지는 않은지 조사했다. 그리하여 즐겨야 할 일이 평가하는 일로 변했다. 기분전환이 스트레스로 변한 것이다.

우울 엔진이 요란하게 돌아가고 있었다. "하지만 평생 꿈꿔 온 일을 하고 있는데 계속 암울한 절망에 빠져 있는 게 가당키나 해?"

멍청한 질문이다. 우울증은 당신의 커리어를 평가하지 않는다. 그냥 당신을 죽이고 싶어 하지. "아, 연봉이 올랐어? 아, 승진에서 누락되었다고? 아, 직장에서 별다른 일이 없었어? 좋아, 좋아. 아무러면 어때. 상관없어. 잘 들어, 나는 너를 죽이고 싶어." 우울증은 말한다. 〈위츠〉는 악마와의 거래와 닮아 있었다. 꿈꾸던 일을 하면서 내가 선망해 온 뛰어난 인물들과 친구가 되고 명성과 과찬을 얻는 대가로 행복과 마음의 평화를 내준다. 세상의 모든 피자를 먹을 수 있는데 피자에서 양상추 맛이 나는 것이다. 〈환상특급〉에 나올 법한 얘기다.

그때 40대 중반에 이른 나는 우울증 약을 먹고 있긴 했지만 그 외에는 정신건강을 개선하기 위한 조치를 하나도 취하고 있지 않았다. 이미 수십 년을 사실상 핑계만 대면서, 이놈의 우울증이라는 것과 본격적으로 대결하는 걸 미룰 방법을 찾으며 보낸 뒤였다. 이 시기에 나는 실제로 이런 생각을 했었다. "죽을 때까지 우울증이 나를 집어삼키는 것만 막는다면, 내가 이기는… 셈이지." 모든 걸 나중으로 미루는 것의 문제는, 그 나중이 언젠가 오늘이 된다는 거다. 꿈꾸던 직업이 내게 준 스트레스는 댐에 구멍을 낸 작은 돌망치 같았다. 그리고 그로 인해 나는 내가 형을 죽였다는 사실을 기억하게 되었다.

그래, 한동안 뜸했다 싶을 거다. 마크 호글런드의 훌륭한 카운슬링이 내가 형을 죽였다는 생각에 상당한 타격을 줬던 거다. 하지만 그로부터 벌써 여러 해가 흘렀다. 릭에게 할인권총마트에 회원으로 가입하고 거기 가서 머리에 총알을 박아 넣으라는 생각을 심어 준 내가 미네소타에서 사랑하는 가족과 함께 성공적인 커리어를 누리며 지내고 있다니, 얼마나 끔찍한 인간인가? 릭을 죽여 놓고 어떻게 자존감을 지니고 살 수 있단 말인가? 릭이 라디오에서 내 목소리를 들었다는 메시지를 수없이 남겼는데, 그 메시지에 답하기는커녕 제대로 듣지도 않고 삭제해 버린 내가 어떻게 라디오 프로그램을 진행할 수 있단 말인가?

물론 나는 마음속 깊은 곳에서 내가 릭을 죽인 게 아니라는 걸 알았다. 그건 이해했다. 하지만 그보다 더 깊은 곳에서는 당연히 내가 *유죄*라는 걸 알았다. 우울증은 메뉴에서 가장 끔찍한 선택지를 찾아내고는 매번 그것을 선택한다.

트라우마적인 기억에 집착하는 것의 문제는, 그로 인해 뇌가 기진맥진한다는 거다. 나는 릭의 기억에 시달렸을 뿐 아니라 항시 피곤했다. 왜 우울증에 걸린 사람들이 침대를 벗어나지 못하는지 궁금하다고? 많은 이들이 나와 같은 이유에서 그런다. 강박적인 기억으로 인해 지쳐 버린 것이다.

내 뇌는 단지 아는 것만으론 충분하지 않은 양, 쉼 없이 반복 재생되는 시각 보조 자료마저 제공했다. 기억 속 릭의 몸. 샌디에이고의 한 중환자실 침대에 늘어져 누런빛을 띠고, 거듭된 수혈로 인해 알아볼 수 없게 부풀었으며, 수없이 많은 관과 모니터에 매달려 있는 몸. 죽기 직전의 모습이었다. 나는 그 몸을 점점 더 자주 보게 되었다. 밤에 잠을 청하려 들면 눈꺼풀 안쪽에 그 모습이 계속 떠올랐다. 그러면 잠이 오지 않았다. 집안 내력인 불면증이 맹위를 떨치기 시작했다. 어떤 밤엔 네 시간이라도 자면 운이 좋은 거였다. 그럴 땐 침대에 누운 채 몇 시간이나 그 몸을 바라보아야 했다. 내가 그렇게 만들었다는 걸 알면서. 독자 여러분, 나는—여기서 적절한 의학 용어를 사용하고자 한다—미치광이가 되어 가고 있었다.

미네소타로 이사한다고 해서 모든 문제로부터 달아날 수 있는 건 아니다. 시애틀도 마찬가지다. 뉴욕이든 로스앤젤레스든 로마든 멜버른이든 화성이든 똑같다. 당신의 문제들은 지도를 들고 당신을 찾아낼 것이다. 우울증과 수치심과 불안과 비탄과 죄책감이라는 문제들이 다시 쌓이기 시작하자, 나는 너무나 피곤했다. 우울증은 내 가장 오래된 동료였다. 질이 내 인생에 입장하기 전부터 나와 함께였고 내가 어떤 선택과 행동을 하든 항상 곁에 들러붙어 있었다. 그 사실을 나는 받아들이고 있었다.

내가 받아들이고 싶지 않던 건, 평생 릭의 마지막 모습에 집착하게 되는 것이었다. 날이면 날마다 식겁한 상태로 살 수는 없다. 그건 정말 안 될 일이다.

캐럴은 내 인생의 열한 번째 치료사였다. 마침내 이론적이고 툭하면 생각에 잠기는 가상의 축구팀을 꾸리기에 충분한 치료사들을 만난 것이다. 캐럴과 나의 관계는 간헐적이었다. 그녀는 멀찍이 교외에 살고 있었으므로 나는 위기가 닥치려 할 때에만 그녀를 찾았다. 집에 안전 조치를 해 놓으려고 노력하는 대신 소방서에 자주 전화하는 것과 비슷하달까.

어느 날 나는 캐럴에게 릭의 끔찍한 몸의 이미지가 강박적으로 반복해서 떠오른다고, 내 눈으로 본 그 생생히 실재했던 몸에 대해 생각하는 걸 멈출 수가 없다고 설명했다. 나는 물었다. "제게 외상후 스트레스장애(PTSD)가 있는 걸까요?"

"글쎄요. 출근을 하고 일을 잘 해내고 있나요? 샤워를 하고, 깨끗한 옷을 입고 다니나요?" 그녀가 물었다. 질문에 대한 답은 '그렇다'였다.

"아이들도 등교를 시키고 밥을 챙겨 먹이나요? 그러기 위해 필요한 당신의 역할을 하고 있나요?" 그렇습니다.

"제대로 기능하고 있는 것처럼 보이는군요. 그러니 이 시점에서 그걸 장애라고 하진 않겠어요. '장애'라는 말의 의미는 사실 그게 다예요. 하지만 외상후 스트레스는 분명히 있어요."

"그렇군요. 알게 된 게 좋은 일이겠죠?"

"EMDR 치료라고 들어 봤어요?" 그녀가 물었다.

"들은 것 같아요." 그러곤 말을 바꿨다. "아뇨. 그게 뭐죠?"

그녀는 EMDR(eye movement desensitization and reprocessing, 안구운동 민감소실 및 재처리) 치료란 트라우마를 초래한 기억을 철저히 처리하여, 그와 관련된 해로운 사고와 환영들이 돌아와 문제를 일으키려 할 때 뇌가 다른 선택을 할 수 있게 만드는 기법이라고 설명했다. 환자는 고통스럽거나 트라우마를 안겨 준 기억을 회상하고, 그 기억의 특정한 측면에 집중한다. 그러는 동안 환자는 치료사의 손이나 지시봉, 또는 자신이 손에 쥐고 있는 버저가 가리키는 대로 특정한 방향을 보게 되어 있다. 이 과정을 통해 환자는 문제의 기억과 새로운 연관들을 맺을 수 있게 된다. 예를 들어 폭력 범죄의 피해자는 그 순간의 공포 대신, 자신이 강하며 생존자라는 새로운 연상을 떠올릴 수 있다. 본질적으로 이는 상처를 씻어서 몸이 자극과 감염 없이 자기 치유를 시작할 수 있게 해 주는 것과 같다. 다만 이 경우엔 상처가 정신적인 것일 따름이다.

나는 손에 버저를, 즉 작은 전자 진동기(pulser)들을 쥐고 있고, 캐럴은 내가 마음속에서 아주 차분하고 수용적인 장소에 다다를 때까지 나에게 말을 건다. 내가 들은 미친 짓 중에서 제일 멍청한 것이거나, 멍청한 짓 중에서 제일 미친 것이지 싶었다. 그렇지만 최악의 경우라도 좋은 이야깃거리가 될 테고, 어쨌든 지금보다 더 비참해질 수도 없다고 생각했다. 최선의 경우라면, 나를 바닥으로 끌고 내려가는 무겁고 끔찍한 기억들을 내려놓을 수 있을 테고.

최선의 경우에 도전한다는 건 '행복한 장소를 찾는다'거나 '어머니 문제를 해결'한다는 따위 심리치료의 클리셰들을 은근슬쩍 받아들여야 한다는 의미였다. 이런 말들은 심리치료를 조롱할 때 흔히 들먹여지는데, 일반 대중이 생각하기에 뇌를 돕기 위해 자기가 행복한 장소에 있다고 상상하는 건 현실 부정이다. 그런데 이렇게 생각하는 것이야말로 정신질환을 무시하고, 질환을 치료할 가능성이 있는 길들을 무시하는 흔한 방식이다. 이런 생각을 지닌 사람들은 흔히 우울증을 치료하는 최고의 방법이 "퍼뜩 기운을 차리"거나 "스스로 정신을 바짝 붙들어 매는" 거라고 믿는 이들이다. 자신과 다른 사람들을 최소한의 예의를 갖추어 대해 달라는 요청을 받았을 때 '정치적 올바름(political correctness)'의 강요니 뭐니 하며 불평하는 것도 같은 사람들이다. 내가 생각하기에 그들의 조롱, 눈알 굴리기, 경멸은 양육자에게서 차별적 관점을 배운 결과일 것이다.

그렇다. 이 얼간이들이 농지거리를 하고 짜증이나 불신의 표시로 눈알을 굴리면 보통 사람은 치료를 시작하고 거기에 힘을 쏟는 걸 좀 더 망설이게 된다. 자신의 문제들이—많은 고통을 유발하고 발달을 저해하고 있을지 모르는 그 문제들이—터무니없는 것이라는 말을 들은 거니까. 사회에 이런 차별적 사고방식이 널리 퍼질수록, 사람들은 치료 자체가 터무니없다고, 치료를 시도하는 사람들도 터무니없다고 믿게 될지 모른다. 그러면 도움이 필요한 사람들이 도움을 청하지 않게 된다.

더 나은 상태가 되는 건 터무니없지 않고, 그러기 위해 가능한 어떤 수단이든 사용하는 것 역시 터무니없는 일이 아니다. 상상력은 엄지손가락과 같이 인간이 이용할 수 있는 도구의 하나이니 이용해야 마땅하다. 상상력을 발휘해 마음속에 자신이 돌아갈 수 있는 평화로운 장소를 그려 내는 건 진정으로 유익하다. 사실 이런 요법을 진지하게 받아들이는 사람 대부분은 '행복한 장소'라는 표현을 사용하지 않는데, 여기서 요점은 '행복한 것'이 아니기 때문이다. 중요한 건 자신의 격렬한 정신을 주의 깊게 재조율할 수 있을 만큼 차분하고 고요해질 수 있는 장소의 감각기억(sense memory)을 만들어 내는 것이다. 그 결과 당신은 행복해질 수도 있고 그렇지 않을 수도 있지만, 그건 문제가 아니다.

내가 캐럴과의 EMDR 요법에서 처음 시도한 것 중 하나가 바로 나의 평화로운 장소를 그려 내는 것, 즉 내가 가본 곳 가운데 가장 차분하고 느긋한 상태가 될 수 있었던 장소를 찾는 것이었다. 어렵진 않았다. 오리건주 태평양 해안가에 오션사이드라는 작은 마을이 있다. 질과 내가 적어도 열두 차례는 휴가를 보낸 그곳은 세상에서 내가 제일 좋아하는 장소다. 그중에서도 내가 가장 평화로워지는 위치는 해변 위의 특정한 지점인데, 그곳에선 바다 위의 거대한 암석이 내다보인다. 따뜻하고 산들바람이 분다. 상상 속 나는 틸라무크 브라운 카우 아이스크림콘을 들고 있고, 우리 아이들은 그곳에서 어쩐 일인지 서로에게 문명인답게 굴고 있다.

캐럴은 나를 그곳으로 더 깊이 데려가, 냄새를 맡고, 소리를 듣고, 발밑의 감촉을 느껴 보라고 격려했다. 혼자 있나요, 다른 사람과 함께인가요? 무얼 입고 있나요? 이 시점에 이르자 나는 상당 부분 긴장을 내려놓은 상태였다. 어쩌면 최면에 빠졌던 걸까? 우리는 해변의 그 지점을 안전한 장소로 점찍고 곧 하게 될 EMDR 세션에서, 그리고 삶의 다른 순간들에 마음속 그 장소로 돌아가는 방법을 연습했다.

내 EMDR 치료의 목표는 내가 이성적으로 알고 있는 사실, 즉 릭의 죽음에 책임이 있는 사람은 릭 자신이라는 사실을 내가 릭이 어떻게 죽었는지 생각할 때마다 제일 처음으로 떠올리도록 만드는 것이었다. 그래, 내게 악몽 같은 트라우마로 남은 릭의 몸 이미지도 문제이긴 했지만 그건 그 자체로 문제라기보단 더 큰 문제의 증상이었다. 내가 릭의 죽음에 대해 지닌 비이성적인 책임감과 죄책감이라는 문제 말이다. 캐럴과 나는 머릿속에 단세 단어로 된 문장을 박아 두기로 했다. *릭은 스스로를 쐈다.* 책임 소재 문제와 죄책감과 자기혐오로 점철된 길고 두서없는 독백들이 나오다가도 결국은 릭이 자기 손으로 권총을 들고 방아쇠를 당겼다는 사실을 적시하는 말로 마무리했다. 다음과 같이 말이다.

맞다, 하지만 사격장에 대한 이야기를 책에 쓴 건 나였다. —릭은 스스로를 쐈다.

전화가 그렇게 많이 왔는데도 나는 등을 돌렸다. —릭은 스스로를 쐈다.

내가 할 수 있었던 일이 그토록 많았는데. —릭은 스스로를 쐈다.

릭은 스스로를 쐈다. 그 사실을 확실히 하는 것은 나 역시 죽어 마땅하다는 느낌 이외의 다른 것을 떠올리는 유일한 길이었다.

핸드 버저 얘기를 하자. 캐럴은 '세라태퍼스(TheraTappers)'라는 기분 좋은 이름을 지닌 기기를 사용했다. 약간 볼록한 원반 모양인데, 한 손에 하나씩 들게 돼 있다(진동하는 이 버저는 촉각을 통해 뇌에 '양측성 자극'을 전달함으로써 몇몇 정신건강 문제의 치료를 돕는다고 한다.—옮긴이). 버저는 캐럴이 손에 들고 있는 상자와 전선으로 연결되어 있었는데, 상자는 진동의 강도와 빈도를 제어하는 것이었다. 자극과 그에 이어지는 유도된 안구운동은 기억을 더 안전하고 더 다스리기 쉬운 장소로 인도해서, 환자가 문제의 생각이 떠오를 때마다 자동적으로 공포에 빠지지 않게끔 해준다. 세라태퍼스가 사이언톨로지교의 E-미터(이 신흥종교에서 사용하는 'electropsychometer'의 약칭. 피부의 전기 저항 변화를 계측해 피측정자의 정신 상태와 변화를 알아냄으로써 문제점 발견을 돕는 기기라고 주장된다.—옮긴이)와 비슷하게 들리니 과학적으로 미심쩍다고 생각하고 있다면, 형제여, 나도 그랬다. 이 기기가 '최첨단 의료 장비'라기보다는 '1978년 라디오색 체인스토어의 조립용품 세트로 만들다 실패한 전자 장치'처럼 보였기 때문에 더욱 그랬다. 하지만 다시 한번 말하건대, 내가 잃을 게 뭐가 있단 말인가? 가진 거라곤 절박한 비명뿐인데.

그리하여 눈을 감고 세라태퍼스의 두드림을 느끼며, 나는 중환자실에서 본 릭의 몸을 떠올리기 시작했다. 바닷가의 안전한 장소를 떠올렸을 때처럼, 나는 모든 것을 기억해 냈다. 직원들의 숨죽인 목소리, 소독약과 심한 상처 둘 다에서 풍기는 냄새, 책상들의 위치, 주변 시야에 들어온 다른 환자들. 이 감각들 중 무엇도 굳이 애써서 기억해 낼 필요가 없었다. 문을 열어 주니 오랫동안 억눌려 온 악마들이 바깥 로비로부터 쏟아져 들어왔다. 감각기억과 함께 그 순간의 모든 느낌이 되살아났다. 2007년에는 충격으로 인해 현재를 온전히 경험하지 못했지만, 이제는 충격에선 벗어나 있었다. 나는 과거의 고통에 사로잡혔다. 끔찍했다. 진실로 끔찍했다.

거기서 출발해, 우리는 세라태퍼스를 사용해서—세라태퍼스에서 돈 받고 홍보해 주는 게 아니다. 그저 이 이름이 무척 마음에 들었을 뿐—내 뇌를 인도하여 그 느낌과 감각들, 내 머릿속의 이미지를 릭이 스스로를 쐈다라는 말로 연결시켰다. 쉽지 않았고 재미도 없었으며 편안하지도 않았다. 그리고 한 세션으론 부족했다. 치료를 다녀오는 길엔 지칠 대로 지쳐서 집까지 운전하는 것도 벅찼다. 집에 도착하자마자 곯아떨어져 낮잠에 들곤 했다. 뇌가 마라톤을 달리고 온 참이었으니까. 그렇지만 이 EMDR이라는 것, 효과가 있었다. 죄책감을 비롯해 릭의 죽음에 대한 온갖 생각들은 수년이 지나는 동안 변형되고 석화화했으나 이제는 곧장 '릭이 스스로를 쐈다'라는 생각으로 이어졌다. 논리 정연한 동시에 이제 내 인생을 살라고 허락해 주는 끔찍한 진실로. 전부 효과가 있었다. 아직도 이렇게까지 성공을 거둔 게 믿기지 않는다.

그렇긴 해도 내가 성공을 자축할 일은 아니었다. 내 EMDR 치료의 목표는 형이 스스로 총을 쏴서 죽었다는 사실을 확언해 주는 사고 패턴을 형성하는 것이었으니까. 슬픔과 상실감은 파괴적일 수는 있어도 최소한 내가 헤쳐 나갈 수 있는 세계 안에서 느끼는 것이지만, "내가 형을 죽였다"라는 과거의 연상은 그렇지 않았기 때문이다. 캐럴은 과거의 사고방식이 다시 들고일어나면 언제든 다시 EMDR로 (그리고 세라테퍼스로!) 돌아가면 된다고 했지만, 새로운 사고방식은 여러 해가 지난 지금까지 고착되어 있다.

분명 EMDR이 모두에게 효과가 있는 건 아니다. 입증 가능한 결과들로 충분히 뒷받침되지 않은 사이비 과학이라고 무시하는 이도 꽤 많다. EMDR 요법을 시행하는 사람들은 국가의 인증을 받지 못하고 있으며, 다른 대부분의 보건의료인보다 벽에 매듭 공에 장식물 같은 걸 걸어 놓았을 가능성이 크다. 내가 EMDR에서 효과를 얻은 건, 단지 내가 그러길 원했기 때문일지도 모른다. 나를 더 나은 곳으로 데려다 줄 무언가를 믿고 싶었기 때문일 수도 있다는 얘기다. 설령 그렇더라도 괜찮다. 나는 세상에 어떤 초월적인 질서가 있다고 믿는 신앙인들을 늘 대단하다고 생각해 왔다. 나는 결코 그 상태에 이를 수 없었다. 대체의학에 빠진 일도 없었는데, 이는 내가 90년대의 시애틀 주민으로서 꼬박 10년을 주위의 많은 사람을 미심쩍은 눈으로 보며 지냈다는 의미다. 그러니 어쩌면 나는 인생에게 흠씬 두들겨 맞은 나머지, 예수님이나 수정구슬이 아니라 세라테퍼스에 넘어간 걸지도 모른다. 하지만 효과가 있었다. 그거면 충분하다.

오늘날 내가 릭의 죽음을 떠올리고(매일 있는 일이다), 그게 내 잘못일 수 있다는 생각에 이를 때마다, 내 뇌는 그런 모든 생각을 릭이 스스로를 죽였다라는 명제로 인도한다. 그 모든 순간에 이 명제는 진실로 느껴진다. 얼마 전 내 딸은 친구들과 썰매를 타러 갔다. 딸이 속한 친구들 무리는 한 아이에게 유난히 가파른 비탈을 내려가 보라고 부추겼다고 한다. 그 아이는 결국 척추뼈 하나가 골절되어 학교를 좀 쉬어야 했다. 딸은 심한 죄책감에 빠져 나에게 와서, 그 아이가 다친 게 자기 탓이라고 자책했다. 나는 무심결에 내뱉었다. "브랜든이 스스로 비탈길을 내려가기로 한 거야!" 사실이긴 했다.

제15장
우울증이 유쾌할 수도 있겠다고 깨닫다

2015년 여름, 질과 나는 결혼 20주년을 맞아 울퉁불퉁 바위투성이인 해안과 춥고 바람 거센 날씨의 땅, 메인주로 여행을 갔다. 우리는 즐기는 법을 아는 사람들이니까. 그곳에 머무는 동안 나는 코미디를 제작하는 일을 그만두겠다고 결심했다. 더이상 스트레스를 버텨 내는 걸 도저히 상상할 수 없어서였다. 한데 알고 보니 다른 많은 사람들도 (그러니까 내 상사와 청취자들, 방송국들도) 똑같이 느끼고 있었던 모양이다. 세인트폴에 돌아가니 〈위츠〉가 폐지되었다는 소식이 기다리고 있었다. 그날 밤, 질은 나를 영화관에 데려가서 〈나를 미치게 하는 여자(Trainwreck)〉를 보여줬다. NBA 스타 르브론 제임스가 나오는 영화였는데, 출연진 가운데 희극 연기가 가장 뛰어난 사람이 바로 그였다. 여기에 내 코미디 프로그램이 폐지되었다는 사실을 더해 보니 내가 애초에 코미디에 대해 무엇 하나 아는 게 있긴 했나 의아해졌다.

내 상사 피터 클라우니는 아주 힙한 신생 팟캐스트 제작사 김렛(Gimlet)으로 옮겨 갔다. 세인트폴을 떠나진 않았는데, 우리 밴드 연습을 계속하기 위해서가 아니었을까. 피터는 내 베스트 프렌드였으므로—지금도 그러하다—그 점만 가지고도 그가 회사를 떠난 건 크나큰 실망이었다. 한데 그는 나를 고용하고 세인트폴로 데려온 장본인이기도 했으며 사내에서 가장 열렬히 내 편이 되어 주는 사람이자 나의 치어리더였다. 그동안 나는 종종 생각하곤 했다. "만에 하나 피터가 퇴사라도 하면 나는 망하는 거야." 그런데 피터가 퇴사한 것이다.

자아와 업무 수행을 분리하지 않고 나 자신을 내가 맡은 프로그램의 연장으로 생각하는 게 영 잘못이라는 건 알았다. 하지만 정말로 모든 게 끝나고 프로그램이 폐지되자, 나 자신을 담았던 무언가가 파괴되었음에 슬프다기보다 완전히 무력화된 느낌이 밀어닥쳤다. 마음씨 좋은 동료들이 줄줄이 내 사무실을 찾거나 이메일을 보내 위로를 전했다. 그리하여 나는 괜찮다, 정말 괜찮다, 세상이 끝난 것도 아닌데 뭐가 문제냐, 영원한 게 어디 있겠냐, 아무도 안 다치지 않았느냐, 애초에 그런 프로그램이 존재했었다는 것만으로도 기쁘다, 어쩌고저쩌고 하는 말로 그들을 달래야 하는 희한한 위치에 놓았다. 실제로 두어 번 "어쩌고저쩌고"라는 말을 한 것 같다.

이게 우울한 사람들이 늘 하는 행동이다. 연약하고 발육부전인 자아를 더 튼튼하고 양분이 풍부하리라 기대하는 다른 용기에 담는다. 몸에 맞지 않는 형편없는 껍데기다. 내가 두른 껍데기는 무대 공연과 라디오 송출을 위해 제작한 하나의 프로그램, 아니 여러 프로그램, 아니 내 인생의 모든 프로그램들이었다. 다른 사람들의 껍데기는 불건전한 연애, 또는 점차 불건전해지는 연애일 수도 있고, 종교나 스포츠 팀이나 정치적 성향일 수도 있다. 형태만 다를 뿐이지 모두 자신을 포기하고 자기 정체성, 자기 자아를 남의 손에 넘겨주는 일이다.

이런 식으로 자신을 넘겨주는 건 우울인들에게 위험하다. 좋게 끝나는 법이 없다.

팟캐스트 부서를 위해 막후에서 해 줄 새 일거리가 몇 가지 있긴 했지만, 제작할 프로그램이 없으니 일과가 아주 느긋해졌다. 나는 그 시간을 야무지게 활용했다. 책상에 앉아 멀거니 앞을 바라보며 내 정신이 아무렇게나 원하는 대로 흘러가도록 놔둔 것이다. 내 정신이 원하는 거야 나를 죽이는 거였다. 그러니 나쁜 전략이다. 당연히 우울인들에게 이런 무기력 이외의 유일한 선택지는 미친 듯한 바쁨뿐이다.

내가 생각하기에 대체로 쓸모없는 용어가 두 개 있다. 하나는 '자기연민'으로, 무언가에 대처하려 애쓰고 있으나 대개는 실패하는 사람들을 헐뜯을 때 쓰는 말이다. 그들은 자기연민에 빠져 있는 게 아니다. 어떻게든 상황을 해결하려고 노력하고 있지만 당면한 과제에 비해 기질과 경험, 정서 구조가 역부족이라 자주 꺾여 버리는 것일 뿐이다. 그러나! 하지만! 그들은 제 딴엔 노력하고 있다. 그러니 이런 사람들을 자기연민에 빠져 있다고 평할 게 아니라, 도와주는 게 어떨까. 그게 아니라면 적어도 그들을 좀 덜 몰아붙이면 어떨까. 괴물 자식들아.

갈수록 무의미하게 여겨지는 또 다른 용어는 심리적인 의미의 '처리'로, 트라우마를 뒤로하고 나아가려는 시도를 일컫는 말이다. 예를 들어 "나는 아직도 그의 죽음을 처리하고 있어"라고 말하곤 한다. 그런데 이 말엔 이루어질 수 없는 약속이 들어 있다. '처리'란 어떤 최종적 결과를 성취하기 위해 수행하는 일련의 행동이다. 컴퓨터는 데이터를 처리하여 결과를 산출한다. 그러니 '처리'하고 있는 사람은 그 과정이 끝나면 맑은 종소리를 울리며 어떤 결과를 들고 나타나야 마땅하다. 한데 트라우마는 이런 식으로 다루어지는 게 아니다. 나는 릭의 자살을 끝내 처리하지 못했다. 나는 그저 계속 살아야 했기 때문에 앞으로 나아갔고, 아무것도 괜찮아지지 않았으며 앞으로도 마찬가지일 테다. 이런 식으로 처리하는 컴퓨터라면 내다 버리겠다.

〈뽀빠이〉는 꽤나 이상한 만화였다. 웬 뚱딴지같은 소리냐 하겠지만 한 번 들어 보라. 이 만화에는 분노 조절에 문제가 있는 선원들과 스테로이드 뺨치는 효능을 발휘하는 시금치, 그리고 윔피라는 캐릭터—햄버거를 먹고 싶지만 돈이 없다는 게 주된 테마인 친구—가 등장한다. 그런데 윔피가 뭘 하는가? 오늘 햄버거를 사주면 화요일에 돈을 갚겠다고 약속한다. 나는 그런 장면을 보며 생각하곤 했다. "어째서 화요일에 무슨 일이 일어나는지 는 보여 주지 않는 걸까?" 화요일엔 윔피가 돈을 구해 들고 오거나(가능성 이 낮다), 갈등을 해결하는 주된 수단으로 폭력을 사용하는 버릇이 있는 몇몇 선원들을 마주해야 하기 때문일 것이다. 화요일은 윔피에게 **생지옥** 일 테다.

〈위츠〉의 폐지를 마주한 나는 화요일을 맞은 윔피였다. 정신적으로 흠 씬 두드려 맞은 기분이었다. 내가 안 그래도 프로그램을 그만두려 했다는 사실은 무의미했다. 나 자신의 연장으로 여겨 온 프로그램을 세상이 거부 했으니.

이어지는 며칠, 아니 몇 주 동안 나는 현재를 사는 걸 견딜 수 없었고, 인생이 다만 현재 순간들의 길고 긴 연속이라는 생각에 신물이 났다. 릭의 죽음 이래 자살은 내게 영영 논외의 선택지가 되었고, 설사 그렇지 않았다 해도 '머더 캣(Murder Cat)'이라는 이름의 고양이가 고정 출연하는 프로그 램을 잃었다고 해서 자살하는 게 무척이나 멍청해 보일 건 알았다. 아마존 전자카드를 두고 실존적 두려움을 느끼는 것만큼이나 우스꽝스럽겠지. 하지만 나는 정말로 현재를 견딜 수가 없었다.

주말이면 한없이 긴 낮잠에 들었다. 우울인들이 침대에 들어가 통 나오 지 못한다는 말을 들으면 정상인들은 안이하게 반응한다. 기분이 영 울적한 모양이라고. 혹은 나태하다고. 누군가에겐 해당 사항이 있을지 모르지만, 훨씬 더 흔한 이유는 앞에서도 말했듯 우리가 기진맥진했다는 거다. 그런 식으로 핑핑 돌아가다가 나락으로 떨어지곤 하는 뇌를 지니고 매순간 정신적 옹이리들을 안고 다니면—지쳐 널브러지기 마련이다. 몸이 실제로 소비하는 에너지는 미미할지 몰라도 정신은 장애물 마라톤을 달리고 있다. 우울하고 항상 지쳐 있는가? 그건 당신이 매일 십종경기를 뛰기 때문일지도 모른다.

프로그램 폐지에 따른 고통은 릭이 죽은 뒤 느낀 것과는 전혀 달랐다. 공포가 없었고 신경계를 뒤흔드는 충격도 없었다. 프로그램이 폐지되고 내가 느낀 건 일종의 신체적이고 정신적인 피로로서, 직업 차원에서 볼 때 최후의 일격을 맞은 기분이었다. 나는 늘 다음번 큰 목표는 분명 나를 행복하게 해 주고 모든 문제를 해결해 줄 거라고 기대하며 평생을 분투해 왔다. 하지만 매번 그러듯 또다시 시원하게 망해 버렸다.

사람들이 말하길 NFL에서 잘 나가는 러닝백(미식축구에서, 라인 후방에 있다가 공을 받아서 달리는 공격 팀의 선수-옮긴이)들은 태클이 들어올 때조차도 다리는 계속 앞으로 달려 나간다고 한다. 발목을 잡은 걸 떨쳐 내고 앞으로 나아갈 수 있을지도 모르니까. 〈위츠〉가 폐지되었을 때 나는 지금까지 오랜 세월 두 다리로 땅을 박차면서 살아왔다는 느낌이 들었고, 이제는 다리가 너무 아파서 차라리 태클에 걸리는 게 낫지 않을까 생각했다. 이 모든 것에 수반해서, 내가 우울해하는 것 자체에 대한 부끄러움이 들었다. 내겐 나를 사랑하는 아내가 있었고, 역시 나를 사랑하며 좋은 어른으로 자라날 아이들도 있었고, 집이 있었다. 아직은 직장도 있었다. 사회가 내게 제공할 수 있는 온갖 특권도 있었나. 우리 문명의 모든 기제는 대학 교육을 받은 이성애자 백인 남성인 나를 보호하고 돕게끔 작동했으니까.

대체 뭐가 불만이란 말인가?

그야 나도 우울증이 무언가의 결과라고 생각할 만큼 바보는 아니었다. 우울증은 반응이 아니라 질환이니까. 그렇지만 머리로 아는 것과 마음으로 느끼는 건 다르다. 죽고 싶지는 않았지만, 내 머릿속에서 뇌를 잠시 끄집어내고 싶었다. 몇 주 동안 병에 담아 두고 내가 휴식을 취한 뒤 다시 집어넣으면 안 될까.

나는 보험사에 전화해서 이와 관련해 뭘 할 수 있을지 알아보았다. 내가 어떤 일을 겪고 있는지 생생하게 묘사했더니 초진간호사와 연결해 주었다. 그녀는 나를 시내의 한 입원치료 기관으로 의뢰해 주었다. 전화로 접수를 받은 사람은 내 정신 상태를 듣더니 낮병동 치료(day treatment, '주간치료'라고도 한다. –옮긴이) 같은 걸 가급적 빨리 진행하는 게 좋겠다고 권했다. 낮병동이란 숙박을 하지 않고 낮에만 진행하는 캠프 같은 거다. 계획은 2주 동안 병가를 내 직장을 쉬면서 평일 오전 9시부터 오후 6시까지 시설에 다니는 것이었다. 거기선 내 약 복용을 점검 관리하고, 일대일 및 그룹 치료를 하고, 내가 좀 쉴 수 있도록 해 줄 터였다. 저녁마다 집에 가는 것, 가족과 시간을 보내고 내 침대에서 자는 것이 내게 좋게 작용할 거라고 그는 말했다.

나는 전화번호와 통화한 사람 이름을 적어 두었다. 하지만 다시 전화하지 않았고 시설에 들어가지도 않았다. 이름과 전화번호를 받은 것만으로도 상태를 개선시키기에 충분했다. 정말로 심하게 엉망진창이 되면 기댈 선택지가 생긴 거다. 당장은 필요 없을지 몰라도, 건물 안 어디에 소화기가 있는지를 알아두면 좋듯이.

이 시기에 나는 가족의 조력을 받았다. 애정 넘치는 새 식구, 강아지 샐리도 도움을 주었다. 그때 내 머릿속엔 어떤 아이디어 하나가 맴돌고 있었다. 지난 몇 년 동안 〈위츠〉 수십 편을 제작하며 게스트로 많은 코미디언들을 만났다. 프로그램을 준비하며 그들의 예전 인터뷰를 읽거나 직접 대화를 나눠 보면, 놀랍도록 많은 이들에게 우울증 경험이 있었다. 우울증은 종종 그들의 코미디 소재로, 때로는 무대 밖 대화의 주제로 거듭 등장했다. 내가 우울인이라서 우울한 코미디언들에게 끌린 까닭도 있을지 모르겠다.

우리 프로그램에 몇 번 출연한 패튼 오스월트(Patton Oswalt)에겐 식료품점에 들렀다가 린퀴진 브랜드의 냉동 간편식을 사러 냉동식품 코너로 향한 어느 화요일 아침에 대한 훌륭한 이야깃거리가 있다. "냉동식품들을 보고 있는데 배경음악으로 토토의 노래 「아프리카」가 흘러나오기 시작했습니다. 그때만큼 평화롭게, 아무 노력 없이, 즐거이, 자살하고 싶다고 느낀 적이 없어요. 절망조차도 느껴지지 않았습니다. 총이 있었더라면 단박에 휘익 꺼냈을 겁니다. 이런 식이죠. '아, 프렌치 크러스트 피자가 여기 있네. 두두두두두. (빵!)'"

마리아 뱀퍼드에겐 우울증이 큰 부분을 차지하는 자신의 제2형 양극성 장애에 대한 이야깃거리가 한 트럭은 된다. 리처드 루이스의 코미디는 죄다 암울함과 절망을 다룬 것이다. 웃어넘길 주제들은 아니다. 그럼에도 그런 얘기를 꺼내는 게 코미디언이라서, 사람들은 웃는다.

여기에 관한 인터뷰 시리즈는 어떨까? 물론 팟캐스트로 만들어야 할 거다. 철저히 틈새시장을 겨냥한 주제라 라디오 프로그램으로 제작하기엔 맞지 않는다. 나는 패튼과 마리아를 비롯해 이제 명을 다한 내 프로그램에 출연한 수많은 코미디언들과 친분을 이어 가고 있었다. 궁금했다. 그들은 우울해서 코미디를 시작한 걸까? 아니면 순회공연을 많이 하는 코미디언으로서 느끼는 고립감과 자신을 하나의 브랜드로서 마케팅 해야 하는 필요성 때문에 더 우울해진 걸까?

다른 대부분의 아이디어와는 달리, 이 아이디어는 계속 나를 사로잡았다. 직장의 다른 사람들도 "코미디언들과 우울증에 대해 이야기하는" 프로그램에 즉각 찬성했다. 아무도 "당신 미쳤소?!"라고 말하지 않은 이유는, 이 프로그램 콘셉트 자체가 "그래, 나 미쳤다" 하고 인정하고 들어가는 것이기 때문인지도 몰랐다.

몇 달 안 지나서 나는 새 상사 스티브 넬슨과 함께 〈유쾌한 우울증의 세계〉라는 가제를 붙인 파일럿 프로그램을 위해 인터뷰를 따러 비행기를 타고 로스앤젤레스로 향했다. 제목은 덜 이상하고 덜 심란한 것으로 바꿔야 하리라고 모두가 입을 모았지만. 패튼 오스월트는 파일럿에 담길 인터뷰를 하겠노라 수락했고, 스티브와 내게 선셋 대로의 한 레코드점 겸 이발소에서 만나자고 했다.

우리와 만나서 패튼이 제일 먼저 한 일은, 내가 생각한 이 프로그램의 전제에 의문을 제기하는 것이었다.

그는 우울한 치과의사보다 우울한 코미디언이 더 많으리라 생각지 않았다. 코미디언들이 자기 일의 일환으로 우울증에 대해 이야기하니 많아 보이는 것일 뿐. "다른 직업인에 비해 코미디언은 우울할 경우 그 정신 상태와 매우 적극적으로 싸워야만 일을 해 나갈 수 있습니다. 아주 솔직하고 꾸밈없는 사람은 우울증이 있으면 무대에서 그 우울감에 대해 이야기할 겁니다. 벽돌공이나 가구 제작자 같은 이들은 코미디언과 달리 우울증을 자신의 기예에 반영할 길이 아마 없겠지요."

그리하여 나는 헤비메탈 앨범들과 패튼 오스월트의 잘라낸 머리칼 사이에 앉아, 붐 마이크를 알맞은 위치에 대려고 애쓰는 스티브를 보며, 내 프로그램이 존재할 기회를 얻기도 전에 흐지부지되는 건가 생각하고 있었다. 하지만 패튼은 이어지는 대화에서 우울증이 자신을 드러내는 방식에 대해 소름 끼치게 정곡을 찌르는 말들을 많이 들려주었다.

"스탠드업 코미디만으로 생계를 꾸리기 전에는 우울증과 씨름할 일도 사실상 없었습니다. 그때까지 제가 이루려 애쓰던 목표는 단 하나였어요. '스탠드업 코미디만으로 밥을 먹고 살 수 있었으면 좋겠어.' 그런데 그 목표를 이루고선 주위를 둘러보면—아, 다음 단계를 밟아야 하는구나, 하고 깨닫죠. 다음 단계가 뭐지? TV에 나오는 건가? 영화에 출연하는 건가? 생활이 안정된 고원에 다다른 저는 행복했습니다. 거기 도착하면 산으로 치솟은 암벽이 보이고, 친구들이 죄다 그걸 기어오르고 있을 줄은 몰랐어요. 우리 모두 그 고원에서 행복할 줄만 알았죠."

파일럿 프로그램을 제작하러 녹음테이프를 들고 미네소타로 돌아와 보니, "왜 코미디언들이 우울한가?"라는 질문은 확실히 전보다 덜 흥미롭게 느껴졌다. 이제 내가 미래의 게스트들에게 묻고 싶은 것은 그보다 약간 단순했다. 우울증이란 대체 무엇인가요? 그게 어떤 느낌인가요? 어떻게 매일을 살아가나요? 당신에겐 무엇이 효과가 있고, 무엇이 효과가 없나요? 우울증이 당신의 정신을 어떻게 왜곡시키나요? 그때까지 내가 라디오 업계에서 해온 작업의 중심에는 내가 아주 흥미롭다고 느낀 인물과 이야기들이 있었다. 나는 그것들을 일반 대중에게도 흥미롭게 느껴질 방식으로 공유하고 싶었다.

코미디언과 대화를 나누는 것의 이점은, 패튼처럼 훌륭한 코미디언의 경우 복잡한 문제에 대해 명료하고 흥미진진한 방식으로 이야기하는 능력이 뛰어나서 일상의 안개를 뚫고 청중의 진심에 가닿는다는 것이다. 그러면 청중은 방금 그 코미디언이 묘사한 것이 자기뿐 아니라 남들도 생각하거나 느끼는 거라는 사실을 처음 깨닫게 된다. 아, 저 생각을 하며 종종 걱정에 사로잡히는 게 나 혼자가 아니구나 하고 깨닫는다는 얘기다. 동지가 있다. 그러니 괜찮다. 웃음이 터져 나오는 게 바로 이때다. 이 웃음은 안도의 날숨이다.

패튼이 린퀴진 냉동식품 코너에서 「아프리카」를 들으며 자살 충동을 느끼는 대목에서 사람들이 웃음을 터뜨리는 건 그런 병치가 일으키는 불협화음 때문이기도 하지만, 사실 이 이야기는 어떻게 침투적 자살사고(intrusive suicidal ideation, 원치 않는데 자꾸 떠오르는 자살하고 싶다는 생각-옮긴이)가 생각지도 못한 순간에 떠오르는지, 어떻게 아득한 절망이 난데없이 모습을 드러내는지에 관한 것이다. 무서운 이야기다. 살인자가 자유롭게 나돌아 다니고 있는 셈 아닌가. 청중들이 웃는 건 이 이야기가 자신의 가장 어둡고 비밀스러운 생각을 비춰 주고, 그럼으로써 한결 가볍게 만들어 주기 때문이다. 그런 생각들을 업계 최고의 코미디언이 무대 위에서 소리 내어 들려줄 때, 무서움은 덜해진다. 심각한 코미디광이 아니고선 우울증과 관련된 코미디 이론을 다루는 팟캐스트를 원할 것 같지 않지만, 이 우울증이라는 병에 대해 비로소 터놓고 이야기하는, 그것도 농담을 곁들이며 하는 팟캐스트라면 먹힐 것 같았다.

사무실에서 내 아이디어가 계속 추진력을 얻어 나가자, 사람들이 왜 내 비위를 맞춰 주는지 의아해졌다. 이게 다 우울증이 하는 말이다. 내가 마침내 중요한 회의에 참석하게 되면 거기서 모두에게 손가락질을 받으며 웃음거리가 되리라. 그 회의에 늦는 사람이 있다면 어떻게 될까? 사람들이 지각한 사람을 기다렸다가 다 같이 손가락질을 시작할까? 아니면 내가 복도에서 나를 향해 웃고 손가락질하며 회의장으로 달려오는 그 지각자를 보게 될까? 공영 라디오가 나를 상대로 몰래카메라를 하고 있는 건 아닐까?

2015년 크리스마스 즈음 나는 동료인 낸시 캐수트와 케이트 무스에게서 트윈 시티스에 기반을 둔 보험회사 겸 의료 서비스 제공자인 헬스파트너스에 보내게끔 파일럿 프로그램의 CD 복사본을 여러 개 만들어 달라는 요청을 받았다. 이어서 그 회사와의 회의에 함께 참석해 달라는 초청이 왔다.

그리하여 나는 아주 멋지고 잘 차려입은 여자들과 함께 아주 멋진 사무실에 앉아서, 아포칼립스 이후 펼쳐진 지옥도에서 트럭에 묶인 채 항문 강간을 당한다는 것에 대한 패튼의 농담이 어떻게 받아들여졌는지, 후원금을 받을 수 있을지를 궁금해하고 있었다. '코미디가 대단하긴 해.' 나는 다소 음울한 상념에 잠겼다.

헬스파트너스는 '메이크 잇 오케이(Make It OK)'라는 이름의 적극적 개입 프로그램을 시작한 터였다. 이 프로그램에선 많은 사람에게 정신질환이 있으며 그중 많은 이들이 당신의 친구와 이웃이라는 메시지를 널리 전하고자 했다. 정신질환을 가진 사람이 식료품점 직원일 수도, 경찰일 수도, 의사일 수도, 변호사일 수도 있다. 더 많은 사람이 할리우드 영화를 보고 잘못 배운 생각들에서 벗어나 정신질환의 현실을 이해하면, 도움을 청하는 것에 들러붙는 오명도 줄어들 테고, 결과적으로 우리는 더 건강한 사회에서 살게 될 것이다. 웹사이트 메이크잇오케이닷오그(makeitok.org)에는 정신질환을 겪은 사람들이 털어놓는 이야기, 그들이 어떻게 회복했는지에 관한 희망찬 이야기들이 올라와 있다. 정신건강이 염려되는 사람에게 어떤 말을 할지, 어떤 말을 하면 안 되는지에 관한 팁도 있었다. 좋은 보건의료에는 질환을 치료하기에 앞서 질환이 심해지는 것을 방지하는 일도 포함된다. 이는 보험사 입장에서도 바람직한 일이며 인간으로서 우리에게도 바람직한 일이다. 헬스파트너스의 도나 지머먼은 내게 사이트 접속자가 영

늘지 않는 것이 유일한 문제라고 설명했다.

　이제 내가 입을 열 차례였다. 할 말이 많았다. 어떤 프로그램을 만들 수 있는지에 관해선 이미 생각해 둔 바가 있었다. 나는 내 아이들이 중이염에 걸렸을 때 항생제를 먹였던 방법에 빗대어 내가 하고 싶은 일을 설명했다. 즉, 약을 아이스크림에 슬쩍 넣어 주는 것이다. "요컨대 우울증에 대한 메시지, 그게 알약입니다. 하지만 팟캐스트가 그저 알약만이라면 그걸 다운받아 삼키려 하는 사람은 아무도 없겠지요. 우리가 해야 할 일은 알약을 딸기 아이스크림 속에 넣고, 필요하다면 으깨 버리는 겁니다." 나는 말했다. "아이스크림은 패턴이지요. 또는 마리아 뱀퍼드일 수도 있고, 우리가 불러올 수 있는 누구라도 좋아요. 이런 프로그램에선 메이오 클리닉 의사를 불러와서 선택적 세로토닌 재흡수 억제제[항우울제의 흔한 종류인 SSRI]의 작용 기전에 대해 설명을 들을 수도 있고, 마리아를 부를 수도 있어요. 하지만 요점은 마리아가 나오는 걸 다운받는 사람이 더 많으리라는 거죠. 재미있으리라는 걸 아니까요. 우리는 우리가 전파하고자 하는 메시지가 퍼져 나가게끔 다운로드 횟수를 늘리고 싶습니다. 그러면 후원사가 늘어나서 그 수입으로 제작비를 벌충할 수 있을 거구요. 그리고 무엇보다도, 이 프로그램이 더 많은 사람에게 가닿는다는 건 **청취자가 그만큼 많아진다는 얘기죠.**"

　15년 동안 방송에서 공영 라디오 모금 운동을 해온 사람에겐, 대화를 돈이 되는 방향으로 유도하는 본능이 있다. "음, 파일럿 에피소드가 정말 마음에 들었어요." 도나가 말했다.

　"정말요? 아포칼립스 후의 지옥도에 남겨진 패턴에 대한 부분도요?" 내가 물었다.

　"예상 밖이긴 했죠." 그녀가 웃었다. "하지만 프로그램이 아주 멋지다고 생각했어요."

그들은 이미 우리를 후원하기로 결정한 뒤였다. 나는 고객이 신차를 몰고 집에 가는 동안 조수석에 앉아 "이 차가 당신의 요구사항들에 꼭 맞아요!"라고 떠벌리는 자동차 딜러였던 셈이다.

도나는 2주 뒤 공식적으로 소식을 전해 왔다. 우리는 후원금을 받게 되었다. 여전히 〈유쾌한 우울증의 세계〉라는 제목을 고수하고 있는 프로그램의 한 시즌 분량을 만들게 된 것이다. 우울증이라는 병과 씨름하고 있는 사람은 세계적으로 수천만 명도 넘지만, 나는 우울증 공동체에서 대단히 드문 무언가를 시작할 셈이었다. '프로 우울인'이 될 거였으니까. 그래, 울적한 기분으로 사는 거야 내 주특기 아닌가. 로파이브!(하이파이브와 반대로 허리 높이쯤에서 서로 손바닥을 마주치는 축하 동작. 이 맥락에서 'low'는 우울을 상징한다고 볼 수 있다.-옮긴이)

제16장
잠재적으로 유쾌한 잠재적 우울증의 세계

〈위츠〉는 백미러 속에서 차츰 희미해져 가며 개인적 실패라는 느낌이 줄어들었고, 〈유쾌한 우울증의 세계〉의 타당성이 새로이 초점에 들어왔다. 어느 날, 질과 나는 둘이서, 아니 개들까지 세면 넷이서 차를 타고 목줄을 풀어 놓을 수 있는 강아지 공원으로 향했다. 복종엔 전혀 흥미가 없고 제대로 훈련을 받은 적도 없는 우리 개들은 이 공원을 사랑했다.

여러 해의 충분한 시간과 현명한 아내가 주어지면, 나도 마침내 퍼즐 조각들을 맞춰 나갈 수 있다. 아내가 퍼즐을 맞추고 답을 그냥 알려 준다면 더할 나위 없이 도움이 되고. 아이들이 타지 않은 밴에서 질과 나는 릭을 비롯한 여러 주제에 대해 더 편하게 이야기할 수 있었고, 나는 릭과 나눈 마지막 대화를 떠올렸다. 상황이 정상으로 돌아가리라 착각했던 대화. 내가 말했다. "릭은 그때 시애틀에 와서 어릴 적 사귄 친구들에게 전화를 걸고 그랬지. 기억나? 올슨 형제들이랑 제이한테 연락하려 했잖아. 연락이 닿았는지는 모르겠지만. 그게 참 이상했어. 왜 그랬는지 궁금해."

"글쎄." 질이 약간 망설이다 말했다. "작별 인사를 하려던 거지."

"그게 무슨 뜻이야?"

"몰랐어?" 그녀는 다소 둔한 아이에게 이야기하듯 아주 조심스럽게 물었다. "리스벳 가족이랑 스키를 타러 가고, 옛 친구들에게 전화를 하고, 자기랑 만나서는 어릴 적 제대로 곁에 있어 주지 못해서 미안하다고 사과했잖아. 이만 죽겠다고 결정하고선 모두에게 작별 인사를 한 거야."

침묵이 이어졌다.

"12단계 회복 프로그램 같은 게 아니었단 거야?" 내가 우물거리는 말투로 물었다.

"아니야! 세상에. 진짜 몰랐어?"

릭에 관한 이 사실을 말해 주기 직전 질은 내게, 알고 보면 꽤나 뻔한 진실의 폭탄을 또 하나 던졌다. 나는 그녀에게 운전면허를 따기 직전 새크라멘토에 가서 릭과 있었을 때의 얘기를 들려주었고, 그때 그가 내 영웅이라는 이미지를 굳혔다고 말했다. "릭은 차에 무슨 이상이 생겼다며 정비 센터를 찾아갔어. 정비공이 차를 옆으로 흘긋 들여다보았고. 릭이 그에게 10달러 지폐를 건넸지. 그게 다였어. 영수증도 없고 아무것도 없었어."

질이 말했다. "글쎄. 내 생각엔, 그건 마약 거래가 아니었을까."

"아. 그렇게 생각해?"

질이 자기가 선택해서 결혼한 남자가 대체 어떤 사람인지 평가하는 동안 긴 휴지가 뒤따랐다. "1984년이었고, 10달러 지폐를 건네주었고, 수상한 정비공을 찾아갔고, 비밀스러웠다며? 그럼 그거지! 마약을 판 걸 수도 있겠지만 아마 사는 쪽이었을 거야." 질이 말했다.

"글쎄, 생각해 보니 실제로 차를 수리하진 않았던 것 같아."

딱한 질. 결혼을 무르기엔 너무 늦었다. 이미 내 아이들을 낳았으니.

제이는 릭이 초등학생 적 처음 사귄 베스트 프렌드였다. 우리와 같은 거리에 살았고, 위저 보드(Ouija board, 유령을 소환한다고 알려진 서양판 '분신사바'

놀이판-옮긴이)가 혼자서 집 안을 돌아다닐 수 있다고 믿는 괴짜 블루칼라 가족 가운데 제일 다정하고 점잖은 사람이었다. 우리가 미네소타로 이사한 뒤, 제이는 페이스북 친구 목록을 타고선 내게 연락을 해왔고, 우리는 전화로 대화를 나누었다. 제이는 오랫동안 사실상 릭과 연락이 끊긴 채 지냈지만 그럼에도 그의 죽음에 당혹했다. "어떻게 그럴 수 있지?" 제이가 물었다. 수사적인 질문이 아니었다.

"형은 아팠고, 도움을 충분히 받지 못해서 낫지 못했어." 내가 설명했다.

"하지만 시애틀 어머니 집에 머물고 있다며 나한테 전화했었는걸. 그때 이후 내 전화번호를 갖고 있었는데. 왜 전화하지 않았을까?"

"나도 몰라." 나는 말했다. "자기가 얼마나 안 좋은 상태인지 아무에게도 알리고 싶지 않았던 것 같아. 나도 모르겠어, 제이."

2016년 여름, 나는 시카고에서 열린 팟캐스트 콘퍼런스에 참석했다.

그때 나는 어서 〈유쾌한 우울증의 세계〉를 론칭해 방송을 시작하고 싶어서 애를 태우고 있었다. 그래야만 낯선 이들에게 내 목소리가 가닿고, 내가 다시 사람이 된 기분을 느낄 수 있을 테니까. 하지만 시간이 오래 걸렸다. 청신호를 받고 몇 달이 지났음에도 첫 회를 완성하려면 아직 몇 주가 더 필요했다. 스티브와 나는 미네소타 공영 라디오 보도국의 크리시 피스(Kryssy Pease)에게 프로그램 제작을 맡겼다. 똑똑하고 노력파인 데다 창의적인 여자였다. 그녀가 우울증과 섭식장애를 겪어 보았다는 것 또한 좋은 소식이었다. "(아무개 씨)가 (정신질환 A, B, C, D) 병력이 있대! 좋은 소식이지?!" 우리 사이에선 처음부터 이런 구조의 농담이 유행했다. 누군가가 만성적으로 정신적 고통을 받고 있다는 것에 음침한 즐거움을 느꼈다. 우리의 실제 업무에 써먹을 수 있다는 뜻이니까. "폴 F. 톰킨스가 우울증에 더해 유년기에 방치당한 문제까지 있다고요? 그것 참 기쁜 소식이군요!"

어쨌거나, 나는 시카고에 있다. 우리 회사에서 저녁에 자그마한 리셉션을 열기로 해서 내키지 않는 걸음으로 그곳에 참석한다. 현재 방영 중인 프로그램들을 홍보하는 자리라서, 더이상 진행하는 프로그램이 없는 나는 멋쩍은 기분이다. 나는 그저 파티에 참석한 웬 사내, 내가 필요로 하는 외부의 힘들이 이젠 유의미한 인물로 인정하지 않는 사내일 뿐이다. 〈유쾌한 우울증의 세계〉의 신설은 아직 공식 발표가 되기 전이었으니까. 리셉션엔 피터 세이걸도 참석했다. 피터는 내 친구인데, 정확히 어쩌다 우리가 친구 사이가 되었는지는 모르겠다. 전국에 방송되는 공영 라디오 프로그램을 진행하면 다른 모든 진행자들이 형제처럼 두 팔 벌려 환대해 준다고 설명하고 싶은 마음이 굴뚝같지만, 나는 아이라 글래스(Ira Glass)와 캠핑을 간 적도 없고 로버트 시걸(Robert Siegel)과의 브런치도 현실화되지 않았다. 테리 그로스(Terry Gross)네 집에서 밤늦게 탁구 모임이 열리는지는 모르겠으나, 그렇다면 나는 한 번도 초대받지 못했다. 피터와 나는 아마 트위터에서 비슷한 농담을 하다가 만났을 것이다. 리셉션 파티에서 그는 나를 구석으로 끌고 갔다.

"저기, 새 프로그램 이야기 들었어. 코미디랑 우울증에 대한 거라면서? 나도 끼워 주소."

"끼워 달라니? 무슨 말을… 모르겠는데… 어떻게?" 그에겐 진행하는 프로그램이 있다. 그가 내 프로그램을 진행할 수는 없다. 불공평하다.

"게스트로 불러 줘. 나를 인터뷰해요." 그가 말했다.

그때 크리시와 나는 자신이 우울증을 겪었다고 공개적으로 밝힌 잠재적 게스트 목록을 제법 순조롭게 작성해 나가고 있었다. 피터 세이걸은 그 목록에 없었다. 그는 마라톤을 뛴다. 그것도 아주 많이. 그는 유쾌하고 똑똑하며, 아이비리그 교육을 받았고, 공영 라디오에서 드물게 성공한 프로그램의 진행자다. 그가 최근 이혼을 했고, 그것도 내가 평생 들어 본 것 가운데 손꼽히게 험악한 경위로 그랬으며, 그 탓에 크게 상심했다는 건 알고 있었다. 하지만 끔찍한 일을 겪는 것과 만성적 정신질환을 지니고 사는 건 같지 않다.

"피터, 당신에게 우울증이 있는 줄 전혀 몰랐어요." 내가 속삭였다.

"당연하지. 의료진 외에 내가 그 이야기를 털어놓은 사람은 지금 자기가 처음이니까."

그는 지난 여러 해 동안 릭에 관한 내 트윗을 읽었고, 자살이 뒤에 남겨진 사람들에게 어떤 영향을 미치는지에 대한 내 묘사에 충격을 받았다고 했다. 나는 릭을 맞힌 총알이 계속해서 그가 알았던 모든 사람을 맞히고 튕겨 나가기를 반복하고 있으며, 앞으로도 언제까지나 그러리라는 이야기를 여러 해 동안 해 왔다. 피터는 자살 근처에도 간 적이 없었다고 했다. 이혼 과정의 구렁텅이에 빠져서도. 하지만 언제 끝날지, 어떻게 끝날지 모르는 끔찍한 일을 겪고 있는 다른 누구나와 마찬가지로, 그는 자연스럽게 머릿속에서 몇 가지 대처 방안을 검토해 보았다. 그리고 자살이라는 선택지는, 체크 표시를 할 의도가 없더라도, 그런 목록에 자주 오르기 마련이다.

2주 뒤 나는 크리시와 함께 공영 라디오 방송국 WBEZ에서 〈유쾌한 우울증의 세계(The Hilarious World of Depression)〉, 약칭 'THWoD'에 담을 첫 공식 인터뷰를 녹음하기 위해 다시 시카고로 갔다. 우리 사무실에선

'THWoD'를 '스워드'로 발음했다. 처음에 나는 'T'를 빼고 'H-WoD[에이치워드]'로 부르자고 했지만 사람들이 싫어했다. 라디오 업계에서 15년 넘게 일하면서, 나는 인터뷰를 하러 갈 때면 언제나 얘기를 이끌어 갈 방향의 대략적인 윤곽을 그린 몇 쪽의 메모와 질문을 지참하곤 했다. 피터와의 인터뷰를 앞두고도 비슷한 준비를 해 놓았지만, 결국 나는 맨손으로 가기로 결정했다. 이 인터뷰가 어디로 갈지, 어디로 가는 게 좋을지 알 수 없었고, 그냥 그때그때 생각나는 질문들을 던지고 싶었다. 그가 어떤 일을 하는지 알고 있으니 그러면 충분하다고 생각했다. 도박을 한 것이다. 지금도 나는 〈유쾌한 우울증의 세계〉 인터뷰에는 메모를 들고 가지 않는다. 대화를 주도하기보다는 따라간다. 그리하여 인터뷰는 인터뷰이가 미리 설정된 전제들에 얼마나 들어맞는지를 확인하는 대화가 아니라, 그 사람 자체에 관한 대화가 된다.

피터는 인생도 결혼도 잘 풀려 나가다가 갑자기 고꾸라졌다고 말했다. "링컨 대통령의 말을 조금 바꾸어 표현하자면, '그러자 전쟁이 일어났습니다'. 악몽 그 자체인 상황이 시작되었죠." (링컨이 1865년 재선 후 취임 연설에서 4년 전을 돌아보며 "And the war came"이라고 한 유명한 구절을 피터는 "Then the war came"으로 바꾸었다. -옮긴이)

그는 평생 우울한 사람으로 살았다. 그 같은 사람은 현실을 왜곡하여 인지하기 때문에 야트막한 언덕을 태산처럼 여기는 경향이 있다. 그러다가 자녀들이 연락을 끊어 버리는 결과까지 빚은 끔찍한 이혼이라는 진짜 산에 맞닥뜨리자, 관점이 바뀌었다. 그는 자신이 공영 라디오에서 자기 프로그램 외엔 몇 없는 히트 프로그램 중 하나인 〈디스 아메리칸 라이프(*This American Life*)〉에 게스트로 초청받게 될지를 두고 걱정하곤 했다고 말했다. "[〈디스 아메리칸 라이프〉의 진행자] 아이라 글래스가 당신을 개인적으로 좋아하지 않을까 봐 걱정돼서 잠을 설치는 사람이라면, 아이들이 당신을 미워한다고 말하기 시작하면 죽고 말 겁니다."

남부러울 것 전혀 없는 환경에 살면서도 우울에 빠지는 사람들이 있고, 형편없는 환경에 살면서도 전혀 우울하지 않은 사람들이 있다. 이미 우울 성향을 갖고 있다가 어떤 트라우마에 부닥치는 것을 계기로 작은 불씨가 큰 모닥불로 번져 나가는 사람들을 나는 많이 보았다. 연기자이자 극작가인 피터 세이걸은 50년 넘게 겉으로는 멀쩡한 척을 할 수 있었지만, 트라우마를 남긴 이혼으로 인해 우울증을 더는 무시할 수 없게 되었다.

이해할 수 있는 이야기였다. 내가 분명하게 알 수 없었던 건, 왜 지금 커밍아웃을 하느냐는 거였다. 여기서. 이 팟캐스트에서. 나를 상대로.

"그건 이 시궁창을 혼자 겪어 내기가 정말, 정말, 정말, 정말, 정말 힘들기 때문이에요." 피터가 말했다. 그는 자녀들에게서 따돌려진 다른 부모들의 이야기를 듣고 싶었다. 그리고 자신의 가장 내밀한 고통을 드러내, 자신과 같은 것을 느끼는 사람들에게 손을 뻗고 그들이 혼자가 아니라는 걸 알려주고 싶었다.

크리시와 나는 장려한 느낌의 WBEZ 스튜디오들에서 생뚱맞게 화려한 네이비 피어(Navy Pier, 시카고의 미시간호 연안에 있는 부두 모양의 매립 지역으로, 문화 · 위락 시설들이 들어서 있는 관광 명소다.-옮긴이)로 걸어 나오면서, 녹음이 이상할 정도로 잘 풀린 것에 다소 얼떨떨했다. 우리는 다른 모든 게스트와 마찬가지로 피터에게도 인터뷰료를 주지 않았다. 그리고 피터는 이직 론칭도 안 된 우리 팟캐스트에 출연함으로써 자기 프로그램의 인지도를 높일 필요가 전혀 없는 사람이었다. 그런데도 그는, 우리가 보기엔, 자기 영혼의 깊은 곳을 드러내면서 자신이 가장 약해졌던 최악의 시간에 대해 이야기해 주었다. 그렇게 한 이유는? 그럼으로써 자기 자신과 남을 도울 수 있다고 느꼈기 때문이다.

여름이 끝나기 전 우리 가족은 휴가를 떠났다. 지난여름 동해안을 여행한 것의 후속편 삼아 서해안으로 장거리 자동차 여행을 떠나기로 한 것이다. 내가 세상에서 가장 평화로운 장소로 꼽는 오션사이드에서 며칠을 보내고, 돌아오는 길에는 그랜드티턴 국립공원을 경유하기로 했다. 그곳에서 우리 여행 일정표에 들어 있지 않았던 사건이 일어났다. 질이 죽어가기 시작한 것이다.

쌀쌀한 밤, 캠핑 중이었다. 질이 배가 아프다고 했고, 우리 모두는 캠프파이어에 구워 먹은 핫도그 때문일 거라고 말했다. 이튿날 아침엔 복통이 극심해져서 우리는 서둘러 와이오밍주 잭슨의 긴급진료센터로 갔다. 의사는 단순한 장염이라며 기다리면 나을 거고, 다음 날이면 괜찮아지리라고 했다. 아무튼 맹장염이 아닌 건 확실하다는 게 그의 말이었다. 우리는 장염이 낫길 기다렸지만, 사우스다코타에 도착해서도 질의 고통은 계속되었다. 수폴스시 근처 어딘가에서 우리의 낡은 회색 미니밴은 구급차로 변신했고 나는 세인트폴을 향해 속도를 올렸다. 질은 집으로 돌아가고 싶어 했는데, 다른 동네 병원에 갔다가는 무시무시한 병원비가 나오고 우리 보험으로 처리가 안 될지도 몰랐기 때문이었다. 사우스다코타에서 입원을 하면 2만 달러의 빚이 생길까? 아니면 더 큰 돈이 들까? 얼마 지나지 않아 질은 고통에 신음하기 시작했다.

세인트폴 병원 응급실 앞에 차를 세웠다. 질은 고통으로 의식이 가물가물하면서도 흐릿한 눈으로 구급차 자리에 주차했다며 나를 꾸짖었다. 나는 말했다. "괜찮아. 우리 차가 구급차야." 초진간호사는 즉시 질을 휠체어에 태우고 내 시야 밖으로 사라졌다. 맹장에 구멍이 뚫렸다고 했다. 몇 시간 뒤 의사가 나와서, 존재 의미가 없음에도 사람을 죽일 수 있는 이 맹장이라는 기관 안의 끈적이는 염증성 물질이 더 새어나오지 못하게 막았으니 괜찮아질 거라고 말했다. 이어지는 며칠 동안 많은 진정제가 투여되었고, 검사도 여러 번 실시됐으며, 퇴원은 거듭하여 연기되었다. 의사의 소견서를 확인한 건 집에 돌아가서였다. 감염이 있었고, 패혈증 진단이 내려졌었다. 소견서에는 완화치료라는 선택지도 염두에 두라는 제언이 적혀 있었다. 생을 다해가는 환자를 위한 치료다. 질은 살아남았다.

마흔여덟 살, 캠핑장에서 시작된 복통 탓에 나는 자칫하면 세 아이를 둔 홀아비가 될 뻔했다. 내 아내가 모든 인간과 마찬가지로 몸속의 시한폭탄이라 할 맹장을 지니고 있었고, 그게 어쩌다 터져 버렸기 때문에 말이다. 질은 여러 해 전부터 서른에 죽는 게 백수를 채우고 죽는 것보다 딱히 더 놀라울 것도 없다고 말해 왔다. 나는 쓸데없이 끔찍한 소리를 한다고 답하곤 했지만, 맹장염 사건을 겪고 그녀의 말이 옳았다는 걸 알게 되었다. 우리 누구든 언제라도 죽을 수 있다. 우리에겐 보증기간이 없다. 죽음은 어디에나 있다는 것을 나는 새삼 깨달았다.

음, 그런데 이런 얘기들을 왜 하는지 궁금할 거다.

맹장염 사건 이후 숨을 고르려 애쓴 긴 시간 동안, 우울증이 세게 들이닥쳤다. 불운과 와이오밍의 형편없는 의사로 인해 질이 목숨을 잃고, 내가 그녀를 잃고, 아이들이 엄마를 잃는 사태를 얼마나 아슬아슬하게 피했는지 절감하다 보니 그렇게 됐다. 이 사건은 존재한다는 것의 가혹한 현실을 까발렸다. 어느 날 우리는 더이상 아무것도 아니게 된다. 의미 따위는 없다.

그래, 이건 얼마간은 우울증이 지껄이는 대사였다. "삶은 무의미해" 어쩌고 하는 허풍을 늘어놓는 것. 논리적으로야 전부 맞는 말이긴 했지만 내겐 지루할 만큼 진부하게 느껴지고 있었다. 우울증은 나에게 뉴욕 양키스나 뉴잉글랜드 패트리어츠와 같아서, 계속 우승하는 꼴을 보는 게 지겨웠다. 그럼 어떻게 맞서 싸운담? 어떻게 삶을 이어 나간담? 좋은 아빠이자 남편이 되는 것으로, 물론이다. 하지만 그것 말고 또 뭐가 있을까?

프로그램 제작 이야기로 돌아가 보자. 첫 시즌을 위해 몇 회를 더 만들어 둬야 했다. 빈자리 일부는 내가 전부터 아는 코미디언들을 끌어들여 채웠는데, 낯선 이에게서 아직 데뷔도 하지 않은 프로그램에 출연해 자신의 만성 정신질환에 대해 시시콜콜 이야기해 달라고 요청받으면 당혹스럽거나 불쾌하리라 생각했기 때문이었다. 마리아 뱀퍼드, 앤디 릭터, 폴 F. 톰킨스는 전에 내 프로그램에 출연한 적이 있었으므로 나를 믿고 자기 이야기를 들려주었다. 1970년대부터 우울증에 대해 공개적으로 이야기해 온 딕 캐빗도 프로그램에 참여하겠다고 했다. 그는 심지어 인터뷰를 위해 롱아일랜드의 햄프턴스에 있는 공영 라디오 방송국까지 가겠다고 자원하기도 했다. 때로 나는 환호성을 지르는 소년 팬에 한없이 가까워지는데, 이때도 그럴 뻔했다. 아니 내가 무려 딕 캐빗(!)과 이야기를 나누고 있잖아, 하고 어느 순간 의식했다면 인터뷰는 엉망이 됐겠지만 나는 가까스로 45분을 참는 데 성공했다.

꽤 괜찮은 유명인 라인업을 갖추었으니, 한두 자리는 비교적 무명이지만 이야깃거리가 있는 코미디언들에게 내줄 수 있었다. 나는 브루클린으로 가서 우울증과 중독을 겪었으며 몇 달 전 자살을 시도했던 샘 그리트너(Sam Grittner)와 이야기를 나누었다. 우리는 그의 아파트, 그러니까 그가 수면제를 한 움큼 입에 털어 넣었던 바로 그곳에 앉아 대화를 시작했다. 이윽고 나는 우울증에 관한 담론에도 웃음이 있을 수 있다는 전제가 역대 가장 어려운 시험에 맞닥뜨렸음을 깨달았다. 샘은 약을 먹고는 "그저 눈을 감고 마음의 평온을 찾으려고, 나 자신과 화해하려고 노력했어요"라고 말했다. "그러다 잠이 들고, 여섯 시간 뒤 깨어났습니다. 바로 그때가 지금까지 제 인생에서 가장 초현실적인 순간입니다. 제일 처음 떠오른 생각은 이것이었습니다. '씨이이이발! 자살 시도조차 실패하다니!'" 깨어난 그는 결국 지하철을 타고 병원으로 향했다. 잠깐 구급차를 타느라 막대한 비용을 지불하고 싶지 않아서였다.

꾸어 온 녹음기사 맷에게 마음의 준비를 조금 더 시킬걸 하고 후회했다. 그는 라디오 프로그램 〈마켓플레이스(Marketplace)〉에 실릴 비즈니스와 나스닥(NADSDAQ) 이야기를 녹음하는 데 익숙했는데, 여기서는 음량 레벨이 충분한지를 확인하면서 계속 자살과 우울증에 관한 이야기를 들어야 했다. 샘의 아파트를 떠나며 맷은 치열한 전투를 겪은 병사 비슷한 충격에 빠져 있었다. 나도 그랬다. 나는 호텔로 돌아가 두어 시간 낮잠을 잤다. 인터뷰를 녹음하러 출장을 가서도, 하루에 두 편 이상의 인터뷰는 무리였다. 감정적으로나 정신적으로나 녹초가 되기 때문이었다.

2016년 12월의 프로그램 론칭을 앞두고 슬슬 입소문이 돌기 시작했다. 트럼프가 당선된 대선의 후유증 속에서, 많은 사람이 나에게 대략 다음과 같은 요지의 말들을 해왔다. **"지금 당장 웃음을 터뜨리게 해 줄, 그리고 나를 엄습해 온 이 엄청난 우울을 감당하도록 도와줄 뭔가가 절실하게 필요해요."** 그들은 모든 단어를 대문자로 쓰듯이 말했다.

12월의 론칭 예정일이 다가오는 시점에 우리에겐 몇 회분의 인터뷰가 쌓여 있었다. 앤디 릭터는 다섯 살 적 부모님이 이혼한 직후에 사이먼 앤드 가펑클의 「험한 세상에 다리 되어(Bridge over Troubled Water)」를 무한히 반복해 들었다는 이야기를 했다. 마리아 뱀퍼드는 로스앤젤레스의 자택으로 우리를 맞아들여 자신이 겪은 신경쇠약, 정신병원에 강제로 입원했던 일, 그리고 그녀의 퍼그 두 마리가 결혼했다는 것 등에 대해 얘기했다(뱀퍼드는 퍼그의 광팬으로 유명하다.-옮긴이). 예일 대학교에 다닐 때 우울증을 앓은 딕 캐빗은 자신의 입원이 어떠했는지 회상했다.

크리시와 나는 편집자이자 책임 프로듀서인 케이트 무스와 함께 녹음테이프를 실제 프로그램으로 변신시킬 방법을 찾아내야 했다. 우리가 결정한 스타일은 내레이션이었다. 녹음테이프를 재생하면서, 인터뷰가 어디서 이루어졌고 게스트의 이력은 어떠한지를 설명하는 내 목소리를 적재적소에 집어넣는 것이다. 그러면 게스트는 질척질척한 감정적 이야기들을 자유롭게 풀어 나갈 수 있다. 많은 팟캐스트와 공영 라디오 프로그램에선 이야기에 어울리는 배경음악을 잔뜩 까는 걸 좋아한다. 이게 잘 먹힐 때면, 음악은 거의 티가 나지 않으면서 대화의 분위기를 강조하고 말해지는 그 내용을 부각하는 효과를 낸다. 잘 먹히지 않을 때면 음악은 이야기 자체가 전달하지 못하는 무언가를 청자가 느끼게끔 조종하려 드는 역겨운 소음일 따름이다. 나는 프로듀서들에게 망설이는 투로 말했다. "대화에 음악을 까는 건 좀 그런데요. 말들이 다른 것의 뒷받침 없이 홀로 서게 하고 싶어요." 우리 모두 같은 생각이었다.

프로그램의 주제곡이 필요했다. 크리시와 나는 둘 다 밴드 올드 나인티세븐스(Old 97's) 소속 레트 밀러의 팬이자 친구였다. 레트는 성격 좋고 재미있으며, 근사한 음악을 만드는 아티스트이자 자살 시도를 하고 살아남은 사람이기도 하다. 어느 날 밤 나는 크리시에게 레트 같은 목소리를 가진 사람에게 주제곡을 맡겨야 한다고 문자를 보냈다. 그녀는 레트 같은 목소리를 가진 사람은 레트라고 지적했다. 아 그러네. 그에게 부탁해 볼까요? 5분 뒤 크리시에게서 문자가 왔다. "하겠대요!"

인터뷰를 편집하고 대본을 쓰는 일은 내게 맡겨졌고, 우울증, 불안, 자살, 입원, 이혼, 그리고 전반적인 의기소침 상태에 관한 몇 시간짜리 대화를 헤치고 나아가며 나는 이게 우울증 있는 사람에게 이상적인 업무는 아닐지도 모르겠다는 생각이 들었다. 또 이런 생각도. "흠, '프로 우울인'이 되기 전에 미리 이 생각을 했어야 하는데." 잠시 편집을 하고 자리에서 일어나 스트레칭을 하고, 좀 더 편집을 하고 화장실에 다녀와서 다시 편집을 하고, 울다가 편집을 하고, 산책을 하고, 그렇게 하루가 지나곤 했다.

산책을 하면서 나는 음악을 들었다. 긍정적인 기분과 에너지를 내뿜는 밴드 가운데 내가 제일 좋아하는 홀드 스테디(Hold Steady)의 음악 같은 걸. 하루는 〈세퍼레이션 선데이(Separation Sunday)〉 앨범을 듣던 중 「샬러메인 인 스웨트팬츠(Charlemagne in Sweatpants)」라는 곡 차례가 되었다.

노래가 시작되고 몇 분이 지나, 미니애폴리스 출신의 리드싱어 크레이그 핀은 이야기를 어떤 형태로 들려주는 게 좋을지 궁리한다. 남녀 간의 로맨스로? 살인 미스터리로? 마침내 그는 복귀담(comeback story)의 형태가 제일 좋겠다고 결정한다.

크레이그의 이야기는 약에 취한 미니애폴리스 십대들에 관한 것, 아니면 아마도 예수에 관한 것인데—이런 다의성이 크레이그의 방식이다—곧 연주는 절망 비슷한 것으로 되돌아간다. 하지만 내게 깨달음을 준 건 이 곡의 가사 자체였다. 내가 〈유쾌한 우울증의 세계〉에서 들려줄 모든 이야기는 복귀담이 될 것이다. 어쩌면 자신에게 꼭 맞는 치료를 찾아 기분이 나아진 누군가의 복귀담이. 앤디 릭터의 경우, 우울증을 아예 떨쳐 낼 수는 없겠지만 관리할 수는 있다. 그는 말했다. "허리 통증에 대처하는 법을 배운 것과 같아요. 활동할 수 있는 수준으로 돌아왔지요. 삶의 질에 더는 영향을 미치지 않는다는 말은 못 하겠습니다. 거짓말이니까요. 하지만 그건 허리 통증도 마찬가지 아니겠어요?"

상태가 좋지 않았던 게스트라 해도, 적어도 내 프로그램에 나와 그 우울증에 관해 이야기하지 않았는가. 그들은 자기 상태에 이름이 있다는 걸 알고, 마음을 열고, 우울증에 걸린 사람들이 무엇을 겪는지에 관한 대화를 시작한다. 정신건강이 완전 최상의 상태에 이르려면 한참 멀었을지 모르나, 이 역시 하나의 복귀담이다.

이 프로그램은 나 자신의 복귀담으로도 느껴졌다. 나는 우리가 엮어 내는 에피소드들이 좋았고, 다른 사람들과 긴밀하게 일하는 것도 좋았으며, 크리시와 나는 죽이 아주 잘 맞는 업무 파트너였다. 케이트 무스는 공영 라디오 업계에서 오랫동안 일했으며 크리스타 티펫과 함께 〈스피킹 오브 페이스(Speaking of Faith)〉와 〈온 비잉(On Being)〉의 리드 프로듀서로 작업했으니만큼, 감정을 담아내는 재치 있는 인터뷰에 관해서라면 일가견이 있었다(종교와 윤리, 의미에 관한 미네소타 공영 라디오의 프로그램 〈스피킹 오브 페이스〉가 이름을 바꾸고 주제를 조금 조정한 것이 〈온 비잉〉이다.—옮긴이). 나는 언젠가는 케이트에게서 모든 걸 잘못하고 있다고 지적당하리라 생각하고 기다렸지만, 그런 날은 오지 않았다.

물론 그렇다 해서 내 우울증이 치유되진 않았다. 우울증은 그런 식으로 낫는 게 아니니까. 하지만 나는 증상들을 상당 부분 억누를 수 있었고 그 결과 제법 훌륭한 긍정적 작업을 해냈다. 앞으로 무슨 일이 일어날지, 내가 생각기론 꽤 확실하게 예측할 수 있었다. 팟캐스트가 방송될 것이고,

내 작업을 좋아하는 소수의 우울한 팬들이 팟캐스트를 발견하고 좋은 말을 해 줄 것이며, 헬스파트너스는 자기네 사이트의 방문자 수가 조금은 증가한 걸 확인하고 만족할 것이다. 우리는 서로 잘했다고 등을 두드려 주곤 다른 모험을 하러 갈 것이다. 바라건대 나는 해고당하지 않을 것이다.

우리는 프로그램을 론칭했다.

이튿날 밤늦게 크리시에게서 문자 메시지가 왔다. 우리가 전체 팟캐스트 차트에서 2위를 차지했다는 것이었다. 누군가가 살해당하지 않는 팟캐스트 중에선 1위였다.

이어지는 몇 주 동안 몇 회를 더 내보내면서 우리는 2위 자리에서 밀려났지만 순위가 크게 주저앉진 않았다. 사람들은 우리 팟캐스트에 머물렀고, 구독 버튼을 눌렀고, 재방문해 새로운 에피소드들을 들었다. 〈유쾌한 우울증의 세계〉는 히트를 쳤다. 내가 인생 처음으로 히트작을 만든 것이다. 나는 생각했다. 모든 게 무너지고, 프로그램이 폐지되고, 내가 해고당하고 가족에게 버림받은 뒤 월마트 주차장에 세운 차 안에서 살게 될 날까지 얼마나 남았을지를.

제17장

트라우마의 화석을 찾아
스칸디나비아의 시골을 뒤지다

어느 날, 지구상에서 보낸 지난 50여 년 동안 내린 모든 결정의 귀결로서, 나는 미니애폴리스의 제설차 운전자 100명 앞에 서서 내가 평생 얼마나 슬프게 살았는지 얘기하고 있었다. 〈유쾌한 우울증의 세계〉가 뜬 뒤로 우울증과 정신질환 일반에 대해, 그리고 그런 쪽에 일자무식이다가 '의식화'가 되기까지 내가 거쳐 온 여정에 대해 강연을 해 달라는 초청이 쇄도했다. 제설차 운전자들 앞에서 강연하는 건 유독 까다로웠는데 그들 대부분이 쉽게 속내를 터놓지 않는 뚱한 미네소타 남자들이었기 때문이었다.

이 행사는 미니애폴리스시 인사과에서 진행하는 건강관리 캠페인의 일환이었다. 주최 측에서는 더 많은 사람이 듣게 하려는 생각에서 내 강연을 올 겨울 누가 어떤 제설 루트를 맡을지에 대한 발표 직전에 배치했기에, 모든 청중이 상당히 긴장해 있었다. 나는 그들 앞에서 내가 자동차 엔진을 고치는 법을 익히는 것보다 자동차 엔진에 관한 시를 쓰는 게 더 쉬운 사람이라고 인정했다. 그럼에도 강연을 마치자 다른 때와 마찬가지로 몇 사람이 내게 다가왔다. 지금껏 우울증과 싸워 왔지만 노움을 칭할 수 없었다고 털어놓으며 마음의 짐을 내려놓기 위해서였다. 영하의 기온에 눈이 수북이 쌓인 도로로 나가 제설을 하는 사나이들이 전문가와, 때론 누구하고든, 이야기를 나누는 건 꽤나 두려웠던 거다.

그로부터 일주일쯤 후, 나는 세인트폴의 유서 깊은 회원제 클럽의 식당에서 한 무리의 의사들을 마주하고 앞서 한 것과 같은 강연을 상대에 맞춰 조금 바꾼 버전으로 들려주고 있었다. 이번엔 또 다른 의미에서 긴장이 되었다. 그렇다, 나는 의사 앞에서든 제설차 운전자 앞에서든 내가 모자란다고 느낄 수 있는 사람이다. 범위 한번 넓지 않은가. 연단에 오를 준비를 하면서, 내가 하는 일이라곤 팟캐스트에서 병에 대해 이야기하는 게 전부인데 이 사람들은 실제로 병을 고친다는 걸 새삼 깨달았다. 나는 이런 말로 강연을 시작할 각오까지 되어 있었다. "끔찍한 실수가 있었던 것 같습니다."

행사를 후원한 병원의 대표자가 나를 소개했다. 그녀는 메모를 꺼내 들고, 어디서나 나를 소개할 때 쓰는 표준 이력을 읊기 직전, 네 단어로 된 종속절을 덧붙였다. "자신의 천직을 찾기 전에." 그 말에 뒤따라 읊을 이력이 있어 다행이었다. 마음이 벅차 숨이 막혔으니까. 내가 천직을 찾았다고? 반박하기 어려웠다.

밖에 나가면 〈유쾌한 우울증의 세계〉 팬들을 많이 마주치게 되었다. 세인트폴의 다운타운에 있는 런즈 앤드 바이얼리스 식료품점의 농산물 코너를 지나고 있는데, 오렌지 바로 옆에서 60대 남자 한 사람이 내게 다가오더니 공손하게 자기소개를 하고 악수를 청했다. 그는 맞잡은 손을 내내 흔들며 말했다. "당신이 한 방송들을 전부 좋아하지만 이번 팟캐스트는 제게 아주 특별합니다. 지난 여러 해 동안 제 우울증에 대해 이야기하는 게 힘들었지요. 그런데 다른 사람들이 자기 문제를 이야기하는 걸 들으니, 제가 혼자가 아니라는 느낌, 이제는 뭔가 할 수 있겠다는 생각이 들었습니다. 그래서, 감사합니다. 당신이 많은 사람들에게 변화를 안겨 주고 있다고 생각해요. 정말로요." 나는 그에게 고맙다고 말하고는 예의상 우울증에 관한 소소한 얘기들을 그와 주고받았다. 그러다 어느 순간 보니 그는 내 손을 흔드는 건 멈췄으나 아직 놓지는 않은 채였다. 나는 오렌지 옆에서 웬 남자와 손을 맞잡고 만성 정신질환에 대해 이야기하고 있었던 거다. 대중 앞에 선 지 벌써 몇 년이었지만 이건 꽤나 새로웠다.

의식적이었든 아니었든 우리는 정신질환에 관한 집단 담론에 존재하는 큰 구멍을 채워 나가는 프로그램을 만들어 냈다. 터놓고 이야기했고, 사연을 공유했고, 농담을 나눴다. 우리는 장례식장에서 모이던 음울한 지지집단과 달리 우리가 환자로서 살아오며 누릴 자격을 얻은 '우울증에 관한 웃음'을 프로그램에 좀 집어넣었으며, 경찰서에서 모이던 지지집단과 달리 구체적인 질문을 던지고 그 대답들을 편집해 넣을 수 있었다. 이런 문제들이 다 해결되고 청취자들로부터 감사 인사가 쇄도하고 있으니만큼, 나는 더 이상 우울하지 않았고 앞으로도 영영 우울하지 않을 것이었다.

농담이다. 직장에서 마음이 좀 더 평온해질 수야 있었다. 모두가 나를 미워한다는 느낌에 휩싸이는 것도 덜했다. 내 상사의 상사가 회의에 들어와서 청취자 이메일 몇 통을 읽다가 울컥한 것도 상당히 좋은 조짐으로 보였다. 우울증은 삶의 긍정적인 상황들로 치료될 수 없다. 우울증은 상황에 대한 반응이 아니기 때문이다. 정상인들이 힘 안 들이고 느끼는 일상적 감정들은 삶에 반응하여 나타날 수 있겠으나, 수십 년 동안 깊이 뿌리내린 만성 정신질환도 그럴까? 그렇지 않다. 오렌지 옆에서 백만 명이 손을 삽아 와도 꿈쩍하지 않는다. 감정이 그렇다는 얘기다. 가게에 사람이 백만 명이나 밀려들면 오렌지야 당연히 꿈쩍하겠지.

두 번째 시즌이 끝나고 한 달 뒤, 나는 내 인생의 사건들을 들여다보며 내 우울증의 전기를 서술하는 책을, 지금 여러분이 읽고 있는 이 책을 쓰는 데 동의했다.

세 번째 시즌도 곧 시작될 터였는데, 이는 28주라는 쉴 틈 없는 제작 주기 동안 팟캐스트 20편을 만들어야 한다는 의미였다. 이 폭풍이 몰아치기 전의 고요를 틈타, 그리고 우울증 얘기를 제대로 쓸 수 있도록 정신을 가다듬고자, 우리 가족은 노르웨이로 휴가를 떠났다. 양념 친 음식에 집착하는 사람만 아니라면 노르웨이는 훌륭한 휴가지다. 우리는 2주 동안 친척들을 만나고 피오르를 구경했고, 어떤 힘들이 그 둘을 저렇게 깎아 만들었는지 궁금해했다.

우리는 북극권 북쪽, 우리 엄마가 자란 작은 마을 소르틀란을 방문했다. 1930~40년대에 비해 규모가 별로 커지지 않은 마을이라 나의 친척들이 아직도 그곳에 살고 있다. 고령에 세상을 떠나고, 빈자리를 꾸준히 새 아기들로 채워 넣으며.

우리는 할아버지가 나치에게서 라디오를 숨긴 헛간을 보았다. 당시 금지품이었던 라디오를 할아버지는 모든 것을 걸고 지켰다. 할아버지의 이런 저항 행동을 생각할 때마다 나는 라디오 업계에서 일하는 것에 자긍심을 갖게 된다. 지금 그 헛간에는 양 세 마리가 산다. 프랭크와 '아가씨들'이라는 이름의.

어느 밤, 우리는 내 사촌 엘세-베리트네 집 데크에 앉았다. 북극 가까운 이 지역에서는 태양이 5월 중하순께 떠올라 7월까지 지지 않기 때문에, 밤처럼 보이지 않는 밤이었다. 한밤중에 잔디를 깎고 아이들의 취침 시각은 잊히는 이 시기는 말하자면 비타민 D에 푹 젖어 지내는 쾌적한 희열의 기간이다. 그날 밤 데크에는 엘세-베리트와 그녀의 남편 페르, 질, 메틀린, 내가 있었다.

이번 여행을 떠나기 직전에 있었던 인터뷰에서, 유명 셰프 앤드루 지먼 (Andrew Zimmern)은 어린 시절 상당한 트라우마를 경험했으며 그로 인해 얼마 지나지 않아 중독의 소용돌이에 빠져들었다고 말했다. "트라우마는 변환되지 않을 경우 대물림됩니다." 노르웨이에서 우리 가족의 과거를 탐색하는 동안 머릿속에 이 문장이 계속 메아리쳤다. 여행을 다녀오고 1년쯤 후에 인터뷰한 아역 배우 출신 마라 윌슨은 자신이 불안장애에 시달린 이유 중 하나는 아슈케나지 유대인(중부유럽과 동유럽에 퍼져 살았던 유대인-옮긴이) 혈통이라는 점이 아닐까 생각한다고 내게 말했다. 그녀의 조상들은 온전한 편안함을 결코 느끼지 못할 이유가 차고 넘쳤는데, 현대 캘리포니아주 버뱅크에서의 삶에는 1930년대에 조상들이 중부유럽에서 직면했던 것 같은 위협들은 없지만 불안은 그대로 남았다는 설명이었다.

햇빛 환한 한밤중에 위스키를 홀짝대며 가문 전체의 정신건강 내력의 요소들을 앉은자리에서 모두 연결시킨다는 건 기대하기 힘든 일이며, 과연 불가능했다. 바이킹의 역사까지 알아볼 필요는 없었지만, 제2차 세계대전 중 트라우마를 남긴 나치 점령기 이후의 사건들을 좀 들여다보는 게 내 바람이었다. 우리는 최근 수십 년 동안 가족 내에서 있었던 자살과 자살 기도에 대해 이야기했다. 신경쇠약과 불륜과 가족 해체에 대해 이야기했다. 내가 알고, 다른 사람들도 다 아는 게 분명한 더 최근의 이야기들도 있었지만, 이렇게 가까운 사이에서도 그 이야기들은 서로 꺼내지 않았다.

페르가 위스키 잔을 들고 말했다. "그리고, 우리가 굳이 말하지 않는 것들이 있지요."

"그래요?" 내가 몸을 그쪽으로 좀 더 기울이며 물었다.

페르는 위스키를 한 모금 더 마시더니 다른 사람들이 이야기하는 동안 조용히 앉아 있었다. 지금처럼, 이라고 나는 생각했다. 바로 지금 우리는

군이 입 밖에 내지 않으면서 그것들에 대해 말하고 있다. 재미로 곁들이는 사실 하나. '경계(boundaries)'를 뜻하는 노르웨이어는 '그렌세르(grenser)'다.

그보다 1년 반 전, 초등학교 3학년이었던 내 딸 마거릿은—지금은 '마지'라는 이름을 쓰는데 아마 직전에 그 이름을 지녔던 미국인은 그 애보다 50년은 연상일 것이다—유명한 사람에 대해 리포트를 쓰는 과제를 받았다. 그 애가 택한 유명인은 노르웨이의 마을 멜부(인구 2,200명)에서가 아니면 무명인 사람, 요한 모였다. 내 종조할아버지이자 우리 아버지의 삼촌. 그는 멜부에서 손꼽히는 싱어송라이터로서의 긴 일생을 마무리하고 1994년 향년 84세로 세상을 떠났다. 멜부의 밥 딜런, 멜부의 조니 캐시였다.

요한은 멜부에서 무척이나 유명하고 사랑받았기에 그가 사망한 이래 멜부에서는 매년 '요한 모의 밤'이라는 행사를 개최하고 있다. 밴드가 그의 음악을 연주하고, 모두 함께 노래한다. 질과 나는 이 행사에 참여할 수 있게끔 여행 일정을 잡았다. 멜부는 소르틀란에서 차로 금방이라서 우리는 아이들, 메틀린과 함께 차를 몰고 갔다. 도착해 보니 홀은 이미 사람들로 붐비고 있었지만, 우리는 밴드가 연주를 시작할 때쯤 뒤쪽 긴 의자에 자리를 비집고 앉을 수 있었다.

어느 시점에 화장실엘 가느라 자리를 뜬 질은 사교성 좋은 사람답게 행사 주최 측 인사 하나와 대화를 나누게 되었다. 곧 미국에서 온 요한의 친척들이 이곳에 있다는 소식이 홀 안에 퍼져 나갔다. 청중에겐 신나는 소식이었다. 메틀린의 경우는 미국이 아니라 남부 노르웨이에서 왔다니 그만큼 신나진 않았겠지만, 아마 약간은 흥미로웠을 것이다. 중간 휴식 시간이 끝난 뒤 밴드리더가 무대에서 노르웨이어로 무언가를 공지했다. '미네소타'라는 단어 말고는 알아들을 길이 없었으나, 그의 말이 끝나자 모두 입을 벌리고 "오" 소리를 내며 몸을 틀어 우리에게 박수를 보냈다. 우리는 손을 흔들어 보였다.

콘서트가 끝난 뒤에 보니 로비 벽에 요한과 그의 기타를 찍은 사진들이 걸려 있었다. 요한과 그의 형제 토르발과 군나르가 일종의 뮤지컬 코미디를 공연하는 사진도 있었다. 나의 할아버지인 콘라드를 빼고 셋이서 결성한 음악 트리오였다. 우리는 공연 내내 우리 앞에 앉아 있던 나이 지긋한 여인 둘과 인사를 나누었다. 그레타와 토릴은 요한의 딸, 그러니 우리 아버지의 사촌이었다. 많은 포옹과 통역이 오갔고, 우리 아빠는 엄마를 연극에 캐스팅하면서 만났지만 노르웨이를 떠난 뒤에는 연기를 거의 하지 않았다는 설명이 뒤따랐다. 지역 신문 기자가 나타나서 우리 모두를 인터뷰하고 사진을 찍어 갔다. 토릴은 이것이 그녀의 인생에서 일어난 가장 신나는 일이라고 말했다.

내가 기억하기로, 이 만남은 수면 아래에 비밀이나 슬픔의 기미가 도사리고 있지 않은 최초의 가족 만남이었다. 그러니 나와 핏줄로 이어져 있으면서도, 세상에, 이렇게 말하는 것조차 두렵지만, '멀쩡할' 수 있다는 얘기 아닌가.

내가 미국으로 돌아온 뒤 엄마는 에우드 이모와 통화를 했다. 에우드 이모는 우리의 방문이 모두에게 아주 즐거운 일이었다고, 나와 재회하고 내 가족을 만날 수 있어서 정말 좋았다고 말했다. "그런데 존이 질문을 많이 하더라고." 이모가 엄마에게 말했다.

"그래? 어떤 질문을 했어?"

"가족에 대해서지. 옛날에 있었던 온갖 일들에 대해서." 에우드 이모는 내 행동에 대해 분명 걱정이 어린 투로 말했다.

엄마가 답했다. "음. 걔는 원래 그래." 내가 자랑스럽다는 이투였다.

제18장

죽기 전에 나아지기

지금쯤이면, 이 책이 몇 장 남지 않았다는 걸 눈치챘으리라. 엄청난 클라이맥스를 기다리고 있을지도 모르겠다. 주인공이 겪은 난관과 여정을 쭉 따라왔으니, 이제 내가 어떤 결정적인 싸움에서 죽음의 문턱까지 갔다가 의기양양하게 떨치고 일어서리라고 기대할지도 모르겠다.

안됐지만 그럴 일은 없다.

노르웨이 여행에서 돌아오고 2주 뒤, 나는 새 치료사 줄리와 첫 만남을 가졌다. 그녀는 내 열두 번째 치료사였다. 이런 말을 들어 봤을 것이다. '열두 번째에는 행운이 따르는 법이다.' (원래의 속담은 'Third time's the charm', 즉 '세 번째에는 행운이 따르는 법' 혹은 '삼세번 만의 행운'이다. -옮긴이)

"보통 사람들보다 많은 일을 겪으셨군요." 인테이크 세션을 마치고 줄리가 신중한 목소리로 천천히 말했다. 나도 모르게 눈물이 흐르기 시작했다.

인지행동치료(CBT)의 많은 부분이 이른바 '인지왜곡(cognitive distortion)', 즉 세상사를 생각하는 방식 중 이른바 '현실'에 부합하지 않는 것들을 다룬다. 인지왜곡의 패턴에 빠져드는 사람이 반드시 우울인만은 아니겠지만, 내가 아는 우울인들은 한 사람의 예외도 없이 인지왜곡에 빠진 적이 있으며 대개는 그 빈도도 잦다. 그런 사고방식의 몇 가지 예를 들어 보겠다.

—이분법적 사고(All-or-Nothing Thinking, 실무율적 사고): 모든 게 최고 아니면 최악이다. 당신은 아주 대단한 인물이거나 괴물이다. 목표한 일자리를 얻거나 지원한 오디션에 통과하면 신이지만, 통과 못하면 실패자다. ('black-and-white thinking' 즉 '흑백사고/흑백논리'도 같은 의미다.—옮긴이)

—과잉 일반화(Overgeneralization, 과일반화): 하나의 사건을 과거와 미래의 다른 모든 사건들의 지표로 삼는다. 이번에 지원한 대학에 합격하지 못했는가? 평생 어떤 대학에도 들어가지 못할 것이다.

—정신적 여과(Mental Filtering): 우울인들이 아주 잘 하는 거다. 기존의 부정적 서사에 들어맞지 않는 모든 것을 걸러 낸다. 직장에서 업무 관련 발표를 하고 긍정적인 코멘트 열두 개를 들었어도 비판적인 코멘트 하나가 모든 걸 지워 버린다. (이 같은 왜곡을 '선택적 추상화[selective abstraction]'라고도 한다.—옮긴이)

—긍정적인 것 평가절하 하기(Disqualifying the Positive, 긍정 격하): 정신적 여과의 얼간이 사촌 격이다. 사람들이 좋은 말을 해 주면 그걸 알아듣긴 하지만, 그 사람들이 틀렸다는 이유를 찾아낸다. 가면증후군의 대부분에서 핵심적인 사고방식이다.

—속단하기(Jumping to Conclusions): 역겹다는 표정으로 길을 걸어오는 남자를 본다. 왜 그러는지 당신은 물론 안다. 그가 당신을 알고, 당신을 혐오하기 때문이다. 사실 그는 상한 조개를 먹었을 따름인데.

—파국화(Catastrophizing): 모든 사건이 끔찍한 미래의 전조다. 이런 사고방식을 지닌 야구선수는 한 경기에서 안타를 못 치고 나면 '이건 앞으로

영영 안타를 치지 못하리라는 조짐'이라고 생각한다.

　—통제의 오류(Control Fallacy): 성공이 불가능했던 건 모든 것을 통제하는 힘들과 상황들이 그렇게 만들었기 때문이며, 그게 아니었다면 모든 것이 더 나은 방향으로 달라졌으리라고 생각한다.

　—감정적 추론(Emotional Reasoning): "직감을 믿어라"라는 말은 "직감이 정상적인 추리와 논리에 완전히 위배되지 않는 한 직감을 믿어라"라는 말보다 입에 착 붙는다. 참으로 애석한 일이다. 감정적 추론은 우리가 느끼는 것은 사실이기 마련이라고 말한다. 예를 들어, 바보 같은 기분이 든다면, 그건 당신이 바보라는 뜻이다. 물론 그렇지 않다, 이 바보야.

　인지행동치료에 등록하면서 나는 줄리와 내가 이런 '왜곡'들을 하나하나 짚어 나가며 그게 틀린 이유들을 꼽아 볼 거라고 기대했다. 그러고 나선 어두운 곳을 향해 가는 의식의 흐름을 붙잡아다가 더 건강한 저수지로 물길을 돌려놓는 최면 비슷한 것이 뒤따르지 않을까. 나는 어떤 묘수가 있길 바랐다. 정말로. 모든 게 괜찮아지기만 한다면 무엇이든 따라 할 의향이 있었다.

　치료는 내 생각과 달랐다.

　인지행동치료는 수십 년 묵은 믿음들을 꺼내 들고선 냉혹한 이성의 빛에 찬찬히, 공감을 바탕으로, 비추어 보는 체계적인 작업이었다. 그 믿음들이 애초에 어디서 왔으며 어떤 문제를 일으켜 왔는지 이해하는 일이었다.

　내가 제일 먼저 건드리고 싶었던 문제는 스트레스를 짙은 색 아이라이너를 칠한 음울한 절망으로 바꿔 버리는 습관이었다. 음, 알고 보니 부모가 중독자였던 사람들은 스트레스의 영향을 더 민감하게 받는다고 한다.

정상인들은 저 깊은 곳에선 기본적으로 모든 게 안정돼 있다고 믿기에, 그들에게 스트레스는 지나가는 폭풍에 불과하다. 중독자의 신뢰할 수 없는 궤도 안에서 자랐거나 다른 유사한 트라우마적 상황에서 성장기를 보낸 사람들은 안정적인 우주에 대한 믿음이 없기에, 지나가는 폭풍이 모든 걸 파괴할 것처럼 보인다. 그들에게 날씨란 원래 폭풍이다. 여기에 뇌의 화학작용에 의한 것이든 환경에 의한 것이든 우울증이 더해지면, 스트레스가 심한 모든 시기가 존재 자체에 위협을 가한다. 내가 당장 폭풍에 쓸려 나갈 것처럼 느낀다면, 글쎄, 절망하는 게 무척이나 당연하지 않겠는가.

내 정신이 사용하는 패턴을 이해할 수 있게 되자, 그것을 다른 패턴들에 비추어 보는 것이 가능해졌다. 팟캐스트 에피소드를 제작하느라 스트레스를 받을 때면, 내가 평생 프로그램을 제작해 왔으며 항상 제때에 마무리했다는 사실을 상기하면서, 그건 내가 프로그램을 완성하는 법을 안다는 의미라고, 그러니 걱정할 것 없다고 생각할 수 있다. 스트레스가 완전히 사라지는 일은 없겠지만, 비교적 짧은 시간을 들여 내 사고방식을 들여다보면 부정적 패턴을 발견할 수 있고, 대부분의 경우 그것을 제지할 수 있다.

얼마 전 나는 내 사고가 어떤 패턴에 빠진 걸 발견했다. 하나같이 종종 요란하고 감정 표현을 잘 하는 다섯 사람과 개 두 마리가 살고 있는 곳이라면 당연히 그렇듯 우리 집이 다소 부산스러워지기만 하면, 내가 가족으로부터 절대 벗어날 수 없구나 하는 생각이 드는 게 그것이었다. 예컨대, 소란에서 벗어나고자 침실로 가면 아이들이 하나둘 나를 따라 방으로 들어온다. 방에 사람이 모이면 개들이 자기네도 끼워 달라며 따라와선, 파티에 참석한 것에 들뜬 나머지 자기들끼리, 아니면 곁에 있는 아무나 붙잡고 씨름을 벌인다. 그러니 나는 금세 아이들과 시끄러운 개 두 마리 사이에서 숨이 막혀 버린다. 소음과 혼란에서 벗어나기 위해 들어간 방에서 말이다. 당혹스러운 일이었다.

줄리는 경계를 설정하는 게 어떻겠느냐고, 단순하게 "안 돼, 문 닫고 있을 거야. 모두 이따가 보자"라고 말하면 안 되겠느냐고 물었다. 물론 그게 올바른 일이었고 나도 그걸 모르진 않았다. 나는 설명했다. 내가 그러지 못하는 것은, 그건 가족보다 나를 먼저 생각하는 그릇된 행위이기 때문이라고.

"그게 왜 그릇된 거라고 느끼지요?" 그녀가 물었다.

"그렇게 하면 나는 나쁜 아빠가 되니까요." 내가 말했다. 인지왜곡이라는 건 알았지만, 제기랄, 어찌나 진실로 느껴지던지. 아이들 곁에 있어 주며 항상 눈을 마주치고, 낮이나 밤이나 언제든 아이들이 말을 걸 때 기꺼이 받아 준다면, 나는 나쁜 아빠가 아니다. 그렇게 하지 못한다면 나는 나쁜 아빠다. 잠시 주목해 주길. 여기엔 오직 '나쁜 아빠'가 되는 걸 방지하는 길만 있지, '좋은 아빠'가 되는 길은 없다.

나는 줄리에게 아빠라면 응당 온몸 바쳐 아이들을 돌보고, 아이들의 행복을 위해 모든 걸 희생하고, 항상, 항상, 항상 아이들 곁에 있어 줘야 한다고 설명하다가… 문득 깨달았다. "세상에. 이건 저와 **제 아버지**의 문제네요. 그렇죠?"

"그런가요?"

"음, 저와 아버지의 관계에서 주된 문제는 아버지가 정신적으로 부재했다는 거였어요. 그건 아버지의 트라우마나 우울증, 알코올, 혹은 그 모든 것 때문이었겠지만, 이유가 뭐였든 제가 아직도 그 문제를 붙들고 있다는 게 상당히 분명해 보여요. 그게 제가 늘 꺼내는 화두이고 제가 쓰고 있는 책에도 꽤 많이 넣은 내용이거든요. 저는 항상 그 생각에 빠져 있어요."

줄리가 물었다. "문을 닫거나 아이들에게 조금이라도 관심을 덜 기울이면 나쁜 아빠가 된다고 생각하나요?"

이쯤 되니 뭐랄까, 바보가 된 기분이었다. 뻔히 보이는 반전을 알아차리지 못한 바보. 하지만 나는 솔직하게 말했다. "네. 나쁜 아빠가 되는 데엔 온갖 방식이 있지요. 그리고 모든 걸 완벽하게 해내도 저는 여전히 나쁜 아빠예요. 이 마지막 말은 우울증이 한 말이라는 것도 알긴 하지만요." 나는 아버지에게서 전혀 관심을 받을 수 없었고, 그 트라우마를 아이들에게 한없이 관심을 쏟음으로써 보상하려 한 것이다.

"어쩌면 당신은 원래 좋은 아빠고 앞에서 얘기한 것 같은 결정들 하나하나는 그 사실에 아무런 영향을 주지 않을지도 몰라요." 줄리가 말했다. "제게 해준 이야기들을 들어 보면 당신은 좋은 아빠 같아요. 아이들로서는 부모가 스스로를 위해 무언가를 하는 걸 보는 것도 좋아요. 그래야 어른이 되었을 때 다른 사람에게 의존하며 강박적으로 행동하지 않고, 자기 자신을 위해 건강한 선택을 할 수 있게 될 테니까요."

몇 달간 세션이 진행된 뒤 나는 근본적인 변화가 일어나기 시작했다고 느꼈다. 벼락같다기보다는 지각판의 이동에 가까운 속도였지만. 내가 평생 알지 못했던 어떤 믿음의 가능성이 부상했다. 나는 괜찮은 사람이라는 믿음. (앞의 두 문장이 진부한 70년대 자기계발서처럼 들린다는 건 안다. 하지만 정신적으로 한결 건강해진 나는 이 문장이 괜찮게 들린다는 선택지도 열어 두겠다.) 내가 괜찮은 사람이라고 믿는 건 말처럼 간단하지 않았다. 그건 내가 이룬 성취와는 아무런 관련이 없었다. 내가 가치 있고 남들에게 받아들여질 만한 사람이라고 생각하느냐의 문제였다.

그때까지 나는 '존재하는 것만으로 만족스럽다'는 식의 사고방식에 대해 머리로만 이해하는 수준에 머물렀었다. 그게 어떤 느낌인지는 내게 해독 불가의 수수께끼였다. 두려움, 자괴감, 일상적인 혐오감이 없다면 하루하루를 무엇으로 채운단 말인가? 카메라 앞에서 미소를 짓는 것만으론 그 많은 시간을 때울 수 없을 텐데.

줄리가 말했다. "당신과 같은 성장 배경을 지닌 사람들은 계속해서 자신을 증명해야 한다고 느끼는 경우가 상당히 흔합니다. 단단한 기반이 없기 때문이에요."

내가 말했다. "그리고 우리는 완벽주의자이기도 하죠. 그런데 세상 어떤 것도 결코 완벽할 수 없으니, 우리는 끊임없이 좌절하고 수치심을 느낍니다. 그래서 더 노력해야 한다고 생각하죠. 그런데 노력해 봤자 아무것도 나아지지 않으면, 우리는 절망합니다."

우울증이 외로운 이유 하나는, 삶이 순전한 혼돈처럼 느껴지기 때문이다. 어느 순간에든 당신은 무너질 수 있다. 그럴 만한 상황이 전혀 아님에도 말이다. 중학교에서 우는 걸 멈출 수 없거나, 전자카드를 만들러 출근하는 길에 죽고 싶어지거나, 시영 쓰레기장에서 만난 두 남자를 차로 뒤쫓는 건 다 이해가 가지 않는 짓이다. 우리가 사는 세상이 그 모양이라면, 무언가가 다른 것에 의미 있게 연결된다고 믿을 이유가 없고, 따라서 아무것도 중요하지 않고 의미도 없다. 이 지점에 이르면 우울증은 당신을 자기가 원하는 곳까지 끌고 온 것이다. 이 병이 숙주를 파괴하고자 하는 기생충이라는 사실을 기억하길.

속도를 충분히 늦춰 자신의 정신을 이해하는 일은, 아주 약간이라도 더 잘 이해하는 일은, 이런 상황에 변화를 일으킨다. 그리하여 논리가 있는 세계를, A 다음에 F나 Q나 관목이나 브레이크댄스가 오는 세계가 아니라 A 다음에 B가 오는 세계를 보여준다. 마침내 변화가 뿌리내리기 시작한 게 어떤 이유에서였는지는 모르겠다. 줄리가 탁월한 치료사이기 때문인지, 내가 몇 달간을 내 우울증에 대해 책을 쓰며 보냈기 때문인지, 내가 몇 년 동안 우울증에 대한 프로그램을 제작했기 때문인지, 내가 평생 우울증을 피하려 애쓰며 살았기 때문인지, 아니면 그저 내가 이번엔 효과가 있기를 바랐기 때문인지. 어쩌면 전부 다일 수도 있겠다. 솔직히 말해 나는 뭘 해도 효과가 없는 것에 진절머리가 나 있었고 그게 큰 역할을 했으리라.

내가 근본적으로는 괜찮은 녀석이라는 걸(훌륭한 사람까진 바라지도 않는다) 알게 되자 내 정신의 혼란스러운 부분들이, 앞뒤가 맞지 않고 내 인생을 망가뜨리려 드는 부분들이 좀 더 또렷이 보였다. 인지왜곡에서, 우울증에서, 트라우마에서, 불안에서, 건강하지 못한 생각에서 비롯된 부분들. 이쯤 되자 이 부분들도 마침내 이해할 수 있었다. 내게 무슨 일을 저지르려는 건지 알았으니까. 나는 우울증이 거짓말을 한다는 것뿐 아니라, 어떻게 거짓말을 하는지도 알았다. 이제는 정말 어둡고 우울한 생각이 찾아들면, 왜곡의 스위치가 켜지면, 전만큼 무섭거나 절망스럽지 않다. 내가 그걸 알아보고, 멀리하고, 무력화를 시도할 수 있게 됐으니까.

내 정신에 대해 전보다 건강하게 이해하는 일은 아직 내게 꽤나 새롭다. 어떤 게 현실이고 어떤 게 내 마음의 속임수인지를 구분하는 데 매번 성공하는 것도 아니다. 능숙해지려면 몇 년 동안 아주 많이 노력해야 할 테다. 그러나 내가 생각했던 것보다는 더 효과가 있다. 평생 이만큼 정신적으로 건강했던 적이 없으니까.

우울증은 나를 놓아주지 않았다. 나는 치유되지 않았다. 릭의 죽음을 받아들였으나 극복하진 못했고 앞으로도 영원히 극복 못 할 것이다. 나는 매일 형을 생각하고, 그가 겪었던 고통에 마음 아파한다. 그 고통이 어떻게 끝났는가를 생각하면 마음이 더욱 아리다. 하지만 그 주제에 대해 골똘히 생각하고 우울증이 제멋대로 날뛰게 두는 대신, 나는 실제 세상으로

328

생각을 돌린다.

내 뇌는 언제나 어두운 곳으로 향하려 들 것이다. 이 책을 쓰는 지금도 여전히 자주 일어나는 일이며, 그 빈도를 줄이는 건 내게 달려 있다. 또한 그런 일이 일어날 때를 대비해 마음의 준비를 해 두는 것도, 내 생각들이 어째서 그 방향으로 가고 있는지, 어떻게 저지할지를 알아내는 것도 내 몫이다. 내 정신은 몇 차례 사고를 겪은 낡은 자동차와 같다. 차체에 파손이 있었고, 문을 교체해야 했다. 펜더에 녹이 슬었고 좌석은 죄다 터졌다. 아직 굴러가긴 하지만 추운 날에는 어떤 이유에선지 전화번호부로 대시보드를 쾅쾅 내리쳐야만 시동이 걸린다.

그렇지만 차를 바꿀 수는 없으니, 계속 운전해 갈 수밖에.

〈유쾌한 우울증의 세계〉 팟캐스트와 『유쾌한 우울증의 세계』 책, 그리고 우리가 살고 있는 유쾌한 우울증의 세계에서
내가 배운 아홉 가지 교훈

자, 여기까지 왔다. 나는 내 뇌를 비집어 열고 내용물을 심장에 쏟아 부은 다음, 심장을 찢어서 안에 든 걸 모두 이 페이지들에 흘려 담아 여러분에게 주었다. 그런대로 재미있는 시간이었다고 생각한다. 하지만 주고 싶은 게 조금 더 있다. 여러분이 뭐가 되었든 수확한 것들과 함께 가져갈 작은 팁들을 담은 선물 상자를 준비했다. 쓸모 있는 조언이었으면 좋겠다. 그렇지 않다 해도 소문내지 말아 주길.

1. 사람들은 말하고 싶다

밴드 윌코의 보컬이자 기타리스트인 제프 트위디에겐 나를 자기네 밴드의 연습 및 녹음 공간인 시카고의 로프트에 놀러 오라고 초대할 하등의 이유도 없었다. 그럼에도 그는 나를 초대했고, 우리(나, 프로듀서 크리시, 엔지니어 코리, 비디오그래퍼 네이트)에게 그곳에서 그가 녹음해 준 메이비스 스테이플스의 신곡 몇 곡을 들려주고선 자신의 중독과 우울증 문제를 털어놓았다. 우리가 윌코를 더 유명하게 만들어 줄 수 있는 건 아니었다. 우리가 한 일이라곤 그 공간의 신나는 분위기에 흠뻑 취해 있다가 떠난 게 다였다. 그러나 제프는 자신이 어떤 고통을 겪고 무슨 고투를 벌였는지 공유하는 것에서 자신을 위한, 그리고 남들을 위한 가치를 찾았다.

내 친구 벤 애커(Ben Acker)는 로스앤젤레스에서 구식 라디오 프로그램 형식을 띤 무대 공연 겸 팟캐스트 〈짜릿한 모험 시간(The Thrilling Adventure Hour)〉을 기획하여 만들어 낸 팀의 일원이다. 이 프로그램에는 온갖 초유명인들이 출연료도 받지 않고 참여하는데, 그게 어떻게 가능한지 물었더니 그가 답했다. "우리 프로그램은 쿨하니까. 사람들은 쿨한 것에 끼고 싶어 하지. 그럼 기분이 좋거든."

다들 알겠지만, 쿨한 것에 끼기를 좋아하는 건 유명인사만이 아니다. 식료품점 오렌지 코너 옆에서 내 손을 잡은 남자가 그렇고, 사연을 보내는 청취자들도 그러하며, 내가 강연을 마치면 예외 없이 모여들어 초면인 내게 자기 가족 누군가가 벌이고 있는 정신질환과의 고투에 대해 이야기하고 싶어 하는 많은 사람들도 그렇다.

중학교 시절의 댄스파티를 생각해 보라. 학교 체육관이나 카페테리아를 주름 종이로 장식했다. DJ를 초빙했고 빙글빙글 돌아가는 디스코 조명도 달았다. 최신 유행곡이 시끄럽게 느껴지기 직전의 음량으로 흘러나오고(나는 보통 저니의 「돈 스톱 빌리빙(Don't Stop Believin')」을 상상하지만 여러분은 각자 원하는 대로 상상하길), 춤을 추는 사람은 아무도 없다. 남자애들은 한쪽 벽에, 여자애들은 반대쪽 벽에 붙어 서 있다. 그때 내가 플로어 한가운데로 나가서 바보처럼 춤을 추기 시작한다. 스티브 페리의 보컬을 립싱크하고, 보이지 않는 기타로 솔로 연주를 하고, 투명 드럼을 두드린다. 아이들이 여기 온 건 춤을 추고 싶어서다. 단지 누군가 선두에 나설 필요가 있었을 뿐이다. 내가 물꼬를 트자 아이들은 춤을 춘다.

맞다, 정신질환을 가진 사람들에 대한 차별은 존재한다. 입에 올리기 두려운 주제인 것도 사실이다. 그러나 우리에겐 이야기하고 싶은 갈망이 있다. 먼저 자기 이야기를 털어놓으면 다른 대화들을 댄스 플로어로 이끌어 낼 수 있다.

2. 모두가 사기꾼이다

무언가를 이루어 냈으면서 일말의 겸손함이라도 지닌 사람들은 대부분, 자신이 너무 버거운 일을 하고 있다는 느낌이 들곤 한다. 자신의 성취가 단순히 요행은 아니었는지 의문을 품고, 사기꾼인 게 들통날까 봐 걱정한다. 정상인들에겐 건강하고 별 문제 없는 생각이다. 웃어넘길 수 있으니까.

그러나 우울인들에게는 무시무시한 생각이다. 우울인들은 자신에게 내재적 가치를 거의 (또는 전혀) 부여하지 않으므로 성취는 자동적으로 사기처럼 느껴진다. 진흙 더미를 요직에 발탁하는 셈이랄까. 진흙의 동료들은 때가 되면 알아챌 것이다. 에이, 저건 그냥 진흙이잖아. 왜 진흙 따위에게 좋은 사무실을 내준 거지? 결과적으로 우울인은 직원들이 모이는 복사기 근처에 가면 평소보다 조금 더 불안한 기색을 보이게 되기 쉽다. 그가 진흙 더미라는 비밀은 결국 새어 나갈 수밖에 없기 때문이다.

실로 우울인은 더 많은 것을 이룰수록 가면증후군을 갖게 될 확률도 올라간다. 더욱더 성공하는 동시에 자신을 의심하고 추적하는 자들을 헛갈리게 만들기 위해 끊임없이 분투하며 기량을 연마하고 있으니까. 반면 정상인이 '가면증후군'이라는 용어를 사용하는 것은 자신이 실제로 일궈 냈다고 제법 확신하는 성취를 논할 때 약간의 겸손함을 보이기 위해서다.

이건 잠자리에서 일어서는 것과 다소 비슷하다. 정상인은 피곤하다고 불평하며 말한다. "오늘 아침은 침대에서 나오기가 싫었어." 우울인의 경우엔, 침대에서 나오고 싶은 마음이 굴뚝같지만 나올 수가 없다는 걸 깨닫게 될 테다.

우리 팟캐스트에서 유튜버이자 작가인 해나 하트(Hannah Hart)와 나는 우리에게 속임수를 쓰는 우울증을 속이는 법에 대해 재미있는 대화를 나누었다. 나는 그녀에게 말했다. "저는 제가 사기꾼이지만 아직 들키지 않았으니 앞으로도 계속 들키지 않을지 모른다는 생각을 해 봤습니다. 제가 처리 대상 목록의 저 말단에 있거나, 아니면 숨기는 데 도가 텄거나, 둘 중 하나인 거죠."

해나가 답했다. "아, 그렇군요. 근데 제겐 다른 관점이 있어요. 남들이 저에 대해 잘 모르고 있다고 생각하는 건 *저의* 오만이 아닐까요?" 두 번 꼬아 생각하는 희귀한 우울증 합리화였다. 엄격하게 진행되는 국제 우울증 경연대회에서가 아니라면 어지간해선 시도조차 하지 않을 수다.

자신이 절대 가짜가 아니라고 믿는 사람, 자신은 그 모든 행운을 전적으로 서슴없이 누릴 자격이 있다고 느끼는 사람, 이들이야말로 주의해야 할 괴물 같은 자식들이다.

3. 말은 중요하다

정신질환과 관련된 용어들은 사용하기가 까다롭고, 우리 사회는 단체로 이에 젬병이다. 무언가에 대한 생각을 바꾼다는 이유만으로 '정신분열적(schizophrenic, 조현병적)'이라고 부른다. 다른 상황에서 다르게 행동한다고 해서 정신분열적이라고 부르기도 하는데, 그 용어의 원래 의미와는 전혀 다른 쓰임이다. 연필을 책상 위 제자리에 줄을 맞춰 두면서 "나는 완전히 OCD(강박장애)"라고 말하지만 사실은 그냥 깔끔한 거다. 응원하는 팀이 중요한 경기에서 지면 "심각한 우울증"에 걸렸다고 말하지만 사실은 그냥 정상적이고 건강한 인간답게 슬픔과 실망을 느끼는 것이다. 기분과 정신질환은 다르다. 정말 우울증에 걸린 사람은 응원하는 팀이 이기든 지든 똑같은 걸 느낄 테다. 혹은 경기 결과와 무관하게 아무것도 느끼지 못할 수 있다.

단어들을 이처럼 엉망으로 사용하는 것의 문제는 언어가 부정확하다는 점만이 아니다. 실제로 피해를 일으킬 가능성이 있다. 특정한 진단적 의미로 사용되는 중요한 용어들을 훨씬 가벼운 상황에 갖다 붙이는 건, 정신질환을 가진 사람들에게서 그 단어를 빼앗고 그들을 깎아내리는 것이다. 강박장애는 사람의 심신을 쇠약하게 만들고 삶을 통째로 망가뜨리는 질환일 수 있는데, 연필을 정리하는 습관에 대해 이 용어를 사용할 때마다 일반 대중은 실제 강박장애 환자들을 조금씩 덜 심각하게 받아들이게 된다. 그러다 보면 정상인들과 정말로 정신질환을 가진 사람들 사이에 이미 존재했던 이해의 간극은 더욱 커지게 된다. 정상인들은 연필을 아무렇게

나 두는 게 뭐 그리 문제인지 의아해하고, 정신질환을 가진 사람들은 자신이 스스로의 문제를 과장하고 있다고 느끼게 된다. 이는 나아가 사람들이 치료를 덜 받고 건강이 악화되는 결과를 낳는다.

나도 전에는 단어들을 그리 좋지 않은 방식으로 사용하는 얼간이 무리에 속해 있었다. 그 시절 나는 우울증을 'disease'라고 했었지만 누군가가 친절하게 교정해 주기를, 'disease'는 바이러스나 박테리아 같은 특정한 물질적 원인이 있는 것이고, 사람들로 하여금 몸이 안 좋다고 느끼게 하는 모든 것에 적용하는 말로는 'illness'가 알맞다고 했다. 정신건강에 관한 언어의 문제를 전문으로 하는 심리치료사 에밀리 벌타이스(Emily Bulthuis)는 우리 프로그램에서 처음부터 거리낌 없이 사용해 온 단어 '오명(stigma, 낙인)'에 문제를 제기한다. 이 말이 뜻하는 바는 소수 집단에 대한 차별이란 게 전부인데, 차별을 말하기 위한 단어는 이미 존재한다. 그냥 '차별(discrimination)'이다.

우리 프로그램에선 또한 '사람 우선' 어법을 채택하려고 노력했다. "밥은 조현병이다"라고 말하는 대신 "밥은 조현병을 가진 사람이다"나 "밥은 조현병과 싸우고 있는 사람이다"라고 하는 것이다. 밥에겐 여러 특성이 있고 정신질환은 그가 어쩌다 가지게 된 하나의 특성에 불과하다. 밥은 시카고 컵스 팬이다. 밥은 왼손잡이다. 밥은 데이터베이스 관리자이고 결혼했으며 앤티크 램프를 수집한다. 밥을 묘사하기 위해 "밥은 남편이다"라고 말하지는 않을 것이다. 밥은 다차원적인 사람이다. 돌이켜보니 이 책에서 쭉 '우울인(saddie)'과 '정상인(normie)'이라는 단어를 사용했는데 그러지 말았어야 했지 싶다. "제니퍼는 우울주의(saddism)를 지닌 여성이다", "브루스는 정상주의(normism)에 걸린 사람이다"라는 식으로 표현해야 하지 않을까(이 농담에서 '-ism'은 '질환'[예: rheumatism, alcoholism]과 '주의'를 모두 떠올리게 한 것이다.–옮긴이).

이건 물론 대화 예절이기도 하지만, 그뿐 아니라 사람과 그의 병을 분리하게끔 정신을 다시 훈련시키는 방법이기도 하다. 그렇게 하면 병에 대해 더 잘 이해할 수 있고, 사회에서 그 병의 존재가 덜 위협적이 된다. 사람 우선 어법을 사용한다는 건, 길거리에서 자신을 향해 다가오는 밥을 봤을 때 옷을 입고 걸어 다니는 신장 180센티미터의 조현병을 보는 게 아니라 밥을 본다는 뜻이다. 그러면 그냥 "안녕하세요, 밥!" 하고 인사하면 된다. 이게 요점이다. 밥에게 쾌활하게 인사를 건넬 수 있게 되는 것.

4. 특권은 실재한다

나는 이성애자 백인 남성이다. 앞 문장의 뒤쪽 세 단어는 이 사회에서 내게 삼중의 지지대를 제공한다. 대학 졸업장과 기혼에 유자녀라는 지위까지 더하면 나를 떠받치는 지지대는 좀 더 많아진다. 아, 그리고 유주택자이기도 하다! 특권을 아주 쌓아 두고 있구먼. 그러니 나로서는 모두가 자기 정신질환에 대해 항상 터놓고 말해야 한다고, 모두가 완전히 솔직해야 한다고 말하기가 무지하게 쉽다. 어찌 되었든 이 사회를 움직이는 모든 메커니즘이 내 편에서 나를 받쳐 줄 테니까. 내가 우울증이 있는 사람이라 누군가 편견을 가진다 해도, 사회에 팽배한 다른 많은 편견들이 내게 유리하게 작용한다. 인종차별, 성차별, 장애인 차별, 호모포비아 따위가 다 내 편이니까. 전부 내가 혐오하는 것들이지만, 나라는 개인이 어떠한 노력도 하지 않고 그 혜택을 받아 왔다는 사실엔 의문의 여지가 없다. 중요한 건 짓밟히는 집단의 사람들에겐 이런 편견과 차별에 얼마나 많은 게 걸려 있는지를 이해하는 일이다.

변호사이자 저널리스트였으며, 영향력 있는 힙합 팟캐스트 〈컴뱃 잭 쇼 (Combat Jack Show)〉의 진행자로 가장 이름을 날린 고(故) 레지 오세(Reggie Osse)는 쉰이 넘어서야 자신이 우울증을 앓고 있다는 사실을 알았다. 그의 동료나 친지들 사이에서 우울증이라는 말은 별로 쓰이지 않았고, 그것이 암시하는 취약성은 전혀 환영받지 못했다. "동료들과 대화하면서 '이봐, 난 휴가가 필요해' 하면 이런 대답이 돌아옵니다. '우리 돈 잘 벌고 있잖아. 뭣 하러 쉬어? 게으름 피우지 마. 사내답게 기운 차리라고.' 그러면 이런 얘기가 환영받지 못한다는 걸 뼈저리게 느끼죠. 그래서 제 상태가 별로 좋지 않다는 사실을 밝힌 뒤엔 이렇게 말했습니다. '뭐, 그건 나 혼자 해결할 일이지.'"

그로서는 개인병원의 일반의를 찾아가는 것조차 두려웠다. 어떤 문제든 강인함과 끈기로 극복이 가능하다는 생각을 물려받았을 뿐더러, 백인 지배층은 터스키기 매독 실험 같은 짓을 저지르기도 한다는 걸 알았으니까(이 연구는 매독을 치료하지 않고 내버려 두면 어떻게 되는지 알아보기 위해 미국 공중보건국이 1932년부터 72년까지 앨라배마주 농촌 지역의 흑인들을 대상으로 시행한 극히 비윤리적인 생체실험이다.—옮긴이). 그는 말했다. "노예제 시절부터 남북전쟁 후의 재건 시기를 거쳐 짐크로법(1870년대부터 1965년까지 미국 남부 주들에서 시행된 인종 차별법들의 통칭—옮긴이) 시대에 이르기까지, 우리 흑인들은 항상 일어나서 계속 전진하라고 강요받았습니다. 의료계와 우리의 관계는 다소 불안하죠. 나는 몸을 아예 못 가눌 지경에 이르지 않는 한 의사를 찾아가길 거부합니다." 내가 인터뷰하고 두 달 뒤, 레지는 너무 늦게 발견된 암으로 세상을 떠났다.

코미디언이자 연기자인 배런 본(Baron Vaughn)은 한때 몇 주 동안 치리오스 시리얼로 연명하고 주방용 세제 돈(Dawn)으로 몸을 씻으며 보낸 적이 있었다. 돈이 없어서가 아니었다. 당시 그는 텔레비전 드라마의 현지촬영 중이었으므로 돈은 있었다. 그는 우울했다. 하지만 그게 뭘 의미하는지는 도통 알지 못했다. 그는 내게 말했다. "우울이니 불안이니 하는 그 모든 감정들에 대해 생각하기 시작했을 때, 제가 이 다양한 것들을 얼마나 많은 인종적 앙금으로 감싸고 있었는지 깨닫지 못했습니다. 이렇게 생각했거든요. '우울증이라니, 백인들이나 걸리는 것 말이야?' 저는 우울증이 부유한 사람들, 가만히 앉아 우울해질 시간이 있는 사람들에게나 해당되는 거라고 여겼습니다."

마거릿 조(Margaret Cho)는 한국계 미국인인데 그 사실은 그녀가 자신의 정신건강과 맺은 관계의 핵심이다. "1960년대와 70년대에 미국에 건너온 한국인 세대는 어마어마한 정체성 위기를 겪었습니다. 그들 모국의 문화는 극도로 경직되어 있었으니까요. 모든 게 규제되었죠. 그러다가 '나(me)' 중심주의 시대가 절정에 달했던 70년대 미국에 와서 자기 주위에서 온갖 미친 듯한 일들이 일어나는 걸 보고, 왜 있잖아요, 폭탄이라도 맞은 것처럼 충격을 받은 겁니다." 그녀는 샌프란시스코 이민자들의 문화에서는 자신이 열심히 일하는 생산적인 사람이라는 걸, 그 무엇도 자신을 늦출 수 없다는 걸 보여 주는 게 무척 중요했다고 말한다.

"제가 아는 어느 가족은요, 미국에서 제법 누리고 살았습니다. 하루는 한쪽 벽에서 반대쪽 벽까지 새하얀 카펫을 깔았어요. 그런데 바로 다음 날 한국에서 같이 이민 온 형제 한 사람이 그 카펫 위에서 권총으로 자살을 했습니다. 바닥이 온통 피투성이였죠. 그런데 그 사람들은 막 구입한 카펫을 바꾸고 싶지 않아서, 그냥 가구를 옮겨서 핏자국을 가렸어요. 소파 밑을 들여다보면 핏자국을 볼 수 있었다니까요. 그게 한국인들이 자살이나 우울증을 대하는 방식과 좀 비슷해요. 그냥 가리려고 하는 식이죠."

마거릿은 아주 대담하고 자신만만한 코미디로 많은 주목을 받는데, 특히 섹스와 젠더 문제에 관해서 그렇다. 실로 그녀의 이야기는 아주 서슴없고, 시끄럽고, 재미있다. 이런 이슈들에 관해 이야기하는 행위 자체가 그녀의 문화를 정면으로 거스르는 거라는 점을 알면 그녀의 접근법은 더욱 용감하게 느껴진다.

앞에서 우울증이 있는 사람들에겐 가면증후군이 단순한 골칫거리를 넘어 존재를 위협할 수 있다고 말했다. 그건 그들의 자아가 이미 스스로에 의해 폄하돼 있기 때문이다. 미국 내의 유색인종들, LGBTQ(lesbian, gay, bisexual, transgender, and queer/questioning) 공동체에 속한 사람들, 나처럼 특권의 산 꼭대기에 지은 성에 살고 있지 않은 사람들에겐 우울증에 대해 공개적으로 이야기하는 것 역시 존재를 위협할 수 있다. 내가 체험하지 못했으므로 배워야 했던 사실은, 우울증을 공개하는 일은 나를 공격할 수 있는 누군가에게 무기 하나를 더 내주는 것처럼 느껴질 수 있다는 것이다.

5. 당신 잘못이 아니다

"우울증은 거짓말을 합니다." 〈유쾌한 우울증의 세계〉 시즌 2의 한 회에서 저널리스트이자 블로거인 제니 로슨(Jenny Lawson)이 말했다. "매번 이렇게 말하니까요. '다시는 이 상태에서 벗어나지 못할 거야. 넌 절대적으로 쓸모없는 인간이고, 가족에게도 네가 없는 편이 나아.' 그럴 때면 저는 우울증이 거짓말을 한다는 사실을 기억해 냅니다. 그런 말들은 거짓이거든요."

잠시만 멈춰 그 거짓말들을 살펴보면, 딱 봐도 말이 안 된다는 걸 알 수 있다. 그런데 까다로운 부분은 우울증이 거짓말쟁이일 뿐 아니라 모사에 아주 능하다는 것이다. 자연에서 받은 인상을 모사하는 클로드 모네가 아니라 사람의 목소리나 동작을 모사하는 리치 리틀(Rich Little)이나 프랭크 캘리엔도(Frank Caliendo)처럼 말이다. (부언하자면 프로 흉내쟁이가 세상에 그리 많진 않다.) 우울증은 당신의 목소리를 흉내 내어, 병이 지어낸 거짓말을 당신 스스로가 한 생각으로 보이게 한다. 우울증은 능숙하게 자기의 존재 자체를 숨기고는, 당신이 문제는 자신에게 있다고 생각하게끔 만든다. 우울증은 당신이 이렇게 살기로 선택했다고 생각하길 원한다. 내가 지난 수십 년 동안 그랬듯 이 함정에 빠지면, 자신을 더욱 혐오하게 된다.

그러나 누가 우울증을 선택하겠는가. 여러분이든 나든 누구든 이런 식으로 살기를 택하겠는가. 우리의 진짜 문제가, 생활 방식의 선택에 있어 엄청난 멍청함을 발휘했다는 것이겠는가.

물론 실제로 멍청한 사람들이 존재하기에 문제는 한결 복잡해진다. 기운 차리라고, 더 웃으라고, 나가서 좀 걷고 오라고 말하는 얼간이들 말이다. 이런 말을 들었을 때 당신에겐 두 가지 선택지가 있을 테다. [1번] 그들을 향해 갑자기 기쁜 표정을 지으며 호들갑을 떤다. "오오오오! 그럴 생각은 전혀 못 했네! 그렇게 하면 눈 깜짝할 새에 내 문제가 해결될 것 같아! 고마워, 친구!" 그러고선 깡충거리며 뛰어간다. 얼간이는 당신이 남긴 빈정거림의 파문 속에 남겨두고. [2번] 얼간이의 얼굴을 똑바로 쳐다보며 묻는다. "내가 그걸 안 해 봤을 것 같아? 그런 헛소리가 통했으면 내가 이 상황에 있을 것 같아?" 대답을 기다린다. 그러고선 깡충거리며 뛰어간다. 중요한 건 반드시 깡충거려야 한다는 거다.

우울증은 당신에게 그냥 닥친 병이다. 원인은 당신이 태어나기도 전에 뇌에 생긴 화학물질과 유전형질일 수도 있다. 혹은 당신에게 찾아와 뇌를 곪게 한 트라우마일지도 모른다. 당신에게 영향력을 행사할 수 있는 사람들이 행동한 방식 때문에 당신이 엉망이 된 걸지도 모른다. 요는, 당신이 문제가 아니라는 거다. 당신이 선택한 게 아니다. 누가 우울증을 택하겠는가. 이건 당신의 잘못이 아니다.

당신이 은행 지점장인데 매일 은행에서 수천 달러가 사라지는 걸 알아차렸다고 하자. 그건 당신이 멍하니 방심해서가 아니고, 망할 놈의 은행 강도가 돈을 빼돌리고 있기 때문이다. 그러니 적절한 반응은 당신이 그런 일을 당해도 싼 사람이며 죄다 당신 잘못이라고 생각하는 게 아니다. 경찰을 부르고 CCTV를 확인하고 그 개자식을 잡아다 가두는 거다. 그다음 더 나은 경비원을 고용하면 된다.

6. 성공한다고 여기서 벗어날 수 있는 건 아니다

우울증은 당신의 링크드인(LinkedIn) 계정을 지켜보지 않는다. 당신의 성공에는 관심 없다. 일대 승진을 하거나 멋진 새 직장을 갖는다 해도 우울증이 사라지진 않는다. 이런 것들은 당신이 가진 것에 영향을 미칠지 모르나, 당신이 어떤 사람인지엔 영향을 주지 못하므로. 이 책에서 많이 다룬 내용이지만, 내가 팟캐스트나 강연에서 이 얘기를 할 때마다 사람들이 충격을 받는 것 같으니 다시 얘기하겠다.

내가 짐작하기로, 우울증이 있는 사람들은 어떤 야망을 이루면 행복이라는 보상이 따르리라는 가능성에 집착하는 것 같다. 모르긴 해도 대부분의 사람들보다 더 그럴 거다. 미래에 대한 야망에 집중함으로써 상당히 우울한 과거 혹은 무서운 미래를 직시하는 걸 피할 수 있기 때문이다.

더 나은 직업을 얻거나 돈더미에 앉는 게 끝내주는 일이 아니라는 뜻은 아니다. 물론 대개는 좋은 일이다. 성취나 횡재는 걱정이나 두려움을 일으키는 특정한 원인을 없애 주는 수가 많으며, 어쩌면 문제의 걱정을 영원히 없애 버릴 수도 있다. 하지만 그렇게 얻은 '뉴 노멀', 삶의 새로운 정상 상태에 익숙해지고 나면 참신함은 닳아 없어지고 당신에게 남는 건 늘 함께 살아온 당신의 뇌다. 그때 우울증은 휴면에서 깨어난다.

나는 평생 미래를 기대하면서, 내가 다음번 큰 목표를 이루거나 다음 고용주/연출자/여자친구/편집장에게 가치를 인정받으면 내 정신을 뒤덮은 구름이 사라질 거라고 생각했다. 그게 사라지지 않으면, 내 목표가 충분히 높지 않았다는 증거라고 생각했다. 미친 생각이지! 변명하자면 나는 진짜로 미쳤으니 뭐. 그에 관해 책을 한 권 쓰지 않았는가.

7. 과거는 중요하다

지난 몇 년 동안 나는 우울증에 푹 절어 지냈다. 우울증은 전업(팟캐스트)이자 부업(강연)이고 세 번째 일(이 책을 쓰는 것)인 동시에 나의 만성 정신질환이었으니까. 좋은 작업이었고 의미도 있었다. 유명인들에게 그들 인생의 가장 어두웠던 순간들에 대해 질문하는 일로 봉급을 받게 된 데다 그들 유명인이 나에게 온갖 이야기를 털어놓으니 더욱 그렇지 않겠는가(!).

그 몇 년 동안 우울증이 어디서 비롯되는가에 관한 내 의견은 진화했다. 프로그램을 론칭하기 전, 나는 우울증이 가족력이나 트라우마 때문일 수도 있긴 하지만, 그보단 벼락에 맞는 것과 비슷한 무언가가 원인일 경우가 많으리라고 대략 생각하고 있었다. 허허벌판에 나와 있는데 먹구름이 몰려들더니 우르르 쾅, 벼락에 맞는다. 누구에게나 일어날 수 있는 일인데 하필이면 바로 당신의 뇌에 벼락이 떨어진 것이다.

그러나 우울증 이야기들을 샅샅이 살펴보니, 트라우마를 주범으로 지목하는 여러 패턴들이 눈에 띄었다. 생애 초기에 어떤 식으로든 인생이 망가지고, 그 트라우마에 충분히 혹은 아예 대처하지 못하다가, 나중에 우울증에 압도되는 사람들에 대한 이야기를 들었다. 열 살 때 피아노 교사에게 성추행을 당한 뮤지션 테드 리오(Ted Leo)는 십대엔 성난 펑크 로커가 되어 과격한 음악과 청중들에게 몸을 던졌다. 고통을 지워 버릴 수는 없으니 이런 방식으로 표현했던 것이다. 그는 여러 해가 지나 과거에 자신이 어떤 일을 당했는지를 더 잘 이해하게 돼서야 우울증을 더 깊이 이해하고 전보다 효과적으로 관리할 수 있었다.

앞서 얘기한 키즈 인 더 홀의 스콧 톰슨은 다섯 형제의 틈바구니에서 자랐다. 그가 어릴 적 살던 집의 회반죽벽에는 유독 거칠었던 실내 하키 경기 때 뚫린 구멍들이 아직도 남아 있다고 한다. 스콧의 아버지는 성미가 거칠어서 다섯 아이들은 언제나 그 사실을 염두에 두고 행동해야 했다. 스콧은 자라서 다섯 젊은이로 구성된 코미디 그룹 키즈 인 더 홀에 합류하여 그중 가장 성질 나쁘고 분노에 찬 멤버가 되었다. 그가 배운 게 그러했으니까. 스콧의 동생 딘은 자살로 생을 마감했다. 이 사건은 스콧의 우울증이 심화하는 데 일조했지만, 바깥세상이 톰슨 가족과는 딴판으로 폭력과 분노를 잘 받아 주지 않는다는 사실 역시 그러했다.

나는 다른 많은 사람들이 그렇듯, 조상들에게 명백한 우울증 병력이 있다. 그러나 트라우마의 장기적 영향에 대해 더 알수록 천성과 양육을 가르는 선은 점점 더 흐려진다. 맞다, 내겐 유전적 소인이 있었을지 모른다. 하지만 그렇다면 내겐 그것과 흔히 함께 가는 행동 패턴들—중독, 정서적 거리감, 불안장애 따위—또한 좀 있지 않았을까 한다.

이제 쉰 살이 넘었고 자녀를 둔 아빠인 만큼, 나는 역사에 관심이 있다.

과거엔 안 그랬다. 고등학교 땐 역사가 따분한 것이며, 대담하게 혁신적인 MTV 젊은이인 내 삶과는 무관하다고 생각했다. 지금에서야 나는 역사가 얼마나 매혹적인지를 실감하는데, 그것은 우리가 현재에 이르게 된 과정이기 때문이다. 역사는 지금 일어나고 있는 모든 일의 이유이기도 하다.

8. 깔끔한 결말 따위는 없다

우리는 이야기가 이끄는 문화에서 산다. 다른 사람들을 만나면 요즘 어떤 TV 프로그램을 보는지, 무슨 영화를 봤는지에 대해, 가끔 운이 좋으면 어떤 책을 읽고 있는지에 대해서도 이야기를 나눈다. 우리가 잘 실감하지 못하는 건, 이런 문화 콘텐츠의 압도적인 다수가 '영웅이 여정에 오른다'라는 동일한 공식을 따른다는 점이다. 제작사가 디즈니라면 여기에 건방진 동물 파트너와 돌아가신 어머니를 추가하면 끝이다.

몇 년 전, 나는 한 영화사에서 예기치 못한 요청을 받았다. 그 회사에서 라이선스를 취득한, 내가 잘 아는 아이템을 토대로 하여 영화 각본을 써 달라는 거였다. 전화를 건 제작자는 "그냥 일반적인 3막 구조(three-act structure)로 써 주시면 됩니다"라고 말했다.

"그러죠. 문제없습니다." 나는 구글에서 '일반적인 3막 구조'를 미친 듯이 검색하며 답했다. 3막 구조는 당신이 보는 거의 모든 영화의 공식이다. 주인공이 일상을 살아가던 중 위기가 닥치고, 주인공은 나서서 위기를 해결해야 한다. 점점 더 어려운 걸림돌들에 맞닥뜨리고, 극복하기가 절대 불가능해 보이는 장애물마저 넘고, 임무를 마친 주인공/영웅은 집으로 돌아온다. 우리가 소비하는 엔터테인먼트 대다수가 이러하다(전통적 허구 서사에 널리 적용되는 이 구조의 세 부분을 보통 '설정[Setup]-대립[Confrontation]-해결

[Resolution]'이라고 부른다.-옮긴이). 이 구조가 반복되고 거듭 팔리는 건 관객이 그런 걸 열망하기 때문이다.

우울증은 이렇지 않다. 우울증은 커다랗고 단단하고 이상하고 정의 불가능한 것이며 다음에 어떤 일이 일어날지, 언제 끝이 날지, 언젠가 끝이 나긴 할 건지 당신은 알지 못한다. 그래, 나쁜 소식을 들려줘서 미안하다. 나는 우울증 삽화의 한가운데에 있는 사람들, 그리고 여러 해 동안 우울증에 대해 별로 생각하지 않고 살아온 사람들과 두루 대화를 나눠 보았다. 누군가의 앞에 무슨 일이 기다리고 있는지는 결코 알 수 없다. 내 앞일도 모른다. 무지를 벗어나 이해로 나아갈 때엔 낙관을 품을 만한 이유가 있지만, 잘 풀리리라는 보장은 없다. 지금 내가 선 위치에선 장애물들이 다가오는 게 전보다 잘 보이고 그것들을 전보다 잘 이겨 낼 수 있다. 그러나 그게 다다. 우리의 이야기는 우리가 죽을 때 끝나겠지만, 결말은 영화들에서 보는 것처럼 만족스럽진 못할 것이다.

9. 긍정

2019년 노동절은 아들 찰리가 대학 1학년 생활을 시작하고 이틀째 되는 날이었다. 기숙사 방이 비좁아서 찰리와 룸메이트는 침대 두 개를 '로프트화'하기로, 그러니까 책상 위쪽에 기다란 받침대들을 가로지르고 그 위에 올려놓기로 했다. 공간 활용 면에선 좋지만 침대에 올라갈 방법이 필요한 구조다.

대학은 우리 집에서 차로 갈 만한 거리였으므로 내가 사다리를 사다 주겠노라 자원했다. 그런데 막상 사다리를 들고 기숙사에 도착해 보니 길이가 너무 짧아서 그걸 구입한 근처의 대형 철물점에 반품하러 가야 했다.

찰리가 같이 가겠다고 했다.

차를 타고 가는 동안 익숙한 먹구름이 내 머릿속을 매우기 시작했다. 찰리가 대학 생활을 할 준비가 전혀 안 된 게 아닌지, 너무 짧은 사다리처럼 거기에 어울려 들지 못하는 건 아닌지 걱정이 됐다. 이튿날 각기 중학교, 고등학교에 들어가는 딸들도 염려되었다. 나는 내가 지난 세월 동안 형편없는 양육을 한 끔찍한 아빠라고 판정했다. 늘 그렇듯 나는 실패자였다.

그런데, 그 순간 무언가 달라졌다.

지금 이 미니밴을 타고, 나처럼 살아 숨 쉬는 나무들과 새들에 둘러싸여 길을 달리는 게 얼마나 멋진가, 라고 나는 생각했다. 아들이 내 곁에 있고 그 애는 이제 대단한 모험을 떠나는 참이다. 우리는 사다리를 반품하고 더 나은 사다리를 찾을 것이다! 내가 사랑하고 나를 사랑하는 아들과 함께 풀게 될 이 얼마나 재미있는 퍼즐인가. 찰리의 여동생들도 내일 입학을 한다. 꽃 같은 내 아이들은 더 활짝 피어날 것이다. 저 구름을 보라. 대기는 인간의 호흡기에 알맞게 완벽한 균형을 이루고 있다. 나는 살아 있으며 이 모든 걸 경험한다.

전에도 이런 느낌을 받은 적이 있었을까? 있었는지도 모르지만, 그렇다 해도 너무나 오래전이라 기억나지 않는다.

12년 전 형 릭은 자살하면서 유서를 남겼다. 모든 게 감당하기 너무 힘들다고 했다. 그냥 잠시 쉬어야겠다고 적었다. 그게 무슨 뜻이었는지 우리는 알 수 없었다. 나는 영원히 답을 알지 못할 것이다.

하지만 새 사다리를 사러 가는 밴 안에서, 나는 세상을 긍정했다. 좋아. 좋아. 오 하나님, 좋아요. 좋아, 좋아, 좋아! 좋다니까!

감사의 말

나를 도와준 사람들과 내게 상처를 준 사람들에게 감사한다. 그게 우연이었든 의도였든, 계획적이었든 즉흥적이었든. 그리고 영예로운 일이었든 처참한 일이었든, 나를 여기까지 데려온 사건들에 감사한다. 이 모든 사람과 사건들이 어우러져 내가 즐거이 살아가는 세계를 만들었다. 나는 여기 있다. 만세.

더 구체적으로 말하자. 나의 애정 넘치고 뒤틀렸으며 유쾌하고 똑똑한 가족에게 늘 감사를 보낸다. 질, 찰리, 케이트, 마지, 이 네 사람과 함께하는 시간은 언제나 내가 하루 중 가장 좋아하는 시간이다. 샐리와 메이지는 멍청한 개라서 이 글을 읽진 못하겠지만 고마움을 전하고 싶다.

좋은 인간들인 내 원가족에게 감사한다. 그들의 배우자와 자녀들의 도움에도 감사를 표한다.

여러 해 동안 내 에이전트로 일한 이비터스 크리에이티브의 제니퍼 게이츠는 내게 아주 명료하고 긴박하게, 내가 이 책을 쓸 수 있으며 써야 한다고 말했다. 그녀가 옳았다. 젠, 내가 시도하는 일에서 한결같이 희망을 보아 줘서 고마워요.

처음부터, 그리고 종종 나보다 더 명확하게, 이 책에 대한 이해를 보여 준 엘리자베스 뒤세고르와 세인트 마틴스 프레스에 감사한다. 앨런 브래드쇼와 그의 엘리트 교열 부대에게도 감사한다.

피터 클라우니에게선 언제나 명료한 시각과 직설적인 의견, 그리고 꾸준한 격려를 얻을 수 있었다. 매스 이머전시의 토머스 회프트와 앤드루 베버리지, 프리레인지 치킨스와 치킨 스타십의 스티브 앨리스턴, 숀 파넌드, 스콧 리드, 조 시펠트, 톰 도너휴, 그리고 줄잡아 5,000명은 될 베이시스트들에게도 감사를 전한다.

운 좋게도 나는 멀리서 오랫동안 동경해 오던 사람들과 친구가 되었고, 그들 중 많은 이가 우리 팟캐스트와 정신건강에 대한 인식 제고라는 대의의 지지자가 되었다. 피터 세이걸, 앤디 릭터, 니코 케이스, 폴 F. 톰킨스, 패튼 오스월트, 마리아 뱀퍼드, 존 그린, 게리 걸먼, 조니 선, 젠 커크먼, 오픈 마이크 이글, 테드 리오, 에이미 맨, 레트 밀러, 제니 로슨, 제프 트위디, 닐 브레넌, 크레이그 핀, 존 다닐, 애나 마리 콕스를 비롯한 많은 이들에게 감사한다.

우리 팟캐스트와 이 책, 그리고 내 커리어의 전반적인 방향 설정은 헬스 파트너스와 '메이크 잇 오케이' 캠페인 없이는 불가능했을 것이다. 도나 지머먼, 앤드리아 윌시, 마리나 올슨, 마나 캔터베리를 비롯해 그곳의 모든 사람들에게 감사한다.

〈유쾌한 우울증의 세계〉 팟캐스트와 『유쾌한 우울증의 세계』 책에 쏟아부은 그 모든 에너지와 창의성에 대해 크리시 피스와 케이트 무스에게 깊은 고마움을 표한다. 크리스티나 로페스, 브랜던 산토스, 마이크 레슬러, 낸시 캐수트를 비롯한 아메리칸 퍼블릭 미디어(APM)와 미네소타 공영 라디오의 모든 동료들에게도 감사한다. 스티브 넬슨은 APM에서 일하던 시절 〈유쾌한 우울증의 세계〉를 지지하고 이 프로그램이 현실이 될 수 있도록 밀어 주었다. 그에게도 감사한다. 케이티 시스네로스는 명석한 두뇌로 귀중한 도움을 주었다. 로저 린드버그는 족보에 관해 내게 훌륭한 정보와 통찰을 주었다. 존 호지먼과 데이브 에거스는 한마디로 최고다.

이 책을 쓰는 동안 들은 앨범들:

Quadrophenia, The Who

No Depression, Uncle Tupelo

Anodyne, Uncle Tupelo

A Ghost Is Born, Wilco

Run the Jewels 3, Run the Jewels

Robyn Sings, Robyn Hitchcock

Melodrama, Lorde

I Am Easy to Find, The National

Let Go, Nada Surf

The Best of Everything, Tom Petty & the Heartbreakers

Nebraska, Bruce Springsteen

Hell-On, Neko Case

The Sunset Tree, The Mountain Goats

Blue, Joni Mitchell

Rumours, Fleetwood Mac

Fables of the Reconstruction, R.E.M.

The Low End Theory, A Tribe Called Quest

그리고 이 모든 작업을 기쁨으로 만들어 준 〈유쾌한 우울증의 세계〉 주민들, 우리 청취자들에게 저 하늘을 찌르는 탑만큼 감사드린다.

옮긴이의 말

코로나 블루의 시대에 이 책을 번역했다. 돌이 지나지 않은 어린 아기를 키우고 있어 집 앞 외출도 조심스러운 나날이었다. 그 밖에도 우울의 습격을 받을 이유야 많았다. 기나긴 장마가 찾아왔고, 뉴스를 보면 미래가 마냥 불안해졌으며, 인간관계는 단절되어 갔다. 슬슬 압력이 차오르기 시작했다. 육아로 잠을 잘 시간마저 부족한 마당에 운동이나 영화관 나들이 같은 소소한 기분전환은 언감생심이었다.

그럼에도 제목과 서문에 반해 덜컥 번역을 맡아 버린 이 책은 우울의 시기에 내게 큰 원군이 되어 주었다. 아기를 재우고 짬짬이 노트북 앞으로 달려갔다. 원고를 읽어 내려가는 내내, 아주 솔직하고 재미있는 옛 친구와 대화를 나누는 기분이었다. 저자가 고백하는 어린 시절의 부끄러운 울음들, 부정적으로 왜곡된 기억들, 회사에서의 황당한 에피소드들. 불안과 죄책감과 두려움들. 어느 순간에는 마치 나 자신과 대화를 나누는 것 같다고도 느꼈지만 다시 생각해 보니 아니다, 나는 존 모만큼 웃기지 못한다.

존 모는 과연 우울증에 관해 재미있는 농담을 할 줄 알고 쏙 맞는 유추를 찾아내는 데에도 능하다. 중학생 때부터 우울증을 앓았고, 우울증이 있는 사람들의 이야기를 들어 보는 팟캐스트를 진행하고 있으며, 우울증에 대한 강연을 다니고, 마침내 우울증에 대한 책마저 쓴 '프로 우울인'으로서 그는 우울인의 머릿속을 적확하게 표현하는 법을 안다. '그래, 이거야' 하며 무릎을 탁 치게 되는 대목들이 여럿 있었다. 저자는 머릿속에 자살이라는 선택지를 가지고 사는 것에 대해, "인생의 고속도로에서 빠져나가는 음산한 경사로가 완공되고 바리케이드가 철거"된 것과 같다고 묘사한다. 나도 그 길을 안다. 머릿속으로 그 경사로 주위를 기웃거릴 때마다, 길은 이상하게도 점점 더 가팔라진다. 그러다 정신을 차리면 이미 미끄러져 내려가는 중일지도 모른다. 이 책에 실린 코미디언 패튼 오스월트의 일화처럼 노래를 듣다가 죽어야겠다고 생각하는 게 이상하지 않은 지경에 이르는 것이다.

그 경사로를 아는 모든 사람이 이 책을 읽었으면 좋겠다. 자칫 미끄러지기 전에 때맞춰 멈출 수 있도록. 그 경사로를 모르는 사람들도 이 책을 읽었으면 좋겠다. 소중한 사람을 우울증에 빼앗기기 전에 신호를 알아차리고 붙잡을 수 있도록.

저자는 우울증에 대항할 수단으로 약과 심리치료를 소개하지만 그 밖에도 개와 밴드와 괴담을, 또한 삶에 대한 긍정을 이야기한다. 사람을 죽이는 이 병은 놀라울 만큼 사소한 것들로 나아질 수 있다. 긍정적인 변화를 가져다줄 그 무언가를 찾아 나가는 여정에서 이 책이 독자 여러분에게 구원까진 아니더라도 친구가 되어 주길 바란다. 완치되진 못했을지언정, 그 녀석 그래도 그럭저럭 살고 있단 말이지, 하고 생각하는 것만으로 조금 힘이 되어 주는 친구가. 내밀한 이야기들을 전부 들려준 저자의 용기에, 그리고 그 이야기들을 유쾌하게 들려준 저자의 유머 감각에 감사한다.

—박다솜

유쾌한 우울증의 세계

초판 인쇄 : 2021년 5월 3일
초판 발행 : 2021년 5월 7일

지은이 : 존 모
옮긴이 : 박다솜

펴낸이 : 박경애
펴낸곳 : 모멘토
등록일자 : 2002년 5월 23일
등록번호 : 제1-3053호
주 소 : 서울시 마포구 만리재 옛4길 11, 나루빌 501호
전 화 : 711-7024
팩 스 : 711-7036
E-mail : momentobook@hanmail.net
ISBN 978-89-91136-36-6   03180